MÉMOIRES
ET CORRESPONDANCE
POLITIQUE ET MILITAIRE
DU
PRINCE EUGÈNE

PUBLIÉS, ANNOTÉS ET MIS EN ORDRE

PAR

A. DU CASSE
AUTEUR DES MÉMOIRES DU ROI JOSEPH

TOME NEUVIÈME

PARIS
MICHEL LÉVY FRÈRES, LIBRAIRES-ÉDITEURS
RUE VIVIENNE, 2 BIS

1860

MÉMOIRES
DU
PRINCE EUGÈNE

OUVRAGES DU MÊME AUTEUR

Mémoires du Roi Joseph, 10 vol. in-8.
Suite des Mémoires du Roi Joseph, 3 vol. in-8.
Album des Mémoires du Roi Joseph, in-8.
Précis historique des opérations de l'armée de Lyon en 1814, 1 vol. in-8.
Mémoires pour servir a l'histoire de la campagne de 1812, 1 vol. in-8.
Opérations du 6ᵉ corps en Silésie en 1806 et en 1808, 2 vol. in-8 avec atlas.
Précis des opérations de l'armée d'Orient de mars 1854 a octobre 1855, 1 vol. in-8.
Le Duc de Raguse devant l'histoire, 1 vol. in-8.
Les Erreurs militaires de M. de Lamartine, 1 vol. in-8.
La Morale du soldat, in-8.

ROMANS :

Rambures, 1 vol. in-8.
Du soir au matin, 1 vol. in-8.
Le Marquis de Pazaval, 1 vol. (en collaboration avec M. Valois).

SOUS PRESSE :

Le Conscrit de l'an VIII (en collaboration avec M. Valois).
Les Deux Belles-Sœurs.

MÉMOIRES
ET CORRESPONDANCE
POLITIQUE ET MILITAIRE
DU
PRINCE EUGÈNE

PUBLIÉS, ANNOTÉS ET MIS EN ORDRE

PAR

A. DU CASSE
AUTEUR DES MÉMOIRES DU ROI JOSEPH

« Eugène ne m'a jamais causé aucun chagrin. »
Paroles de NAPOLÉON à Sainte-Hélène.

TOME NEUVIÈME

PARIS
MICHEL LÉVY FRÈRES, LIBRAIRES-ÉDITEURS
2 BIS, RUE VIVIENNE.

1860

Reproduction et traduction réservées.

MÉMOIRES
ET CORRESPONDANCE
POLITIQUE ET MILITAIRE
DU
PRINCE EUGÈNE

CORRESPONDANCE

RELATIVE AU LIVRE XXIII.

DU 17 JANVIER AU 12 MAI 1813.

(SUITE.)

« Sire, Votre Majesté me fait l'honneur de me de- *Eug. à Nap.* mander pourquoi la caisse centrale établie d'après *Leipzig,* ses ordres à Magdebourg avait été transportée à Leipzig. Cette caisse n'est jamais sortie de Magdebourg, ainsi que Votre Majesté le verra par le rapport de l'intendant général; mais une partie des fonds que cette caisse a reçus ont été employés suivant les besoins de l'armée.

« Votre Majesté m'a également envoyé un rapport du général Bourcier au ministre de la guerre relativement à la perte de divers effets d'harnachement du dépôt de Berlin, lors de l'évacuation de Magdebourg. Il paraît que plusieurs circonstances ont concouru à la perte de ces effets :

« 1° Les transports par eau n'ont pu avoir lieu assez rapidement, et un bateau a été brûlé pour ne pas le laisser dans les mains de l'ennemi;

« 2° Un convoi de quelques voitures a été pillé à la suite d'un attroupement.

« Il paraît, en résultat, que ce malheur ne peut être attribué qu'aux circonstances du moment, ainsi que Votre Majesté le reconnaîtra par le rapport du commissaire ordonnateur en chef, et tout cela est arrivé lorsque j'étais en mouvement de Posen sur Francfort. »

Eug. à Nap. Leipzig, 19 mars 1813. « Sire, j'ai l'honneur d'adresser à Votre Majesté les différents rapports que j'ai reçus dans la journée. Celui du général Lauriston dément assez clairement les inquiétudes qu'il avait sur sa gauche. J'envoie ci-joint à Votre Majesté la lettre que j'ai dû lui écrire. Je serai moi-même à Magdebourg après-demain, et je tâcherai de le tranquilliser. Je joins également le rapport du chef d'escadron Jannier, de votre garde impériale. D'après tous les renseignements qu'il m'a donnés, il paraît que le général Wittgenstein a dû arriver à Berlin vers le 11 de ce mois avec son corps d'armée, qu'on suppose être fort de 15 à 16,000 hommes d'infanterie. Ce corps est suivi d'assez près par le général Yorck, que l'on peut calculer, sans exagération, à 25,000 hommes d'infanterie et 4,000 chevaux.

« Voilà donc ce qui forme probablement la droite de l'armée ennemie. Il paraît que l'intention des Russes est de ne faire aucun siége, mais de laisser seulement devant chaque place un petit corps d'observation composé d'infanterie et de Cosaques. »

Eugène à la vice-reine. Leipzig, 19 mars 1813.

« Ma chère Auguste, je t'expédie un courrier pour te donner des nouvelles de ma santé et t'annoncer mon départ d'ici pour Magdebourg. Ce n'est plus enfin un mouvement rétrograde. L'Empereur désire que je réunisse toutes mes troupes sous cette place, et je vais les y diriger, ne laissant sur l'Elbe que quelques petits corps d'observation. Nous n'avons pas encore la certitude que la Prusse se soit déclarée officiellement contre nous, mais cela est pourtant bien probable. Il est possible que d'ici à quelque temps, c'est-à-dire jusqu'à ce que l'Empereur se mette en marche avec les armées du Rhin et du Mein, les communications soient quelquefois interrompues par des partis ennemis. Écris-moi en conséquence, et préviens-en Darnay, afin que, sans effrayer les courriers, il fasse prescrire de prendre des informations à Munich. Dans tous les cas, la route par Wurtzbourg et Cassel serait la plus sûre. Je ne te dis cela que pour tout prévoir et faire en sorte que je reçoive de tes chères nouvelles. Je t'envoie une petite réponse pour Joséphine. »

Nap. à Eug.
Trianon,
20 mars 1813.

« Mon fils, le ministre du trésor me rend compte qu'il a envoyé 1 million en or à Leipzig et 1 million en or à Magdebourg; 150,000 francs en or à Erfurth, et, de plus, il a été envoyé à Erfurth 300,000 francs pour le génie, et 200,000 francs en crédit sur la caisse de Mayence. Faites-moi connaître si tous ces fonds sont arrivés. »

Nap. à Eug.
Trianon,
20 mars 1813,
2 heures
après midi.

« Mon fils, j'ai des nouvelles de Breslau du 12 mars. Tout y était comme à l'ordinaire; les Prussiens continuaient leurs armements, mais en paraissant encore garder les apparences. Le bruit s'y était répandu que l'empereur Alexandre s'y rendrait le 11 ou le 20.

« J'ai des nouvelles du 16 de Hambourg. Il n'y avait aucune apparence d'ennemis. Tout y était tranquille. — La conduite du général Carra Saint-Cyr est bien puérile et bien bête! — Le général Morand, à ce qu'il paraissait, passait l'Elbe.

« Donnez ordre au général Saint-Cyr de porter le chef-lieu de la division militaire à Brême, en renvoyant à Hambourg le commandant d'armes, la gendarmerie, les autorités locales, ainsi que les douanes, et d'y placer une garnison. — J'approuve cependant que tout le quartier général soit à Brême, comme point central. — Dites-lui combien il s'est mal comporté dans cette circonstance.

« Je suppose que la 1re division du 1er corps sera déjà arrivée entre Magdebourg et Hambourg; ce qui, joint à l'arrivée du général Morand, pourra former un corps d'observation sur le bas Elbe. »

« Mon fils, il faut qu'il y ait à Magdebourg trois manutentions différentes, savoir : une dans la citadelle, une dans la tête de pont, et la troisième dans la ville. Je désire que chacune de ces manutentions soit de 8 à 12 fours. Donnez des ordres en conséquence. — Je voudrais qu'il y eût à Erfurth deux manutentions, savoir : une dans la citadelle, de 6 fours, et une dans la ville, de 12 ; donnez ordre de les construire. — Aussitôt que Wittenberg sera armée, il faudra également y établir une manutention de 8 à 12 fours. Je suppose qu'il y a, à Torgau, une manutention de 9 à 10 fours. Si cela n'y était pas, faites-y-en établir une. Faites-moi connaître les manutentions qui existent à Dresde, et faites préparer tous les matériaux pour qu'on puisse, en trois jours, aussitôt que la tête de l'avant-garde de l'armée sera arrivée sur la Saale, construire à Dresde trois manutentions chacune de 12 fours.

Nap. à Eug.
Trianon,
20 mars 1813.

« Lorsque nous prendrons l'offensive, nous arriverons dans cette ville avec 200,000 hommes, et j'ai un grand intérêt à faire camper et baraquer mon armée pour attendre ma cavalerie, le complément des équipages d'artillerie et tout ce qui est nécessaire.

« Vous trouverez ci-joint la copie d'un décret que j'ai pris pour l'organisation des équipages militaires ; le 20ᵉ bataillon sera supprimé. Ainsi, au lieu de 5 bataillons, vous n'aurez à l'armée que 2 bataillons de 6 compagnies chacun. Vous enverrez le 14ᵉ bataillon à Munster, et, selon la volonté du général commandant la division, il se réunira à Munster ou à Wesel. Vous répartirez le 22ᵉ entre le 10ᵉ et le 12ᵉ bataillon.

« Pressez le plus possible l'organisation de vos bataillons. Le corps d'observation de l'Elbe ayant également un bataillon des équipages militaires, vous en aurez trois en tout. »

*Eug. à Nap.
Leipzig,
20 mars 1813.*

« Sire, j'ai l'honneur d'envoyer à Votre Majesté différents rapports que j'ai reçus aujourd'hui (je n'ai encore rien reçu du général Lauriston, ce qui prouve qu'il n'y a rien de nouveau), je vais partir dans peu d'instants. Je joins aux rapports que j'adresse à Votre Majesté la copie d'une lettre interceptée à Wurtzbourg, qui est écrite dans un bien mauvais esprit. Je renvoie aussi les gazettes de Berlin, qui prouvent ce que j'avais eu l'honneur d'avancer à Votre Majesté, c'est-à-dire l'arrivée dans cette ville des généraux Wittgenstein et Yorck. Votre Majesté remarquera dans les rapports du prince d'Eckmühl qu'il a fait sauter (*mots illisibles*).

« La reconnaissance qui a eu lieu sur Wittenberg n'a rencontré que 5 à 600 Cosaques que l'on n'a pu atteindre. Celle du général Lauriston n'aura pas eu lieu sur la rive droite, puisqu'il s'était porté sur une autre direction. »

*Eug. à Nap.
Leipzig,
20 mars 1813.*

« Sire, il est minuit. Je reçois à l'instant des lettres du général Lauriston, et du général Guilleminot que j'avais envoyé auprès de lui pour lui faire connaître notre véritable situation. J'ai l'honneur de transmettre ces lettres à Votre Majesté. Elle y verra que les inquiétudes du général Lauriston sur sa gauche ne se sont point réalisées, et que, si l'ennemi, qui ne s'est montré que par quelques Cosaques, avait réellement formé de ce côté quelques projets sérieux, du moins l'expédition ne serait-elle pas aussi imminente que le général témoignait le craindre par sa lettre du 18.

« Je pars à l'instant pour Magdebourg. »

« Je t'ai écrit hier, ma chère Auguste. — Dans une heure, je monte en voiture pour me rendre à Magdebourg. Hier soir, j'ai été à une petite soirée chez un général, où il y a eu de la musique en l'honneur de la sainte Joséphine. Aujourd'hui jour anniversaire de la naissance du roi de Rome, il y a eu une superbe parade, j'ai donné un grand dîner, et ce soir le gouverneur de la ville a donné une réunion où l'on a dansé. Avant le jour, tout le monde part pour se rendre sur l'Elbe..... Les préparatifs de l'Empereur sont immenses, au 1ᵉʳ mai il aura encore 250,000 hommes sous les armes. D'une manière ou de l'autre, cela doit nécessairement nous amener la paix. » *Eugène à la vice-reine. Leipzig, 20 mars 1813, au soir.*

« Mon fils, écrivez au général Reynier que j'ai signé, il y a plus d'un mois, le décret qui accorde les récompenses qu'il sollicitait pour son corps d'armée. » *Nap. à Eug. Trianon, 21 mars 1813.*

« Mon fils, le général Lauriston me mande qu'il perd déjà beaucoup de chevaux d'artillerie, et cela *Nap. à Eug. Trianon, 21 mars 1813.*

est naturel. Donnez ordre qu'à mesure que les chevaux périssent on en achète d'autres dans le Mecklembourg et dans les environs par réquisitions, mais en payant, et prenez toutes les mesures de rigueur pour maintenir votre artillerie en bon état.

« Le général Sorbier a demandé qu'on lui envoyât d'ici des hommes pour compléter ses équipages d'artillerie, cela demanderait trop de temps. — J'ai autorisé à prendre 15 à 20 hommes par bataillon dans les deux premières divisions, et autant dans les bataillons qui sont à Erfurth, cela fournira 5 à 600 hommes. Faites-les donner au général Sorbier, et faites-moi connaître la situation de son train. »

<small>Eug. à Nap.
Magdebourg,
mars 1813.</small>
« Sire, je suis arrivé il y a peu d'instants à Magdebourg. J'avais reçu en route les rapports que j'ai l'honneur de mettre sous les yeux de Votre Majesté. Demain la tête des troupes sort de ses cantonnements pour passer sur la rive droite; après-demain nous pousserons une forte reconnaissance assez loin pour pouvoir nous assurer du lieu le plus convenable pour placer le camp.

« Je n'ai point trouvé le corps de l'Elbe suffisamment organisé; chaque division n'a que deux régiments réunis, et le 3ᵉ est détaché, ce qui met peu d'ensemble. Le général Lauriston avait arrêté son artillerie à... Les trois premiers convois y sont déjà arrivés, mais ne peuvent encore former que l'artillerie de réserve, parce que les pièces de six arrivent par le dernier convoi. Sous deux à trois jours, tout sera mis en ordre. J'envoie à Stendal et Werben le duc de Bellune avec les 12 bataillons du 2ᵉ corps. J'envoie un officier au général Morand qui me paraît avoir fait la bêtise de quitter la rive gauche de l'Elbe. Je lui prescris d'y retourner pour garder avec son infanterie et son artillerie les débouchés de Boizenburg et de Bergedorf. J'ai ordonné au général Saint-Cyr, qui s'est pressé de marcher sur Hambourg, d'y rétablir l'ordre, de faire quelques exemples sévères, et de nous renvoyer le 52ᵉ, dès que le calme sera rétabli. J'apprends ce soir qu'à Sandau, par le moyen d'un bateau qui était gardé sur l'autre rive, on a fait passer la garnison de Pillau qui s'est dirigée sur Brunswick. Le général Lauriston y a envoyé deux officiers de gendarmerie pour arrêter et conduire en poste à Metz le général commandant et les chefs de l'artillerie et du génie. Toutes les pièces à ce sujet sont envoyées au major général par le courrier de ce jour.

« L'article subsistance mérite toute notre sollicitude. Je n'ai trouvé ici de rentré qu'un bon tiers d'approvisionnements de siége. Rien encore de versé sur l'apport de réserve, et le service courant allant alors au jour le jour pour 15 à 20,000 rations. Comme le voit Votre Majesté, cela est bien loin de notre compte. Je prendrai toutes les mesures possibles pour assurer cette partie du service, et pour remplir les intentions de Votre Majesté. »

Nap. à Eug.
Trianon,
22 mars 1813.

« Mon fils, je reçois de Magdebourg, en date du 15 mars, un rapport du général Neigre, qui dit qu'il y a 375 chevaux qu'on peut employer à atteler trois batteries, et, en outre, 177 chevaux du train de la garde. Employez ces 177 chevaux de la garde à atteler une ou deux batteries. Vous leur fournirez des soldats du train, et vous renverrez tout le train de la garde à Francfort. — Le général Sorbier veut employer 400 chevaux du train qu'il a pour la garde ; mais il me semble que le plus pressant est d'organiser votre artillerie. Vous pourrez donc prendre ces 400 chevaux, vous leur donnerez d'autres charretiers, en renvoyant les soldats du train de la garde à Francfort, où on se procurera d'autres chevaux. »

<small>Nap. à Eug.
Trianon,
22 mars 1813.</small>
« Mon fils, je reçois votre lettre du 18 mars. Je vois dans les lettres du prince d'Eckmühl que le corps du général Reynier n'est que de 2,000 hommes. J'ai toujours supposé ce corps de 12,000 hommes. Je vois aussi dans ces lettres que le corps de Dombrowski n'est que de 300 hommes. J'avais aussi toujours supposé, conformément à vos états de situation, que ce corps était de 3,000 hommes.

« Je ne puis pas trop comprendre comment vous n'avez pas de renseignements précis sur tout cela, et ne prenez pas de mesures pour habiller et réunir ces corps. Il valait mieux les envoyer sur les derrières, et on les aurait habillés, ou bien, comme le proposait le prince d'Eckmühl, les incorporer dans les régiments de la Vistule; enfin prendre les mesures quelconques pour utiliser ces hommes.

« Quant à la cavalerie, vous ne me donnez aucun

détail. Je ne comprends pas ce qui empêche que la cavalerie que vous avez ne soit montée.

« De grands magasins d'habillement ont été trouvés à Magdebourg; de nombreux envois d'habillement ont été faits par les corps. Plus de 8,000 selles sont parties de France. — Cependant je ne vois aucun détail sur l'emploi de toutes ces ressources. J'attends demain le général Flahaut, qui me donnera sans doute des détails sur tout cela. »

« Sire, j'ai l'honneur de rendre compte à Votre Majesté que j'ai reçu ses lettres des 16 et 17 du courant dans lesquelles elle me renouvelle ses ordres pour la formation d'un camp en avant de Magdebourg. Demain, à la pointe du jour, je ferai une reconnaissance avec mes bataillons d'infanterie et le 2e corps de cavalerie, pour visiter le terrain et choisir l'emplacement convenable. Si je rentre demain soir d'assez bonne heure, j'en rendrai compte à Votre Majesté. Je suis bien pénétré de ses instructions, il ne dépendra pas de moi qu'elles ne soient promptement remplies; mais j'ai trouvé ici tant à faire, il n'y a pas même la moitié de l'approvisionnement de siége rentré, il n'y a encore rien sur l'approvisionnement de réserve, et le magasin de service courant ne servirait pas pour deux jours si toutes les troupes étaient réunies. Des commandes sont faites partout pour des farines, des grains, des bestiaux, et je ne doute pas que sous trois à quatre jours nous ne commencions à voir arriver les premiers convois.

<small>Eug. à Nap. Magdebourg. 22 mars 1813.</small>

« Votre Majesté croirait-elle qu'il n'y avait rien ici de plus que pour 15,000 hommes?

« Le nouveau gouverneur en a fait pour 100,000 et a ordonné la construction de vingt nouveaux fours qui serviront spécialement pour le service de l'armée active. J'ai ordonné la construction d'un nouveau pont pour faciliter les communications. On le commence demain. Les difficultés de subsistances m'empêchent de faire passer les troupes sur la rive droite aussitôt que je l'aurais désiré. Je n'ai fait qu'un seul changement aux dispositions de Votre Majesté, c'est de mettre le 1er corps d'armée du prince d'Eckmühl entre Torgau et Magdebourg, et le 2e corps du duc de Bellune vers la.....

« Ce changement a été commandé non pas tant par la position actuelle des maréchaux qui se trouvaient déjà sur les lieux, que pour ne pas faire croiser les troupes, et renvoyer à l'extrême gauche celles qui se trouvaient à l'extrême droite, mais les deux 1ers bataillons de ces deux 1ers corps resteront organisés et réunis tels que Sa Majesté l'a ordonné. »

Eug. à Nap. Magdebourg, 22 mars 1813.

« Sire, j'ai l'honneur d'adresser à Votre Majesté la correspondance arrivée aujourd'hui au général Lauriston.

« Il faut que le général Saint-Cyr ait perdu la tête, pour avoir abandonné la rive gauche de l'Elbe et marché avec tant de précipitation sur le Weser.

« J'ai envoyé itérativement l'ordre au général Morand de se reporter avec son infanterie et son artillerie sur Lunebourg et d'observer le bas Elbe, qu'un parti de trois à quatre cents Cosaques pouvait tout au plus passer. Le général Lauriston avait été non-seulement beaucoup trop effrayé, mais il avait communiqué trop facilement les alarmes. Il avait écrit le 17 au général (*nom illisible*) d'évacuer sur Cassel. Heureusement que le 19 il avait envoyé contre-ordre. »

« Mon fils, je vous renvoie deux lettres du général Bourcier. Je ne comprends pas comment vous n'avez pas 8,000 hommes de cavalerie. Ce ne sont pas les selles et les effets d'équipement qui manquent : il en a été beaucoup expédiés de France, et il y en avait beaucoup à Magdebourg. Je ne sais pas ce qui retarde l'organisation de la cavalerie.

« Je vois avec peine que le dépôt de Hanovre a été transféré à Cassel, ce qui arrêtera encore la formation de la cavalerie. Je suppose qu'actuellement que vous serez à Magdebourg le général Lauriston ne donnera plus d'ordres. »

Nap. à Eug. Paris, 23 mars 1813.

« Mon fils, le défaut de cuirasses ne doit point nous empêcher de mettre les cuirassiers à cheval, puisque, jadis, la cavalerie n'en avait pas. Sans doute il est bon qu'ils en aient, mais ils peuvent, à la rigueur, et vu l'urgence des circonstances, s'en passer pour le moment. »

Nap. à Eug. Paris, 23 mars 1813.

« Mon fils, faites-vous rendre compte de la situation de tous les dépôts de cavalerie, et statuez sur tout ce qui est nécessaire, selon les circonstances.

Nap. à Eug. Paris, 23 mars 1813.

Prenez également toutes les mesures que vous jugerez convenables pour l'administration. Fixez vos regards sur les deux régiments lithuaniens. Si cela vous paraît nécessaire, vous n'en formerez qu'un des deux. Rapprochez-les du grand-duché de Berg, si cela vous semble utile ; ou bien formez-les là où ils sont. — Portez également vos regards sur le corps polonais du général Dombrowski ; complétez d'abord la légion de la Vistule. Faites-lui délivrer les 4,000 habits que l'on dit exister à Magdebourg pour cette légion. Donnez les ordres qui vous paraîtront le plus convenables. — Si vous pensiez que ces régiments ne peuvent pas bien s'organiser à la hauteur où ils sont, vous pourriez les faire rapprocher du grand-duché de Berg ou du département de la Lippe ; mais prenez des mesures efficaces et positives pour tous ces objets.

« Le général Dombrowski a, à ce que je crois, 3,000 hommes de cavalerie et seulement 1,500 chevaux. Voyez les mesures à prendre pour procurer les chevaux qui lui manquent, les équiper, armer et habiller les hommes. Faites faire l'état de tous les hommes à pied qu'a la cavalerie, en les comparant avec les ressources qu'on peut encore attendre de la 32ᵉ division militaire. »

Nap. à Eug.
Paris,
24 mars 1813.

« Mon fils, je vois dans la lettre du prince d'Eckmühl du 18 que le 19 il voulait faire sauter le pont de Dresde. Ce serait un grand malheur d'abandonner, sans y être contraint par des forces supérieures, une des principales villes. Ce serait d'ailleurs un moyen d'attirer l'ennemi, car comment défendre la partie de la ville qui est sur la rive droite; et, si l'ennemi s'y établissait, pourrait-on longtemps se maintenir vis-à-vis?

« Je vois, par votre lettre du 19, que vous avez donné ordre au général Reynier de défendre Dresde jusqu'à la dernière extrémité. J'espère donc encore que le prince d'Eckmühl n'aura pas fait sauter le pont. »

« Mon fils, j'ai reçu votre lettre du 21. Je vois par cette lettre et les extraits de la *Gazette de Berlin* que Wittgenstein n'est entré que huit jours après votre départ de Berlin et seulement avec une division russe de six régiments, ce qui ne fait pas plus de 6,000 hommes.

Nap. à Eug. Paris, 24 mars 1813.

« Je ne conçois rien à la conduite du général Saint-Cyr et du général Morand. Il paraît, d'après toutes les pièces, que le général Morand n'a vu que 50 Cosaques : pourquoi donc dégarnir la rive gauche et pourquoi abandonner Hambourg?

« Vous ne me faites pas connaître si l'on a renvoyé l'officier russe qui était avec le général Castella? »

« Sire, j'ai l'honneur de rendre compte à Votre Majesté que je rentre à l'instant de la reconnaissance que j'ai faite. J'ai parcouru tout le pays à cinq ou six lieues et avant. Il est difficile à étudier à cause d'une grande quantité de filets d'eau à travers lesquels les communications changent selon les saisons. Je n'ai

Eug. à Nap. Magdebourg, 24 mars 1813.

donc pu encore asseoir une idée sur l'emplacement du camp, mais la position qui, sauf examen, me paraît la plus sûre, est celle de Nedlitz. Le pays au delà est beaucoup trop ouvert et porterait à de grands mouvements de cavalerie. Nous aurions toujours le grand inconvénient de n'avoir qu'une chaussée pour arriver au camp et une deuxième route à travers des prairies qui n'est presque pas praticable pendant les pluies. Au reste, demain des officiers du génie lèvent scrupuleusement le terrain, et sous deux jours nos idées seront entièrement fixées. J'ai débouché ce matin avec les bataillons et le 2e corps de cavalerie. Nous n'avons trouvé que quelques centaines de Cosaques que nous avons repoussés jusqu'au delà de Meckers. Ils se sont retirés en toute hâte; nous n'avons pu en prendre qu'un seul. Plusieurs des leurs ont été blessés. Demain, un bataillon passe sur la rive droite, après demain le 1er corps de cavalerie. Je compte pousser le même jour une très-forte reconnaissance à une journée de marche en avant de nous, afin de décider davantage notre mouvement et d'attirer ainsi l'ennemi.

« J'ai l'honneur d'envoyer à Votre Majesté cinq divers rapports que j'ai trouvés à mon retour. J'ai reçu également une lettre de M. de Saint-Marsan qui m'annonce que le 15 le roi de Prusse a fait son alliance avec la Russie. Toutes ses troupes étaient, dit-on, en mouvement depuis les 11 et 12; il paraîtrait même que le général Wintzengerode était avant-hier 21 à peu de distance de......... Un agent de Sochowski est arrivé aujourd'hui de Silésie et fait en ce moment son rapport de tout ce qu'il a vu et entendu.

« Je n'ai rien reçu aujourd'hui de nouveau des généraux Saint-Cyr et Morand.

« J'informe Votre Majesté que le médecin en chef Desgenettes est passé avant-hier à Wittenberg, venant par Kœnigsberg de Wilna, d'où il est parti avec une permission spéciale de l'empereur Alexandre. Il s'est dirigé sur Leipzig, où il croyait me trouver. Je présume qu'il aura continué sa route pour Paris. »

« Sire, tous les régiments de l'armée manquent d'officiers et de sous-officiers, ce qui est extrêmement préjudiciable, et surtout pour des corps tout à fait nouveaux, tels que les anciens régiments qui, s'étant épuisés pour organiser un 1ᵉʳ bataillon, n'ont plus que des conscrits. On peut dire hardiment qu'il manque dans ce corps la grande moitié de sous-officiers. Il existe 2 bataillons de vélites, l'un de Turin, l'autre de Toscane. Les officiers et les sous-officiers sont bons. On pourrait en prendre quelques-uns pour officiers dans l'armée, et parmi les vélites on pourrait choisir une centaine de bons sous-officiers instructeurs. Ce serait une diminution insensible pour la guerre et précieuse pour les régiments. Je n'ose proposer à Votre Majesté une mesure en grand. Ces 2 bataillons auraient conservé un nombre de sous-officiers suffisant pour former des cadres que l'on aurait envoyés se recruter, et l'on aurait placé tous les autres dans l'armée; mais ce moyen aurait enlevé près de 500 hommes momentanément à la

Eug. à Nap. Magdebourg, 24 mars 1813.

garde, et, quel que soit l'avantage qui en serait résulté, je n'ai pas cru devoir le proposer. C'est à Votre Majesté qu'il appartient de prononcer. Dans le cas où elle adopterait ma première proposition, je la prie de m'autoriser à la mettre de suite à exécution. »

<small>Eug. à Nap.
Magdebourg,
24 mars 1813.</small>
« Sire, j'ai l'honneur d'adresser à Votre Majesté les différents rapports qui me sont parvenus aujourd'hui du bas Elbe. Il paraît que la terreur y est bien grande. J'espère que l'ordre que j'ai envoyé par duplicata et par deux officiers au général Morand de marcher sur Lunebourg lui sera arrivé assez à temps[1]. Au reste, les mesures que prend Votre Majesté pour l'envoi de Wesel de 2 bataillons du général Vandamme vont sûrement calmer toutes les têtes. J'ai reçu aujourd'hui les lettres de Votre Majesté du 19 mars. Je vois qu'elle tient beaucoup à ce que je mette à la gauche le prince d'Eckmühl, et que je lui donne le commandement de tout le bas Elbe et de la 32e division et du corps qu'amène avec lui le général Vandamme. J'ai, en conséquence, l'honneur de rendre compte à Votre Majesté que j'ai suspendu le mouvement des 2es bataillons et du 2e corps qui se dirigeaient vers Werben. Je donne l'ordre au prince d'Eckmühl de s'y rendre en poste et de se faire rejoindre par les 6 bataillons qu'il avait vers Witten-

---

[1] Malheureusement l'exécution de cet ordre fut la perte du général Morand qui fut entouré (comme nous l'avons dit au texte du Livre), par des forces beaucoup trop considérables.

berg. Ainsi les instructions de Votre Majesté seront complétement remplies.

« J'envoie à Votre Majesté le rapport d'un sous-officier français, qui s'est échappé; un rapport détaillé du général Sckoski, et enfin une lettre qui m'a été envoyée de Leipzig, arrivant de Silésie, qui prouve combien les têtes sont montées dans ce pays. Je joins également les dernières gazettes de Berlin. Les rapports de ce jour de nos avant-postes sont que l'ennemi n'y a montré que quelques patrouilles et 60 Cosaques sur différents points. Demain, je compte faire une reconnaissance à huit ou dix lieues de Magdebourg, avec le 2ᵉ corps de cavalerie et la division Maison. Le 1ᵉʳ corps de cavalerie achève après-demain son mouvement sur Magdebourg, et le jour suivant des reconnaissances de 1,500 chevaux et d'une division d'infanterie pourront aller dans des directions différentes. Les ouvrages de la place de Wittenberg ont avancé très-rapidement. J'en enverrai demain un rapport très-détaillé à Votre Majesté. Cette place n'a encore que 12 bouches à feu, mais 15 pièces de 12, et quelques obusiers partent demain d'ici, et y arrivent à marche forcée. Il n'a pas été possible de tirer une pièce de Torgau. Le général gouverneur de cette ville a pris dans ces derniers moments un ton tout à fait extraordinaire. Je reçois à l'instant une lettre du général Durutte, que je m'empresse de mettre sous les yeux de Votre Majesté. Ce général commandait le 7ᵉ corps pendant la maladie du général Reynier. J'espère cependant que cette maladie n'aura pas de suites, mais je regrette qu'il n'ait pas été présent. Il aurait sûrement évité l'évacuation de la partie de Dresde qui est sur la rive droite. »

Eugène à la vice-reine. Magdebourg, 24 mars 1813.

« ...... Ma santé est bonne, sauf une courbature qui provient, je crois, de l'air qu'il faisait quand j'ai visité la place, et je n'avais pas ma capote. Pourtant cela ne m'a pas empêché de passer l'Elbe hier avec 2 divisions d'infanterie et un corps de cavalerie, et nous avons repoussé tous les avant-postes ennemis. Demain, je compte pousser encore à cinq ou six lieues plus loin; de cette manière, nous nous rapprochons de Berlin, et nous inquiétons beaucoup l'ennemi. Pendant ce temps, les divisions formant les armées du Rhin arrivent, et dans la première quinzaine d'avril on sera en mesure d'opérer. J'espère que tu seras assez raisonnable pour ne pas t'inquiéter. Si quelque danger peut facilement alarmer la tendresse, tu trouveras une consolation en pensant que je fais mon devoir, que je suis heureux de pouvoir être utile à l'Empereur, et surtout de le servir dans des circonstances où l'on voit tant de gens perdre courage. J'aime à croire que si je me conduisais autrement, tu ne pourrais plus m'aimer ni m'estimer. Ce sont donc quelques moments difficiles à passer; c'est un peu de patience, et surtout de la confiance en mon étoile. »

Eug. à Nap. Magdebourg, 25 mars 1813.

« Sire, je suis rentré très-tard de la reconnaissance. Je l'ai poussée jusqu'auprès de Hohenziatz, c'est-à-dire à neuf lieues de Magdebourg. Nous n'avons trouvé que 5 à 6 Cosaques, que nous n'avons jamais pu atteindre, quoiqu'ils aient été poursuivis vivement. D'après tous les renseignements que j'ai pu me procurer, il paraît que l'ennemi occupe Berlin, Potsdam et Brandebourg, et tient la ligne de la Havel, appuyant sa droite à l'Elbe, qu'il étend fort loin avec de gros partis de cavalerie. J'adresse à Votre Majesté une gazette de Berlin, qui venait d'arriver à Möckern lorsque j'y suis entré. Elle est d'avant-hier, et elle renferme les pièces de la déclaration de guerre du roi de Prusse. J'ai l'honneur d'adresser à Votre Majesté les rapports de Brême qui me sont parvenus aujourd'hui. Le rapport suivant a été adressé au général Lauriston, mes officiers n'ayant dû y arriver que le 23.

« J'ai vu ce soir le médecin Desgenettes ; je l'envoie à Paris. Il dira à vous-même des choses assez curieuses sur la conversation qu'il a eue avec l'empereur Alexandre.

« Nous éprouvons encore ici des difficultés pour la subsistance. Nous ne pouvons cuire encore que de 23 à 25,000 rations de pain. Ces difficultés seront, je crois, levées au 1ᵉʳ du mois, époque à laquelle les nouveaux fours seront achevés et les farines arrivées. »

« Mon fils, dans une lettre du 20, le général Lauriston dit que les Anglais ont fait un débarquement à Hambourg : il va vite en besogne. Les Anglais n'ont point de troupes à envoyer ; tous leurs efforts sont sur Lisbonne. S'ils pouvaient envoyer quel-

Nap. à Eug.
Paris,
26 mars 1813.

que chose, ce serait quelques centaines d'hommes.

« Le général Lauriston me paraît avoir la tête bien inflammable. Tous les bruits qui arrivent jusqu'à lui, il les prend pour des faits. Il ne sait donc pas que dix fois par jour, à Paris, nous recevons la nouvelle de quelque débarquement, à cause des mouvements des vaisseaux marchands que les Anglais envoient partout. »

Nap. à Eug.-
Paris,
26 mars 1813.
« Mon fils, j'ai reçu votre lettre du 20. J'ai vu avec la plus grande peine que le prince d'Eckmühl a fait sauter le pont de Dresde. Cela ne peut manquer d'y attirer l'ennemi, surtout s'il a fait sauter une pile, cela exaspérera les habitants, et par suite l'armée saxonne. Il y a donc bien de l'inconsidération dans cette conduite de la part du prince d'Eckmühl. Les Russes ne voulant pas venir à Dresde en force, il était plus simple de barricader le pont et de rester tranquille dans la ville; et si, enfin, on devait faire sauter ce pont, il fallait n'en faire sauter qu'une arche, de manière à pouvoir, sur-le-champ, la réparer avec des pièces de bois pour rester maître de la ville, sauf à jeter ces bois dans la rivière à l'approche de l'ennemi. Si les Russes ne sont point encore entrés dans Dresde, c'est encore ce qu'il faudra faire. »

Nap. à Eug.
Paris,
(Sans date.)
« Mon fils, je reçois votre lettre du 22 mars. Je vois avec peine la formation d'un 3ᵉ corps de cavalerie. Je vois que le général Bourcier a remis 1,300 chevaux au général Vatthier, et qu'ils ne font partie ni du 1ᵉʳ corps ni du 2ᵉ corps de cavalerie; de ma-

nière que voilà les régiments morcelés. Cette marche détruirait tout. Ne perdez pas un moment à dissoudre ce corps et à faire rejoindre par chaque détachement leur régiment. — Détachez plutôt une division sur la gauche, s'il est nécessaire.

« Il faut partir du principe que c'est absolument ne rien faire que de *disséminer* (main propre) des hommes de cavalerie un à un par corps, au lieu que si on réunit les escadrons ou les compagnies que les régiments ont encore à l'armée en une même division, on aura encore des régiments.

« Je suppose qu'en ce moment vous avez 7 à 8,000 hommes de cavalerie[1]. »

<small>Nap. à Eug.
Paris,
26 mars 1813.
(Expédiée le 30 mars.)</small>

« Mon fils, le 25 mars, 10 bataillons des 2ᵉ et 5ᵉ divisions et de la division de Hambourg étaient déjà arrivés à Wesel; le général Vandamme a dû y arriver le même jour. Les généraux Dufour et Dumonceau ont dû suivre. Je suppose que le général Vandamme se portera rapidement sur Brême et sur Minden pour garder le Weser; il renverra le général Morand et le général Saint-Cyr sur l'Elbe et reprendra possession de toute la division.

« J'ai ordonné que le quartier général de la division avec la cour impériale, la cour prévôtale et toutes les administrations centrales, fussent placés à Brême.

« Écrivez au général Vandamme d'abord sur Wesel pour qu'il corresponde avec vous et fasse marcher

---

[1] Le vice-roi n'en avait pas *trois mille*.

rapidement en avant pour occuper toute la rive gauche de l'Elbe. »

*Nap. à Eug.
Paris,
26 mars 1813.*
« Mon fils, je reçois des lettres du général Bourcier en date du 19. Ce général n'a donné que 8,000 chevaux de cavalerie. Or, comme il y a, y compris les 1,100 hommes envoyés dernièrement, 15,000 hommes de cavalerie à la Grande-Armée, il a donc encore 3 à 4,000 hommes à monter.

« Je vois que le général Vatthier avait 1,100 hommes. Il est bien urgent de les réunir aux deux corps, sans quoi c'est une cavalerie qui ne rendra aucun service. »

*Nap. à Eug.
Paris,
26 mars 1813.*
« Mon fils, je vous envoie une lettre du général Bourcier du 19. Je vois avec plaisir qu'il n'a pas quitté Hanovre. J'espère que vous lui avez donné ordre à temps de prendre tout ce que le pays peut fournir. — Je ne conçois pas comment ce général dit qu'il n'a plus d'hommes de cavalerie légère. — Vous avez beaucoup de Polonais et de Lithuaniens qui sont à pied. Donnez des ordres pour que les hommes à pied se rendent à Hanovre.

« Je pense que le général Bourcier doit avoir encore près de 5,000 hommes à monter. Envoyez vous-même des officiers pour voir cela. Il est très-important d'avoir des idées claires là-dessus, afin d'envoyer, ou de ne pas envoyer des détachements à pied. Il serait malheureux que j'envoyasse des détachements à pied, armés et équipés, qui ne trouveraient point de chevaux. »

« Sire, j'ai l'honneur d'adresser à Votre Majesté tous les rapports que j'ai reçus dans la journée. Il paraît positif que l'ennemi a passé dans le bas Elbe sur différents points, et j'ignore jusqu'à présent si c'est un passage sérieux ou si ce sont seulement des partis de cavalerie qu'il a jetés sur cette rive. Ce qui me ferait croire qu'il pourrait être en force, c'est que toutes les reconnaissances que nous avons poussées sur la rive droite n'ont rencontré qu'un rideau de troupes légères qui ont disparu. Il est parti ce matin de Stendal une forte reconnaissance dont j'attends avec impatience le résultat. Cette reconnaissance sera composée d'un régiment d'infanterie, 500 chevaux et 2 pièces d'artillerie. Le général Puthod est en position à Ludnitz avec les bataillons du 1ᵉʳ corps qui se rendaient à Werben. Le prince d'Eckmühl arrive ici demain, et il continuera sa route pour prendre le commandement de l'aile gauche. Pendant ce temps, le 4ᵉ corps achève son mouvement sur Magdebourg. Les 28 et 29 je pourrai avoir réuni tous les corps sur l'Ohre et marcher droit à l'ennemi, si j'apprends que son passage est sérieux, en calculant bien la force de l'ennemi, s'il passe sur ma gauche. Il ne paraît avoir en ce moment que le corps Wittgenstein et celui du général York. Je suppose l'un de 16 à 18,000 hommes, et l'autre de 20 à 24,000, mais je leur opposerai plus de 50,000 baïonnettes, 4,000 chevaux et un bon nombre d'artillerie. Dans le rapport que j'adresse à Votre Majesté, elle trouvera que le général Morand marche sur Lunebourg. Elle trouvera aussi dans la lettre du général Durutte une nouvelle qui

Eug. à Nap. Magdebourg, 26 mars 1813.

l'étonnera sans doute autant que moi, c'est celle du départ inopiné du général Reynier. Il est inconcevable qu'un officier général se permette ainsi de quitter l'armée sans permission en de pareilles circonstances. Il n'y avait encore hier rien de nouveau dans le haut Elbe, mais je ne serais pas étonné d'apprendre que l'ennemi eût passé entre Meissen et Torgau. »

Eugène à la vice-reine. Magdebourg. 26 mars 1813.

« Ma chère Auguste, hier, j'ai fait plus de 16 lieues à cheval, car j'ai été avec quelques troupes à près de 9 lieues d'ici sur la route de Berlin; nous n'avons trouvé que 600 Cosaques qui se sont enfuis et que nous n'avons jamais pu atteindre. On me dit à présent que les Russes passent le fleuve entre ici et Hambourg; cela serait à souhaiter, car je ne les crois pas aussi forts que tout ce que je puis réunir. Tout cela mérite d'ailleurs confirmation. Tu sauras sans doute déjà que le roi de Prusse nous a définitivement déclaré la guerre; cela renforce nos ennemis de 60 à 80,000 hommes; malgré cela je crois encore que nous les battrons et les forcerons à demander la paix. »

Nap. à Eug. Paris. 27 mars 1813, au matin.

« Mon fils, tous les états de situation que nous avons ici portent que les hommes de cavalerie qui sont dans les dépôts de l'armée ou aux corps sont au nombre de 15,600 hommes, et le général Bourcier se plaint de n'avoir plus d'hommes du tout, et il mande qu'une compagnie de marche de 120 cuirassiers à pied, qui arrive de Mayence, il va la monter sur-le-champ. Cela est inexplicable. Il faut qu'il y ait des hommes à pied, dans les régiments et dans les dépôts, que le général Bourcier ne connaisse pas. Éclaircissez toute cette question. »

Nap. à Eug.
Paris.
27 mars 1813.

« Mon fils, du 22 au 25, il part 1,000 selles de Mayence pour Magdebourg. Vous devez déjà en avoir reçu cette année près de 6,000.

« Le sous-directeur des habillements à Magdebourg pourra vous donner des renseignements sur tout cela. »

Eug. à Nap.
Magdebourg,
27 mars 1813.

« Sire, les nouvelles que j'ai reçues ce matin de Stendal sont datées de minuit. On n'avait encore vu que des Cosaques, et le général Montbrun, commandant la 1re division de cavalerie légère, s'est borné à envoyer plusieurs petites reconnaissances de cavalerie. J'ai envoyé hier un de mes aides de camp sur ce point. Il sera poussé aujourd'hui une forte reconnaissance jusqu'à Werben même, si les forces de l'ennemi ne s'y opposent point. Nous saurons donc demain matin, au plus tard, à quoi nous en tenir. Je ne pense pas perdre de temps, car le 1er corps de cavalerie et le 11e corps se réunissent sur l'Ohre[1] en avant de Wolmirstædt. Le même jour la division Maison occupera Péchau et les deux têtes de Kœnigsborn, et le jour suivant marchera sur l'ennemi. En attendant, je ferai continuer le baraquement et pousser des reconnaissances par la division Maison. Il n'y avait encore rien de connu hier à 11 heures du soir à Dresde sur toute la ligne de l'Elbe. »

[1] Petit affluent de gauche de l'Elbe.

*Eug. à Nap.
Magdebourg,
27 mars 1813.*

« Sire, j'ai l'honneur d'adresser à Votre Majesté tous les rapports qui me sont parvenus aujourd'hui. Toutes les reconnaissances qui ont poussé au delà de Hohenziatz sur Lofburg et sur Burg n'ont rencontré que quelques détachements de Cosaques. Les reconnaissances parties de Stendal n'ont également rencontré que des troupes légères. Tous les rapports s'accordent à dire que l'ennemi s'occupe de l'établissement d'un pont au-dessous de Werben. Un aide de camp que j'ai envoyé a dû faire une forte reconnaissance d'infanterie, cavalerie et artillerie. Le prince d'Eckmühl part cette nuit pour s'y rendre. Il trouvera à Stendal 10 bataillons du 1er corps et 4 du 2e, la 2e division de cavalerie légère, et 8 pièces d'artillerie. La division Puthod est intermédiaire entre ici et Stendal. Demain le 1er corps de cavalerie et la tête du 11e arrivent sur l'Ohre. Après-demain 29, j'ébranlerai mes troupes en deux colonnes pour marcher droit à l'ennemi, en appuyant de préférence sur Gardeleger, si toutes les nouvelles reçues jusqu'à présent se confirment.

« J'envoie à Votre Majesté le tableau de l'artillerie telle qu'elle est organisée en ce moment. Elle pourra s'augmenter à mesure des derniers convois que recevra le général Lauriston, et que le parc recevra ici des chevaux de Hanovre, pour établir la réserve du 11e corps.

« Votre Majesté remarquera, dans la lettre que je lui adresse du général Durutte, la singulière conduite que tiennent les Saxons en ce moment. J'adresse également à Votre Majesté la lettre du général

Reynier, par laquelle il m'annonce tout simplement son départ de l'armée. »

« Je t'avais annoncé mon départ, ma chère et bonne Auguste, mais il est retardé pour le moment; l'ennemi n'a pas passé l'Elbe en force, mais seulement avec 6,000 hommes dont 3,000 Cosaques. Le parti que j'ai envoyé sur le point de passage en a culbuté une centaine dans la rivière, et pris 19 dont 2 officiers. Dans le bas Weser, nous avons eu aussi un petit avantage sur quelques Anglais qui étaient parvenus à enlever une batterie de la côte et à réunir quelques centaines de gens de toute espèce. Nos jeunes troupes ont repris la batterie, et tout tué ou pris. Il y a parmi les prisonniers 14 Anglais dont 1 officier; tous ces petits faits d'armes sont d'un bon augure pour les plus sérieux. Les Prussiens et les Russes de la Silésie marchent sur la Saxe; ils doivent avoir passé l'Elbe aujourd'hui vers Dresde : cela va rendre bien difficile le passage de nos courriers..... Ils peuvent toujours m'arriver un peu plus tard en faisant un détour pour gagner d'un corps d'armée à l'autre, et nous avons déjà une grande quantité de troupes à Wurtzbourg et à Francfort. Adieu. »

<small>Eugène à la vice-reine. Magdebourg. (Sans date.)</small>

« Mon fils, il paraît, par des lettres envoyées de Cracovie par le sieur Bignon, que les Russes ont vis-à-vis les Polonais et les Autrichiens, un corps de 40,000 hommes, une division vis-à-vis Modlin, une division vis-à-vis Zamosc et une autre division vis-à-vis Thorn. Ils ont aussi près de 40,000 hommes,

<small>Nap. à Eug. Paris, 28 mars 1813.</small>

infanterie, cavalerie et artillerie, auprès de Dantzig, d'où la garnison fait de fréquentes sorties. Ainsi il est impossible que l'ennemi soit en force à portée de l'Oder.

« Voici actuellement quelle sera de ce côté votre position au 1ᵉʳ avril. — Le prince de la Moskowa est avec trois de ses divisions à Wurtzbourg et deux divisions se mettent en mouvement de Friedberg et Hanau pour Fulde. Les Bavarois arrivent à Bamberg. Ainsi, à dater de la première semaine d'avril, le prince de la Moskowa, avec 100 pièces de canon et 40,000 hommes, peut être à portée de marcher sur la Saale.

« Le duc de Raguse est à Hanau avec trois divisions, et vers le 10 avril une de ces divisions sera en mesure de marcher sur Erfurth.

« La 1ʳᵉ division du corps d'Italie, commandée par le général Morand [1], sera avant le 15 avril à Nuremberg. Il me tarde de savoir que le général Reynier ait pris le commandement de Dresde, et réparé, autant que possible, les bévues du prince d'Eckmühl. Il me tarde aussi d'apprendre que Wittenberg a des canons et qu'il est en état de se défendre. Je suppose que vous avez donné sur cette position des instructions assez claires pour ne rien laisser à l'arbitraire du commandant.

« Tout ce que ce maréchal a fait à Dresde et dans la retraite prouve qu'il a les idées les plus erronées et les plus folles de la guerre [2]. »

---

[1] Il ne faut pas confondre ce général Morand avec le vieux général Morand qui avait évacué la Poméranie.

[2] On voit que souvent, dans un moment d'humeur, Napoléon n'é-

« Mon fils, je reçois votre lettre du 23. Vous pou- *Nap. à Eug.*
vez prendre en avant de Magdebourg une ligne aussi *Paris,*
étendue que vous voudrez, puisqu'en appuyant votre *28 mars 1813.*
droite en avant de Dessau et votre *gauche à l'embouchure* du canal de Plauen, votre ligne n'aurait guère
que quatorze lieues, et votre centre se trouverait
alors à six lieues de Magdebourg. — En rapprochant votre centre à trois lieues de Magdebourg,
la ligne qui suit l'Elbe en amont et en aval ne
serait plus que de six à sept lieues; à moins que
l'ennemi ne vienne se placer avec une forte armée vis-à-vis de vous, ce que je ne le crois pas en
mesure de faire, vous occuperez un camp retranché, appuyé à l'Elbe, la *gauche* au canal de Plauen
et la *droite* en position de Dessau. — En établissant un va-et-vient sur l'un et l'autre de ces points,
vous aurez une communication directe et rapide, indépendamment de celle par Magdebourg. — L'occupation de l'embouchure du canal de Plauen est la
meilleure manière d'annuler tous les bateaux qui
se trouvent dans ce canal. On pourrait même établir
une tête de pont sur la rive droite de ce canal, de
manière à donner passage pour marcher sur le Havel. Vous aurez ainsi comme trois têtes de pont :
une à trois ou quatre lieues en avant de Magdebourg,
qui sera votre camp principal; une autre *sur la rive droite* en avant de Dessau, ou une position analogue; et une troisième à l'embouchure du canal de
Plauen. — Par ce moyen, en cas d'attaque, toutes
les troupes de votre droite qui défendent la rive

pargnait pas un blâme, quelquefois très-dur, à ses meilleurs généraux.

gauche déboucheront par la tête du pont en avant de Dessau, et toutes celles qui sont sur votre gauche déboucheront par la tête du pont de l'embouchure du canal de Plauen pour venir se joindre à vous — Ainsi, indépendamment de vos huit divisions, vous seriez fortifié par tous les corps qui défendent l'Elbe, en amont et en aval. — Je pense donc, en résumé, que vous devez choisir un champ de bataille à trois ou quatre lieues en avant de Magdebourg, et y établir votre camp, en ayant bien soin de choisir un endroit sain. — Vous vous couvrirez par quelques redoutes; mais elles doivent être espacées de manière que l'on puisse manœuvrer entre elles.

« Établissez une tête de pont à la hauteur de Dessau avec un va-et-vient en attendant qu'on y ait construit un pont. Établissez aussi une tête de pont à l'embouchure du canal de Plauen également avec un va-et-vient.

« Vous aurez la ligne de vos avant-postes depuis le canal de Plauen jusqu'à Dessau, en suivant la corde; ils seront retranchés avec des redoutes ou des palissades pour être à l'abri de la cavalerie légère. Cela vous donnera donc un espace de sept à huit lieues de profondeur et de douze ou quinze de front. Votre gauche ne se trouve plus alors qu'à une marche du Havel, et votre droite qu'à une marche de Wittenberg. Choisissez surtout un terrain qui soit bien sain. Consultez à cet égard les médecins et les habitants du pays. N'admettez aucune modification. Si vous êtes près de marais ou de prairies inondées, quoi qu'on puisse dire, c'est un endroit malsain. Il faut vous élever. Vous sentez que dans un mois de séjour, au printemps, j'y perdrais mon armée. — *Je désire que vous consultiez moins les médecins que votre bon sens et les habitants.* — Le terrain me paraît coupé et boisé; en sorte qu'il ne doit y avoir qu'un certain nombre de débouchés et de chaussées. —Vous pourriez aussi occuper l'espèce de delta que forme le canal en se jetant dans l'Elbe, en y établissant des ouvrages et des baraques, cela ne laissera pas que d'inquiéter l'ennemi qui se porte sur Hambourg. Cela ne doit pas vous empêcher de faire de forts détachements de cavalerie et infanterie avec de l'artillerie, sur la rive gauche, afin de rejeter dans l'Elbe, les partis ennemis qui auraient passé la rivière, et favoriser les mouvements des généraux Morand, Saint-Cyr et Vandamme. »

Eug. à Nap. Magdebourg, 28 mars 1813.

« Sire, j'ai l'honneur d'adresser à Votre Majesté tous les rapports que j'ai reçus de différents points. Lorsque mon aide de camp est arrivé à Stendal, le général Montbrun en était parti depuis plusieurs heures, avec 500 chevaux, 2 pièces d'artillerie et 2 bataillons d'infanterie, pour se porter sur Werben et avoir des nouvelles positives de l'ennemi; mais mon aide de camp n'osa communiquer avec lui parce que 500 Cosaques s'étaient jetés derrière cette reconnaissance. Quatre bataillons avec 2 pièces d'artillerie ont été échelonnés à Marbourg. Le prince d'Eckmühl aura dû être ce soir de sa personne à Stendal. Tout le monde s'accorde à assurer que l'ennemi avait resserré toutes ses forces entre Werben et Leuzen, et qu'il a jeté du monde sur cette rive pour masquer le point où il doit établir ses ponts. J'ai cru ne pas devoir hâter le mouvement, dans la crainte que ce ne fût une démonstration, et que le véritable passage ne fût dans le haut Elbe; mais j'ai dû prévoir le cas où l'ennemi, passant sérieusement avec toutes ses forces, chercherait à gagner une ligne de communication pour me combattre dans une fausse position. Le 11ᵉ corps est entre Calvorde et Neuhaldensleben, le 1ᵉʳ corps de cavalerie sur la rive gauche de l'Ohre envoyant des partis à Gardelegen. Le corps de l'Elbe se concentre, la droite à Wolmirstadt et appuie sa gauche à Neuhaldensleben. La division Puthod reste en position à Ludwitz, parce que le prince d'Eckmühl, étant à Stendal, peut en avoir besoin. Le 2ᵉ corps de cavalerie arrive demain à Wolmirstadt et passera après sur Stendal. Moi-même, je porterai mon quartier général sur l'Ohre, suivant les nouvelles que j'apprendrai. Si l'ennemi est effectivement posté, je marcherai à lui, m'appuyant cependant suffisamment à gauche, pour avoir toujours une ligne d'opération.

« Votre Majesté verra, par les lettres du général Durutte, que l'ennemi a aussi passé dans le haut. Il paraît que ses projets sont de jeter des ponts à Werben. Jusqu'à présent, cependant, je n'ai eu des nouvelles que de partis de cavalerie; mais ces agents assuraient avoir rencontré les pontons en marche sur les routes de Kœnigsberg et de Bautzen. Une partie des 3,000 Cosaques qui ont passé au-dessus de Meissen était déjà arrivée hier 27, à peu de distance de Leipzig. Enfin dans les rapports du général Saint-Cyr, Votre Majesté verra avec plaisir qu'on a fait quelques Anglais prisonniers, et qu'on a pu faire un bon exemple d'une partie des séditieux. »

Nap. à Eug. Paris. 29 mars 1813.

« Mon fils, vous me faites connaître, dans votre lettre du 24, que vous voulez prendre des sous-officiers dans les régiments de vélites piémontais et toscans ; cela se ferait sans inconvénient si c'étaient des Français. Je vous autorise cependant à en prendre un petit nombre ; mais il ne faudrait pas que les cadres de mes régiments fussent dans la proportion de plus d'un sixième d'officiers italiens. Si le bataillon du 11ᵉ d'infanterie légère, ainsi que le 111ᵉ, en ont besoin, vous pouvez en prendre, ces régiments étant composés d'Italiens. »

Nap. à Eug. Paris, 29 mars 1813, au matin.

« Mon fils, je reçois votre lettre du 24. Il est probable que le général Vandamme aura assez à faire pour contenir l'insurrection et les côtes. Il faut que le prince d'Eckmühl, avec la 1ʳᵉ division et un peu de cavalerie, auquel vous pourriez joindre le régiment saxon qui était en Poméranie, se charge de former deux *divisions* pour occuper les côtes du bas Elbe. »

Eug. à Nap. Magdebourg, 29 mars 1813

« Sire, j'ai l'honneur d'adresser à Votre Majesté les rapports que j'ai reçus dans la journée. La lettre du prince d'Eckmühl contient le premier interrogatoire, fait de tête de l'aide de camp du général Damberg. Sa Majesté trouvera dans ce rapport des nouvelles du 21 mars de Cracovie, et de Varsovie du 16. Les nouvelles de Brême annoncent toujours beaucoup de fermentation dans les départements de l'Elbe. J'attends avec impatience des nouvelles du général Morand à Lunebourg. Werben aura dû être occupé fortement ce soir. J'ai mis à la disposition du prince d'Eckmühl la division Puthod et le 2ᵉ corps de cavalerie qui étaient échelonnés entre ici et Werben. Les bataillons du 2ᵉ corps prennent position sur la basse Saale. Le duc de Bellune porte son quartier général à Bamberg. L'armée, concentrée autour de Magdebourg, ne fera aucun mouvement jusqu'à nouvel ordre : jusqu'à ce moment, je n'ai donc l'assurance dans le bas Elbe que d'un passage de 3,000 chevaux et de 3,000 hommes d'infanterie, et je ne doute pas que, lorsqu'ils se verront une colonne mobile à leurs trousses, ils ne tâchent de le repasser.

« Je ne puis pas croire que les corps de Wittgenstein et d'York, quoique forts ensemble de 40 à 45,000 hommes, se hasardent de passer l'Elbe avant que l'ennemi, opérant dans le haut Elbe, ne soit en état de les seconder. Jusqu'à présent nous n'avons aucune connaissance du passage dans le haut Elbe que de 2 à 3,000 Cosaques jetés sur cette rive. Hier, Leipzig, qui avait d'abord été fort effrayé, n'avait encore eu aucun parti ennemi. Tous les rapports de Wittenberg et de Torgau annonçaient que l'ennemi devait jeter des ponts, le 28, sur les mêmes points où les partis de Cosaques étaient passés, et il ne paraît pourtant pas possible que les Prussiens et les Russes débouchent de la Silésie, même avec 100,000 hommes et passent l'Elbe, s'ils avaient la moindre chose à redouter de l'Autriche. »

« Sire, j'ai l'honneur d'adresser à Votre Majesté un rapport de mon aide de camp le général Gifflinga, qui arrive à l'instant. Le prince d'Eckmühl, qui était hier à Saint-Judohl, a dû en partir ce matin pour aller s'établir à Werben. Il mettra à la poursuite des 6,000 chasseurs une forte colonne d'infanterie, artillerie et cavalerie. J'ai écrit au roi de Westphalie pour l'engager à envoyer promptement une forte colonne mobile pour couvrir Hanovre, et j'ai fait prévenir, tant à Hanovre qu'à Brunswick, qu'on ferait des exemples sévères au premier village qui tenterait de bouger. Il n'est pourtant pas encore certain que du côté de Boizenburg l'ennemi n'effectue de nouveaux passages. C'est ce que nous saurons bientôt.

« L'armée reste toujours concentrée, prête à se porter où besoin sera. »

<small>Eug. à Nap. Magdebourg, 30 mars 1813.</small>

« Sire, j'ai l'honneur d'adresser à Votre Majesté tous les rapports de la journée. Celui du général Sokolnieki est, comme ont toujours été tous ses rapports, fort exagéré. Le prince d'Eckmühl va faire courir après les partis qui sont dans le bas Elbe : il serait bien important qu'ils puissent repasser le fleuve et qu'on puisse se lier avec le général Morand, qui, comme Votre Majesté le verra par la lettre du général Saint-Cyr, s'est arrêté à moitié chemin de Luneburg sur les bruits qui couraient que l'ennemi y avait du monde.

« J'ai écrit au général Vandamme, comme Votre Majesté m'a ordonné, pour presser l'arrivée de ses

<small>Eug. à Nap. Magdebourg, 30 mars 1813.</small>

bataillons sur le Weser. J'ai écrit au général Bourcier de faire rejoindre promptement leurs corps aux 1,100 hommes qu'il avait disponibles, afin de ne point éparpiller la cavalerie. Il m'annonce que vers le 15 avril il pourra m'envoyer un millier d'hommes. J'envoie en original la lettre que j'ai reçue du général Durutte : je lui ai écrit que, se trouvant dans un pays de chicane, il devait arrêter l'ennemi autant que possible, ne point s'effrayer des partis ennemis et surtout du bruit des pays qui est toujours fort exagéré. Je lui ai prescrit de manœuvrer de manière à gagner le pied du Hartz, qui lui offrirait les moyens de gagner ma droite et de rester en communication avec moi.

« Je n'ai point fait faire de mouvement à mes troupes aujourd'hui, et si les rapports de demain et après-demain insinuent que l'ennemi n'a pas passé l'Elbe en force, je reprendrai ma position en avant de Magdebourg. Je prévois que Votre Majesté n'approuvera pas le mouvement que j'ai fait de concentrer mes troupes sur l'Ohre; ce mouvement est, il est vrai, trop précipité, puisque jusqu'à présent rien ne confirme que l'aile droite de l'ennemi ait passé l'Elbe; mais, en supposant que tous ces bruits et rapports qui m'arrivent se fussent confirmés, en regardant la carte, et supposant le passage à Leuzen, l'ennemi se trouverait à Hanovre avant moi. Il aurait donc fallu que je livrasse combat pour reprendre ma ligne de communication, tandis qu'il a été préférable de la conserver dans tous les cas.

« D'un autre côté, si je me portais sur Braunbourg, c'était trois marches en avant, autant pour revenir, et le passage présumable que l'on annonçait déjà des armées prussiennes et russes, qui pouvaient en 7 à 8 marches arriver par Leipzig au pied du Hartz, aurait rapproché toutes leurs forces de moi et m'aurait empêché de me porter sur le corps du bas Elbe. Je puis avoir eu tort dans ma manière de voir, mais je ne fais qu'expliquer à Votre Majesté ce qui m'a fait agir ainsi.

« Il me tarde d'apprendre son arrivée à Mayence, où elle recevra les rapports plus fraîchement, et d'où il me sera plus facile de recevoir ses directions. »

« Sire, j'ai l'honneur d'adresser à Votre Majesté tous les rapports que j'ai reçus dans la journée. Il paraît à peu près prouvé aujourd'hui que l'ennemi n'a passé aucune force sur la rive gauche. On ne s'accorde pas même sur la quantité des troupes qui composent ses partis. Je crois que dans le bas Elbe il n'y a pas plus de 4,000 hommes, dont 2 bataillons de chasseurs prussiens et un bataillon de chasseurs russes, ayant 2 pièces. Dans le haut Elbe, ils ont jeté 2,000 Cosaques. Ils n'avaient encore hier personne à Leipzig. Si j'en dois croire le rapport de quelques habitants de la rive droite, une colonne prussienne serait venue de Brandebourg à Ziezau. Une reconnaissance que j'ai envoyée hier d'un bataillon et 200 chevaux a rencontré, à trois lieues d'ici, 2 à 300 Cosaques qui étaient soutenus par 2 escadrons de hussards, qu'ils ont improvisés. Les Cosaques ont voulu charger la reconnaissance à son retour, et un peloton de tirailleurs en a tué 5 et 11 chevaux.

Eug. à Nap. Magdebourg. 31 mars 1813

Si tous mes rapports de demain ne changent rien à ces nouvelles, je passerai l'Elbe après-demain avec 3 divisions du général Lauriston, et les 3 divisions du 11ᵉ corps, ainsi que le 1ᵉʳ corps de cavalerie qui aura près de 3,000 chevaux. Je laisse momentanément vers Ostenburg et Werben la division Puthod, le 2ᵉ corps de cavalerie et les bataillons du 1ᵉʳ corps, sous les ordres du prince d'Eckmühl. Le corps d'observation sera fort utile pour observer le bas Elbe et empêcher les partis ennemis de pénétrer dans le pays. Je laisserai ces troupes dans cette position jusqu'à ce que le général Vandamme soit arrivé sur le Weser, et que le roi de Westphalie ait porté une colonne de ses troupes, ainsi que je l'en ai déjà prié.

« Le duc de Bellune avec les bataillons du 1ᵉʳ corps occupe le bas Elbe, entre l'Elbe et le Hartz. Dans cette position, j'espère que j'aurai complétement rempli les intentions de Votre Majesté, et que je suis en mesure pour tous les événements. »

*Nap. à Eug.
Paris,
1ᵉʳ avril
1813.*

« Mon fils, je vous envoie un rapport sur la cavalerie, du général Bourcier. Il me semble, d'après ce rapport, qu'il n'a plus que 1,500 hommes disponibles. Je ne sais si on a compris dans ce nombre les 1,100 hommes qui ont été envoyés récemment; mais il paraît qu'on n'y a pas compris l'artillerie à cheval et les hommes à pied de la garde, Polonais et Lithuaniens. J'ai donné ordre que des compagnies de marche jusqu'à la concurrence de 1,500 hommes à pied partissent de Wesel pour Hanovre. Faites-moi un rapport détaillé là-dessus pour me faire connaître ce qu'il est nécessaire que j'envoie.

« J'ai donné l'ordre qu'à dater du 28 on retînt dans la citadelle d'Erfurth tous les effets d'équipement et d'habillement destinés pour le dépôt de Hanovre. Vous les ferez venir au fur et à mesure des besoins.

« Le duc de Valmy fera passer au général Bourcier l'état des effets expédiés. »

« Est-ce qu'il ne restait plus au général Bourcier d'hommes à monter dans les dépôts de cavalerie, la seconde compagnie de marche ayant été montée sur-le-champ? Le général Bourcier devait avoir encore 6,000 hommes à monter.

Rapport. Renseignements demandés par Sa Majesté. Paris 31 mars 1813.

« Il se trouvait aux divisions actives des corps de cavalerie 3,340 hommes, 3,485 chevaux; aux dépôts de remonte, y compris la 1re colonne d'hommes à pied partis de France, 9,907 hommes et 6,635 chevaux; total, 13,247 hommes et 10,120 chevaux. A déduire sur l'effectif de 13,247 hommes non disponibles, savoir : 80 susceptibles de réforme, 666 aux hôpitaux externes, 710 malades et convalescents, 148 aux hôpitaux du lieu; total, 1,604. Il reste 11,643 hommes disponibles. L'effectif des chevaux étant de 10,120, il doit rester encore en hommes à pied, sauf les pertes et accroissements des hôpitaux, 1,523.

« Cependant le dernier état du général Bourcier porte qu'il ne lui reste aux dépôts que 543 hommes disponibles non montés.

« Et les dépôts de remonte devant recevoir 150 à 200 chevaux tous les cinq jours, il paraîtrait nécessaire de faire partir des hommes à pied pour les dépôts de remonte. »

<small>Eug. à Nap. Magdebourg, 1ᵉʳ avril 1813.</small>

« Sire, j'ai l'honneur d'adresser à Votre Majesté les rapports que j'ai reçus dans la journée. Celui du général Montbrun donne à croire que les partis ennemis se retiraient vers Sakenburg, et pourraient bien y repasser l'Elbe. J'ai au moins vingt agents en course sur différents points, et je ne puis manquer d'être informé de l'arrivée du gros de l'armée. J'adresse également à Votre Majesté la lettre que je reçois du roi de Westphalie, d'après laquelle il m'informe qu'il n'a pu encore faire partir qu'une colonne de 2,000 hommes et qu'il a écrit au général Vandamme pour venir couvrir le Hanovre.

« J'ai écrit au général Vandamme de ne rien changer à sa destination, qui était de rallier et réunir ses troupes sur le Weser, en tenant une division à Brême.

« Votre Majesté remarquera que, suivant la lettre du général Vandamme au roi, ce général se croit indépendant, et cependant, par une de ses dernières lettres, Votre Majesté m'indiquait de mettre sous les ordres du prince d'Eckmühl tout le bas Elbe, la 32ᵉ division militaire, le 1ᵉʳ corps et celui du général Vandamme.

« Votre Majesté daignera me faire connaître ses ordres, pour que je les fasse connaître au général Vandamme. »

« Mon fils, j'ai donné ordre que tout ce qui vous serait envoyé, soit détachement, soit habillement, soit artillerie, etc., fût dirigé par Wesel. Il faut donc que ce soit sur Wesel que vous envoyiez chercher tout ce qui est nécessaire. Faites-le savoir à l'intendant et au général d'artillerie. Tout ce que vous envoyez en France doit également passer par Wesel, ainsi que tout ce que vous en recevrez.

Nap. à Eug.
Paris,
2 avril 1813.

« J'ai ordonné que les compagnies que les premiers bataillons des 28 régiments de la Grande-Armée ont dans les places de l'Oder fussent désormais compris au 5e bataillon, et remplacés au 1er bataillon par des compagnies tirées du 5e. — Indépendamment des vingt-huit 4es bataillons formant la 2e division et la 5e que les généraux Dumonceau et Dufour commandent sous les ordres du général Vandamme, qui est déjà à Brême, deux nouvelles divisions, composées des premiers bataillons des mêmes 28 régiments, se mettent en marche pour se rendre à Wesel, et dans le courant de mai elles seront suivies de deux autres divisions composées des 3es bataillons de ce régiment. — Ainsi le 1er corps aura : sa 1re division, composée de seize 2es bataillons, sa 2e division de seize 4es bataillons, sa 3e division de seize 1ers bataillons, et sa 4e division, qui sera la 3e bis de la Grande-Armée, composée de seize 3e bataillons, au total 64 bataillons.

« Vous sentez bien qu'aussitôt qu'on le pourra il faudra réunir les régiments, et chaque division deviendra alors composée de 4 régiments, comme avant la campagne. Notez bien que, sur ces 64 bataillons, les seize de la 1re division sont sur l'Elbe, les seize de la 2e division ont déjà passé Wesel, et les seize de la 3e division auront dépassé le Rhin avant le 15 avril. — Quant aux seize de la 3e division *bis*, ce ne sera guère avant la fin de mai qu'ils entreront en Allemagne. — Le second corps aura : la 4e division, composée de ses douze 2es bataillons qui sont à Magdebourg, la 5e division composée de ses douze 4es bataillons qui ont dépassé Wesel, et la 6e division composée de ses douze 1ers bataillons qui sont en ce moment en marche sur Wesel, enfin ses douze 3es bataillons qui seront incorporés dans les 3 divisions. — Quand on pourra, on formera chaque division à 3 régiments. Il s'ensuit que dans ce moment les seize bataillons de la 2e division, les douze bataillons de la 5e division, les seize bataillons de la 3e division, et les douze bataillons de la 6e division, total, cinquante-six bataillons, sont en route pour la 32e division militaire, plus la brigade de Hambourg, composée des cinq bataillons tirés des 3e, 105e et 29e, ce qui porte ce corps à soixante bataillons.

« J'ai envoyé le général Lemarois à Wesel pour y commander la place et toute la 25e division militaire.

« Les Anglais n'ont pas un homme à débarquer. Tous leurs efforts sont en Portugal et dans le Canada.

« Les Suédois s'occuperont probablement de la Poméranie. »

« Sire, nous avons tiré ce matin les premiers coups de canon avec les Prussiens, à une lieue de Magdebourg. Nous avons trouvé les avant-postes ennemis composés d'artillerie, d'infanterie et de cavalerie. Excepté les Cosaques, le reste des troupes était prussien. Nos tirailleurs se sont engagés, l'artillerie a été mise en batterie, et nous les avons repoussés vivement jusqu'à Kœniasborn, où la division Maison, qui formait la tête, a pris position pour donner le temps à la division Lagrange, qui passait par la droite, de déboucher également. Nous avons eu aussi à réparer plusieurs ponts que l'ennemi avait détruits. Nos jeunes troupes ont montré beaucoup d'ardeur pendant ce court engagement. Nous avons 6 hommes tués, dont 1 officier, et 15 blessés, dont un capitaine d'artillerie. Les blessés ennemis que nous avons pris, quoique se contredisant dans leurs rapports, confirment que les troupes que nous avons devant nous consistent en 4 régiments d'infanterie prussiens, 1 régiment de hussards, 1 de dragons, également prussiens, et 2 régiments cosaques, avec 24 à 30 pièces de canon. Cette dernière doit être commandée par le général Kleist. Le général qui commandait la brigade de tête devait être le général Borstell. L'ennemi a pris position ce soir à Redlitz, une forte lieue devant nous. Demain, nos communications seront réparées. Le 1er corps de cavalerie et le 11e corps déboucheront pour s'emparer de la position de Redlitz.

« J'adresse à Votre Majesté les différents rapports du prince d'Eckmühl et du général Durutte. D'après

Eug. à Nap. Magdebourg, 2 avril 1813.

le premier, il paraît que les partis ennemis sur la rive gauche descendent l'Elbe. On est à leur poursuite.

« Dans le rapport du général Durutte, Votre Majesté verra avec plaisir le succès d'un détachement de Bavarois de 300 hommes sur un parti ennemi de 500 chevaux. »

Nap. à Eug.
Paris,
4 avril 1813.

« Mon fils, je reçois du général Bourcier une lettre en date du 28 mars qui ne me paraît ni claire ni satisfaisante. Il paraît que ce général n'a pas la capacité que je lui avais supposée. Il devient cependant fort urgent de prendre un parti. J'ai donné des ordres pour que tous les effets de sellerie, d'habillement, qui étaient encore à Mayence, destinés pour vos régiments de cavalerie, fussent dirigés par le Rhin sur Wesel; pour que toutes les armes destinées pour Magdebourg, pour la cavalerie et l'armée, fussent dirigées sur Wesel; pour que des compagnies de marche, bien habillées et équipées, fussent dirigées sur Wesel. — Enfin Wesel est le point de départ pour votre armée. — Tirez des régiments lithuaniens tout ce qui peut vous servir, et tout ce qui ne peut pas servir, dirigez-le sur Münster. — Faites de même pour les corps du général Dombrówski. Si c'est sur le grand-duché de Berg que vous les avez envoyés, c'est la même chose. Mais recommandez au commandant d'envoyer ses états de situation au gouverneur de Wesel. — Ou tirez de Wesel les effets de cavalerie, ainsi que les armes qui vous sont nécessaires, ou faites rapprocher de Wesel les hommes et les chevaux, afin qu'ils s'équipent promptement. Envoyez-les à Münster.

« Je donne ordre au duc de Valmy de vous envoyer l'état de tout ce qui est parti en effets d'habillement et en sellerie de Mayence pour Magdebourg, et de tout ce qui part de Mayence pour Wesel. — La compagnie des transports doit pouvoir vous dire où sont ces effets. — Vous pourrez donc faire rapprocher sur Münster les hommes et les chevaux que vous ne pourrez pas équiper. »

« Mon fils, vous ne me faites pas connaître les pertes que nous avons éprouvées (main propre) *au passage de l'ennemi à Werden*, et si ce sont des gendarmes qu'on y a perdus. En général, vous ne me donnez pas assez de détails sur nos pertes, ce qui ne fixe pas mes idées. Faites-moi connaître ce qu'il y a là-dessus. » Nap. à Eug.
Paris,
4 avril 1813.

« Sire, ainsi que je l'avais annoncé hier à Votre Majesté, je me suis mis en marche ce matin, deux heures avant le jour, dans l'espérance d'attaquer l'ennemi, qui avait pris position hier au soir; mais je n'ai plus trouvé que la cavalerie légère, et le général Borstell s'était mis lui-même en mouvement avant le jour. J'ai poursuivi vivement ses Cosaques et ses hussards. De la hauteur, près de cette ville, j'ai aperçu très-au loin leur colonne d'infanterie se retirant dans la direction de Goerzke. J'envoie à Votre Majesté le dernier journal de Berlin. Le roi de Prusse était arrivé le 25 dans sa capitale, et en est Eug. à Nap.
Möckern,
4 avril 1813.

reparti trois jours après pour Breslau. Le résultat des interrogatoires que j'ai fait subir à beaucoup d'habitants de Möckern est que le général Borstell avait effectivement la force que j'ai précédemment indiquée à Votre Majesté, et qu'il dépend du corps du général York. Toutes les troupes sont cantonnées dans les environs de cette ville. L'armée russe de Wittgenstein serait, dit-on, à Brandebourg et Götzen. Le bailli de Möckern m'a même assuré qu'hier un aide de camp du général York est venu apporter ces nouvelles au général Borstell, étant parti de Belzi, où il avait laissé le général York avec son corps.

« Votre Majesté trouvera ci-joint les derniers rapports du prince d'Eckmühl et la lettre du général Vandamme. Le dernier annonçait le retour de la tranquillité. Le prince d'Eckmühl annonce qu'il poursuit vivement le corps de Beckendorff. Il espérait l'atteindre et l'obliger à repasser la rive droite. »

Eug. à Nap.
Camp en
avant de
Magdebourg,
5 avril 1813.

« Sire, j'ai l'honneur d'adresser à Votre Majesté le rapport que je reçois du prince d'Eckmühl, qui annonce la mauvaise nouvelle que le général Morand, après un engagement de quelques heures à Lunebourg, aurait fini par capituler. Quoique cette nouvelle ne soit donnée que par un patron de barque, elle paraît pourtant assez détaillée. J'attends avec impatience des nouvelles ultérieures du prince d'Eckmühl. Je lui ai mandé de se rapprocher un peu de moi, s'il est vrai que l'ennemi ait passé tout à fait l'Elbe. »

« Sire, je m'empresse d'annoncer à Votre Majesté que, pendant que j'étais à faire une tournée pour reconnaître la position, l'ennemi a attaqué vivement les avant-postes de ma droite. Je me suis rendu sur le champ de bataille, et j'ai vu distinctement de fortes colonnes s'avancer sur nous. Le village de Danigkow a été plus d'une heure défendu par 3 compagnies d'infanterie contre 2 bataillons prussiens et 4 pièces d'artillerie. L'ennemi avait montré en même temps quelque infanterie sur les hauteurs dans les environs de Gonvano. J'ai fait attaquer ces hauteurs par 4 compagnies de grenadiers, qui ont obligé le 6ᵉ régiment prussien à se retirer promptement. Pendant ce temps, les postes du centre et de la gauche étaient aussi vivement attaqués. Le village de Pollniz a résisté jusqu'à la nuit contre des attaques de troupes trois fois plus nombreuses que celles qui défendaient le poste; à la gauche, le terrain était plus favorable pour la cavalerie. L'ennemi a réussi à faire une charge heureuse sur la 1ʳᵉ division de cavalerie légère, qui a été mise en déroute; à cette même gauche, 2 bataillons de la 35ᵉ division, commandés par le général Zucchi, ont été entourés par plus de 3,000 hommes, et sommés deux fois de se rendre; ils ont repoussé toutes les attaques de l'ennemi, et sont arrivés à la position indiquée.

« Le soir, à la nuit, toutes les troupes étaient dans leur position à Nedlitz, notre droite s'étendant jusqu'à Gommern, que nous occupions. Notre perte, dans cette journée, consiste, par aperçu, dans 700 hommes hors de combat, dont 90 tués, et une cen-

Eug. à Nap. Au camp près Magdebourg, 5 avril 1813.

taine de prisonniers. Ces derniers sont presque tous de la 1⁰ division de cavalerie. La 1⁰ brigade de la 35⁰ division a malheureusement perdu 1 canon au village de Wehelitz ; les pièces étaient démontées, et tous les chevaux en étaient tués. J'aurai demain des rapports plus exacts sur cette journée : j'aurai l'honneur de les adresser à Votre Majesté. L'ennemi doit avoir perdu au moins 7 à 800 hommes, car il a eu seulement 200 blessés au village de Danigkow. Les interrogatoires que j'ai fait subir à quelques personnes annonçaient assez la présence du corps de Wittgenstein et du général Yorck. Je sais que j'ai devant moi une ligne fort étendue d'infanterie, et au moins 9 à 10,000 chevaux. Demain, je pourrai avoir une affaire dont le résultat pourrait être assez douteux, vu le peu de cavalerie que nous avons, et, plus que tout cela, le peu de confiance de réussir. Je pense qu'il est de mon devoir de ne rien compromettre jusqu'à ce que je trouve une occasion heureuse. J'ai donc pris le parti de faire repasser l'Elbe cette nuit au 5⁰ corps et à la garde impériale, et je resterai avec le 11⁰ corps dans la position de Wahlitz et de Ponsberg, afin de n'avoir qu'une simple affaire d'arrière-garde.

« Un rapport du duc de Bellune, que j'ai reçu ce soir, m'annonce que l'ennemi paraît avoir jeté un pont près de Dessau ; du moins il avait hier au soir de l'infanterie et de la cavalerie à Cothen. Il paraît certain que des forces considérables s'étaient approchées de Wittenberg. Le mouvement que j'ai fait en avant de Magdebourg les a fait se porter sur moi, et a délivré Wittenberg de l'attaque qu'ils projetaient sur cette place. Si, par le mouvement que j'ai fait, je puis avoir produit quelque retard dans leurs opérations, je croirai avoir déjà beaucoup gagné. J'informerai demain Votre Majesté de ce qui se sera passé. Le général Grenier a été blessé d'une balle à la mâchoire. »

Nap. à Eug.
Paris,
6 avril 1813.

« Mon fils, la 32ᵉ division est mise hors la constitution, comme vous l'aurez vu par le *Moniteur* d'hier. Toute la 32ᵉ division est sous vos ordres. Le major général l'a écrit au général Saint-Cyr et au général Vandamme, ce qui n'empêche pas ces deux généraux de correspondre directement avec le major général.

« Donnez-vous du mouvement pour la cavalerie. L'administration est si lente, que rien ne marche si l'on ne se donne des soins infinis. — Il est très-certain qu'une grande quantité d'effets de sellerie et d'habillements est partie de Mayence pour Magdebourg, et doit être arrivée à Magdebourg ou bien près d'arriver. Envoyez chercher le préposé de la compagnie chargée de ces transports, et faites partir des officiers pour aller au-devant de ce qui est en retard, afin d'avoir toute cette cavalerie à cheval.

« Je vous ai mandé que désormais je fais tout diriger par Wesel. — Le général Dombrowski, au lieu de venir par le duché de Berg, est arrivé sur Wurztbourg.

« Peut-être le roi de Westphalie a-t-il raison de ne pas exposer ses troupes dans des moments douteux, de crainte qu'elles ne se dégoûtassent; lorsqu'au contraire on ira en avant, tout cela nous servira bien. »

Eug. à Nap.
Magdebourg,
6 avril 1813.

« Sire, je suis resté ce soir à Magdebourg. L'armée a achevé son mouvement sur la rive gauche dans le plus grand ordre et avec tranquillité. Il n'y a eu que quelques tiraillements avec les Cosaques. Je n'ai pas reçu aujourd'hui de rapports du prince d'Eckmühl; mais l'événement arrivé au général Morand ne paraît être que trop vrai. Le général Bourcier me l'écrit également de Hanovre avec les mêmes détails déjà connus. Le duc de Bellune me mandait hier qu'il paraît certain que l'ennemi construit un pont en face de Dessau. Je m'approcherai demain de la Saale, et je saurai probablement bientôt à quoi m'en tenir.

« J'envoie à Votre Majesté le rapport que j'ai reçu du prince Poniatowski et celui que je me suis fait faire par l'officier qui arrive de Cracovie. Il prouve que le général Sacken s'est mis en mouvement pour rejoindre l'armée russe sur l'Elbe. Il est probable que, dans peu de jours, de grandes forces auront passé dans le haut Elbe. Le mouvement du général York sur Dresde aura été fait pour se rallier à leur grande armée et concentrer leurs forces. »

Eugène
à la vice-
reine.
Du camp
en avant de
Magdebourg,
6 avril 1813.

« J'ai été fort occupé ces jours-ci pour le passage de l'Elbe, et puis j'avais l'ennemi devant moi. Il n'était pourtant pas assez en force pour me résister; aussi s'est-il promptement retiré, après l'échange de quelques coups de canon. Nous avons donc ouvert la campagne avec les Prussiens; mais je vois beaucoup de crainte et d'indécision dans leurs mouvements; ils ne doivent pas être très-forts. Notre armée du Rhin est déjà fort considérable et va très-incessamment se mettre en marche. Moi, je tiens bon avec ma petite armée en avant de Magdebourg; et il faudrait qu'il vînt bien du monde pour m'obliger à déguerpir de là. Tout ce qui avait passé le bas Elbe ne consistait qu'en 6,000 hommes, dont 4,000 de cavalerie. J'ai mis 10,000 hommes à leur poursuite, et je ne doute pas qu'ils ne soient bientôt obligés de repasser l'Elbe.

« Je rouvre ma lettre pour t'annoncer que l'ennemi est venu hier faire une forte reconnaissance sur moi : c'étaient les deux corps d'Yorck et de Wittgenstein. L'engagement n'a duré que peu d'heures, et, entre avant-gardes, les armées sont restées en présence. Ne voulant encore rien engager sérieusement avec si peu de monde, j'ai fait repasser l'Elbe à mes troupes, d'autant plus que d'autres corps russes et prussiens ont déjà passé dans le haut Elbe. Je t'embrasse. »

Eug. à Nap. Magdebourg, 7 avril 1813.

« Sire, j'ai l'honneur d'adresser à Votre Majesté les différents rapports que j'ai reçus aujourd'hui.

« Dans la lettre du prince d'Eckmühl du 6, Votre Majesté remarquera la capture d'un agent des Russes, qui se rendait à Brunswick avec l'intention d'ameuter le peuple.

« S'il est vrai que Votre Majesté n'approuve pas le détachement que j'ai fait du 2ᵉ corps de cavalerie et de la division Puthod, elle verra cependant que la présence de ce corps a contribué à nettoyer le bas Elbe des partis qui s'y étaient jetés : cela donne le temps au général Vandamme d'organiser ses troupes.

« D'après le rapport que je reçois, et quelques lettres interceptées de Saxe, il paraît que les principales forces de l'ennemi ont commencé à passer l'Elbe sur différents points. De Dresde, depuis le 4, on dit que l'intention de l'ennemi est de s'avancer promptement au-devant des corps du maréchal Ney, qu'il savait déjà découverts. Je lui écris à ce sujet. Comme je me porte sur la Saale avec toutes mes troupes, en appuyant ma droite au Hartz, j'espère que l'ennemi voudra bien faire quelque attention à moi. Je pars demain matin pour porter mon quartier général à Stasfurth. Le 5ᵉ corps occupera cette nuit Gusten; le 11ᵉ corps occupera Egeln et Cochstedt; après-demain, j'appuierai sur Aschersleben et Ermsleben. Le duc de Bellune gardera toujours les débouchés de Calbe et Bernburg, et la cavalerie légère observera les mouvements de l'ennemi, s'il en fait vers ce point. Le jour suivant, je pousserai une forte reconnaissance d'infanterie et de cavalerie pour chercher à observer les mouvements positifs de l'ennemi. »

Nap. à Eug. Saint-Cloud, 8 avril 1813.
« Mon fils, le général Bourcier me mande, en date du 2 avril, qu'il faudrait réunir les deux régiments lithuaniens en un seul en y nommant un bon quartier-maître. Chargez-vous de cela et faites exécuter promptement. »

« Sire, j'annonce à Votre Majesté mon arrivée à Stasfurth. L'armée occupe les positions dont je lui ai parlé hier. Demain une division s'étendra jusqu'à Aschersleben. D'après un rapport que j'ai reçu en arrivant ici, du duc de Bellune, il paraît que l'ennemi a déjà ses avant-postes à Cothen. Le passage à Dessau met le corps de York et de Wittgenstein à même d'être soutenu par le corps de Blücher qui a dû arriver le 6 ou le 7 à Leipzig et par les autres corps de l'armée russe qui devaient avoir défilé jusqu'à l'Elbe. Je compte me rendre demain à Bernburg pour reconnaître le terrain et les rives de la Saale. Tout ce que j'ai déjà vu de ce pays-ci ne paraît pas nous être très-favorable, car il est très-découvert et facilite tous les mouvements de la nombreuse cavalerie de l'ennemi.

Eug. à Nap.
Stasfurth.
8 avril 1813.

« J'adresse à Votre Majesté un rapport du prince d'Eckmühl. Il paraît que les partis ennemis voulaient encore tenter quelques passages vers Dornitz et Boizenburg. Je lui ai écrit pour l'engager à se rapprocher de moi.

« Tous les rapports que je reçois de Halle et de Leipzig m'annoncent que l'esprit est fort exaspéré dans ce pays-là, et que tous les jeunes gens s'enrôlent. »

« Ma chère Auguste, tous les rapports qu'on m'avait faits sur l'ennemi étaient exagérés; il n'a jeté jusqu'à présent sur la rive gauche que quelques mille hommes; après lesquels on court. Demain je fais passer l'Elbe à Lauriston avec 3 divisions; le len-

Eugène
à la vice-
reine.
(Sans date
précise.)

demain je suivrai avec 3 autres et la garde; ainsi nous serons déjà sur le territoire ennemi. »

Nap. à Eug. Saint-Cloud, 9 avril 1813.

« Mon fils, je vous envoie 6 exemplaires de mon règlement sur les ambulances. Je suppose que, comme à l'ordinaire, le ministre tardera plusieurs jours à vous l'adresser et j'ai voulu vous l'envoyer directement, afin que son exécution n'éprouvât point de retard. Faites-le réimprimer pour que tous les corps s'y conforment. »

Eug. à Nap. Stasfurth, avril 1813.

« Sire, d'après la lettre du prince d'Eckmühl, Votre Majesté verra que le parti qui avait passé dernièrement à Dörnitz est encore repassé sur la rive droite. Elle peut bien croire que je n'ai pas attendu la présente lettre du prince d'Eckmühl pour prescrire les mesures à prendre sur le Weser et pour retirer les différents bateaux. L'armée n'a pas fait de mouvements aujourd'hui. Diverses reconnaissances ont été portées dans toutes les directions. Celles de Bernburg, de Cothen et d'Aschersleben sont les seules qui aient rencontré des partis de cavalerie. Un agent revenu de Cothen assure avoir laissé dans cette ville deux régiments de cavalerie russe. Ce même agent n'a pu pénétrer jusqu'à la ville de Dessau qui était, ainsi que tous les environs, pleines de soldats du corps du général York. Nous avons encore augmenté aujourd'hui notre artillerie de 6 pièces, par le moyen de la dernière remonte faite à Magdebourg. Le 1er corps de cavalerie a dû conserver 12 pièces. »

« Mon fils, le prince de Neufchâtel sera le 14 à Mayence. Il est nécessaire que vous lui écriviez.

<small>Nap. à Eug.
Saint-Cloud,
10 avril 1813.</small>

« J'ai nommé le duc de Tarente pour aller prendre le commandement du 11ᵉ corps. Il a ordre d'être rendu le 15. Il passera par Wesel.

« Je crois que moi-même je ne tarderai pas à être à Mayence. Tout commence à se mettre en mouvement. »

« Sire, j'ai l'honneur de rendre compte à Votre Majesté que les reconnaissances de ce matin n'ont rien rapporté d'intéressant, si ce n'est celle partie d'Aschersleben, qui, ayant poussé jusqu'à Zollwitz, prétendrait avoir vu deux régiments d'infanterie prussienne et quelques Cosaques à Friedeburg sur cette rive de la Saale. Demain, je pousserai moi-même une reconnaissance sur Gerbstadt avec 6 bataillons, 1,500 chevaux et 12 pièces d'artillerie. Le duc de Bellune en fait partir en même temps une de Bernburg sur Cothen. J'en ferai connaître demain le résultat à Votre Majesté. Un agent arrivé aujourd'hui de Dessau prétend qu'il y avait dans cette ville les généraux York et Wittgenstein, Borstell, Lecoq et Massenbach. Deux avant-postes venus de Dessau se trouvaient déjà le 8 à Cothen; ils attendaient, disaient-ils, pour se mettre en mouvement les troupes venant de Mersebourg et de Halle.

<small>Eug. à Nap.
Stasfurth.
10 avril 1813.</small>

« Un rapport de gendarmerie westphalienne d'Esselberg, annonce que le 8 au soir on avait vu à Halle un parti de 150 hommes d'infanterie russe.

« Je n'ai rien reçu aujourd'hui du prince d'Eckmühl, mais Votre Majesté aura vu, par le dernier rapport, qu'il se dirigeait sur Stendal. J'ai regardé ce point comme plus central, pour se porter sur les différents points de passage que pouvait tenter l'ennemi dans le bas Elbe, et comme pouvant mieux me joindre, si cela était nécessaire. »

<small>Eugène à la vice-reine. Stasfurth, 10 avril 1813, au soir.</small>

« Tu peux bien penser, ma bonne Auguste, que, depuis que les Prussiens se sont déclarés contre nous, notre besogne ici n'a pas diminué. Pourtant, excepté la petite affaire du 5, dont je t'ai parlé, nous sommes restés assez tranquilles. Comme l'ennemi passait en force l'Elbe sur mon flanc droit, j'ai pris une autre position et je suis maintenant sur la basse Saale, faisant de fréquentes reconnaissances, allant aux nouvelles et cherchant à connaître les projets de l'ennemi. C'est une vilaine chose qu'une guerre défensive, surtout quand on a été habitué au contraire. Heureusement que nous arrivons au moment où les affaires changeront de face. L'Empereur, avec 150,000 hommes, va déboucher du Mein à la fin de ce mois, et alors nous reprendrons l'offensive. Quelqu'un qui arrive de Paris dit que le bruit y courait que l'Empereur me remplacerait à l'armée par le maréchal Soult et m'enverrait en Italie où il avait besoin de moi. C'est une très-bonne nouvelle, et après une première affaire favorable je le désire de tout mon cœur; mais il faut gagner une bataille avant cela, c'est fort essentiel; pourtant je t'assure que près de toi je me consolerai facilement de ne plus risquer le sort des armes. Ma santé est bonne,

il fait fort beau temps, même un peu chaud, cela nous présage de prochaines pluies.... ....
Que dis-tu du nouveau conseil de régence qu'on vient d'établir? Sais-tu que Fouché en est membre?.......
Je crains que l'Empereur n'ait à se repentir d'un pareil choix. »

« Mon bon père, le comte de Rechberg m'ayant fait connaître le désir que vous aviez de rapprocher de votre nouveau contingent le reste des troupes sous ses ordres, je l'ai autorisé à se séparer de nous en le laissant maître de ses mouvements et en l'engageant à faire le détour par les routes du Hartz sur Erfurth plutôt que de se compromettre. Vous pouvez croire, mon bon père, que, depuis la réunion des Prussiens aux Russes, ma besogne n'a pas diminué; aussi j'emploie tout mon temps à savoir les mouvements de l'ennemi pour manœuvrer en conséquence. C'est une vilaine chose qu'une guerre défensive, surtout quand on y a été peu habitué. Le 5 du courant j'étais en avant de Magdebourg et les corps de York et de Wittgenstein sont venus me tâter dans ma position. L'affaire a été sans résultat; mais, apprenant en même temps qu'ils jetaient un pont à Dessau, j'ai bien compris que leur manœuvre n'était que pour masquer leur mouvement en Saxe; j'ai vite repassé l'Elbe, et me voilà sur la basse Saale, leur faisant encore face et cherchant toujours à gagner du temps. Je crois ne pas en avoir perdu, puisque je suis encore sur l'Elbe, et voilà 55 jours que j'ai été forcé d'évacuer Berlin.

Eug. au roi de Bavière. Stasfurth, 10 avril 1813.

« Je pense avec peine que votre pauvre pays se trouve bien près du théâtre de la guerre, mais j'espère qu'il en sera quitte pour la peur, car nos armées du Rhin et du Mein se mettent en marche, et j'espère que l'Empereur ne tardera pas à joindre ses armées. Adieu, mon bon père; ne m'oubliez pas, continuez-moi votre amitié, et croyez à mon tendre et respectueux attachement.

« Je mets aux pieds de la reine mon hommage respectueux. J'embrasse frères et sœurs. »

Nap. à Eug.
Saint-Cloud,
11 avril 1813.
« Mon fils, il est probable que je serai du 20 au 22 avec 200,000 hommes à Erfurth. Je ne sais pas bien ce que vous ferez. Manœuvrez en conséquence et faites en sorte que j'aie mes communications avec vous assurées. Immédiatement après la réception de la présente lettre, expédiez-moi les dépêches importantes, en duplicata, par Wesel et Erfurth. Comme je n'ai encore que votre lettre du 6, où je vois que vous êtes à Magdebourg, si jamais vous jugiez convenable de quitter Magdebourg, laissez le corps du duc de Bellune pour en former la garnison, et surtout laissez le prince d'Eckmühl dans la 32ᵉ division.

« Vous trouverez ci-joint mon décret sur l'organisation de cette 32ᵉ division.

« Faites connaître au prince d'Eckmühl qu'il a tous les pouvoirs. Il commande le général Vandamme; il doit, dans tous les cas, défendre Hanovre, Brême et la 32ᵉ division. Les 28 bataillons que doit avoir le général Vandamme et qui forment la 2ᵉ et la 5ᵉ division de la Grande-Armée arrivent tous les jours. Bientôt les bataillons qui doivent former la 5ᵉ et la 6ᵉ, se mettront en marche par Wesel. Laissez le commandement de tout cela au prince d'Eckmühl, dont le but sera constamment de défendre, à tout événement, l'Elbe, le Weser et la Hollande. Le général Lemarois est à Wesel où il recueille la 5ᵉ et la 6ᵉ division, et, en cas d'événement, il s'enfermerait dans Wesel. — Avec le corps d'observation de l'Elbe, la 11ᵉ et toute la cavalerie qui vous sera possible, tenez-vous en liaison avec moi, et en mesure d'exécuter les manœuvres que je vous indiquerai.

« Procurez-vous quatre jours de pain. Maintenez-vous en avant de Magdebourg tant que vous pourrez, et surtout communiquez-moi exactement toutes les nouvelles que vous aurez de l'ennemi.

« Dès que je serai arrivé à Erfurth, nos communications naturelles se feront derrière la Saale. »

« Sire, je rentre à l'instant d'une reconnaissance que j'ai poussée sur Gerbstadt, mais nous n'avons rien trouvé sur la rive gauche de la Saale. Tous les gens du pays interrogés nous ont assuré que l'ennemi n'était en force qu'à Halle et Merseburg, et qu'à Eisleben seulement il y avait un ou deux régiments de Cosaques. J'apprends effectivement que la reconnaissance du général Lagrange, partie de Schawzburg, avait rencontré 3 pelotons qui venaient d'Eselberg. J'envoie ci-joint le rapport de reconnaissance de Bernburg qu'a fait faire le duc de Bellune. Il est inconcevable combien nous sommes mal servis par les gens du pays et combien il est difficile de

Eug. à Nap. Stasfurth, 11 avril 1813.

connaître et la marche et la politique de l'ennemi.

« J'adresse à Votre Majesté les deux dernières lettres que je reçois du prince d'Eckmühl. J'apprends d'Erfürth que, le 9, des partis ennemis prussiens et cosaques étaient venus très-près de Weymar. Le corps du général Blücher était, dit-on, le 7 à Altenburg.

« Tout est jusqu'à présent tranquille en Westphalie, il y a seulement des inquiétudes qui ne cesseront que lorsque nous reprendrons l'offensive. »

<small>Eug. à Nap.
Aschersleben,
12 avril 1813.</small>
« Sire, différents rapports de la nuit dernière m'annoncent que les corps ennemis postés à Dessau se dirigeaient sur Halle. En même temps le général Lagrange, qui est avec sa division à Aschersleben, me mandait qu'hier soir ses postes avaient été attaqués par quelques centaines de cavaliers que l'on avait reconnus pour hussards prussiens. J'ai cru devoir me rendre ici de ma personne pour voir par moi-même ce qui se passerait aujourd'hui. Quand je suis arrivé, les reconnaissances du matin rentraient déjà. Elles n'avaient pas été fort loin, à cause de la présence de la cavalerie ennemie. Ce soir, j'en ai poussé une, avec 500 chevaux et 2 bataillons d'infanterie, jusqu'à deux lieues d'ici, et nous n'avons eu à repousser qu'environ 600 Cosaques. J'ai laissé mes avant-postes près d'un ravin à une lieue d'ici. Demain je me porterai par Hettstedt sur Leimbach, où l'on prétend que sera arrivée ce soir l'avant-garde ennemie. Divers espions rentrés s'accordent à dire que Halle était avant-hier rempli de troupes prus-

siennes et russes. Il n'y avait hier à Eisleben que 1,500 chevaux ennemis, mais on y attendait les premières troupes d'infanterie et d'artillerie. D'un autre côté, un agent revient d'Acken, qui n'a pu aller jusqu'à Dessau. Il assure que les troupes qui étaient dans ces deux endroits ont pris en grande partie la direction de Halle. J'ai envoyé aujourd'hui deux agents à ce dernier endroit. »

« Sire, ayant été souffrant hier soir, je n'ai pu écrire moi-même à Votre Majesté. Aujourd'hui je me trouve un peu mieux, et j'espère que sous quelques jours je ne me ressentirai plus de mon indisposition.

Eug. à Nap. Aschersleben, 14 avril 1813.

« Le général Monthyon a adressé hier au major général le rapport du duc de Bellune sur la petite affaire qui avait eu lieu en avant de Bernburg et dans laquelle nos jeunes soldats s'étaient très-bien conduits. Cette nuit le duc de Bellune m'annonce que tout le porte à croire qu'il sera attaqué plus vivement ce matin. Quoiqu'il soit peu probable que l'ennemi s'engageât entre Magdebourg, la basse Saale et nous, pour plus de sûreté, je n'en rapprochais pas moins de Bernburg la division Maison, avec ordre au duc de Bellune de s'en servir au besoin. Mais non-seulement il n'a point été attaqué ce matin, mais il paraît que les troupes que l'ennemi avait devant Bernburg ont diminué de nombre. Je présume bien que l'ennemi passait à Dessau, que s'étant mis en communication avec son armée principale il ne quitterait pas cette communication et que cette démonstration sur la basse Saale n'était que pour couvrir son mouvement sur Halle. J'ai su par un agent arrivé ce matin de cette dernière ville qu'on y attend à chaque instant le passage du corps du général York. Les gens du pays ont fait construire un pont sur la Saale entre Halle et Wettin pour faciliter les débouchés de l'ennemi. Si de ces deux points l'ennemi s'avance sur moi, j'ai déjà décidé la position dans laquelle je puis l'attendre avec le plus de chances favorables pour moi. Cette position est sur la haute Saale, la droite à (*illisible*), la gauche à (*illisible*), gardant fortement le débouché.

« Le mouvement rétrograde qu'a fait le prince d'Eckmühl gêne beaucoup en ce moment mes projets, surtout ne sachant pas si on n'a devant lui que des partis ou si c'est réellement un corps de troupes. Je lui ordonne par la lettre de ce matin de faire deux marches en avant sur l'ennemi, pour voir l'effet que produira son mouvement, et tâcher de connaître définitivement la force de l'ennemi.

« Votre Majesté se figure difficilement combien j'ai à lutter contre l'exagération des rapports qui me parviennent de tous côtés. Si j'en avais cru quatre rapports successifs, l'ennemi aurait déjà pénétré dans le Hartz avec de fortes colonnes, et cependant, les choses éclaircis, il en résulte que trois hussards prussiens y ont paru, et ont été chassés par une patrouille de chevau-légers. Mais dans les circonstances pareilles à celles dans lesquelles nous nous trouvons, et au milieu des alarmes qui gagnent tout le monde, il est très-difficile de distinguer le vrai d'avec le faux.

« Je charge le général Monthyon d'adresser au major général les rapports de ce jour. »

Eugène à la vice-reine. Aschersleben, 14 avril 1813.

« Je viens te rassurer, ma chère Auguste. J'ai beaucoup fatigué ces jours-ci, et hier, en descendant de cheval, je ne pouvais plus me tenir sur mes jambes..... Je reste encore au lit aujourd'hui, me ressentant de ma courbature, et ayant une forte extinction de voix. Mais tout cela n'est pas bien dangereux, et j'en serai quitte dans deux jours. »

Eug. à Nap. Hoym, 15 avril 1813.

« Sire, si je dois croire les rapports de ce matin, quelques partis ennemis seraient déjà arrivés près d'Eisenach. Je pense bien que les mouvements du duc de Raguse couvriront toujours ma communication sur Cassel. Cependant je prie Votre Majesté, dans le cas où elle aurait des ordres et instructions à me donner, de vouloir bien se servir, à tout événement, de son chiffre particulier avec moi. Je m'en servirai pour tout ce qu'il conviendra de tenir caché. J'ai fait commander une reconnaissance aujourd'hui par M. le général Latour-Maubourg. Il a dépassé Leimbach, et n'a toujours rencontré que des Prussiens, revenus d'Eisleben, qui n'ont laissé dans cette ville ni infanterie ni cavalerie légère. Les reconnaissances sorties de Bernburg n'ont rencontré que quelques petits postes de cavalerie. Je crains de m'avancer davantage sur Leipzig, parce que je pourrais avoir à faire à des forces supérieures aux miennes, et enfin parce que j'ignore ce qui est réellement en face du prince d'Eckmühl. Il me tarde bien d'avoir quelque chose de plus positif pour la marche d'York et de Wittgenstein. Ils peuvent cacher leurs mouvements par le moyen de leur nombreuse cavalerie légère qui se répand de tous côtés. »

<small>Eug. à Nap.
Hoym,
16 avril 1813.</small> « Sire, j'ai l'honneur d'adresser à Votre Majesté une deuxième lettre du prince Poniatowski relative à la situation actuelle. Je n'ai pas voulu lui répondre avant de connaître les intentions de Votre Majesté. Je la prie de me les faire connaître le plus tôt possible, et de faire donner particulièrement au prince les ordres qu'elle croira convenables.

« J'ai communiqué au prince d'Eckmühl les dispositions de la lettre de Votre Majesté du 11. »

<small>Eug. à Nap.
Hoym,
16 avril 1813.</small> « Sire, j'ai l'honneur d'adresser à Votre Majesté le rapport que je reçois à l'instant du prince d'Eckmühl, et la pièce qu'il contenait. La déclaration de l'officier des Cosaques fait prisonnier est bien intéressante, car elle prouverait que l'ennemi n'a jeté en avant que sa cavalerie soutenue par les corps de Blücher, York et Wittgenstein. Le gros de l'armée, en supposant qu'il eût marché depuis que cet officier l'a quitté, arriverait seulement sur l'Elbe aujourd'hui. Cependant tous les rapports annonçaient le contraire, et étaient d'une exagération étonnante. Pour en donner un échantillon à Votre Majesté, je lui envoie le rapport de ce jour du général Sokolniski. Il est fâcheux que nous ayons si peu de cavalerie, et que le peu que nous en avons ait si peu d'énergie. Je ne la laisse jamais sans infanterie, et, même de-

main, le général Latour-Maubourg, qui fait une reconnaissance sur Eisleben, a avec lui deux divisions de cavalerie légère, 4 bataillons d'infanterie et 4 pièces d'artillerie.

« Comme des partis d'infanterie et de cavalerie paraissent s'être jetés dans le Hartz, j'ai cru devoir placer la division du général Durutte, quoique très-faible, à Elbingerode, où elle garde les défilés, et la 31ᵉ division à Blankenburg, qui n'est qu'à une seule journée de moi, ayant des partis à Hasselfelde, point d'embranchement de route important à conserver.

« Je vais m'occuper, suivant les intentions de Votre Majesté, de faire délivrer à la troupe quatre rations de pain d'avance, et nous serons tous bien heureux d'agir sous les ordres immédiats de Votre Majesté. »

« Sire, il n'y a rien de nouveau aujourd'hui dans la position de mes troupes. Le général Latour-Maubourg n'a point encore fait de rapport de sa reconnaissance sur Eisleben. Voici le résumé de tous les renseignements que j'ai pu me procurer sur la position de l'ennemi. Tout ce qui a passé le bas Elbe se réduit, à notre connaissance, à 5 ou 6,000 chevaux, et à 2 ou 3,000 hommes d'infanterie. On dit cependant que quelques bataillons, formés à la hâte à Hambourg et dans le Mecklembourg, appuyaient ces partis de cavalerie ennemie. Il paraît constant que les corps d'York et de Wittgenstein sont toujours à Dessau et à Cothen. On les fait monter à 35 ou

Eug. à Nap. Hoym, 17 avril 1813

40,000 hommes d'infanterie, et 10 ou 12,000 chevaux. Tous les rapports des agents revenus de différents points s'accordent à dire que le seul corps de Blücher aurait passé la Saale, et que l'armée russe s'était bornée à jeter devant elle beaucoup de cavalerie, mais que leur corps d'infanterie arrivait seulement en ce moment sur l'Elbe.

« Le maréchal Ney me fait connaître la position qu'il va prochainement occuper. Je vois avec plaisir que nous allons être bientôt tous en ligne. »

*Eug. à Nap.
Hoym,
18 avril 1813.*

« Sire, j'ai l'honneur d'adresser à Votre Majesté le rapport que j'ai reçu cette nuit de la reconnaissance que j'ai fait faire sur Eisleben. Il paraît certain qu'il n'a paru encore dans cette direction aucune infanterie. Cependant, s'il est vrai que le général Landskoï se soit dirigé vers la partie méridionale du Hartz, il est probable que le corps du général Witzengerode ne peut être loin, puisque son avant-garde a déjà paru.

« Un rapport que j'ai aussi reçu cette nuit m'annonce que l'ennemi avait jeté deux ou trois escadrons de hussards vers le point de Rothenbourg sur la rive gauche de la Saale. On s'assurera aujourd'hui du fait. Je joins à la présente les deux journaux de Leipzig. En adressant à Votre Majesté le duplicata de la lettre que j'ai eu l'honneur de lui adresser ce matin par l'estafette de Wesel, je joins le rapport que j'ai reçu du prince d'Eckmühl : le maréchal partait pour Brême. Il a laissé au général Sébastiani, outre le commandement du 2ᵉ corps de cavalerie, celui de la division Puthod. J'ai mandé à ce général..... (*Illisible.*)

« Il paraît que l'ennemi a pu jeter un pont sur la gauche de l'Auer, à Werden. J'espère que le mouvement en avant du général Sébastiani leur fera craindre d'être coupés de l'Elbe, et les obligera de repasser le fleuve ou tout au moins à s'en rapprocher. Le général Latour-Maubourg a repris ce matin sa position sans être suivi; mais quelques escadrons de cavalerie, qui semblaient déboucher de Rothenbourg et d'Alsleben, sont venus jusqu'aux avant-postes des troupes qui sont à Otterstaedt. Ils ont été bien reçus par le 1er bataillon, et il a perdu 3 hommes et 2 chevaux. Nous avons eu 5 à 6 blessés dans le petit tiraillement qui a suivi. L'ennemi s'est retiré avant midi par la direction d'Alsleben. Demain le général Lauriston se porte sur ce point avec une division d'infanterie et une division de cavalerie. J'ai ordonné que l'on occupât Alsleben avec de l'infanterie et de l'artillerie. Le duc de Bellune, qui y tenait habituellement un bataillon, nous sachant à Leimbach, avait cru pouvoir le retirer d'Alsleben pour rassurer le point de Bernburg. Pendant ces derniers jours, les troupes se sont exercées; les vivres n'ont point manqué jusqu'à présent, et j'espère qu'avec 4,852,000 rations la troupe aura pour 4 jours de vivres d'avance.

« Votre Majesté verra dans les rapports du prince d'Eckmühl que le général Bonny, ayant appris que des postes ennemis étaient arrivés jusqu'à Werden, a cru devoir faire passer le Weser à tous ses dépôts.

Il a pourtant laissé en hommes un certain nombre d'hommes démontés et armés, tant pour garder la ville que pour y réunir les chevaux et les versements. »

<small>Eugène à la vice-reine. Hoym, 18 avril 1813, au soir.</small>

« Les jours s'écoulent, ma chère Auguste, et pas encore d'affaires, point de terrain perdu ; si je puis ainsi gagner la fin du mois, je serai sauvé, et je croirai avoir beaucoup fait, puisqu'à cette époque l'Empereur sera en mouvement avec toutes ses troupes. C'est aujourd'hui le 18 avril, anniversaire pour moi d'une bataille perdue ; je t'assure franchement que je suis bien aise de ne m'être pas battu aujourd'hui, j'avais dans l'idée que l'issue n'en aurait pas été heureuse. Je te vois rire de mes superstitions. J'ai monté à cheval ce matin pour aller visiter très-près d'ici le prince d'Anhalt-Bernburg ; il n'a sa résidence qu'à deux lieues d'ici (Ballenstadt), et toute l'armée occupe son pauvre petit pays. Il a été fort sensible à mon attention, d'autant plus que je lui ai promis de faire peser le moins possible les charges de l'armée sur lui..... Je ne t'ai pas encore répondu sur ton projet des eaux d'Albano. Si, comme je le présume, tu les prends du château de Stra, il n'y a aucun inconvénient à y mener nos enfants ; si tu vas dans une petite maison comme l'autre fois, je ne trouve pas que l'air y soit sain pour eux. N'oublie pas de prévenir huit à dix jours d'avance le général Pino, pour qu'il envoie un détachement de 100 hommes d'infanterie de la garde avec une douzaine de gendarmes, pour faire le service près de toi.

Amène avec toi Corradini, un écuyer, un chambellan et une dame italienne, outre la comtesse Sandizell. Je te préviens que d'Anthouard ira aux eaux d'Albano, mais tu penses bien que je n'ai pas pu le lui défendre[1]. Ce sera à toi de faire ce que tu jugeras convenable. Si tu es à Stra, on n'y viendra pas sans ta permission, cela est certain. Tu sais sans doute que Déretré est mort en Espagne, et j'ai Lacroix, Desève et Banco de moins, il faut donc que je prenne de nouveaux aides de camp, et je t'assure que j'y regarderai à deux fois. Adieu, » etc., etc.

Eug. à Nap.
Hoym,
19 avril 1813.

« Sire, je n'ai reçu aujourd'hui du général Sébastiani aucun avis. Il n'y a rien eu de nouveau dans les postes du duc de Bellune. Le général Lauriston, que j'avais envoyé avec la division Maison et une division de cavalerie sur Eisleben, a trouvé sur cette rive un millier de chevaux de hussards prussiens. Ils se sont retirés sur Rothenbourg et Wettin. Les gens du pays ont construit un pont dans ce dernier pays. Comme le point d'Eisleben est assez favorable à l'ennemi, le général Lauriston a trouvé qu'il y avait conduit quelques barques. Lorsque notre infanterie s'est approchée d'Eisleben, l'ennemi est allé sur l'autre rive avec 1 régiment d'infanterie et 4 pièces d'artillerie, et a tiré quelques coups de canon sur nos troupes, qui ont tué ou blessé 7 à 8 hommes, dont un officier de voltigeurs. On a riposté

---

[1] Ceci a trait à une affaire relative au général d'Anthouard, dont nous parlerons plus loin.

quelques coups de canon qui l'ont fait taire et qui n'auront pas manqué de porter sur eux. J'attends avec impatience le moment où la tête du maréchal Ney arrivera sur Naumbourg, parce qu'alors j'étendrai ma droite vers Harfurth, en la détachant du Hartz, ce que je n'osais faire, puisque les forces ennemies se prolongeaient jusqu'à Erfurth. Je ne puis croire qu'il n'arrive rien de sérieux du côté de Hanovre et de Brême, car les troupes qui sont employées pour couvrir le pays et pour courir après les partis ont, s'il faut en croire les rapports, trois fois de forces de ceux-ci.

« Je n'ai pas de nouvelles de l'ennemi depuis hier. A force de chercher, j'ai trouvé ici un homme assez intelligent qui s'est offert d'aller aux nouvelles, et qui doit revenir demain soir de Leipzig. »

Eugène à la vice-reine. 19 avril 1813, au matin.

« ...... Sois certaine que la paix ne tardera pas à se faire. Les battants et les battus le désirent également, et je ne serais pas étonné que cette campagne, à peine commencée, se termine promptement par la paix. Ainsi soit-il. Ma santé est bonne. Elle serait excellente, si je me retrouvais au milieu de ma petite famille. Tu penses bien que j'ai souvent pensé qu'il y a tout juste une année entière de séparation. »

Nap. à Eug. Mayence, 20 avril 1183.

« Mon fils, je reçois votre lettre du 17. Le même jour, 17, le prince de la Moscowa était à Erfurth. Le 18, il voulait faire occuper Weimar. Le général était arrivé à Cobourg. Le duc de Raguse est à Eisenach. — 20,000 hommes de ma garde partent ce matin de Fulde; la tête de 20,000 autres est arrivée à Mayence, et tous seront arrivés dans cinq ou six jours.

« Quand vous recevrez cette lettre, j'aurai probament mon quartier général à Eisenach ou à Erfurth. J'organise ici 2 divisions de grosse cavalerie, qui ont chacune 1 escadron de tous les régiments composant le 1er et le 2e corps de cavalerie. Aussitôt qu'on sera réuni, chaque escadron rejoindra son corps.

« Il est fort ridicule que le prince d'Eckmühl ait abandonné l'Elbe devant quelques partisans, surtout avec la quantité de troupes qu'il a.

« Le départ des dépôts de Hanovre est une chose fâcheuse. »

Eug. à Nap. Hoym, 20 avril 1813.

« Sire, j'ai l'honneur d'adresser à Votre Majesté deux rapports que j'ai reçus du général Vandamme et du général Sébastiani. L'un et l'autre sont satisfaisants. J'en ai fait donner communication au général Bourcier, afin qu'il eût à reprendre le cours de ses opérations pour la remonte et la confection des harnachements. L'ennemi n'a fait aujourd'hui aucun mouvement sur nous. Demain, j'aurai une division d'infanterie et une division de cavalerie à Leimbach. Si le roi de Westphalie consent à faire avancer quelques troupes, je tâcherai d'étendre des reconnaissances sur ma droite et d'entrer en communication directe avec le prince de la Moscowa.

« Depuis deux jours on ne remarque plus de partis russes devant nos postes de la basse Saale. Je compte, après-demain matin, faire, avec une division d'infanterie et 1,200 chevaux, une forte reconnaissance en débouchant par Bernburg.

« Je désire bien connaître les intentions de Votre Majesté sur les mouvements qui peuvent se préparer, afin de savoir si je dois appuyer sur la Grande-Armée; si je dois passer la Saale pour la remonter par sa rive droite; et si enfin je dois opérer par Magdebourg. »

Eug. à Nap.
Hoym,
21 avril 1813.

« Sire, j'ai l'honneur de rendre compte à Votre Majesté que les différents rapports que je reçois de mes avant-postes sur la Saale s'accordent à dire que l'ennemi ferait quelque mouvement. L'un dit que l'ennemi paraissait se retirer sur Dessau; un autre annonce une diminution de forces dans les postes; un autre enfin qu'il n'y avait plus que quelques partis de Cosaques, et que l'infanterie prussienne qui était sur la rive droite paraissait s'être dirigée sur Cönnern. Des paysans, rentrés dans les villages près d'Eisleben, ont déclaré avoir servi de guides à 1,500 Cosaques et à 800 hussards prussiens, ayant 2 pièces de canon, qui se sont dirigés sur Wettin. Ainsi, par la diversité de ces rapports, j'ignore encore si l'ennemi se porte sur Leipzig ou sur Dessau. Je croirais plutôt à cette dernière probabilité. Au surplus, la reconnaissance que je ferai faire demain matin éclaircira davantage le doute. Le bruit général répandu dans le pays, c'est que l'ennemi se retire sur la rive droite de l'Elbe. J'adresse à Votre Majesté un rapport que j'ai reçu aujourd'hui de Magdebourg, d'après lequel il paraît que le corps du général Bulow se serait établi près de cette place, sur la rive droite, pour en observer le débouché. J'ai reçu une lettre du général Sébastiani, qui m'envoie 2 officiers russes et une quinzaine de Cosaques, faits prisonniers dans la dernière affaire. Il me demande si je puis me passer de ses troupes pendant quelques jours, et qu'il se charge de faire passer l'Elbe à tous ces partisans. Comme je pense que cela ne pourrait être qu'avantageux, pour donner surtout au général Vandamme le temps de former ses divisions, je lui ai accordé quelques jours, d'autant que j'ai pensé que d'ici au 1er du mois nous serions à peu près dans la même position. Il paraît qu'on est toujours dans de grandes craintes à Cassel, et qu'on ne s'y sent pas même la force de repousser les partis qui se sont dirigés par là, et qui ne doivent pas former plus de 15 à 1,800 chevaux. Il est fâcheux que le roi n'ait pas fait occuper Mulhausen; j'aurais été de suite en communication avec le prince de la Moscowa. »

« Tu dois voir, à ma date, que nous ne perdons plus de terrain; tu verras que nous en gagnerons bientôt. La Grande-Armée arrive à grands pas, et, le 1er mai, nous serons en ligne ensemble. On tire de temps en temps quelques coups de canon aux avant-postes, mais jusqu'à présent il n'y a rien eu de sérieux...... Demain, je compte aller à Bernburg avec quelques troupes et passer la Saale : ce sera une simple reconnaissance. »

Eugène à la vice-reine. Hoym, 21 avril 1813, au soir.

« Sire, je rentre à l'instant de la reconnaissance

Eug. à Nap. Bernburg,

22 avril 1813. de Cothen. Nous avons été jusqu'à une petite lieue, poursuivant à peu près 2,000 chevaux prussiens et cosaques. Tous les paysans interrogés assurent que les principales forces ennemies sont encore à Dessau, où se trouvait hier le général Wittgenstein. Un seul bailli nous dit qu'il était parti hier quelques mille hommes de Cothen, probablement de la cavalerie et de l'artillerie, pour aller, dit-on, renforcer Blücher. J'ai pourtant remarqué que plus nous avancions sur Cothen, plus il était facile de s'éclairer, et que même les postes sur la route de Halle se retiraient dans la direction de Dessau.

« J'espère que demain nous en saurons davantage.

« Dans le petit engagement qui a eu lieu avec mes tirailleurs, nous n'avons eu que 3 blessés. L'ennemi a eu 1 homme et 7 chevaux tués. Je ne connais pas ses blessés. »

Eug. à Nap.
23 avril 1813. « Sire, toute la matinée il a neigé et le temps est fort couvert à midi. J'ai profité d'un petit éclairci pour pousser en avant quelque cavalerie. On s'est fort approché de Cothen. L'ennemi y était en position avec 2,000 chevaux, quelques bataillons et de l'artillerie. De la fumée des feux de bivac, qu'on apercevait dans les bois, en arrière de Cothen, faisait penser qu'il y avait assez de monde. Les gens du pays disent que ce sont des Russes et des Prussiens mêlés. Ce serait donc toujours le corps de Wittgenstein. On assure que le mouvement qui s'est fait sur Halle n'est composé que de cavalerie, avec 2 à 3 bataillons seulement.

« Les reconnaissances de ce matin m'ont appris que des dragons et hussards prussiens s'étaient retirés dans la direction de ...... Je ne doute pas que le mouvement que j'ai fait sur Cothen aura rappelé sur la Mulde une grande partie des forces qui étaient sur la Saale.

« Un espion, qui rentre à l'instant, dit qu'hier il y avait à Wettin 1,500 cavaliers et 1 bataillon de chasseurs prussiens, avec 4 pièces. Ces troupes ont pu être envoyées là pour observer notre mouvement sur Eisleben.

« Cette nuit, 9 cuirassiers du 1ᵉʳ régiment ont déserté. Ils étaient tous du département des Bouches de l'Elbe.

« Je serai demain à Aschersleben. »

« Sire, j'ai l'honneur d'adresser à Votre Majesté la lettre que j'ai reçue ce soir du prince Poniatowski. Je pense qu'elle lui aura fait connaître directement ses intentions, parce qu'elle ne m'a point répondu au sujet des précédentes lettres du prince.

Eug. à Nap. Aschersleben, 24 avril 1813.

« Un agent, qui arrive à l'instant de Sandersleben, me fait le rapport ci-joint. Il n'y avait plus personne dans aucun des endroits qu'il a visités. Notre reconnaissance a trouvé ce matin 4 à 500 Cosaques et une compagnie de chasseurs prussiens. Tout s'est enfui à l'approche de nos voltigeurs.

« Le général Lauriston a fait d'Aschersleben une reconnaissance sur Friedbourg, en remontant la rive gauche de la Saale. Cette reconnaissance a chassé devant elle quelques centaines de Cosaques.

Toutes ces troupes font partie du corps commandé par le général Orloff, et sont d'environ 1,800 à 2,000 chevaux. Je reçois à l'instant 1 officier arrivant de Thorn en apportant la lettre ci-jointe du général Poitevin. Votre Majesté y verra que cette place s'est rendue le 16 avril par capitulation. L'officier adjoint met en ce moment par écrit tout ce qu'il a vu et remarqué sur sa route. J'enverrai demain son rapport à Votre Majesté. Je désirerais bien que l'armée du maréchal Ney arrivât sur la Saale, et je ne balancerais pas à me porter sur Dessau. Je ferais alors une heureuse diversion sur Wettin. Mais je ne puis faire de mouvement qu'autant que je suis tranquille sur ma droite. Votre Majesté sentira le prix que j'attache à sa réponse à ce sujet. »

Eug. à Nap. Aschersleben, 24 avril 1813.

« Sire, j'adresse ci-joint à Votre Majesté le rapport du général Haxo, qui paraît croire que l'ennemi aurait fait passer quelques troupes à Werben et Landen. J'ai envoyé l'ordre au général Philippon, qui a pris le commandement de la division du 1er corps qui lui était destinée, de se porter avec 2 bataillons et 80 chevaux dans la direction de Stendal, pour avoir des nouvelles et s'assurer si le passage est aussi sérieux qu'on le mande. Je croirais ce rapport fort exagéré, comme tous ceux qui nous viennent de ce côté.

« Le 11e corps occupe Mansfeld, Leimbach. La 36e division, en 2e ligne, est à Harzgerode et Zinnerstadt. La 31e division est à (*illisible*) et pousse ses partis sur Stolberg dans le Hartz. Eisleben est occupé tous les matins par une forte division de cavalerie et d'infanterie. On n'y rencontra hier que 400 Cosaques. Je n'ai pas cru devoir m'étendre davantage sur ma droite. Le 5ᵉ corps occupe Aschersleben, Güsten et Sandersleben. La grosse cavalerie est placée dans les villages entre ici et Gürsten. Le duc de Bellune, avec les bataillons du 2ᵉ corps observe toujours la basse Saale, occupant fortement Berburg.

« Les dernières nouvelles du Hartz annonçaient que le 21, les différents partis avaient abandonné ces montagnes et s'étaient retirés. Je n'ai point eu de nouvelles du mouvement du maréchal Ney après le 19, et j'ignore s'il s'était avancé jusque sur la Saale.

« J'attends avec impatience les ordres de Votre Majesté sur nos opérations ultérieures. J'aurai l'honneur d'écrire ce soir à Votre Majesté si j'apprends du nouveau. »

Eugène à la vice-reine. Aschersleben, 24 avril 1813.

« Je suis rentré ici, ma chère Auguste, ce matin, de la reconnaissance que j'ai faite sur la rive droite de la Saale. J'ai été jusqu'à la vue de Cothen ; nous n'avons eu qu'un léger engagement de tirailleurs et nous n'avons eu que 3 hommes blessés. L'ennemi a eu 3 tués ; j'ignore le nombre des blessés. Les troupes sont rentrées dans leurs positions, et nous voilà tranquilles pour quelques jours sur ce point ; la réunion des armées est au moment de se faire. Alors nous serons bien forts, et moi-même je serai bien heureux d'être débarrassé de ma grosse responsabilité......... J'espère que le moment de nous revoir arrivera plus tôt qu'on ne pense, car j'ai dans l'idée que cette fois on fera la paix après la première bataille gagnée. Tu verras si je ne te dis pas la vérité. Ma santé est fort bonne; elle sera bien meilleure quand je serai près de toi. C'est là que se bornent tous mes vœux. »

<small>Eug. au roi de Bavière. Aschersleben. 25 avril 1813.</small>

« Sire, je profite de l'occasion d'un officier qui revient de Thorn pour annoncer à Votre Majesté que cette place s'est rendue le 16 de ce mois. Par la capitulation, il a été permis à la garnison de se retirer en France et en Bavière, sous la condition de ne point servir pendant cette campagne. Le lieutenant Guyot du Pauteil, porteur de la présente, fera connaître à Votre Majesté tous les détails de l'attaque et de la défense de cette place. Le journal du siége, que je dois recevoir très-prochainement, nous fournira, j'espère, la preuve que chacun y a fait son devoir.

« Je renouvelle à Sa Majesté l'assurance de mon tendre et respectueux attachement. »

<small>Nap. à Eug. Erfurth, 26 avril 1813, 1 heure après-midi.</small>

« Mon fils, je suppose que vous serez à Halle et Mersebourg. Le prince de la Moscowa a son quartier général à Auerstaedt et occupe Naumburg. Une division du 6ᵉ corps, que commande le duc de Raguse, sera ce soir à Weissenfels. Je porte cette nuit mon quartier général à Weimar. — Le général a son quartier général en arrière de Jena, occupant Jena par des troupes légères. — Le duc de Reggio a son quartier général à Saafeld. Je ne sais pas bien où est la division du 1er corps, ni la situation de votre cavalerie. — Je suppose que l'ennemi, voyant les mouvements sérieux qui se font, aura rappelé tous ces coureurs qu'il avait détachés de Hambourg sur le Weser.

« Mon premier but est d'occuper la Saale et de faire le plus tôt possible réoccuper Hambourg. La 2e division du 6e, ainsi que la division Saint-Cyr, doivent être suffisantes pour cette opération. Vous aurez fait revenir le général Bourcier à Hanovre. Pressez-le donc pour qu'il se dépêche de vous envoyer de la cavalerie et de compléter votre corps. J'ai déjà ici 4,000 hommes composés de différents détachements destinés aux 1er et 2e corps.

« Ma deuxième opération sera d'occuper l'Elbe. Faites-moi connaître ce qui forme la garnison de Magdebourg. »

Eug. à Nap. 26 avril 1813.
« Sire, le général Sébastiani marque qu'il est possible que 100 Cosaques aient paru à Neuholdersleben, mais il répond que 5,000 Cosaques, que Czernischeff y a fait annoncer, n'y entreront pas. Czernischeff est parti cette nuit de Bevensen : il prend la route de Bayendorf et Blekede et va repasser l'Elbe à Boizenburg. Dornberg a filé en toute hâte par Ebsdorf, Lunebourg, d'où il a continué sa marche aussi sur Boizenburg. Ces deux corps ne vont pas au delà de 4,500 chevaux et de 2 à 3,000 hommes d'infanterie, encore une partie de celle-ci est du corps insurrectionnel qu'ils cherchent à lever.

« La conduite des Russes devient de plus en plus oppressive, et les Hanovriens en sont révoltés; ils sont casernés aujourd'hui et véritablement exercés. Czernischeff a commis force exécutions à Metzen. Le général Sébastiani se rend à Metzen, où il attend que le 1ᵉʳ corps ait pris la position qu'il lui a assignée. »

<small>Eug. à Nap.
Mansfeld,
26 avril 1813.</small>

« Sire, j'envoie ci-joint, à Votre Majesté, la copie d'un rapport d'agent. Il paraît certain que le mouvement que j'ai fait sur Cothen a non-seulement inquiété l'ennemi; mais même lui a fait rappeler les troupes de devant Wittenberg, et même, si l'on doit en croire le rapport, une partie de celles qui étaient venues devant Magdebourg.

« J'adresse en même temps des extraits des dernières gazettes de Leipzig et de Berlin. »

<small>Eugène
à la vice-
reine.
Mansfeld,
26 avril 1813,
au soir.</small>

« Nous voici en mouvement pour rejoindre la Grande-Armée, ma bonne Auguste. Je suis arrivé ici aujourd'hui, et je me porte demain, avec la tête de mes troupes, sur Halle; mais je reviendrai le soir à Eisleben; ce sera pour moi une journée de 18 à 20 lieues... Je me porte bien; tu sais que l'exercice ne nuit pas à ma santé. »

<small>Nap. à Eug.
Erfurth,
27 avril 1813.</small>

« Mon fils, je vous envoie copie d'une dépêche chiffrée dont était porteur un soldat bavarois qui s'est échappé de Glogau. On n'a pas au quartier général la clef de ce chiffre. Je suppose qu'elle est écrite avec un chiffre particulier que vous aurez laissé au général Laplanne. »

« Sire, j'ai l'honneur de rendre compte à Votre Majesté que je me suis porté ce matin sur Wettin. Le général Lauriston, d'après mes ordres, avait fait toutes les démonstrations pour l'attaque de la tête du pont; il inquiétait en même temps l'ennemi sur son flanc droit, en faisant tous les préparatifs pour la construction d'un pont. Quelques pièces furent mises en batterie, et au troisième coup de canon l'ennemi replia son pont, et le détruisit en y mettant le feu. J'ai vu défiler sur l'autre rive à peu près 2 bataillons et 4 à 5 escadrons; je n'ai vu que 4 pièces. Cette nuit, on doit détruire le petit ouvrage qu'ils avaient fait sur cette rive-ci. J'ai mis de suite en mouvement la division Maison avec le 8e de cavalerie légère, soutenu de la division Lagrange, pour les porter sur Halle. Le général Lauriston me fera connaître ce soir jusqu'à quel point il aura pu s'approcher de cette place. Nous n'avions devant nous dans la plaine qu'environ 3,000 Cosaques, sans infanterie ni artillerie. Je suis revenu ici pour avoir plus promptement des nouvelles de la division qui se porte sur Querfurt. C'est la 31e ; elle y est arrivée à quatre heures après-midi, et doit diriger ses reconnaissances sur divers points de l'Unstrut, et particulièrement sur Freybourg.

« La 35e division occupe Schraplau. Le 56e est échelonné entre cette dernière ville et Eisleben.

« J'adresse ci-joint à Votre Majesté deux rapports que j'ai reçus dans la journée du général Sébastiani et du prince d'Eckmühl. J'y joins les journaux qu'ils m'ont envoyés. Le maréchal Macdonald est

Eug. à Nap. Eisleben. 27 avril 1813.

arrivé ce soir au quartier général, et prendra le commandement de son corps. »

<small>Nap. à Eug Erfurth, 28 avril 1813.</small> « Mon fils, je reçois votre lettre du 26. Je n'ai point encore une lettre de vous du 27. Je vois par cette lettre que le général Lauriston était devant Wettin, et que la 31ᵉ division devait être à Querfurt le 27, et, comme le 26 au soir le général Souham était à Naumburg, et le prince de la Moscowa à Auerstaedt, j'espère que la jonction se sera faite hier 27, et au plus tard aujourd'hui 28. Le prince de la Moscowa fera occuper Weissenfels sur la Saale. Il me tarde d'apprendre que vous soyez à Mersebourg, et que la jonction soit faite. Envoyez-moi sur-le-champ l'état de situation de votre corps d'armée, et me faites bien connaître où chaque chose se trouve, tant votre artillerie que votre cavalerie. — Faites appuyer toute ma garde sur votre droite, désirant le plus tôt possible la réunir avec le reste de la garde qui est à Weimar. — Portez votre quartier général aussi près de nous que cela vous paraîtra convenable. Vous savez que mon principe est de déboucher en masse, c'est donc en masse que je veux passer la Saale, avec 300,000 hommes. — Procurez-vous du pain pour quelques jours. Envoyez-moi un officier d'artillerie qui connaisse parfaitement votre artillerie, et où existent vos munitions, et surtout vos pièces de 12, également tout le personnel de votre artillerie à cheval, et tous les moyens de pontonniers que vous avez. »

« Sire, j'ai l'honneur d'annoncer à Votre Majesté que j'ai reçu cette nuit la lettre du 26, que m'apporte l'aide de camp du maréchal Ney. Depuis hier, j'occupe Querfurt, où il n'y avait que 30 Cosaques. Les postes du prince de la Moscowa venant jusqu'à l'Unstrut, nous pouvons nous regarder dès à présent comme en communication directe. Demain le 11ᵉ corps se portera sur Mersebourg, et y arrivera de bonne heure.

« J'attends ce matin des nouvelles de Lauriston pour savoir s'il a pu entrer dans Halle. Il a mandé cette nuit que la division Maison avait pris position à Modlebur, à une lieue de Halle. Des paysans, qui avaient quitté la Saale dans des nacelles, ont rapporté qu'il y avait dans cette ville 8,000 hommes d'infanterie et de cavalerie, la plupart Prussiens. Ils ont fait une tête de pont au bout de la digue qui conduit à un pont de pierre, et qu'ils ont armé cet ouvrage avant-hier. J'ai ordonné au général Lauriston de s'avancer aujourd'hui sur Halle avec la division Maison et Lagrange, et la 3ᵉ division de cavalerie légère, et de manière à occuper cette ville, s'il lui est possible. La division du général Rochambeau est à sa gauche en échelon, et observe les points de passage de Rotenbourg à Wettin. Je n'ai pas envoyé aujourd'hui le 11ᵉ corps, parce que, d'après les ordres mêmes du major général, je ne devais occuper Mersebourg que successivement après Halle.

« J'envoie ci-joint à Votre Majesté le rapport du général Sébastiani, qui est bien loin de confirmer ce qu'il paraissait craindre hier. Il paraît que l'ennemi se retire en toute hâte, et va repasser l'Elbe à Boizenburg. J'avais écrit au prince d'Eckmühl de faire partir en avant de Brême deux divisions avec le général Vandamme pour occuper la rive du bas Elbe. Je rappellerai à moi le général Sébastiani et la division Puthod du 5ᵉ corps, qui se trouve vers Stendal. J'avais eu l'honneur d'écrire à Votre Majesté que je n'avais pu éloigner davantage cette division de Magdebourg, parce qu'elle était destinée à faire partie de la garnison de cette place. Aujourd'hui que les choses sont bien changées, je ne vois pas qu'il y ait d'inconvénient à détacher cette division avec le prince d'Eckmühl sur le bas Elbe. Il resterait toujours à Magdebourg, outre les 2 régiments westphaliens, les 12 bataillons du 2ᵉ corps, dont 8 sont momentanément détachés sur la basse Saale avec le duc de Bellune.

« Votre Majesté me demande quelle est en ce moment la garnison de Magdebourg. Le général Haxo ne se fiant aucunement sur les régiments westphaliens, j'ai dû laisser dans cette place, outre le bataillon de la citadelle, 4 bataillons de la division du 2ᵉ corps, et 6 bataillons du 1ᵉʳ corps. Les 8 autres bataillons du 2ᵉ corps sont, comme je l'ai dit plus haut, sur la Saale, et les 10 grands bataillons du 1ᵉʳ corps sont à la gauche de Magdebourg et sur Stendal. »

Nap. à Eug. Naumbourg, 29 avril 1813, 5 heures après midi.

« Mon fils, un de vos courriers m'apporte votre lettre d'aujourd'hui 29, à 4 heures du matin. Halle est inattaquable de ce côté, du moment que l'ennemi le veut défendre. Le 11ᵉ corps doit être arrivé à Mersebourg; appuyez sur Mersebourg avec toute l'armée. Si l'on est entré à Mersebourg aujourd'hui, donnez ordre au général de jeter des ponts sur les petites rivières et de pousser sur Halle, et cela est important pour assurer les opérations, et aussi pour les subsistances. — Le prince de la Moscowa est à Weisenfels. Le quartier général est ici. Le prince de la Moscowa poussera demain probablement une avant-garde sur Lutzen. Menez ma garde, les gendarmes et tout ce qui appartient au quartier général à Mersebourg. Ils se trouveront là à portée de recevoir mes ordres pour tout ce qui rejoindra le grand quartier général.

« Je fais construire ici un pont de radeaux sur la Saale, sur la route de Mersebourg. »

« Sire, j'ai attendu hier soir infructueusement, pour écrire à Votre Majesté, d'avoir reçu des nouvelles du général Lauriston; j'attendais avec d'autant plus d'impatience, qu'hier soir j'avais entendu une assez forte canonnade du côté de Halle. Enfin, un officier vient d'arriver de la part du général Lauriston, qui m'annonce qu'il arrive à trois heures après midi avec la division Maison, devant Halle et qu'il n'a trouvé sur cette rive qu'une centaine de tirailleurs à pied, qui sont rentrés bien vite dans la ville. Nos troupes se sont approchées du pont et l'ennemi a de suite démasqué une batterie sur l'autre extrémité du pont même où l'on paraissait travailler encore à quelques ouvrages de palissades. Le général

Eug. à Nap.
Eisleben,
29 avril 1813.

Lauriston a fait mettre 24 pièces de canon en batterie, et on a tiré vivement pendant 24 heures sur l'ennemi, qui a déployé jusqu'à 20 pièces. Les maisons de l'autre côté paraissent crénelées, et le général Lauriston estime ce qu'il a vu de l'ennemi à 6,000 hommes d'infanterie et 2,000 chevaux. Notre artillerie paraît avoir fait beaucoup de mal à l'ennemi. Nous tenons l'extrémité du pont, et il paraît impossible que l'ennemi débouche par là, mais il paraît impossible aussi d'emporter cette position de vive force, si l'ennemi s'opiniâtre à la défendre.

« J'attendrai le rapport de ce matin pour avoir une opinion définitive, mais je n'ai pas cru devoir différer à porter le 11ᵉ corps sur Mersebourg.

« J'aurai 6 bataillons et 100 chevaux à Mucheln pour communiquer avec les troupes que le maréchal Ney aura sûrement à Freybourg.

« Je porte la garde et mon quartier général à Schraplau. J'écrirai sûrement dans la journée à Votre Majesté pour lui donner d'autres détails. »

Nap. à Eug. Naumburg, 30 avril 1813, 1 heure après midi.

« Mon fils, je serai aujourd'hui à trois heures de l'après-midi à Weissenfels. Je désire que vous y dirigiez les deux bataillons de la division Roguet et les deux bataillons piémontais et toscan. Deux bataillons de la vieille garde, qui y arriveront dans deux jours, formeront avec cela une division de vieille garde sous les ordres du général Roguet et sous les ordres immédiats du duc de Dalmatie. La réunion pourra se faire demain. Les deux autres bataillons de la jeune garde joindront la division Dumoutier, qui sera demain à Weissenfels. Dirigez vos rapports sur Weissenfels. Il me tarde d'apprendre que nous ayons Halle. — Où est le duc de Bellune? Je suppose que vous le tenez instruit de tous les mouvements.

« Il faudrait faire rapprocher vos parcs, puisqu'il est possible qu'il y ait bientôt une bataille où il faudra avoir vos munitions.

« Le général Reynier est ici; il pourra prendre le commandement de la division Durutte. Il y a ici d'ailleurs 14 pièces de canon et 5 bataillons formant 3,000 hommes qui appartiennent à cette division. »

<small>Nap. à Eug. Weissenfels, 30 avril 1813, 1 heure 1/2.</small>

« Mon fils, le général Corbineau, m'apporte votre lettre du 30 à neuf heures du soir. Faites partir la division de ma garde à cinq heures du matin pour se rendre ici. Vous laisserez avec elle la batterie d'artillerie à cheval. Vous joindrez la batterie d'artillerie à pied à la réserve du 11ᵉ corps.

« J'ordonne au duc de Raguse de faire partir demain (1ᵉʳ mai) les cinq bataillons de la division Durutte, qui forment 3,000 hommes, pour se rendre à Mersebourg, où je suppose que cette division se trouve. Cela portera donc cette division à 4,000 hommes; elle n'appartient, je crois, ni au 5ᵉ ni au 11ᵉ corps. Cela vous formera une réserve de 4,000 hommes dans la main. Le général Reynier va se rendre à Mersebourg pour en prendre le commandement. — Je crois que vous n'avez plus aucun Saxon à l'armée. Si vous en avez quelques détachements, réunissez-les à cette division.

« Le général Sébastiani, avec 14,000 hommes,

dont beaucoup de cavalerie, se trouve détaché. Où se trouve-t-il positivement, et quel ordre a-t-il? Je vois également que la 1re division du 1er corps se trouve également détachée en pure perte. Où est-elle, et quel ordre a-t-elle? Enfin la division du duc de Bellune se trouve également détachée; où est-elle, et quel ordre a-t-elle? Il n'y a plus personne devant Magdebourg.

« Le général prussien Wolberg, qui s'y trouvait, s'est aussi reployé sur Dessau. Cela me fait donc une force de 14,000 hommes du général Sébastiani, 6,000 hommes de la 1re division, en laissant 6 bataillons pour Magdebourg, et enfin 8,000 hommes du 2e corps : total, 28,000 hommes qui sont en pure perte et qui ne se trouveraient pas à la bataille qui va avoir lieu. Répondez-moi promptement là-dessus.— Je ne conçois pas comment vous avez si peu de cavalerie; c'est qu'elle est toujours disséminée à droite et à gauche. Donnez ordre à tout ce qui est à Hanovre, Brunswick, etc., d'en partir sans délai pour vous rejoindre. S'il y avait de la cavalerie ailleurs, envoyez, par des courriers extraordinaires, l'ordre qu'elle parte également, puisqu'il va y avoir une bataille et qu'il est important d'avoir toute notre cavalerie.

« Il paraît que vous pourrez déboucher demain avec près de 60,000 hommes, tandis que si toutes vos forces avaient été réunies, vous pourriez déboucher avec 80,000 hommes. — Le major général vous avait écrit de mettre un poste de cavalerie à mi-chemin de Naumburg; faites-le venir à mi-chemin de Weissenfels. — On n'a fait aucun mouvement ici aujourd'hui parce qu'on ne vous croyait pas encore en mesure de déboucher. Faites placer demain tout le 11ᵉ corps et toutes vos troupes, et portez les trois divisions du 11ᵉ corps, celles du 5ᵉ et du 7ᵉ, c'est-à-dire vos sept divisions, en avant de Mersebourg. Étendez-vous sur Schaafstadt. Tâchez d'avoir quelqu'un de ces pays pour donner des renseignements. 3 régiments de cavalerie que l'ennemi avait à Zeitz, il les a reployés hier sur Altenburg.

« *P. S.* Où est votre parc? Faites-le venir sur Mersebourg. Faites palissader les portes de Mersebourg. Faites palissader les différents ponts, afin qu'en cas de retraite tout cela puisse être gardé facilement. Faites venir tout le quartier général à Mersebourg. Établissez-y sur-le-champ deux hôpitaux pour 4,000 hommes. »

*Eug. à Nap.
Mersebourg,
30 avril 1813.*

« Sire, j'ai reçu une lettre de Votre Majesté que m'a apportée un aide de camp du général Corbineau. Les ordres qu'elle contenait sont exécutés. Je dirige demain sur Weissenfels toutes les parties de la garde que demande Votre Majesté, avec toute l'artillerie attachée à cette garde.

« Les 14 bouches à feu avaient été employées comme réserve du 11ᵉ corps. On attend les ordres de mouvement pour demain. Le 11ᵉ corps et le 1ᵉʳ corps de cavalerie sont en avant de Mersebourg; la tête occupe Wignetz. La garde est à Mersebourg. Le 5ᵉ corps est entré ici. »

*Nap. à Eug.
Weissenfels,*

« Mon fils, il est huit heures. A neuf heures nous

*1er mai 1813,
8 heures
du matin.* nous mettrons en mouvement sur Lutzen. Je suppose qu'à dix heures vous serez avec toute votre armée, la gauche à Neywitzchen et la droite à Schladebach. Si vous entendez le canon sur Lutzen, marchez sur la droite de l'ennemi.

« Réunissez toute votre cavalerie, afin de pouvoir la faire donner ensemble en la ménageant et en la faisant couvrir par de l'infanterie.

« *P. S.* Faites mettre en bon état Mersebourg et faites garder tous les débouchés de l'Elster, qui, dans ce temps-ci, ne doit pas être guéable. »

*Nap. à Eug.
Lutzen,
2 m. 1 1813,
8 heures
du matin.* « Mon fils, le major général a dû vous envoyer l'ordre du mouvement. Vous y verrez que j'ordonne que le 11e corps soit en mesure pour occuper Zwickman, ou pour protéger l'occupation de Leipzig par le 5e corps.

« Vous pouvez vous porter, avec la plus grande partie de votre cavalerie et avec une division, à mi-chemin de Markrandstadt à Leipzig, afin de soutenir le général Lauriston, s'il est en besoin, et d'être à temps pour revenir soutenir le duc de Tarente, s'il était nécessaire, sur Zwenkau. Mettez votre cavalerie en mouvement. Faites-moi connaître à quelle heure vous croyez que le général Lauriston sera à la hauteur de Leipzig avec la cavalerie. — Le général Reynier, avec la division Durutte, doit se trouver à Mersebourg. Envoyez-lui l'ordre de vous rejoindre.

« Je n'ai pas besoin de dire qu'il faut que le général Lauriston marche par division de front, chaque division formant trois ou quatre carrés, éloignés chacun de 3 à 400 toises, ayant de l'artillerie, les autres divisions formant la 2ᵉ et la 3ᵉ ligne en échelons et placées de la même manière. »

« Je me porte bien, ma chère Auguste; depuis hier à quatre heures du soir, je suis réuni à l'Empereur. Nous avons eu hier un petit combat qui eût été sans conséquences pour nous, si un boulet n'avait pas emporté le pauvre maréchal Bessières. Je n'ai pas eu dans mes troupes un seul blessé, et nous avons pris quelques ennemis. Une chose remarquable, c'est que ma réunion avec la Grande-Armée s'est faite précisément au monument de Gustave-Adolphe, le jour anniversaire d'une de ses batailles.

« Je vais marcher tout à l'heure sur Leipzig. L'ennemi paraît se retirer sur Dresde ou au moins dans cette direction. Adieu, ma bonne Auguste, l'Empereur m'a reçu avec beaucoup de bonté. »

<small>Eugène à la vice-reine. Du camp près Lutzen, 2 mai 1813, 5 heures du matin.</small>

« Nous avons eu hier une belle bataille, ma bonne Auguste, et juste comme nous le croyions, elle a été toute en notre faveur. Les armées russe et prussienne sont venues nous attaquer sur notre droite pendant que je marchais sur Leipzig : on s'est dirigé de suite sur eux, et, malgré leur supériorité en cavalerie, nous les avons battus. L'empereur Alexandre et le roi de Prusse étaient présents. On leur a tué et blessé beaucoup de monde; moi, j'ai perdu moins que les autres, puisque je n'ai donné que tard, et sur les réserves des gardes russes et prussiennes. Je me porte bien, ce que tu sauras déjà, car je sais que

<small>Eugène à la vice-reine. Bivac près Geyau, 3 mai 1813, au soir.</small>

l'Empereur a eu l'extrême attention de te faire donner de mes nouvelles hier. »

Nap. à Eug. Colditz. 6 mai 1813. 3 heures 1/2 du soir.

« Mon fils, la journée d'hier aurait été belle si vous m'aviez envoyé 3,000 prisonniers. Comment dans des gorges et dans un pays où la cavalerie de l'ennemi est inutile, ne m'envoyez-vous personne ? Le duc de Raguse, à quatre heures du matin, se met en marche pour se porter sur Waldheim. Ayez soin de partir au plus tard à cinq heures du matin, et faites ployer votre queue de manière à n'occuper que six lieues de terrain. Placez tous vos bagages à la suite de votre 3ᵉ division, afin de marcher militairement, et de pouvoir donner en même temps avec vos 3 divisions. — Mettez un peu d'ordre dans votre corps, qui en a grand besoin. Les Italiens surtout commettent des horreurs, pillent et volent partout; faites-en fusiller un ou deux. — L'ennemi ne peut pas vous arrêter à Waldheim, puisque le ruisseau est guéable partout.

« Le général Bertrand, qui est à Rochlitz, aura dépassé aujourd'hui Waldheim.

« Arrivez aujourd'hui à Nossen. »

Eugène à la vice-reine. 6 mai 1813, 10 heures du matin.

« Ma chère Auguste, je suis dans une petite cabane, en avant de Waldheim, et sur la route de Dresde, attendant que nos ponts puissent être rétablis. Je n'ai passé, le 2, le bras de la Mulda qu'avec la cavalerie et quelques voltigeurs en croupe. J'ai eu hier trois différents combats avec le 11ᵉ corps : savoir, avec trois divisions prussiennes qui voulaient empêcher que je passasse la Mulda à Koltz, et le soir avec 2 divisions de grenadiers russes, qui défendaient une superbe position. Elle a été enlevée par nos troupes avec beaucoup d'audace. Je pense que l'Empereur sera satisfait, car la déroute de l'ennemi a été complète.

« Adieu, ma bonne amie, je me porte bien, et du train dont l'Empereur nous mène, j'ai l'espoir de te revoir bientôt. Je t'embrasse, » etc., etc.

Eug. au roi de Bavière. Dresde, 6 mai 1813, 6 heures du matin.

« Mon bon père, après une belle bataille et cinq bons combats d'avant-garde, je suis arrivé ici en bonne santé, si j'en excepte pourtant la fatigue, qui est excessive. Nous avons commencé hier l'établissement d'un pont. Il a fallu bien du canon. Dans peu d'heures il sera terminé, et l'avant-garde sous mes ordres passera immédiatement l'Elbe.

« Présentez mes hommages respectueux à la reine, et j'embrasse frères et sœurs. »

Eugène à la vice-reine. Dresde, 10 mai 1813.

« Nous sommes arrivés avant-hier ici, ma bonne Auguste ; j'étais à la tête des premières troupes, et j'ai tourné la ville pour y placer des postes et y maintenir l'ordre. D'ailleurs, je poursuivais l'ennemi, et je l'ai obligé à brûler les ponts qu'il avait près de la ville ; je n'y suis donc entré qu'avec l'Empereur dans l'après-midi. Je ne t'ai écrit qu'un mot depuis la bataille du 2, parce que j'ai été constamment à cheval. J'ai eu cinq combats heureux avec l'ennemi, et nous avons toujours emporté ses positions. Hier nous avons eu une vive canonnade pour l'établissement d'un pont ; il sera achevé ce matin, malgré tous les canons ennemis. Tout le monde espère que nos rapides progrès conduiront à une prompte paix. Au revoir, » etc., etc.

<small>Eugène
à la vice-
reine.
Neustadt,
près Dresde,
11 mai 1813.</small>

« J'ai eu hier avec l'Empereur une conversation que je te confie, ma bonne Auguste. Je disais à Sa Majesté que j'avais le plus grand besoin de quinze à vingt jours de repos pour soigner ma santé, ce que je n'avais pu faire pendant une année de guerre très-active. A cela l'Empereur m'a répondu qu'il n'était pas très-éloigné de m'accorder un congé de deux mois pour revoir les affaires d'Italie ; que je n'étais plus si nécessaire à l'armée qu'à Milan, etc. Tu sens bien que je ne l'ai pas contredit : ainsi attends-toi à bientôt apprendre que nous nous reverrons plus tôt qu'il n'était permis de l'espérer. Garde ta joie pour toi seule ; j'en fais autant de mon côté ; et crois bien que si dans huit à quinze jours je reçois ma permission, je ne perdrai pas mon temps en route... Je ne veux m'arrêter qu'une heure à Munich pour embrasser notre père, » etc., etc.

<small>Nap. à Eug
Dresde,
12 mai 1813.</small>

« Mon fils, partez ce soir et rendez-vous à Munich pour vous porter de là en Italie. Je donne ordre au ministre de la guerre de mettre sous vos ordres les troupes qui sont dans mon royaume d'Italie et dans les provinces Illyriennes. — Vous trouverez en Italie les ordres que j'ai donnés pour la formation d'un corps d'observation de l'Adige. Mon intention est de l'augmenter jusqu'à 80 à 90 bataillons, tant de troupes françaises qu'italiennes, de les faire encore exagérer par l'opinion, afin d'avoir par là de l'ascendant sur l'Autriche, et que ce soit moi qui la menace et non elle. Faites ce qui est nécessaire pour faire penser que les troupes vont se rendre par le Tyrol à Dresde. — Vous vous ferez rendre compte en passant par Augsbourg de l'état du 9° bataillon d'équipages militaires et de l'artillerie des 4° et 12° corps.

« J'avais donné ordre d'acheter 1,000 chevaux et 200 voitures qui doivent arriver chargées à Ulm. Assurez-vous que ces voitures ont été achetées, et qu'elles sont parties bien attelées pour Dresde. — Le général Grenier commandera le corps d'observation de l'Adige, qui est destiné à être composé de 4 divisions; mais, si mes affaires avec l'Autriche s'obscurcissaient, je formerais trois corps, chacun de 2 divisions, qui, à raison de 12 à 15 bataillons par division, formeront 80 à 90 bataillons. — Vous aurez soin de veiller à l'instruction des conscrits jusqu'au mois de septembre. Du moment qu'ils auront reçu des vestes, culottes et capotes, on peut les considérer comme habillés. Il est important de visiter les cadres du 4° bataillon, afin de nommer aux places vacantes, et de donner la retraite aux officiers qui ne peuvent plus servir. »

LIVRE XXIV

DU 18 MAI 1813 AU 20 AOUT 1813.

Le vice-roi revient à Milan (18 mai 1813).— Il refuse les fêtes qu'on veut lui offrir. — Il reprend ses travaux. — Organisation de l'armée d'Italie. — Historique de la création de cette dernière armée confiée au prince Eugène. — Activité que déploie le vice-roi. — Ressources dont il dispose. — Motif politique de l'Empereur pour faire croire à la force de l'armée d'Italie. — Corps de l'Adige créé par décret du 18 avril. — Sa composition sur le papier. — Sa force réelle. — Décret du 18 juin. — Le corps de l'Adige devient corps d'observation d'Italie. — Sa composition.— Efféctif réel de l'armée d'Italie au 15 juillet et effectif supposé. — Positions occupées au commencement du mois d'août. — Insurrection en Croatie. — Le prince met son armée en mouvement pour prendre la ligne de la Save. — Il arrive le 19 à Gorizia. — Sa proclamation à ses troupes.

Le 18 mai 1813, le prince Eugène rentrait à Milan. La joie qui éclata, non-seulement dans sa famille et dans son entourage, mais encore dans toutes les classes de la capitale du royaume dès que son retour fut signalé, dut être pour lui une compensation bien douce aux dures épreuves qu'il avait traversées depuis plusieurs mois. Ils témoignaient, en tous cas, de l'affection bien sincère, bien vraie, bien touchante qu'il avait su inspirer par ses vertus, sa bonté et ses talents.

Milan voulut célébrer par des fêtes pompeuses la présence de son prince et celle des quelques officiers échappés aux désastres de la Russie. La ville, d'ailleurs, connaissait déjà la glorieuse part que le vice-roi avait prise à la victoire de Lutzen.

Le prince Eugène, quoique flatté de ces hommages partis du cœur, crut devoir s'y dérober sans blesser personne. Sa modestie naturelle, fond de son beau et noble caractère, lui faisait volontiers écarter ces démonstrations publiques. Mais, dans cette circonstance, il pensa que les revers qui avaient frappé nos armées, pendant la retraite de Moscou, lui offraient une raison majeure pour rejeter l'idée des réjouissances qui ne pouvaient manquer de présenter un contraste pénible avec le deuil de tant de familles pleurant des enfants chéris. Les gardes d'honneur la garde royale italienne, les régiments de ligne, avaient perdu presque tous leurs effectifs; la guerre, loin d'être terminée, s'annonçait encore menaçante et prochaine; le prince crut convenable de renoncer à toute démonstration de fête publique. La joie de la famille suffisait à son âme, et l'on comprendra facilement, lorsqu'on a lu ses lettres à la princesse Auguste, le bonheur qu'il éprouva à se retrouver au milieu des siens.

Ce bonheur de se voir réuni à tout ce qui lui était

si cher au monde ne pouvait faire oublier à Eugène la gravité des circonstances, et il ne perdit pas un instant pour reprendre le cours de ses travaux d'administration intérieure du royaume et d'organisation de son armée. Tandis que Napoléon, après avoir rendu le trône à son allié le roi de Saxe, poursuivait le cours de son succès en Allemagne et se reposait souvent des fatigues de la guerre en dictant le soir de longues et minutieuses instructions pour son royaume d'Italie, Eugène s'efforçait d'appliquer avec son intelligence habituelle les instructions de l'Empereur, lui rendant compte de tout avec un soin minutieux.

Ce qui surtout appelait l'attention du vice-roi et était l'objet constant de ses préoccupations et de ses travaux, c'était la formation de son armée. Il mettait d'autant plus d'activité, de zèle à tout ce qui se rattachait directement ou indirectement à cet objet, qu'il n'avait, pour son compte, aucune foi dans l'alliance de la cour de Vienne. Il avait vu les hésitations, puis les faux-fuyants, puis la demi-hostilité de l'armée du prince Schwarzenberg; il ne conservait guère de doutes sur le rôle qu'elle jouerait dans une guerre ou plutôt dans une coalition prochaine.

L'horizon politique ressemblait au ciel lorsqu'il se forme un violent orage. Tous les petits nuages semblent se diriger vers la nuée qui menace la terre, et bientôt tous se confondent avec elle. Il en était de même à cette époque. La nuée qui roulait l'orage, c'était la nation russe; les petits nuages qui tendaient à se fondre avec elle, c'étaient tous les peuples de l'Allemagne, ou pour mieux dire de l'Europe, qui commençaient à jeter les bases de cette coalition générale sous laquelle ne devait pas tarder à tomber le grand Empereur.

Napoléon, du reste, était loin de se faire beaucoup d'illusion à l'égard de l'Autriche. S'il avait pu croire à la sincérité de ses efforts au commencement et pendant la guerre de Russie, s'il avait feint de croire encore à son bon vouloir pendant la lutte héroïque de l'armée du prince Eugène en Allemagne, depuis le départ du vice-roi, il était bien revenu de ses illusions, ainsi qu'on le verra dans sa correspondance avec son fils adoptif.

Les plus grandes préoccupations d'Eugène étaient donc en ce moment pour son armée. On se rappelle qu'en 1812 la formation du 1er corps d'observation d'Italie, ou 4e corps de la grande armée, avait réduit beaucoup le cadre des corps français et italiens qui se trouvaient alors dans le royaume. Un fort petit nombre de bataillons de guerre, quelques faibles dépôts des régiments faisant parti des armées d'Espagne ou de Russie, des malades non encore en état de reprendre les armes, voilà tout ce qui était resté dans les places fortes et dans les principales garnisons. Quelques mois plus tard ce 4e corps repassa l'Oder; il ne présentait plus qu'un squelette, prêt à s'éteindre totalement si on ne s'empressait de lui rendre quelques forces par des mesures énergiques.

Le ministre de la guerre du royaume d'Italie, Caffarelli, le général comte Vignolle commandant les troupes, s'efforcèrent de lever un second corps d'observation, qui, en effet, fut mis sur pied au commencement de 1813 et franchit les Alpes sous les ordres du général Grenier, pour se rendre en Allemagne à l'armée du prince Eugène. Afin de compléter ce deuxième corps d'observation, il avait fallu faire marcher non-seulement les quelques bataillons et escadrons de guerre dont nous avons parlé plus haut, bataillons et escadrons laissés à l'ouverture de la campagne, mais il avait fallu encore envoyer des troupes de nouvelles formations, dépôts de corps à peu près éteints, aux armées actives. Ces dépôts composés d'un amalgame de soldats tirés des hôpitaux et à peine convalescents, et de jeunes conscrits pour l'éducation desquels on avait dû employer tout ce qui restait d'anciens militaires sous les drapeaux, achevèrent d'épuiser à peu près complétement les ressources de l'armée d'Italie en personnel. Instructeurs, ouvriers, malades à moitié rétablis, en un mot tout ce qui pouvait combattre marcha.

Après le départ de ce second corps d'armée, les garnisons se trouvèrent, par le fait, complétement dégarnies de troupes. Les quartiers-maîtres et un petit nombre d'éclopés représentèrent seuls, avec le numéro du régiment, la force militaire de l'armée d'Italie. Sans doute la conscription donnait quelque espoir de recomposer les éléments d'une belle armée. Mais, pour instruire ces troupes de nouvelle levée, il eût fallu des guides expérimentés, des instructeurs habiles, dévoués, d'anciens soldats blanchis sous le harnais. Où les trouver? On avait eu beau renvoyer de Moscou, lors de la réduction du nombre des bataillons et escadrons de la grande armée, les cadres des bataillons et escadrons supprimés, ces cadres avaient presque tous succombé sous le double fléau du froid et de la famine. Ce qui avait pu échapper à cette double cause de désastre s'était jeté dans les places de guerre mises en état de siége par la défection des Prussiens. Ainsi, les débris des cadres du 4ᵉ corps se trouvaient enfermés dans Glogau. Ces précieuses ressources étaient donc perdues pour la future armée d'Italie.

Pour tout dire en un mot, nous ajouterons que la plupart des bataillons qui devaient composer la nouvelle armée d'Italie décrétée par Napoléon après le départ du corps aux ordres du général Bertrand, ne se composaient pas de plus de *vingt individus* de tous grades présents sous les armes [1]. Il y avait bien aussi quelques régiments provisoires qui devaient venir de France, mais la formation en était à peine ordonnée. Sur l'état de situation de cette armée figuraient des régiments croates qu'on ne pouvait tirer de leur pays, des régiments napolitains qui ne devaient plus servir que contre nous.

Voici donc où en étaient les choses lorsque le prince vice-roi arriva à Milan. Néanmoins il se mit à l'ouvrage avec ardeur, car les intentions de l'Autriche lui paraissaient de plus en plus douteuses, et l'Empereur lui avait donné la plus grande latitude

---

[1] Ce fait est affirmé par le comte Vignolle, chef d'état-major général du vice-roi.

et les plus grandes facilités pour organiser, armer, habiller, en un mot pour créer l'armée dont il lui laissait le commandement en chef. Afin même d'augmenter les ressources du prince Eugène, Napoléon prescrivit de verser dans les corps de l'armée d'Italie la conscription des départements les plus voisins du royaume et nouvellement incorporés à la France. Cette mesure, dont il était alors impossible de prévoir les suites fâcheuses et qui hâta le recrutement de l'armée du vice-roi eut plus tard une conséquence malheureuse. En rendant l'armée d'*Italie* tout *italienne*, elle tendit à anéantir entièrement l'espérance qu'on aurait pu concevoir de tirer du royaume même des secours utiles à la défense intérieure du territoire de l'Empire. Napoléon, qui eût peut-être persévéré dans ses premières intentions d'utiliser cette force militaire au profit de la France si elle eût été composée d'éléments français, abandonna aussi son idée première, en faisant cette réflexion fort juste que pour l'homme la patrie est le sol sur lequel il est né, et qu'en conséquence l'armée italienne bonne en Italie n'eût sans doute pas franchi volontiers les Alpes pour venir combattre sur les bords du Rhône ou de la Seine. Hâtons-nous d'ajouter cependant que cette pensée ne fut probablement pas la pensée *déterminante* qui le fit renoncer à ce projet; les victoires qu'il remporta par l'ascendant de son génie lui ayant fait espérer de soustraire à l'Autriche son royaume d'Italie, ses ordres, ainsi que nous le prouverons facilement, furent modifiés au moment où le renfort d'une bonne armée eût été utile à la France. Mais n'empiétons pas sur les événements.

Le vice-roi, en exerçant une grande surveillance, en déployant une grande activité, parvint à hâter la levée de la conscription du royaume. Celle des départements français au pied des Alpes commençait à se mettre en mouvement pour rejoindre les cadres, et les cadres ne tardèrent pas à s'augmenter d'une manière sensible. Cependant l'effectif de l'armée n'atteignit jamais 80,000 combattants, comme sa force avait été portée sur le papier ; il ne dépassa jamais 50,000 hommes. Il manquait des officiers, des sous-officiers, des armes, car les dépôts et les magasins des corps étaient littéralement épuisés, et ceux de l'État ne pouvaient suffire aux besoins des troupes en formation. Pour surmonter tant d'obstacles, pour obvier à tant d'inconvénients, l'Empereur avait autorisé son fils adoptif à puiser dans les arsenaux, et avait donné l'ordre de faire venir, en poste, d'Espagne, 300 officiers ou sous-officiers ; mais ce qui fit plus que tout le reste pour la création de l'armée nouvelle d'Italie, ce fut la prodigieuse activité déployée par le prince Eugène et par son chef d'état-major. L'habillement réduit au strict nécessaire fut poussé avec une promptitude incroyable ; l'armement, réparé, augmenté, fut complété en peu de temps ; les conscrits furent exercés avec une persévérance soutenue, et ils purent fournir bientôt, parmi eux, des sous-officiers de mérite qui les guidèrent à l'ennemi avec audace et intelligence. Bref, lorsque le moment d'entrer en campagne arriva après la dénonciation, par l'Autriche, d'un armistice dont nous parlerons plus loin, on vit des recrues, en veste et en bonnet de police, conduits par d'autres recrues, le fusil à la main, les cartouches dans la poche, combattant avec une intrépidité digne de la vieille réputation des anciens corps dont ils n'avaient reçu en héritage que le nom ou le numéro.

La force que l'armée d'Italie devait présenter en ligne n'était pas la seule cause qui fit hâter sa formation. L'Empereur, dès le mois de mai, voyant la tournure que prenaient les négociations avec les puissances alliées, et le rôle que l'Autriche allait, selon toute apparence, y jouer, voulut intimider le cabinet de Vienne et le retenir le plus longtemps possible, sinon dans sa neutralité, du moins dans son hésitation. Gagner du temps était utile; inquiéter le conseil aulique par la menace d'une puissante armée aux frontières orientales de l'Italie pouvait le faire réfléchir, et là où les liens de la parenté étaient sacrifiés à la coalition, la crainte de victoires possibles pouvait changer des déterminations hésitantes.

Aussi, mu par des considérations politiques autant que par des considérations militaires, Napoléon prescrivit, dès le principe, de répandre partout, et en usant de tous les moyens, le bruit que l'armée d'Italie était d'une force plus que double de celle dont elle devait par la suite atteindre le chiffre. Voilà pourquoi l'armée d'Italie figura pendant longtemps, aux yeux du public, sous un cadre factice qui prêtait d'autant plus à l'illusion, dit le général Vignolle, qu'on y voyait paraître les numéros des vieux régiments qu'on avait vus combattre en Russie. Sans doute ce mensonge politique, cette exagération volontaire, pouvaient être fort préjudiciables à la réputation de cette armée et de son chef; mais la question d'intérêt général dominait de trop haut cette question secondaire pour que le vice-roi eût même l'idée de s'y arrêter un instant.

Faisons en quelques mots l'historique de l'organisation de la dernière armée d'Italie qui combattit sous les ordres du prince Eugène. Son noyau fut créé par décret du 18 avril. Ce décret spécifia qu'un corps d'observation dit de l'*Adige* serait organisé par les soins du général Vignolle qui commandait, ainsi que nous l'avons dit, les troupes en l'absence du vice-roi. Le cadre de ce corps d'observation fut de 4 divisions, 3 d'infanterie française (n°s 46, 47, 48), 1 d'infanterie italienne (n° 49). Chaque division forte de 16 bataillons. En outre, le corps devait avoir une division de cavalerie de 18 escadrons. Sur les 64 bataillons, le roi de Naples en devait fournir 6; sur les 18 escadrons, 6 également. Tout cela était noté comme donnant 41,000 fantassins et 4,500 cavaliers.

Ce corps d'observation n'exista d'abord, par le fait, que sur le papier. Il n'y avait dans les dépôts que quelques conscrits, les premiers arrivés, et quelques sous-officiers. Le général comte Grenier fut, dès le commencement de mai, envoyé en Italie pour prendre le commandement en chef. Son organisation marchait fort lentement lorsque le 18 mai le prince vice-roi arriva de sa personne à Milan, porteur d'instructions, en vertu desquelles il réunissait au commandement en chef des troupes le pouvoir et les attributions de magistrat supérieur du royaume.

Tout en sacrifiant à cette pensée de Napoléon de faire croire à la réalité de forces imposantes en Italie, Eugène résolut de créer un noyau véritable d'armée solide avec lequel il pût être prêt, au besoin, à repousser une première agression de l'Autriche. C'était agir avec prudence. Le corps d'observation de l'Adige, seul vestige de défense organisée pour l'instant, devint le point de départ de l'armée d'Italie de 1813, son berceau. La première mesure que prit le prince ce fut de centraliser la formation de ce corps et de désigner les points de réunion dans un cercle assez rapproché, pour pouvoir, à chaque instant, tirer parti de tout ce qui, au fur et à mesure de la formation, serait en état de combattre. La 46e division fut placée en première ligne et dut s'organiser à *Padoue, Trévise* et *Bassano;* la 47e en seconde ligne, à *Vicence, Vérone* et *Rovérédo;* la 48e en troisième ligne, à *Mantoue, Bozzolo* et *Montechiaro;* la 49e en quatrième ligne, à *Crémone, Valeggio* et *Castiglione.*

Au commencement de juin, douze nouveaux bataillons ayant été annoncés au vice-roi, le prince résolut d'ajouter une cinquième division d'infanterie aux quatre premières. C'était d'ailleurs entrer dans les voies que lui avait prescrites l'Empereur pour agir par intimidation sur l'Autriche. Cinq divisions d'infanterie et une de cavalerie pouvaient paraître présenter une force imposante. En outre, Eugène résolut de rapprocher ses troupes de la frontière orientale. La 48° division reçut ordre de prendre position à *Udine*, *Cividale* et *Gémona*, sur l'extrême limite ; la 46° s'établit entre *Trévise*, *Bassano* et *Pordenone*. Ces deux divisions (46° et 48°) formèrent la seconde lieutenance. La première comprit les 47° et 48° divisions postées à *Vérone*, *Vicence*, *Padoue* et *Venise*. Enfin une divison de réserve de 15 bataillons dut se concentrer à *Montechiaro;* les 18 escadrons de la division de cavalerie durent se réunir à *Castiglione*, *Mantoue* et *Vérone*. Les 6 bataillons de la garde royale italienne, formant la réserve du quartier général, eurent pour assignation *Brescia*. Tels furent la distribution et l'emplacement des troupes de l'armée d'Italie. Chaque division était forte de 15 à 16 bataillons, ainsi que cela résulte des états de situation du mois de juin 1813; mais tout cela était encore fort illusoire. Au nombre des bataillons compris sur les livrets s'en trouvaient une vingtaine environ croates, napolitains ou encore en France, et seulement annoncés à l'armée. Ceux qui étaient réellement présents étaient fort au-dessous du complet, et avaient beaucoup d'hommes sans armes et sans la première notion du métier de soldat.

Le 18 juin parut un autre décret impérial augmentant encore la force de l'armée d'Italie, et lui donnant le nom de corps d'observation.

Voici le décret qui fera connaître l'organisation

de l'armée du prince Eugène, comme la voulait à cette époque l'Empereur.

Art. 1ᵉʳ. — Le corps d'observation de Vérone prendra le titre de corps d'observation d'Italie.

Art. 2. — Ce corps sera composé de 4 divisions françaises, 2 divisions italiennes et 1 division française-napolitaine. Total, 7 divisions.

Art. 3. — Les 7 divisions seront formées ainsi qu'il suit :

Première division (*française*). — 9ᵉ de ligne, 4 bataillons ; 35ᵉ de ligne, 4 bataillons ; 28ᵉ demi-brigade provisoire, 3 bataillons ; 23ᵉ demi-brigade provisoire, 3 bataillons. Total, 14 bataillons.

Deuxième division (*française*). — 84ᵉ de ligne, 4 bataillons ; 92ᵉ de ligne, 4 bataillons ; 30ᵉ demi-brigade provisoire, 4 bataillons. Bataillons pris dans les cadres revenant d'Espagne, non encore attachés à un corps d'armée et se trouvant dans les 7ᵉ, 8ᵉ, 6ᵉ, 19ᵉ, 27ᵉ, 28ᵉ, 29ᵉ ou 30ᵉ divisions militaires, 2 bataillons. Total, 14 bataillons.

Troisième division (*française*). — 53ᵉ de ligne, 4 bataillons ; 106ᵉ de ligne, 4 bataillons ; 29ᵉ demi-brigade provisoire, 3 bataillons ; 24ᵉ demi-brigade provisoire, 3 bataillons. Total, 14 bataillons.

Quatrième division (*française*). — 56ᵉ léger, 2 bataillons ; 42ᵉ de ligne, 2 bataillons ; 102ᵉ de ligne, 2 bataillons ; 31ᵉ demi-brigade provisoire, 4 bataillons ; 25ᵉ demi-brigade provisoire, 3 bataillons, plus 1 bataillon pris dans les cadres revenant d'Espagne, non encore attachés à un corps d'armée et se trouvant dans les 7e, 8e, 6e, 19e, 27e, 28e, 29e et 30e divisions militaires. Total, 14 bataillons.

Cinquième division (*italienne*). — Troupes du royaume d'Italie, 12 bataillons.

Sixième division (*italienne*). — Garde italienne, 6 bataillons; troupes de ligne italiennes, 6 bataillons. Total, 12 bataillons.

Septième division ou division de réserve (*française-napolitaine*). — 47e, 2 bataillons; 86e, 2 bataillons; 122e, 2 bataillons; infanterie napolitaine, 8 bataillons. Total, 14 bataillons. Total général, 62 bataillons français, 24 bataillons italiens, 8 bataillons napolitains, 94 bataillons.

Art. 4. — La cavalerie de ce corps sera composée de : 1 régiment français, 1,000 hommes; 3 régiments italiens, 3,000 hommes; 1 régiment napolitain, 1,000 hommes. Total, 5,000 hommes.

Art. 5. — L'Artillerie est réglée comme il suit :

1° Artillerie a cheval. — Française : 3 batteries, 18 pièces; italienne : 1 batterie, 6 pièces; napolitaine : 1 batterie, 6 pièces. Total, 5 batteries, 30 pièces.

2° Artillerie a pied. — *Artillerie des divisions :* française : 9 batteries, 72 pièces; italienne : 4 batteries, 32 pièces; napolitaine : 1 batterie, 8 pièces. Total, 14 batteries, 112 pièces.

3° Artillerie de réserve. — Française : 2 batteries, 16 pièces. Total général, 21 batteries, 158 pièces, dont 15 batteries ou 106 pièces françaises;

5 batteries ou 38 pièces italiennes; 2 batteries ou 14 pièces napolitaines.

Nos succès toujours croissants, en Allemagne, avaient abouti à un armistice, et l'Empereur parut se flatter un instant de voir l'Autriche rester en dehors de la coalition. Il décida que, si cette hypothèse se réalisait, le général Grenier passerait à la grande armée avec 42 bataillons et 8 escadrons de l'armée d'Italie, dès que le cadre total serait complet. Vers la fin de juin, il manquait encore 22 bataillons et 8 escadrons que le roi de Naples devait fournir.

Le mois suivant, vers le 15 juillet[1], la situation politique n'était plus la même; les relations diplomatiques devenaient de plus en plus mauvaises, la tournure des négociations, surtout avec le cabinet de Vienne, ne laissait plus de doutes sur la reprise prochaine des hostilités. Une attaque sur l'Italie par l'armée autrichienne devenait de plus en plus imminente, le vice-roi résolut de rapprocher encore son armée des frontières. Quant à la formation, à l'organisation, à la mise sur pied des sept divisions d'infanterie et de la division de cavalerie dont devait

---

[1] Ce fut vers cette même époque (milieu de juillet 1813) que le vice-roi eut la douleur d'apprendre les actes de folie auxquels se livrait le duc d'Abrantès dans son gouvernement de l'Illyrie. Il paraît que la démence du malheureux compagnon d'armes et ancien aide de camp de Napoléon avait été déterminée par les blessures qu'il avait jadis reçues à la tête. Le prince, vivement affecté, envoya pour remplacer le duc d'Abrantès, et jusqu'à la nomination d'un gouverneur dans les provinces illyriennes, son aide de camp le général d'Anthouard, auquel, par décret du 20 juillet, il alloua 5,000 francs de frais de représentation par mois, en qualité de commandant militaire des provinces illyriennes.

se composer cette armée, le prince Eugène ne pouvait mettre plus d'activité, de zèle, qu'il n'en déployait pour obtenir un maximum de force.

Le 15 juillet, Eugène n'avait encore que 72 bataillons incomplets, en Italie ou en route pour s'y rendre, et 12 escadrons de cavalerie. Il répartit ce cadre en trois lieutenances et une réserve. Nous allons donner ici le tableau complet de cette formation, telle qu'elle résulte de la situation établie par l'état-major général.

ÉTAT-MAJOR GÉNÉRAL. — S. A. I. LE PRINCE VICE-ROI D'ITALIE, général en chef. *Aides de camp.* Le général de division comte D'ANTHOUARD; le général de brigade baron TRIAIRE; le général de brigade baron GIFFLENGA; le colonel baron BATAILLE; le chef d'escadron TASCHER DE LA PAGERIE; le chef d'escadron MÉJEAN; le général de division comte VIGNOLLE, chef de l'état-major général; le général de division baron SAINT-LAURENT, commandant l'artillerie; le major d'artillerie RAVICHIO, chef de l'état-major de cette arme; le colonel MOYDIER, commandant le génie; le capitaine du génie PHILIBERT, faisant fonction de chef d'état-major; le commissaire-ordonnateur REGNAULT, ordonnateur en chef; le sous-inspecteur chevalier PRADEL DE SAINT-CHARLES, faisant fontion d'inspecteur aux revues; le chef d'escadron de gendarmerie FAVIER DUMOULIN, prévôt; le chef de bataillon DUPLAN, adjoint à l'état-major; le capitaine MÉNARD, aide de camp du chef de l'état-major général; le capitaine FOURN, adjoint à l'état-major général; le capitaine CACCIA, adjoint à l'état-major; le capitaine PONTHEAUX, adjoint à l'état-major; le lieutenant MAESTROVICH, attaché à l'état-major; le commissaire des guerres FOURCADE, au quartier général; le médecin GUILLAUME, médecin principal, au quartier général; le chirurgien principal MOCQUOT, au quartier général [1].

PREMIÈRE LIEUTENANCE. — Le lieutenant général comte GRENIER, commandant, ayant pour chef d'état-major l'adjudant-commandant BAZIN DE FONTENELLE.

PREMIÈRE DIVISION. — Le général baron QUESNEL, ayant pour chef d'état-major l'adjudant-commandant DUPIN. Position : Vérone et Vicence, 84° de ligne, 4 bataillons; 92° de ligne, 4 bataillons; 30° demi-brigade provisoire, 4 bataillons. Force, 7,777 hommes, et 18 bouches à feu, dont 4 régimentaires.

TROISIÈME DIVISION. — Le général baron GRATIEN; le chef d'escadron CASTEL-LABOLBENE, faisant fonction de chef d'état-major. Position: Vicence, Bassano et Castel-Franco, 35° léger, 2 bataillons; 36° léger, 2 bataillons; 42° de ligne, 2 bataillons; 102° de ligne, 2 bataillons; 31° demi-brigade provisoire, 3 bataillons. Force, 8,200 hommes, et 16 bouches à feu.

DEUXIÈME LIEUTENANCE (vacante).

DEUXIÈME DIVISION. — Le général comte VERDIER. Position : Trévise et Pordenone, 9° de ligne, 4 bataillons; 35° de ligne, 4 bataillons; 28° demi-brigade provisoire, 3 bataillons. Force, 7,486 hommes, et 18 bouches à feu, dont 4 régimentaires.

[1] Beaucoup des généraux de brigade annoncés par le ministre de la guerre n'étaient point encore arrivés à l'armée, et ne rejoignirent que successivement.

QUATRIÈME DIVISION. — Le général baron MARCOGNET. Position : Udine et Palmanova, 53ᵉ de ligne, 4 bataillons ; 106ᵉ de ligne, 4 bataillons ; 29ᵉ demi-brigade provisoire, 3 bataillons. Force, 7,189 hommes et 20 bouches à feu, dont 4 régimentaires.

TROISIÈME LIEUTENANCE. — Le général de division comte PINO, commandant, ayant pour chef d'état-major le colonel PAOLUCCI.

CINQUIÈME DIVISION. — Le général comte PALOMBINI, ayant pour chef d'état-major le colonel CASELLA. Position : Padoue et Mestre, 2ᵉ léger italien, 1 bataillon ; 1ᵉʳ de ligne italien, 1 bataillon ; 2ᵉ de ligne italien, 4 bataillons ; 3ᵉ de ligne italien, 4 bataillons ; régiment dalmate, 2 bataillons. Force, 9,562 hommes, et 16 bouches à feu, dont 2 régimentaires.

SIXIÈME DIVISION. — Le général de brigade baron LECCHI, ayant pour chef d'état-major le chef de bataillon BADALASSI. Position : 1ʳᵉ brigade, à Brescia ; 2ᵉ brigade, à Fiume et Trieste. Vélites royaux, 1 bataillon ; chasseurs à pied (garde), 4 bataillons ; infanterie (garde), 1 bataillon ; 3ᵉ léger italien, 4 bataillons ; 4ᵉ léger italien, 2 bataillons. Force, 7,891 hommes, et 16 bouches à feu.

RÉSERVE. — Le général de division baron BONFANTI, le chef de bataillon BACARINI, faisant fonction de chef de l'état-major. Position : Montechiaro, bataillon d'élite du 1ᵉʳ étranger, 2 bataillons ; bataillon d'élite du 2ᵉ étranger, 1 bataillon. Force, 2,469 hommes.

CAVALERIE. — Le général de division baron MERMET, commandant. Chef d'état-major (vacante). Position :

Crémone, Lodi et Brescia, 3ᵉ chasseur italien, 4 escadrons; 4ᵉ chasseur italien, 2 escadrons; dragons de la reine, 4 escadrons; 19ᵉ chasseur français, 2 escadrons. Force, 1,800 hommes; artillerie, 12 pièces de 12 et 4 obusiers; grand parc, 6 pièces de 6 et 2 obusiers.

L'état de situation, tel qu'on vient de le voir ci-dessus, présentait une force de 50,574 hommes d'infanterie et de 1,800 de cavalerie. C'était aussi à la vérité en y comprenant les conscrits qui n'étaient arrivés qu'aux dépôts, et qui n'étaient pas suffisamment instruits, et quelques corps en marche. Mais le nombre d'hommes disponibles et qui se trouvaient réellement au nombre des combattants était bien inférieur, et ne pouvait pas être compté au delà de 45,000 hommes et de 1,500 chevaux.

Le 17 juillet, le général Grenier prit le commandement de la deuxième lieutenance, qui devint première, et porta son quartier général à Udine.

Cependant le mouvement en avant de l'armée avait commencé le 15, et il continua jusqu'à ce que les trois lieutenances fussent au delà de l'Adige. La première lieutenance passa en entier la Piave, ayant la 4ᵉ division derrière la ligne de l'Isonzo et la 2ᵉ sur le Tagliamento.

La deuxième lieutenance occupa Vicence et Castel-Franco avec la 1ʳᵉ division, Bassano et Feltre avec la 3ᵉ. La troisième lieutenance occupa Vérone et Padoue, ayant toujours une brigade détachée à Trieste, Fiume et Laybach.

La division de cavalerie occupa Padoue et Trévise.

La division de réserve resta à Montechiaro.

L'armée resta dans cette position jusqu'au 7 août, sans avoir fait d'autre mouvement que d'envoyer à Udine la 28ᵉ demi-brigade provisoire (2ᵉ division). Le prince Eugène transporta, le 10 août, son quartier général à Udine. L'artillerie de campagne fut mise à la suite des divisions et l'armée commença à se déployer.

Le 12, elle occupait les positions suivantes :

La première lieutenance était concentrée entre Udine et Gorizia. La deuxième lieutenance entre Codroipo et Saint-Daniel. La troisième lieutenance poussa la 5ᵉ division en avant de Palmanova, et la brigade de la garde royale vint à Pordenone. La cavalerie occupa Latisana.

Pendant que l'armée d'Italie achevait ainsi son mouvement militaire, l'insurrection éclatait en Illyrie. Elle était fomentée par les Autrichiens. Dans les premiers jours d'août, le feld-maréchal lieutenant Hiller arriva à Agram ; son premier soin fut de mettre sur le pied de guerre les régiments qui se trouvaient dans la Croatie autrichienne. Il ne manqua pas non plus d'envoyer des agents au delà de la Save, afin de préparer la Croatie française à un mouvement insurrectionnel qui pût faciliter son invasion.

A la première nouvelle de l'insurrection de la Croatie, le prince vice-roi se hâta de mettre son armée en marche vers cette province. Il espérait prévenir le mouvement d'invasion de l'ennemi, et prendre avec son armée la ligne de la Save, appuyant sa gauche aux sources de cette rivière, avant que les Autrichiens fussent débouchés d'Agram. La conséquence de ce mouvement était nécessairement la répression de la révolte des Croates. Le prince se rendit en personne, le 19, à Gorizia, d'où il annonça à ses troupes, par une proclamation, qu'une nouvelle guerre venait de se déclarer et que l'armée d'Italie était appelée à en partager les dangers et la gloire; que les hostilités enfin étaient recommencées. « Votre discipline et votre valeur, disait-il aux soldats, me sont garants que vous soutiendrez la vieille réputation des corps dont vous faites partie, et que, par de nouveaux efforts, vous contribuerez à conquérir la paix qui n'a pu vous être donnée. »

Le vice-roi, tout en profitant avec habileté de l'armistice pour hâter et consolider la formation de son armée, ne se faisait plus d'illusion. Voulant se rendre compte par lui-même de l'état des choses, il était parti pour les États Vénitiens. Afin de détourner les idées et de tromper, si faire se pouvait, sur le but véritable de son voyage, il avait emmené avec lui la vice-reine et sa maison. Tandis que la princesse Auguste recevait à Venise les hommages et les vœux des habitants, le prince visitait les places fortes, les approvisionnait à petit bruit et se préparait à la guerre, refusant les fêtes et les ovations, et beaucoup plus occupé aux affaires sérieuses qu'aux frivoles réceptions.

L'esprit public était encore fort bon dans le royaume; tout le monde estimait et vénérait le vice-roi et sa femme, presque tout le monde les aimait. La belle conduite d'Eugène en Russie et en Allemagne lui avait gagné les cœurs. Si la conscription, ce mode de recrutement détesté des Italiens, suscitait des ennemis au gouvernement, les circonstances présentes faisaient comprendre à la majorité des Italiens que cette mesure était indispensable en ce moment.

Dans les derniers jours de juillet, Napoléon fit connaître d'une façon plus nette et plus claire, par des dépêches au vice-roi, que les Russes et les Prussiens étaient d'accord avec l'Autriche, et que les peuples d'Allemagne n'attendaient qu'un signe pour se soulever contre nous. La Suède était pressée d'entrer dans la coalition; l'Angleterre reprenait les hostilités en Espagne; l'Autriche, d'après le rapport des espions, concentrait des armées nombreuses en Bohême et en Italie. De toute part on se préparait à la lutte suprême.

Plus l'on approchait du terme de l'armistice, plus les négociations devenaient exigeantes à l'égard de la France, ou plutôt de l'empereur Napoléon. De part et d'autre, il était facile de reconnaître que la suspension d'armes n'avait été qu'une halte commode aux deux partis pour donner le temps aux renforts de se porter en ligne.

Les choses en vinrent au point que le 8 août, ainsi que nous l'avons dit, le vice-roi jugea sa présence nécessaire sur les frontières, qui allaient devenir le théâtre de la lutte. Il quitta de nouveau sa famille, après avoir eu de fréquentes conférences avec le duc de Lodi pour régler les affaires intérieures du royaume, et il se rendit en Illyrie. Son intention était d'inspecter de nouveau l'armée organisée par lui en quelques semaines avec les conscrits de France et d'Italie, et de faire prendre de bonnes positions à ses troupes pour pouvoir repousser victorieusement les prochaines et probables attaques de l'armée autrichienne.

Le jour même où l'on apprit à Milan l'arrivée du vice-roi à Udine, on reçut, dans la capitale du royaume, par les voies de Paris et de l'Allemagne, la nouvelle de la rupture de l'armistice, dénoncée le 11 août par les Russo-Prussiens. Aussitôt toute la maison du prince partit pour le rejoindre. Lui-même avait été prévenu par l'Empereur.

CORRESPONDANCE

RELATIVE AU LIVRE XXIV.

DU 18 MAI 1813 AU 20 AOUT 1813.

« Mon fils, je pars aujourd'hui de Dresde pour Nap. à Eug.
Dresde,
me porter sur l'ennemi, qui a concentré ses forces et 18 mai 1813.
qui a été rejoint par le corps de Barclay de Tolly sur
la position de Hochkirchen, sur la route de Breslau.
Il n'a rien laissé pour couvrir Berlin. Le comte de
Bubna est venu à mon quartier général. L'Autriche
paraît fort embarrassée de son rôle. Il est nécessaire
que vous formiez, avec toute l'activité dont vous êtes
capable, l'armée qui sera sous vos ordres. Occupez-
vous sur-le-champ de l'organisation de vos 6 régiments. Vous les habillerez d'abord en vestes, pantalons et shakos. Le général Grenier doit être arrivé.
Le général Vignolle pourra prendre provisoirement

le commandement d'une division. Faites augmenter l'armement et les approvisionnements d'Osopo, de Palmanova et de la petite place de Maillarette, près de Venise. Faites-le cependant sans trop de dépenses. Vous devez lever tous les obstacles et acheter des chevaux d'artillerie. Je ne vous parle pas de l'armée d'Italie, qui vous regarde particulièrement. Il importe que l'Autriche voie, le plus tôt possible, vos divisions campées et les places armées. Établissez une police active sur les frontières pour savoir tout ce qui se passe. Faites dire dans les gazettes de Turin et de Milan, et partout, que vous aurez bientôt 150,000 hommes. Organisez vos ambulances; nommez provisoirement à tous les emplois vacants, et envoyez-m'en l'état pour que je puisse prendre les décrets.

« Mettez-vous en correspondance avec le prince Borghèse. Organisez 3 à 4 mille hommes de cavalerie italienne, ainsi qu'une quarantaine de bouches à feu d'artillerie italienne. J'ai arrêté l'organisation de votre artillerie française à..... bouches à feu; je la tiercerai, si cela est nécessaire. Écrivez à Corfou, par la voie de terre, pour qu'on envoie à Rome, des 14ᵉ et 6ᵉ régiments, les officiers, sergents et caporaux nécessaires pour former les 8 bataillons de ces régiments. Donnez-vous enfin tous les mouvements convenables pour avoir à la fin de juin une armée en Italie, de manière à faire sentir à l'Autriche qu'elle ne peut nous inquiéter qu'en pouvant nous opposer une armée de 60 à 80 mille hommes; ce qu'elle est hors d'état de faire.

« Engagez le roi de Bavière à fortifier, dans le

Tyrol, quelques gorges, quelques chiusa et quelques fortins, afin d'être maître des passages et de contenir les habitants. Ayez l'œil sur les places fortes, tant en France qu'en Italie. S'il y avait le moindre débarquement, soit à Rome, soit en Toscane, c'est à vous à y pourvoir. Vous ne changerez rien à l'organisation des troupes dans les 28°, 29° et 30° divisions militaires, ni dans les provinces illyriennes; mais, comme commandant en chef de l'armée d'Italie, vous vous ferez rendre compte de tout et vous surveillerez tout. »

« Mon fils, le comte Daru vous aura envoyé un décret que j'ai pris pour ériger en duché la terre de Galliera, en faveur de votre fille aînée. Faites-en prendre possession. Mon intention est que, jusqu'à la date de ce décret, les revenus de cette terre soient versés à mon domaine privé; et que, depuis sa date, ils appartiennent à votre fille. Je désire que, tant qu'elle sera mineure, ces revenus, avec leurs intérêts, soient placés sur les cinq pour cent de France. En supposant qu'elle rende 200,000 francs, ce sera 200,000 francs qui seront placés sur la tête de votre fille, ce qui fera une augmentation de revenu de 12 à 15 mille francs, le tout appartenant à votre fille, et devant, comme de raison, en cas qu'elle meure, passer à ses héritiers naturels. Faites prendre possession du palais de Bologne, quoique appartenant à la duchesse, il servira au roi d'Italie dans ses voyages.

« Les affaires continuent ici à bien marcher. Exercez une grande surveillance en Italie.

Nap. à Eug. Dresde, 18 mai 1813.

« Il n'y a pas d'inconvénient à ce que le duc de Lodi fasse connaître confidentiellement, à ses connaissances à Vienne, l'armée qu'on réunit en Italie, qu'on arme les places, et la disposition où on est de ne pas se laisser faire la loi. Ces confidences, arrivant dans le parti le plus mal disposé à la cour de Vienne, seront utiles. Le duc de Lodi est assez avant dans nos affaires pour pouvoir faire ces confidences. Je désire lui donner un témoignage de ma satisfaction pour le temps qu'il a correspondu avec moi pendant votre absence; faites-moi connaître ce que je pourrais faire à cet égard.

« Il y a trop longtemps que vous êtes en Italie pour que j'aie besoin de vous répéter ce que je vous disais au commencement : placez les troupes le plus loin possible du Pô et des marais, mettez très-peu de monde à Venise, et surtout très-peu à Mantoue et à Peschiera. Cela est important, surtout pour les jeunes conscrits.

« Vous pourrez m'écrire par l'estafette de Paris, et, si cela était urgent, m'envoyer une estafette extraordinaire sur Dresde. Ayez l'œil sur ce que fait l'Autriche, envoyez des agents, et rendez-moi compte de tout. Faites-moi connaître si vous avez conservé le chiffre pour correspondre avec moi. Comme je l'ai ici, vous pouvez vous en servir, si vous l'avez encore; mais moi, je ne m'en servirai que quand je saurai que vous l'avez gardé. »

Nap. à Eug.
Dresde,
18 mai 1813.

« Mon fils, il y avait à **Ulm** 5 bataillons de la division Durutte. J'ai ordonné que 3,000 hommes que le général Vignolle avait envoyés au corps du général Bertrand fussent incorporés dans 4 de ces bataillons et se rendissent à Dresde. Il restera donc un bataillon d'infanterie légère. 5 autres cadres de bataillons des mêmes régiments de la division Durutte partent pour Augsbourg, ce qui, avec celui qui est resté, en fera 6. Mon intention est que tous les six se rendent à Vérone, où ils seront complétés par 4,800 conscrits tirés des six régiments qui sont en Italie, et qui seront des départements de l'Italie française. Donnez ordre à trois dépôts de ces régiments de fournir 3 bataillons en infanterie légère, et faites-moi connaître quand ces bataillons seront arrivés, quand ils pourront partir, et alors, selon les circonstances, je donnerai ordre que ces 6 bataillons se dirigent sur Dresde, à moins que les événements de l'Autriche ne rendent convenable qu'ils restent en Italie. »

« Sire, je m'empresse de rendre compte à Votre Majesté que je suis arrivé aujourd'hui à midi à Milan. Je ne perdrai pas un instant pour me mettre au courant des affaires de son royaume. Je m'occuperai de suite de l'organisation du corps d'observation que Votre Majesté a daigné confier à mes soins. Je lui ferai passer successivement mes rapports tant sur l'état du royaume que sur l'organisation de l'armée.

« Suivant les ordres de Votre Majesté, j'ai passé sept à huit heures à Munich, et j'ai eu un entretien approfondi avec le roi de Bavière; je puis assurer à Votre Majesté que j'ai trouvé ce souverain dans les

Eug. à Nap. Milan, 18 mai 1813.

meilleures dispositions, et j'ose dire à Votre Majesté qu'elle peut compter sur ses sentiments.

« Je me suis également arrêté quelques heures à Inspruck. J'ai fait part au prince royal de mon entretien avec le roi. Je l'ai laissé bien pénétré du bon esprit qui animait le roi et qui devait lui servir de règle. »

<small>Eug. à Nap.
Milan,
19 mai 1813.</small>
« Sire, je suis peiné d'avoir à commencer mes rapports de Milan à Votre Majesté par des nouvelles qui affligent en ce moment son royaume. Plusieurs banqueroutes viennent d'avoir lieu à Venise, et, ce qui est des plus extraordinaires, à Milan même. Cinq maisons ont suspendu leurs payements, entre autres la maison Bignami, qui était, sans contredit, une des premières de la capitale. On ne connaît pas encore les causes précises de ces malheurs; mais il paraît qu'on les attribue principalement à de fausses spéculations sur les soies et sur les grains, ces deux articles étant tombés à des prix très-modiques : l'alarme est jetée dans tout ce qui est commerce à Venise et à Milan, et toutes les affaires demeurent, dès ce moment, suspendues. Par la banqueroute de Bignami, le trésor du royaume et le trésor de la commune se trouvent compromis pour quelques parties de fonds qu'on a fait passer à Paris par le moyen ordinaire de cette maison.

« Ces faillites ont en même temps ôté beaucoup de ressources au trésor, auquel lesdites maisons faisaient des subventions. Deux receveurs généraux sont également au moment de manquer à leurs engagements envers le Trésor. Ce sont ceux du Mincio et du Tagliamento. La circonstance présente est donc fort critique sous le rapport d'argent, car les dépenses sont en ce moment considérables, tandis que nous sommes à l'époque de l'année où les rentrées sont les plus faibles.

« Le royaume jouit au reste de la plus parfaite tranquillité. Les derniers succès de Votre Majesté ont remonté l'esprit public et rappelé la confiance de tous ses sujets.

« J'ai commencé à m'occuper aujourd'hui avec le général Vignolle de l'exécution des ordres de Votre Majesté pour son corps d'observation. Tous les remplacements d'officiers, jusqu'au grade de capitaine, avaient déjà été faits dans les cadres des 6 régiments de l'armée d'Italie. Les conscrits commencent à arriver; par l'état qui m'a été mis ce matin sous les yeux, il en revient encore à ces régiments 13,000 et quelques.

« On s'occupera, avec empressement, de les équiper et on ne négligera rien pour leur prompte instruction.

« Les télégraphes de Venise annoncent que l'ennemi n'a point été aperçu aujourd'hui dans ces parages. Les nouvelles d'Illyrie sont que M. le duc d'Abrantès fait sa tournée sur les côtes de la Dalmatie. »

Eug. à Nap.
Milan,
20 mai 1813.

« Sire, j'ai l'honneur d'adresser à Votre Majesté l'état des troupes parties de Vérone depuis le 7 de ce mois jusqu'à ce jour, pour se rendre à la Grande-

Armée. Il ne reste plus à partir, pour l'exécution complète des ordres de Votre Majesté, que : 1° 700 hommes pour remplir le cadre, à Augsbourg, du 133ᵉ régiment ; 2° un régiment de marche de 3,600 hommes qui doit être pris dans tous les dépôts des régiments existant en Italie.

« Ces 600 hommes, que chacun de ces régiments devra fournir, réduiront la force effective des corps de 2,600 hommes jusqu'à 3,200, en déduisant de cette force les cadres des 5ᵉˢ bataillons et les hommes aux hôpitaux, Votre Majesté voit qu'il sera difficile d'obtenir de chacun des régiments 4 bataillons de plus de 600 à 700 hommes.

« J'ai écrit aujourd'hui au duc de Feltre pour presser l'envoi des fusils qui doivent servir à l'armement des conscrits ; il ne m'a encore annoncé que 10,000 armes, et j'aurai besoin pour armer tout le monde de 18,000 et quelques fusils.

« Le général Fontanelli, ministre de la guerre, va partir après-demain pour aller prendre le commandement de la division italienne, ainsi que Votre Majesté l'avait décidé. Non-seulement le général Palombini n'était point encore parti d'Italie, mais il n'est pas même revenu d'Espagne.

« Le télégraphe de Venise a signalé hier un vaisseau anglais devant Cesevatico : aujourd'hui il est devant Castel di Mezzo.

« Les lettres d'Otrante, du 28, annoncent que 2 frégates anglaises se sont emparées, le 25 du même mois, d'un convoi de bâtiments marchands parti le jour précédent de Fano. Sur un de ces bâtiments se trouvaient 40 grenadiers italiens appartenant au bataillon du 7ᵉ régiment, en garnison à Corfou, qui se rendaient à Milan pour être incorporés dans la garde royale.

« Les croiseurs ennemis devant Venise et devant Ancône sont composés des bâtiments ci-après désignés, savoir : 3 vaisseaux de ligne; 2 frégates; 1 corvette; 2 bricks; 1 trabucolo; 2 parences; 1 péniche; 1 galiote; 1 chasse-marée; Total : 14 bâtiments. »

<small>Eug. à Nap. Milan, 25 mai 1813.</small>

« Sire, le général Fontanelli, votre ministre de la guerre d'Italie, aura l'honneur de remettre lui-même la présente à Votre Majesté. Il part bien heureux de se rapprocher d'elle et de servir activement sous ses yeux. Votre Majesté sait combien, nouvellement encore comblé de ses bontés, je dois envier un tel sort.

« Je prends la liberté de rappeler à Votre Majesté l'intention qu'elle m'avait manifestée de réunir les troupes italiennes de la Grande-Armée sous un seul commandement. Elle pourrait en former une superbe division de 3 brigades d'infanterie. Votre Majesté sentira aisément tous les avantages qui résulteraient de cette réunion.

« J'ai laissé à Dresde un détachement de la garde royale, trop faible pour rendre aucun service à l'armée. Les 140 à 150 hommes qui le composent sont en partie des cadres, et il y a parmi les soldats beaucoup de sujets pour faire des caporaux et des sous-officiers. Ils seraient fort utiles pour la réorganisation de la garde royale, et Votre Majesté ordonnera ce qu'elle jugera convenable à cet égard. »

Eug. à Nap. Milan, 25 mai 1813.

« Sire, j'ai l'honneur d'adresser à Votre Majesté la composition de la division italienne qui doit faire partie du nouveau corps d'observation. J'espère que cette division sera assez complétement habillée et équipée pour pouvoir, dans le milieu de juin, se réunir près de Vérone.

« Votre Majesté avait paru désirer qu'on pût former au besoin une 2ᵉ division italienne : le compte suivant en démontre facilement l'impossibilité; mais on pourra la remplacer par la garde royale qui pourra fournir au 1ᵉʳ juillet 6 bataillons.

« Le royaume d'Italie a 48 bataillons de *guerre*; 16 bataillons, compris les 3 qui traversent en ce moment le Tyrol et la Bavière, sont au corps du général Bertrand; 6 sont à la 35ᵉ division : total, à la Grande-Armée : 22 bataillons. 8 sont en Espagne : 1 est à Corfou; total, à l'extérieur : 31 bataillons.

« Il en reste donc 17 dans l'intérieur, dont 5 se trouvent même à Raguse et à Cattaro. Cependant, au lieu de 12, qui seuls devraient être encore dans le royaume, il y en a 16, parce que avec la conscription actuelle on a pu former des 6ᵉˢ et 7ᵉˢ bataillons aux 4ᵉ et au 7ᵉ régiments de ligne.

« Je propose toutefois à Votre Majesté de tirer 3 bataillons des 5 qui sont en Dalmatie, pour faire partie de la division active qui va se réunir, parce que ces bataillons sont anciennement formés et instruits.

« Les régiments français qui sont en Italie sont bien

arriérés sous le rapport de leur armement et de leur habillement. Les 3,600 hommes que nous avons à faire partir au 1ᵉʳ juin emportent déjà tous les habits nouvellement confectionnés, et toutes les premières ressources des corps en étoffes. Je ne crois pas qu'on puisse fixer avant le 15 juin la réunion des premières troupes, et je compte commencer par faire fournir à chaque régiment 2 bataillons sur ses 4, et cela à la fin de juin ou au commencement de juillet, les deux derniers rejoindraient leur division. Les conscrits de la dernière levée commencent seulement à arriver : ce que j'en ai déjà vu pour les régiments d'artillerie à Vérone me paraît très-beau.

« Le matériel du royaume d'Italie pour le corps d'observation sera prêt au 1ᵉʳ juin, et dans la première quinzaine de ce mois les chevaux se livreront. Le matériel pour les troupes françaises est annoncé de Turin et doit descendre le Pô. Les voitures qui sont à Vérone, pour le complément, demanderont quelques jours de réparations. Quant à la remonte pour le train d'artillerie en Italie, n'ayant reçu aucun ordre bien précis, et surtout aucuns fonds, je vais prendre les mesures d'urgence pour assurer la plus prompte livraison possible des chevaux. »

« Sire, j'ai l'honneur de rendre compte à Votre Majesté que, vérification faite de tous les ordres et avis reçus du ministre de la guerre à diverses époques, et dernièrement encore, nous aurons à peu près le nombre de chevaux nécessaires pour atteler l'artillerie du corps d'observation de l'Adige.

Eug. à Nap.
Milan,
25 mai 1813.

« Le ministre a donné l'ordre de garder les 550 chevaux qui sont à Vérone, sur lesquels il y en a 80 à refaire, cela donnera toujours 300 chevaux; il en est attendu d'Illyrie 300 et de Turin 600; j'ai fait passer un marché pour 300. Total : 1500 chevaux.

« Par ce moyen, si les 300 chevaux d'Illyrie et les 600 de Turin arrivent ainsi qu'ils sont attendus, nous aurons au 15 juin de quoi atteler presque entièrement l'artillerie française, et les trois batteries italiennes seront aussi pour la même époque complétement attelées. »

Eug. à Nap.
Milan,
25 mai 1813.

« Sire, j'ai l'honneur de rendre compte à Votre Majesté, qu'en relevant tous les ordres reçus du Ministre de France et ceux que j'ai donnés ici, nous aurons 1,500 chevaux pour compléter l'artillerie du corps d'armée. »

Eug. à Nap.
Milan,
25 mai 1813.

« Sire, parmi les objets qui me paraissent exiger une prompte solution de Votre Majesté, est l'exportation du riz et du blé. Les demandes des propriétaires et du commerce sont unanimes et générales à cet égard. Les magasins regorgent de ces denrées dont le prix diminue tous les jours.

« Aucune demande du côté de la France.

« Les apparences de la prochaine récolte ne sauraient être plus rassurantes. Le ministre des finances m'a rendu compte du rapport et du projet de décret qu'il a l'honneur de soumettre à Votre Majesté; j'en joins la copie. Le comte Aldini m'informe de son côté que, d'après les ordres de Votre Majesté, ayant eu différentes conférences avec le Ministre des manufactures et du commerce à cet égard, ils étaient convenus d'un projet de décret qui doit avoir été transmis à Votre Majesté après son départ de Paris. C'est l'approbation de ce décret ou de celui proposé par le Ministre que je demande à Votre Majesté.

« Votre Majesté connaît par mes précédents rapports la pénurie d'argent dans laquelle nous nous trouvons. Elle connaît les coups qui viennent d'être portés au commerce par les nombreuses faillites qui pèsent sur les places de Milan, Venise et Bologne. La mesure proposée tend à rendre la vie au commerce, à satisfaire les propriétaires et à faire rentrer du numéraire dans le royaume. »

« Sire, j'ai reçu les lettres que Votre Majesté m'a fait l'honneur de m'écrire de Dresde, du 18. Je ne négligerai rien pour l'exécution de ses ordres; et déjà je suis en correspondance avec Turin, Rome, Florence et l'Illyrie pour tout ce qui peut avoir rapport à l'organisation de l'armée, comme aussi pour être prévenu de tout ce qui pourrait arriver de nouveau.

Eug. à Nap. Milan, 28 mai 1813.

« J'aurai soin de faire parler, dans les journaux, des rassemblements considérables de troupes qui vont avoir lieu dès que les premières se mettront en mouvement de leurs garnisons pour se rendre au camp. J'ai écrit au roi de Bavière, sur les chaussées qu'il pourrait faire rétablir dans le Tyrol. Je lui ai indiqué celle de Muhlbach, entre Brixen et Prunéken, comme étant des plus propres à remplir l'objet désiré.

« J'ai passé des marchés pour de la farine et du riz, et pour faire verser ces denrées dans les magasins d'Osopo, Palma-Nova et Venise. Ces marchés auront leur exécution dans le mois de juin.

« Je ne perds pas un instant pour accélérer la mise en état des 6 régiments français. Cela ne va pas aussi vite que je le désirerais pour la buffleterie et les shakos. J'envoie pour exemple à Votre Majesté un état de ce qui doit être fourni de ces derniers objets, d'après les marchés passés à Turin. Elle verra que, sur les 12,700 shakos attendus par les corps, presque la moitié ne pourra être versée qu'en août et septembre. On a la plus grande peine à passer des marchés pour la buffleterie; le Ministre de la guerre du royaume a été obligé, pour fournir l'armée italienne, de faire former des ateliers dans les maisons de force. J'espère que les draps ne manqueront pas; plusieurs versements considérables sont promis pour le courant de juin. »

Eug. à Nap.
Milan,
28 mai 1813.

« Sire, Votre Majesté m'a fait l'honneur de me demander mon avis sur ce qu'elle pourrait donner au duc de Lodi pour lui témoigner sa satisfaction. Je m'empresse de lui répondre que je pense qu'un portrait en grand de Votre Majesté serait ce qui pourrait lui plaire le plus, et je suis persuadé qu'il apprécierait fort cette faveur.

« J'ai l'honneur de prévenir Votre Majesté que, non-seulement j'ai conservé le chiffre pour ma correspondance particulière avec elle, mais aussi celui pour ma correspondance avec le prince de Neufchâtel pour qu'il puisse m'écrire en sûreté en cas de besoin. »

« Sire, Votre Majesté m'a fait l'honneur de me donner ses ordres le 18 de ce mois pour faire remplir par 4,800 conscrits, tirés des 6 régiments qui sont en Italie, les 6 cadres d'un bataillon du 36ᵉ régiment d'infanterie légère, qui était versé à Augsbourg, et de 5 autres bataillons de la division Durutte qu'elle y a fait envoyer. Elle me marque en même temps que ces 6 bataillons ont ordre de se rendre à Vérone. Je m'empresse de l'informer que, quoique cette disposition pareille à celle sur le même objet renferme les ordres reçus précédemment, cependant ses nouvelles volontés seront remplies; déjà les hommes destinés à compléter le bataillon du 3ᵉ d'infanterie légère étaient en route depuis deux jours, je les fais rétrograder sur Vérone où l'on procédera de suite à leur organisation. »

Eug. à Nap. Milan. 28 mai 1813.

« Ensuite du rapport, monsieur le duc de Feltre, que m'avait fait le général Vignolle sur la situation de l'habillement, du grand et petit équipement et armement des différents détachements de conscrits des 6 classes provenant des départements français au-delà des Alpes, au nombre de 3,600, destinés à compléter les cadres de la division Durutte, j'avais fixé au 10 du mois prochain l'époque de leur départ de Vérone pour Augsbourg; mais j'ai dû changer cette disposition. Une dépêche que j'ai reçue aujourd'hui de l'Empereur, porte que son intention est maintenant que non-seulement les cadres de la division Durutte, qui devaient recevoir à Augsbourg les 3,600 conscrits dont il est question, se rendent à

Eugène à Clarke. Milan, 28 mai 1813.

Vérone, mais encore le cadre du 3ᵉ bataillon du 36ᵉ régiment d'infanterie légère, dans lequel étaient destinés à être incorporés, également à Augsbourg, les 700 conscrits des 4 classes, partis aujourd'hui de Bassano, organisés en un bataillon de marche pour se diriger sur Augsbourg; ce bataillon sera en conséquence arrêté à Trente, où il attendra le cadre du 3ᵉ bataillon du 36ᵉ léger, ainsi que de nouveaux ordres pour sa destination ultérieure. Cette explication répond à la lettre que vous m'avez adressée le 23 du mois courant relativement aux cadres à compléter de la division Durutte. »

Eug. à Nap.
Milan
29 mai 1813.

« Sire, je n'ai rien de nouveau à mander aujourd'hui à Votre Majesté. Nous avons appris avant-hier, pendant la fête de l'anniversaire de votre couronnement, la nouvelle télégraphique des victoires remportées par Votre Majesté, les 20 et 21 de ce mois, à Bautzen et à Hockirch : le canon a été sur-le-champ tiré dans toutes les places fortes du royaume, et j'ai répandu dans l'Illyrie, la Toscane, Rome et Naples, l'annonce de ces nouveaux triomphes.

« Le télégraphe de Venise annonçait, ces deux derniers jours, la présence d'un vaisseau anglais croisant aux embouchures du Pô.

« La tranquillité continue à être parfaite dans le royaume : un seul assassinat a été commis ces jours derniers dans le Tronto, et quelques colonnes mobiles sont organisées pour donner la chasse aux déserteurs. Les journaux de demain commenceront à parler des premiers mouvements des troupes.

« J'ai vu ce matin le duc de Lodi : il sera écrit à Vienne dans le sens désiré par Votre Majesté. »

« Mon fils, je reçois votre lettre du 19. J'ai vu avec peine les banqueroutes qui ont eu lieu à Venise. Je regrette surtout la maison Bignami. S'il n'y avait pas de sa faute et qu'elle fût victime du malheur, vous viendrez à son secours, s'il en est encore temps. Cette maison me paraissait distinguée par l'attachement qu'elle m'a montré.

Nap. à Eug.
Rosnig,
30 mai 1813.

« Mon intention est que vous pourvoyiez à l'organisation de mes troupes en Italie, et que vous activiez, autant que possible, la marche et la formation de l'artillerie, des administrations, de l'arrivée des effets d'équipement et d'habillement. — Vous prendrez toutes vos dispositions pour les troupes françaises en forme d'ordre du jour, et vous en enverrez copie au ministre de la guerre, lorsque cela le concernera.

« Je n'ai rien à ajouter aux instructions que je vous ai données. Faites augmenter progressivement l'armement de Palma-Nova et son approvisionnement de siége, surtout en objets qui ne dépérissent pas, tels que le riz, la farine, etc. — Quant aux bestiaux, on sera à temps de les réunir, quand le besoin sera près. Je ne saurais trop vous recommander ma place de Maillarette, près de Venise. Faites-y travailler avec la plus grande activité, et que le génie et l'artillerie y soient en règle. Avec les équipages et le grand nombre d'officiers de marine qui sont à Venise, et la petite place de Maillarette étant en état, Venise doit être considérée comme le boulevard de mes États en Italie. Je suis extrêmement mécontent du général Peyri ; envoyez-moi le plus tôt possible le général Fontanelli ou le général Palombini. »

Eug. à Nap.
Milan,
31 mai 1813.

« Sire, j'ai l'honneur de rendre compte à Votre Majesté d'une violation qui a eu lieu à Naples, au palais de la Légation italienne, près cette cour ; voici en peu de mots ce qui s'est passé : Un des secrétaires de la Légation avait reçu un ordre pour aller faire le service dans la garde de sûreté de la ville de Naples. Les représentations de droit sur l'inconvenance d'un pareil ordre furent faites, et cependant l'ordre n'ayant point été exécuté, un officier et un piquet de la garde de sûreté se présentèrent à la porte du palais de la Légation et la forcèrent pour enlever l'employé auquel il avait été adressé. Le chef même de la Légation, qui se présenta à cet officier, fut insulté et obligé de se retirer. Toutes les démarches voulues en pareille circonstance ont été faites près du duc de Gallo pour obtenir, sur-le-champ, ce que demandaient l'honneur et la justice de la Légation, et je dois dire à Votre Majesté que le roi, dans cette occasion, a donné toute la satisfaction qu'on pouvait désirer, en ordonnant que l'officier coupable fût mis en prison, et en exprimant lui-même publiquement à l'agent de Votre Majesté ses regrets. »

Eug. à Nap.
Milan,
31 mai 1813.

« Sire, depuis que je n'ai eu l'honneur d'écrire à Votre Majesté, relativement aux affaires de commerce de son royaume, il y a eu encore de nouveaux sujets d'alarmes. Cinq nouvelles faillites ont eu lieu, savoir : deux à Milan, deux à Bologne et une à Venise. Ces dernières ont été causées par des spéculations sur les soies et sur les grains. De pareils événements font sentir de plus en plus la nécessité d'en permettre l'exportation dans le royaume. C'est d'ailleurs un moyen positif de faire rentrer du numéraire qui devient chaque jour plus rare.

« Comme je sais tout l'intérêt que Votre Majesté prend au commerce de son royaume, je la tiendrai exactement informée de tout ce qui arrivera. »

« Mon fils, on négocie en ce moment une suspension d'armes de six semaines. Je vous ferai connaître demain si elle réussit. J'ai débloqué Glogau. Je suis à Breslau. Bubna est arrivé à Leignitz. Il a eu une conférence avec le duc de Bassano. La maison d'Autriche paraît fort exigeante. Il faut s'attendre à la guerre avec elle. Retenez les conscrits qui devaient venir ici. Faites rejoindre en Italie les cadres des six bataillons qui sont à Augsbourg. Retenez l'artillerie, les chevaux, la cavalerie relative; retenez tout en Italie. Sortez de Milan; voyez vous-même vos troupes et organisez-vous. Approvisionnez Palma-Nova, Osopo, Raguse, Zara, et mettez-vous en état. Retenez le 19ᵉ de chasseurs, laissez passer le 13ᵉ et le 14ᵉ de hussards, parce que ce sont des Italiens qu'il est bon de dépayser. Faites comme si vous deviez être attaqué à la fin de juin par l'Autriche. Écrivez secrètement au roi de Naples dans ce sens. Aussitôt que vous aurez votre armée à Vérone, vous serez en me-

<small>Nap. à Eug. E]Neumarkt, 1ᵉʳ juin 1813.</small>

sure de la porter sur Laybach. Combien d'hommes pensez-vous avoir à la fin de juin? Aurez-vous à cette époque 120 pièces d'artillerie attelées? Cette lettre contient tout. Agissez en conséquence. Ne perdez pas un moment. Ne vous laissez arrêter par rien. »

Eug. à Nap.
Milan,
1er juin 1813.

« Sire, j'ai l'honneur d'adresser à Votre Majesté l'état de l'habillement des régiments français qui sont en Italie, quoiqu'il n'y ait, dans ce moment, à chaque corps que 700 à 800 hommes d'habillés. Je pense que nous n'éprouverons aucun retard pour cet article. Le shako et la buffleterie sont les objets qui me donnent quelque inquiétude.

« Cet état fera connaître à Votre Majesté le nombre de conscrits présents et à recevoir par chaque corps. Ainsi il lui sera facile de juger que les 4 bataillons de ces 6 régiments seront bien faibles lorsqu'on aura prélevé dans chaque dépôt les 600 à 700 hommes qui doivent remplacer les cadres que Votre Majesté fait diriger sur Vérone. Le 9e de ligne, quand il aura reçu les 975 conscrits, aura 3,271 hommes. »

Nap. à Eug.
Neumarkt,
2 juin 1813.

« Mon fils, je vous ai envoyé hier un courrier extraordinaire. Je vous en envoie un second aujourd'hui, et je vous en enverrai un troisième, dès que l'armistice se signera. Je ne dois pas vous dissimuler que ce qui me porte à arrêter le cours de mes victoires, ce sont les armements de l'Autriche, et le désir de gagner du temps pour que votre armée puisse être campée à Laybach, et avoir deux armées;

l'une campée sur la Regnitz et l'autre au camp de Pirna. L'insolence de l'Autriche n'a pas de terme. Avec un style mielleux (je dirai même sentimental), elle voudrait m'ôter la Dalmatie, l'Istrie, et peut-être même plus que jusqu'à l'Isonzo; elle voudrait démembrer la frontière de Bavière, reprendre la rive gauche de l'Inn, recouvrer la partie de la Gallicie qu'elle a cédée par la paix de Vienne. Ce sont des insensés, et ils sont bien loin de leur compte.

« Il est impossible d'être plus perfide que cette cour. Si on lui cédait ce qu'elle demande maintenant, elle voudrait ensuite l'Italie et l'Allemagne. Certainement elle n'aura rien de moi. Après la signature de l'armistice, je porterai mon quartier général à Glogau, et immédiatement ensuite, je me rapprocherai de ma personne de Dresde pour être plus à portée de mes États d'Italie et de la France. Il sera alors convenable d'établir une estafette par Vérone de Milan à Dresde, pour que vous puissiez communiquer avec moi et recevoir mes ordres avec la plus grande promptitude. J'espère que l'armistice tiendra jusqu'au 1er août, et j'espère aussi que dans les premiers jours de juillet vous pourrez être campé à Laybach avec 50,000 hommes et 100 pièces d'artillerie. Cela est nécessaire pour influer sur les négociations, si toutefois elles doivent aller à bien, ce dont je doute; mais ce qui ne sera possible que moyennant la position de votre armée, menaçant de marcher sur Vienne, et la position de l'armée de Mayence sur la Regnitz et au camp de Pirna, que je compte aller reconnaître moi-même. Lorsque l'Autriche verra ainsi trois armées prêtes à lui être opposées, elle commencera à ouvrir les yeux sur la folie et le ridicule de ses prétentions. »

Eug. à Nap.
Milan,
2 juin 1813.
« Sire, j'ai l'honneur d'adresser à Votre Majesté l'état de situation des troupes françaises et italiennes qui sont en Italie à l'époque du 1ᵉʳ juin. Ce ne sera que dans la prochaine situation du 15 que Votre Majesté y trouvera l'organisation du corps d'observation de l'Adige. »

Nap. à Eug.
Neumarkt,
4 juin 1813.
« Mon fils, je reçois votre lettre du 25 mai. Un armistice vient d'être conclu pour 2 mois entre les deux armées. Vous savez que je suis maître de Breslau. Pendant ces deux mois, on négociera pour la paix. Je vous ai écrit en chiffres. Je ne puis que m'en rapporter à cette lettre. L'armistice ne doit rien y changer. Je compte porter mon quartier général à Dresde, afin d'être plus près de tout. L'armistice va ainsi jusqu'au 1ᵉʳ août. »

Nap. à Eug.
Neumarkt,
4 juin 1813.
« Mon fils, j'ai signé le décret pour l'exportation des vivres, veillez à ce que les exportations ne soient pas trop considérables. Si la récolte s'annonçait d'une manière défavorable, il faudrait sur-le-champ avoir soin de fermer les ports; il vaut mieux l'abondance que la pénurie. »

Eug. à Nap.
Milan,
4 juin 1813.
« Sire, depuis que j'ai eu l'honneur de rendre compte à Votre Majesté de l'accident arrivé dernièrement à Naples à la Légation italienne, de nouvelles

démarches ont été faites à cet égard d'après les ordres du roi, tant à Naples par le ministre des relations extérieures, que par le chevalier Questiaux, chargé d'affaires, pour exprimer tout le déplaisir que Leurs Majestés le roi et la reine ont éprouvé de cet accident et pour donner à la cour d'Italie une pleine et entière satisfaction. Je m'empresse d'en informer Votre Majesté, la priant de regarder cette affaire comme entièrement terminée. »

« Sire, d'après les intentions de Votre Majesté, j'ai l'honneur de lui présenter un projet de décret pour remplir les places vacantes dans les 5e et 6e escadrons du 19e régiment de chasseurs à cheval. J'ai autorisé ceux des officiers qui m'ont paru les plus dignes des bontés de Votre Majesté à faire provisoirement les fonctions des emplois vacants; mais je n'ai fait aucune nomination de grades. »

Eug. à Nap. Milan, 4 juin 1813.

« Sire, tous les rapports qui me sont parvenus ces deux derniers jours-ci confirment que la plus grande tranquillité règne dans l'intérieur.

« Les dernières nouvelles de Livourne portent que la peste se serait déclarée à Malte. Les différentes commissions de santé sont prévenues pour les mesures qui les concernent.

« Les deux vaisseaux anglais qui avaient croisé quelques jours devant les bouches du Pô ont été vus avant-hier en face du Tagliamento; hier et ce matin, ils étaient toujours en vue de Venise.

« Notre situation d'argent est toujours la même,

Eug. à Nap. Milan, 5 juin 1813.

c'est-à-dire très-embarrassante. Les bons du trésor, qui ont été donnés en payement faute de numéraire, perdent sur la place jusqu'à deux pour cent par mois. Les dernières banqueroutes de Milan et de Venise ont fait resserrer toutes les bourses, et le Trésor ne trouve plus aucune subvention. J'ai cru pouvoir prendre sur moi de faire payer dans les deux prochains trimestres la partie de l'impôt échéant en novembre et décembre. Cela fournira au Trésor quelques moyens de satisfaire à ses engagements; mais cela ne remplira pas le vide qui doit naturellement se trouver à la fin de l'année, par l'excédant de dépenses.

« D'après les mesures que le ministre de la guerre a prises dernièrement, tout l'équipage d'artillerie destiné au corps d'observation de l'Adige pourra être attelé. Les bataillons de ce corps d'observation vont se mettre en marche dès le 15 juin, au fur et à mesure que les bataillons seront habillés et armés. J'ai écrit dans ce sens au prince Borghèse et à la grande-duchesse de Toscane.

« Dans le courant de ce mois, les chevaux d'artillerie et les chevaux destinés aux régiments de cavalerie italienne doivent se livrer.

« Nous attendons avec bien de l'impatience la nouvelle de la continuation des succès de Votre Majesté. »

Nap. à Eug. Bunzlau, 7 juin 1813.

« Mon fils, je reçois votre lettre du 28 mai. Je vois qu'il y a des shakos qui doivent être livrés le 30 septembre et le 30 août. Cela me paraît un peu ridicule. Voyez à y pourvoir. Faites connaître à ce fournisseur que, s'il ne veut pas fournir avant, le marché sera cassé, et vous verrez à en faire un autre. Écrivez dans ce sens au ministre de l'administration de la guerre. Il faut que toutes mes troupes soient en bataille au 10 juillet, et elles ne peuvent pas y être sans shakos. »

« Mon fils, la partie du territoire de la 32e division militaire qui avait été occupée par l'ennemi a été évacuée le 30. Le général Vandamme est entré à Hambourg. Les Danois font cause commune avec nous; et leur armée a joint celle du prince d'Eckmühl. Le 2, nous sommes entrés à Lubeck. Vous avez vu, par l'armistice conclu le 4, qu'il avait été réglé que chacun garderait ce qu'il aurait à minuit, 8 juin; ainsi je suppose que la ligne de démarcation de ce côté comprendra, non-seulement toute la 32e division militaire, mais encore une partie du Mecklembourg. Je compte être après-demain à Dresde. Je n'ai rien à ajouter, et je ne puis que vous confirmer tout ce qui est dit dans ma lettre chiffrée. Faites en sorte que, pour mon organisation de l'armée d'Italie, les journées soient de quarante-huit heures, et qu'au 1er juillet, au moins, 40,000 hommes soient en marche pour se réunir à Vérone, Vicence, Bassano, et en marche sur le Frioul. »

Nap. à Eug. Bunzlau, 7 juin 1813.

« Sa Majesté Impériale pense qu'il importe qu'on croie qu'un grand camp se forme à Toulon, qu'on organise de ce côté une grande armée et que l'escadre de Toulon est prête à sortir avec des troupes

Le duc de Feltre à Eugène. Paris, 8 juin 1813.

de débarquement. C'est une opinion que la présence de troupes et celle de M. le maréchal prince d'Essling à Toulon peuvent facilement accréditer; et, par sa lettre de Rosnig, le 30 mai dernier, Sa Majesté me fait connaître qu'elle désire que le bruit de ces diverses opérations se répande en Italie comme en France et en Allemagne, et que des articles de journaux, rédigés avec adresse, servent à le propager.

« J'ai l'honneur de prier en conséquence Votre Altesse Impériale de vouloir bien donner les ordres qu'elle jugera convenables pour assurer, autant qu'il dépendra d'elle, l'exécution des intentions de l'Empereur à cet égard. »

<small>Eug. à Nap.
Milan,
9 juin 1813.</small>

« Sire, les derniers rapports télégraphiques ont annoncé, tous ces jours-ci, la présence de deux vaisseaux anglais croisant devant Venise. Leurs embarcations ont fait quelques prises vers les bouches du Tagliamento : on signalait ce matin ces deux vaisseaux devant Grado. Une frégate et un brick étaient en même temps signalés devant Ancône.

« J'ai déjà donné l'ordre du mouvement pour que 2 bataillons de chaque corps se trouvent aux camps de Brescia, Vérone et Vicence. Le prince Borghèse, en m'annonçant qu'il fait partir les 3 bataillons qu'il a dans le Piémont, m'engage à ajourner le départ des 3 bataillons qui sont dans la 28ᵉ division militaire. Quelques bâtiments anglais ayant paru devant les côtes de Gênes et ayant fait il y a cinq ou six jours un petit débarquement qui, sans avoir eu aucune conséquence, avait partout jeté quelques alarmes, je lui réponds qu'il peut retarder le mouvement des troupes tant qu'il croira leur présence indispensable à Gênes et à la Spezzia.

« Je n'ai aucune nouvelle des troupes napolitaines qui doivent faire partie du corps d'observation. J'écrirai de nouveau à Naples à ce sujet.

« Les embarras du commerce, dont j'ai rendu compte à Votre Majesté, viennent d'atteindre le Trésor d'une manière assez sérieuse. Les receveurs généraux des départements vénitiens, qui devaient payer l'échéance des trimestres passés, demain 11 juin, et qui avaient l'habitude de faire passer leur argent en lettres de change de banquiers de la place, n'ont pu trouver à réaliser aucun fonds. Le ministre du Trésor, qui se doutait depuis quelques jours des embarras des receveurs généraux, avait ordonné qu'on se saisît des caisses; ce qui a été exécuté; mais il se trouve le déficit de toute la partie des contribuables qui s'arrangent avec les receveurs généraux et, ne payent qu'à des époques très-reculées, et s'il est vrai que ces recettes ne sont point perdues pour le Trésor, elles sont toujours d'une réalisation difficile et ne nous sont d'aucun secours dans la crise actuelle. »

Nap. à Eug.
Dresde,
11 juin 1813.

« Mon fils, je vous ai bien recommandé de faire beaucoup parler de vous. Je vous réitère le même ordre. Faites mettre dans les journaux que vous avez 8 divisions, faites-y mettre les noms de vos généraux de division. Faites-moi connaître si je puis compter que le général Grenier aura son quartier général du

20 au 25 juin à Vérone, et s'il y aura déjà là une quarantaine de bataillons français et italiens avec de la cavalerie et de l'artillerie; enfin si, dans les premiers jours de juillet, la tête de cette division pourrait arriver à Udine, où serait porté le quartier général du général Grenier. Il faudrait faire camper une division à Udine, une à Osopo, une à Vérone et l'autre à Bassano. Enfin, de toutes manières, et par des articles réitérés, faites-vous apercevoir, faites parler des marchés passés en Suisse pour votre artillerie, des nombreux trains qui, à chaque instant, vous arrivent; que les articles de vos journaux soient répétés dans ceux d'Augsbourg, et que de tous côtés on apprenne l'existence de votre armée.

« Faites-moi connaître si le 15 juillet vous pourrez porter votre quartier général à Laybach.

« Quel nombre de bataillons, d'escadrons et de pièces d'artillerie aurez-vous alors? Remettez-moi un état qui me fasse connaître, jour par jour, où seront, depuis le 1ᵉʳ juillet jusqu'au 30, toutes vos batteries et tous vos bataillons. »

Le duc de Feltre à Eugène. Paris, 11 juin 1813.

« Sa Majesté ayant laissé à Votre Altesse Impériale, ainsi que j'ai eu l'honneur de le lui annoncer par ma lettre du 6 de ce mois, la plus grande latitude pour la formation du corps d'armée sous ses ordres, je ne puis que m'en référer aux dispositions que Votre Majesté Impériale jugera convenables d'ordonner, dans le cas où elle croirait utile au service de Sa Majesté de faire quelques changements dans la formation de chacune des divisions de ce corps d'armée;

mais je dois faire observer à Votre Altesse Impériale que, suivant les intentions de Sa Majesté, le maximum de la force d'une division doit être de 16 bataillons. »

« Mon fils, vous trouverez ci-joint copie de la lettre que je fais écrire au roi de Naples par le ministre de la guerre. Faites-moi connaître sur quoi l'on peut compter. »

*Nap. à Eug.
Dresde,
11 juin 1813.*

« Monsieur le duc de Feltre, j'ai reçu la lettre que le roi de Naples vous a écrite le 18 mai. Répondez-lui que tout me porte à penser que l'Autriche a des prétentions incompatibles avec l'honneur de la France, et qu'elle voudrait profiter des circonstances pour revenir sur les pertes qu'elle a faites dans les guerres précédentes. Il paraît qu'elle ne voudrait rien moins que les provinces Illyriennes, une partie de la Pologne, une partie du pays de Salzbourg et du Tyrol, et même une partie des provinces vénitiennes; qu'elle a en conséquence réuni 60 à 80,000 hommes à Prague, ce qui m'a porté à réunir 80,000 hommes à Wurzbourg et autant à Laybach ; qu'il est impossible que le royaume de Naples puisse se priver d'une force de 30,000 hommes, mais que je désirerais qu'il pût fournir du moins une bonne division de 10 à 12,000 hommes d'infanterie avec 1,500 chevaux et 25 pièces de canon, et la fît partir dans les premiers jours de juillet pour Bologne, où elle attendrait l'issue des événements. Si la guerre avait lieu, elle se dirigerait sur Laybach; et, si l'on s'arrangeait, elle reviendrait sur Naples. Je désire même que la

Copie.

marche de cette colonne soit connue, puisque cela peut avoir de l'influence sur la négociation. Je voudrais que le roi donnât le commandement de ses troupes à un général français. Enfin, écrivez-lui qu'il doit comprendre que, l'Adige une fois perdu, son royaume le serait aussi, et que, s'il attendait pour faire ce mouvement que la bataille eût été donnée du du côté de Laybach ou de l'Isonzo, il ne serait plus temps; qu'il faut donc définitivement qu'au 15 juillet sa division soit sous Bologne et puisse se porter au secours du vice-roi, qui, à cette époque, sera campé sur les hauteurs de Laybach ; qu'il fasse connaître, positivement et sans tergiverser, ce qu'il peut et veut faire; mais que ce qui ne sera pas sorti de son royaume dans les premiers jours de juillet ne pourra plus compter; que c'est surtout de la cavalerie et de l'artillerie qu'il faudrait; que si sa division ne peut être de 12,000 hommes d'infanterie, elle soit au moins de 12,000 hommes en tout. »

Nap. à Eug. Dresde, 11 juin 1813. « Mon fils, il est nécessaire que, sans faire semblant de rien et sans ostentation, vous fassiez reconnaître la position que vous ferez occuper par votre armée sur les hauteurs de la Carniole, entre Laybach et ...., de manière à s'y trouver dans une position offensive, mais cependant en restant sur le territoire des provinces Illyriennes, à attirer ainsi toute l'attention de l'ennemi et à l'empêcher de se porter sur le Tyrol et en Italie. Cette position ne serait pas hostile, vu que les troupes resteraient cantonnées aux environs de Laybach : mais l'emplacement serait bien reconnu d'avance, ainsi que les points sur lesquels on pourrait élever des redoutes. Une armée fait en huit jours bien des retranchements. Une pareille armée sera campée à Pyrna, au débouché de la Bohême, et une troisième sur la Rednitz, en avant de Bayreuth. Les Bavarois auront un corps d'observation pour garder l'Inn. Il faudra donc que l'Autriche ait plus de 200,000 hommes, effort qu'elle est aujourd'hui hors d'état de faire et qu'elle pourrait tout au plus réaliser au printemps prochain. L'aspect de ces dispositions lui fera sentir que je ne veux pas avoir les mains liées. »

« Mon fils, je reçois votre lettre du 31 mai, par laquelle vous me faites connaître les nouvelles banqueroutes qui ont eu lieu en Italie. Depuis, vous aurez reçu le décret par lequel j'ai permis l'exportation des grains et riz. Je vois, par l'état que vous joignez à votre lettre, qu'en complétant les 4 bataillons des 6 régiments, il n'y aurait pas d'hommes à donner aux 5 bataillons de la division Durutte, que j'envoie en Italie. Mon intention est de compléter à 500 hommes les 5 bataillons de cette division. Mettez-y de préférence des Romains, des Toscans et des Piémontais; tenez ces bataillons à Trente. Formez-en une brigade sous les ordres d'un général de brigade ou d'un colonel; selon les circonstances, j'ordonnerai de les compléter à 800 hommes en y mettant des Romains et des Toscans, et de les diriger sur Dresde. Si ces 6 bataillons doivent rester en Italie, une brigade de 2,500 hommes vous sera utile. — J'écris au mi-

<small>Nap. à Eug. Dresde, 11 juin 1813.</small>

nistre de la guerre de tirer des différents dépôts en Toscane et à Rome et de tout ce qui est disponible en France pour compléter votre corps. Faites un état de ce qu'il faut pour compléter les 24 bataillons, en calculant le déficit de la conscription. Il faut que chaque régiment ait au grand complet 3,360 hommes, sans compter les officiers et sous-officiers. — On doit compter de plus ce qu'il faut pour les bataillons de la division Durutte. Par ce moyen, les 4 bataillons seront complets, et vous aurez un peu de monde pour les 5es bataillons de garnison. — Je vois que le 9e régiment a 3,200 hommes, le 35e, 3,680 hommes; le 53e, 2,674 hommes; le 84e, 3,750 hommes; le 93e, 3,550 hommes; le 106e, 3,500 hommes. Je vois d'après l'état des 6 régiments que le 53e est le plus faible et qu'il a besoin de recevoir 600 hommes. J'estime que si le ministre de la guerre envoie des dépôts des départements au delà des Alpes 3 à 4,000 conscrits, cela fera le compte.

« Quant aux shakos, prenez des mesures pour qu'ils soient fournis au 15 juillet. Augmentez le prix, s'il est nécessaire. Envoyez-moi l'état des bataillons des 27e, 28e et 29e divisions militaires. Je crois que la 27e et la 28e division militaire ont chacune 3 brigades provisoires, ce qui doit faire 9 bataillons. Le 29e doit en fournir un, celui du 112e, et il y a à Rome un bataillon du 14e léger et un du 6e de ligne. Vous aurez ainsi sous la main les 6 régiments d'Italie de 24 bataillons, 5 bataillons de la division Durutte, 6 bataillons de la 27e et de la 28e division militaire, de la 29°, et de Rome 3 bataillons. Total, 41 bataillons qui sont déjà en deçà des Alpes. »

« J'ai reçu, monsieur le duc de Feltre, vos deux lettres du 6 de ce mois, dont une est relative aux mesures prises pour que, non-seulement les régiments d'infanterie qui sont en Italie, mais aussi ceux qui doivent y venir d'ailleurs, à l'effet de faire partie du corps d'observation de l'Adige, soient bientôt pourvus de fusils, à raison de leur complet actuel, mais encore pour qu'il s'y trouve un excédant suffisant aux besoins, en ce genre, de tous les corps stationnés dans le royaume d'Italie et les provinces Illyriennes. Je vais faire donner connaissance de toutes ces dispositions au commandant de l'artillerie.

Eugène à Clarke, Milan. 11 juin 1813.

« Vous m'informez, par votre lettre de même date, que l'Empereur me laisse la plus grande latitude pour la formation des corps de l'Adige, ainsi qu'à l'égard des nominations aux places vacantes, et quant à ce qui concerne les mesures à prendre pour activer l'habillement et l'armement des troupes, que c'est par des ordres du jour que je dois les prescrire, et non par des arrêtés ni des décrets, et que les ordres du jour doivent vous être envoyés.

« Vous serez informé en temps et lieu des dispositions que j'aurai prescrites pour remplir à cet égard les instructions de Sa Majesté. »

« Sire, j'ai reçu la lettre chiffrée de Votre Majesté du 1er juin, mais seulement le duplicata, la première ne m'étant pas parvenue. J'ai reçu également la lettre

Eug. à Nap. Milan. 12 juin 1813.

de Votre Majesté du 4 juin, par un courrier de son cabinet. La nouvelle de l'armistice a fait ici la plus vive sensation, et le décret que Votre Majesté a pris pour l'exportation des grains fera hausser les grains, qui étaient tombés à un prix hors de toute proportion. Votre Majesté peut être tranquille : tous les ports seront fermés du moment que la récolte tournerait mal, ou si le besoin du grain se faisait sentir dans l'Empire.

« Je suivrai exactement les instructions de Votre Majesté, contenues dans sa lettre chiffrée. Ainsi que j'ai eu l'honneur de le lui annoncer le 20 juin, chaque régiment aura fourni au point de réunion du corps d'observation deux bataillons bien équipés et armés; il manque tout au plus quelques shakos. Votre Majesté peut donc calculer qu'avant le 1er juillet il y aura sur les lieux 5,000 hommes par division, 1,500 hommes de cavalerie et toute l'artillerie attelée, c'est-à-dire, 120 pièces d'artillerie, y compris les pièces régimentaires. Vers le 1er juillet les 3e et 4e bataillons rejoindront également leurs 2 premiers. Les bataillons dans le Piémont seront arrivés, et il ne manquera probablement, au 10 juillet, que les bataillons venant de Rome, dont les conscrits n'étaient point encore arrivés le 10 de ce mois, et le bataillon napolitain, dont je n'ai aucune connaissance. J'ai écrit au roi à ce sujet, et j'attends sa réponse.

« J'espère donc qu'il y aura au camp, le 20 juin, 25,000 hommes; le 1er juillet, 40,000, et, le 10 juillet, le compte des 4 divisions, c'est-à-dire environ 60,000 hommes. Ainsi que Votre Majesté m'y a autorisé, j'arrêterai tout ce qui resterait à partir du 9ᵉ de chasseurs et je laisserai filer tout ce qui appartiendrait aux 13ᵉ et 14ᵉ de hussards. Je garderai également jusqu'à nouvel ordre, quand ils seront arrivés, les 6 cadres de la division Durutte, qui s'est dirigée sur Vérone. Ils ont dû partir le 8 de ce mois d'Augsbourg. Je vais faire des courses à Pavie, Vérone, Brescia, Padoue et Palmanova; et, dans le cours de juillet, je m'établirai à proximité des troupes pour être à même de suivre leur itinéraire.

« J'annonce à Votre Majesté que la princesse, souffrant toujours des nerfs, doit se rendre ces jours-ci à Albano pour y prendre les eaux. »

<small>Nap. à Eug.
Dresde,
14 juin 1813.</small>

« Mon fils, le 3ᵉ bataillon du 35ᵉ léger a dû partir de Livourne pour Ratisbonne. Si ce bataillon a passé Trente, laissez-le continuer sa route. S'il n'a pas passé Trente, gardez-le. Vous le réunirez au 1ᵉʳ bataillon, dont le cadre vous arrive d'Augsbourg; ce qui vous fera 2 bataillons de ce régiment pour l'armée d'Italie. »

<small>Eugène
au ministre
de la guerre.
Milan,
14 juin 1813.</small>

« Monsieur le duc de Feltre, j'ai reçu la lettre que vous m'avez écrite le 8 de ce mois, par laquelle vous m'annoncez la réunion des troupes que Sa Majesté a ordonnée dans la 8ᵉ division militaire, et vous me communiquez l'importance qu'elle attache à ce que le bruit de cette réunion soit répandu le plus généralement possible. Je m'empresse de vous assurer que je vais m'occuper de remplir les intentions de Sa Majesté à cet égard. »

*Eug. à Nap.
Milan,
14 juin 1813.*

« Sire, ainsi que j'ai eu l'honneur de le mander avant-hier à Votre Majesté, j'ai reçu le duplicata de sa lettre en chiffres du 1er; hier soir, j'ai reçu sa lettre en chiffres du 2. Comme Votre Majesté aura pu le voir par mes lettres précédentes, toutes les troupes sont en mouvement pour se rendre à leur destination, Vicence, Vérone et Brescia. J'espère que rien ne pourra empêcher que les derniers bataillons de chaque corps les suivent dès les premiers jours de juillet. Dès que les derniers auront quelques jours d'organisation, je les mettrai en mouvement sur Laybach, s'il n'y a pas d'ordres contraires de Votre Majesté. Il y a dans tous nos corps beaucoup d'empressement pour se mettre en état; mais, si Votre Majesté pouvait fixer au 1er août l'entière réunion des troupes à Laybach, j'ose assurer que tout serait parfaitement en mesure. Le rapprochement de Vérone produira sur l'Autriche le même effet politique. Si cependant Votre Majesté tenait à ce que les troupes commençassent à arriver sur Laybach vers le 1er juillet, j'aurais encore le temps de recevoir sa réponse, et je mettrais en mouvement les têtes de chaque division; le reste y arriverait successivement dans le courant de ce même mois.

« J'ai ordonné l'armement complet de Palmanova, d'Osopo et Malghera. 10,000 quintaux de farine seront, le 1er juillet, à Palmanova, 10,000 quintaux à Venise. On continuera successivement tous les approvisionnements des autres articles de siége. J'ai écrit au duc d'Abrantès pour la place de Zara et de Raguse : je lui écris aussi pour former quelques approvisionnements sur les points de Laybach pour la nourriture des troupes qui doivent s'y rassembler.

« Les chevaux d'artillerie arrivent journellement. Les chevaux que devait fournir Turin n'ayant point convenu au ministre pour le prix, on nous a chargés ici d'en acheter 300 de plus; comme je n'ai reçu qu'hier l'ordre du ministre, ces 300 derniers ne peuvent être versés que vers le milieu de juillet. Je compte former le 1ᵉʳ juillet le corps d'observation en 2 corps : l'un composé des 46ᵉ et 48ᵉ divisions; l'autre des 47ᵉ et 45ᵉ. L'un des deux corps sera commandé par le général Grenier, et, comme je pense que ni le général Miollis, vu son âge, ni le duc d'Abrantès, vu l'état de sa santé, ne peuvent convenir pour l'autre corps, je demanderai à Votre Majesté un officier général, comme le général Grouchy, s'il est vrai qu'il se trouve dans ce moment sans emploi. »

« Sire, j'ai l'honneur de rendre compte à Votre Majesté que les derniers rapports de mer annoncent que le 4ᵉ bataillon du 4ᵉ d'infanterie légère, que j'envoie en Dalmatie pour y relever les deux bataillons du 3ᵉ d'infanterie légère, était heureusement débarqué à Trieste.

Eug. à Nap.
Milan,
14 juin 1813.

« Les télégraphes de Venise de ce jour signalent devant cette place un vaisseau et une corvette, un second vaisseau et une frégate croisant à la pointe d'Istrie. 4 ou 5 embarcations de ces derniers bâtiments se sont présentés il y a trois jours devant Fiume, et ont fait un débarquement et occasionné quelques désordres dans la ville. Je n'ai point encore le rapport du duc d'Abrantès, qui, à ce que je viens d'apprendre, s'établit à Gorizia pour sa santé, c'est-à-dire, à l'une des extrémités de son gouvernement. Je suis fâché que Votre Majesté n'ait pas placé dans ce pays-là quelqu'un qui ne fît pas autant regretter le général Bertrand.

« Un premier rapport d'un émissaire envoyé en Istrie et en Styrie m'annonce qu'on parle beaucoup à Gratz de la formation d'un camp à Bruck et Léoben. Ce camp serait, dit-on, commandé par le général Rossenberg. Il y avait, il y a six jours, à Gratz, quelques mouvements de troupes se dirigeant sur ce point. Il arriva à Gratz même les légions de Jordi, Klenau, Giulay infanterie, 3 bataillons de chasseurs, les dragons de Hohenlohe et un régiment de cuirassiers. Tous les semestriers étaient rappelés dans l'intérieur de l'Autriche.

« J'envoie à Léoben un nouvel émissaire.

« J'attendrai, pour l'organisation de l'estafette directe que Votre Majesté désire établir de Milan sur Dresde, qu'elle m'ait fait connaître que la route est entièrement libre. »

Nap. à Eug. (Sans date précise.)

« Mon fils, je voudrais avoir beaucoup de riz. Vous êtes autorisé à m'en envoyer 5,000 quintaux en faisant marché avec un négociant qui se chargerait de les transporter jusqu'à Dresde, pourvu que cela me revienne à moins de 60 francs le quintal rendu à Dresde, *poids de marc*. A cette condition, faites-moi passer les 5,000 quintaux. Il faudrait que l'arrivée eût lieu le plus tôt possible. »

« Mon fils, peut-être serait-il convenable de ne rien changer aux régiments étrangers et de les laisser tranquilles où ils se trouvent. Je ne crois pas qu'ils puissent être d'aucune utilité en ligne. Celui qui est ici a déjà perdu une grande partie de son monde par la désertion. Écrivez au ministre de la guerre. Il faut donc laisser ces régiments à Rome et en Toscane, sans quoi ce serait autant de renfort pour l'ennemi. »

Nap. à Eug. Dresde, 15 juin 1813.

« Sire, j'ai l'honneur d'adresser à Votre Majesté la nouvelle des faillites de 12 maisons de commerce de Florence, Livourne et Naples. La crise de notre commerce n'est point encore passée; mais nous espérons que si les mois de juillet et d'août s'écoulent sans de nouvelles faillites, la confiance se rétablira.

Eug. à Nap. Milan, 15 juin 1813.

« Le décret que Votre Majesté a daigné prendre sur les grains a été reçu ici avec la plus vive reconnaissance. Les rapports télégraphiques de ce jour de Venise portaient que plusieurs de nos bricks étaient sous voile, venant de Malamocco pour exercer les équipages.

« Le mouvement de troupes vers Vérone et Bassano se continue. Je n'ai point encore de nouvelles d'aucun mouvement des troupes de Naples qui doivent faire partie de l'armée d'Italie. Le général Grenier est arrivé hier à Vérone. Aucun des généraux de division ou de brigade annoncés par le ministre n'est encore arrivé. »

Eug. à Nap.
Milan,
17 juin 1813.

« Sire, j'ai l'honneur d'adresser à Votre Majesté la situation, à l'époque du 15 juin, de toutes les troupes existant dans le royaume d'Italie et dans l'Italie française, ainsi qu'en Illyrie. J'ai fait porter dans ce livret l'organisation de l'armée d'observation telle qu'elle avait été faite en ce moment. Ainsi, j'ai formé deux corps de deux divisions chacun, et une division en réserve dans laquelle j'ai compris toutes les troupes qui étaient comprises dans les 4 autres divisions et qui, ne pouvant pas être prêtes pour la mi-juillet, se réuniront en arrière de l'armée pour suivre son mouvement. Il est même probable, comme je n'ai aucune nouvelle du mouvement des troupes napolitaines, que je porterai la brigade napolitaine dans la division de réserve, et je fais alors remplacer les 6 bataillons napolitains dans la 48° division par la 52° division dont les cadres arrivent à Vérone le 30 de ce mois. Votre Majesté peut croire que nous ne négligerons rien de ce qui dépend de nous pour accélérer la mise en état du transport du matériel. Les fusils nous arrivent successivement ; les 95 voitures que nous attendons de Turin ne sont point encore parties, parce qu'elles attendent 600 chevaux venant de Besançon ; mais on a écrit partout et des officiers sont en route pour accélérer tous les mouvements. J'ai envoyé à Turin l'ordonnateur de l'armée pour activer la confection des schakos. Votre Majesté peut compter qu'au 15 juillet tout ce qui est porté dans mon état existera réellement à l'armée ; je n'en excepte que les Napolitains, dont je n'ai aucune espèce de nouvelles.

« J'ai basé mon organisation sur du positif, et Votre Majesté voit que nous aurons plus de 60,000 hommes présents sous les armes. Ils seront bien loin d'être exercés, comme Votre Majesté peut bien le penser, et surtout dans la cavalerie, puisque le conscrit arrive journellement et que les chevaux, pour la cavalerie, arrivent également ; mais nous n'épargnerons rien pour activer autant que possible l'effectif.

« D'après les dernières nouvelles de Votre Majesté, qui me laissait entrevoir un mouvement sur Laybach, je n'ai pas cru devoir faire revenir sur Vicence et Vérone les troupes qui étaient à Trieste et Udine. J'ai au contraire rapproché de ces points les troupes qui doivent faire partie de la même division. Si les circonstances le permettent, après le 10 juillet, j'espère que chacun sera à sa place ; j'aurai 15 jours de tranquillité ; ils seront employés à l'instruction et à compléter les petits objets d'équipement et d'habillement qui pourraient manquer, ce qui reporterait au 1ᵉʳ août la réunion à Laybach, ainsi que je l'avais précédemment demandé à Votre Majesté.

« J'ai l'honneur de prévenir Votre Majesté que, d'après ses ordres, j'établis une estafette journalière sur Dresde. J'écris par ce courrier au roi de Bavière, et je le prie de donner les ordres pour assurer le retour des estafettes. Au moment où je finissais cette lettre, je reçois une lettre du ministre de la guerre, qui m'annonce que, suivant les intentions de Votre Majesté, on ne doit point porter les régiments étrangers et croates dans le corps d'observation d'armée d'Italie, mais en former une division de réserve. Je vais donner les ordres et dans le premier état que j'adresse à Votre Majesté, Votre Majesté y trouvera ce changement. »

<small>Eug. à Nap.
Milan,
17 juin 1813.</small>

« Sire, les télégraphes de Venise de ce jour n'annoncent que la présence d'une frégate ennemie. Mes rapports d'Ancône annoncent qu'une petite division de la flottille napolitaine, sortie, il y a peu de jours, escortant un convoi de bâtiments napolitains, aurait été rencontrée dans les environs de Pescara par deux frégates anglaises qui les auraient détruits. Je n'ai point encore de détails officiels sur cet événement.

« Point de nouvelles de Naples sur le mouvement des troupes. Toutes celles du Piémont et de Toscane sont en mouvement pour leur rendez-vous. Les bataillons du 6e et du 14e, qui devaient partir de Rome le 20 de ce mois, ont écrit qu'ils avaient absolument besoin d'un délai de 35 à 40 jours, pour la confection de leurs effets et que la tête des conscrits n'arriverait que le 15. J'ai ordonné au général Miollis d'accélérer le plus tôt possible le départ de ces régiments et de les aider de tous les généraux annoncés. Je n'ai encore vu arriver qu'un général de brigade. Le ministre m'écrit qu'il renouvelle les ordres les plus précis à ce sujet. Je prierai Votre Majesté de m'accorder pour général de brigade l'adjudant commandant Durieu, qui était au 4e corps de Glogau. Si Votre Majesté pouvait aussi nous renvoyer les cadres que nous avions dans cette place, nos régiments y gagneraient beaucoup.

« La plus grande partie des sergents et capitaines se trouvent être des soldats de quelques jours.

« Le 4ᵉ d'artillerie à cheval a bien de la peine à organiser ses 3 compagnies à Vérone. On lui a envoyé pour sous-officiers des canonniers du corps de la marine qui ont bien peu d'intelligence pour leur nouveau métier. J'ai autorisé à prendre quelques caporaux dans l'artillerie à pied qui vient de Rome ou de Naples.

« Je prie Votre Majesté de me dire si elle m'autoriserait, dans le cas où les généraux Quesnel et Verdier arriveraient trop tard, ou ne seraient pas en bon état de santé, de les faire remplacer par les généraux Séras et Barbou.

« Je vais passer la journée de demain à Pavie pour inspecter le personnel et le matériel de l'artillerie italienne et celle de la garde. »

Nap. à Eug.
Dresde,
18 juin 1812.

« Mon fils, je vous envoie un décret que je viens de rendre. Le ministre de la guerre vous l'expédiera, mais je vous le communique directement, pour que vous le mettiez sur-le-champ en exécution. Vous verrez que le corps d'observation de Vérone prend le titre de corps d'observation d'Italie. Il ne vous échappera point que j'ai formé la 7ᵉ division en division de réserve de 6 bataillons qui sont en Bretagne et de 8 bataillons napolitains, c'est-à-dire de bataillons fort éloignés. J'ai placé dans les 4 premières divisions les bataillons qui sont en Provence; mais je les ai répartis de manière qu'au 1ᵉʳ juillet vous pourrez avoir vos 6 divisions, sinon à 14 bataillons, au moins à 11 ou 12 chacune. Des divisions de 12 bataillons suffisent à la rigueur pour faire la guerre en Italie, puisque cela fait un effectif de plus de 8,000 hommes présents sous les armes. D'ailleurs, il importe surtout que les Autrichiens voient le plus grand nombre de divisions qu'il est possible : ce nombre est la première chose dont ils seront instruits, et cela donne en outre les moyens d'organiser convenablement l'état-major, l'artillerie et le génie. Il faudra commencer par mettre une batterie d'artillerie à pied à chaque division. Ensuite on organisera une batterie de réserve et une batterie d'artillerie à cheval, ensuite la 2ᵉ batterie à pied de chaque division, les autres batteries à cheval et la 2ᵉ batterie de réserve. On n'a pas besoin en Italie d'équipages militaires; je m'en suis toujours passé. Il vous suffira d'avoir une compagnie avec les 40 caissons pour vos ambulances. Vous pourrez, à cet effet, arrêter tout ce qui n'a pas passé Vérone. Vous écrirez à Turin et à Florence pour savoir ce qui y reste et savoir ce qu'on pourrait y en organiser. Vous organiserez également une ou deux compagnies pour le royaume d'Italie. Le général Grenier, que je crois en Italie, prendra d'abord le commandement. Je vais penser à vous envoyer deux autres lieutenants généraux, afin que vous ayez deux généraux supérieurs pour commander 2 corps séparés.

« Je vous ai envoyé le général Peyri ; il est bien important d'avoir le général Palombini. Je réitère l'ordre qu'il se rende en Italie. Je suppose que le général Pino pourra commander la garde. Le général d'Athouard pourra commander l'artillerie. Si toute cette armée se trouve telle que je l'ai organisée par mon décret, elle vous donnerait un effectif de 75,000 hommes d'infanterie et de 5,000 hommes de cavalerie, et avec 5,000 hommes d'artillerie et du génie, ce serait une armée de 80,000 hommes. Je mande au ministre de la guerre de compléter en France 8 ou 10 bataillons qui vous seront également envoyés, car il m'est revenu beaucoup de cadres d'Espagne, et j'ai encore beaucoup d'hommes dans les dépôts. Le plus faible dans tout cela, c'est la cavalerie. J'ai envoyé en Italie le général Guyon, que vous connaissez et qui a l'habitude de servir sous vos ordres, pour commander une partie de la cavalerie. Je vous enverrai un général de division de cavalerie.

« J'ai aussi demandé au ministre de la guerre de voir à vous composer un 2e régiment français de 1,000 hommes de cavalerie. Je n'ai pas compris dans l'organisation de ce corps les régiments croates ni les régiments étrangers. Si cependant l'Autriche cessait de nous donner des inquiétudes, et que ce corps dût venir en Allemagne, il en serait autrement. D'abord il n'aurait point de division italienne, parce que je préférerais laisser les troupes italiennes en Italie, pour bien se former. Je laisserais la plupart des demi-brigades provisoires en Provence et en Bretagne, et je ferais seulement venir sous le commandement du général Grenier 3 divisions fortes de 42 bataillons ; savoir :

Le 9e de ligne, 3 bataillons ; le 35e de ligne, 3 bataillons ; le 84e de ligne, 3 bataillons ; le 92e de ligne, 3 bataillons; le 53° de ligne, 3 bataillons; le 106° de ligne, 3 bataillons; le 42° de ligne, 2 bataillons; le 102° de ligne, 2 bataillons; les 6 bataillons de la division Durutte, 2 bataillons croates, 2 bataillons dalmates; la 28° demi-brigade provisoire, 3 bataillons; la 29° demi-brigade provisoire, 3 bataillons; la 30° demi-brigade provisoire, 4 bataillons, parce que tous les *bataillons* qui composent ces demi-brigades ont des *bataillons* à l'armée.

« Cela ferait ainsi 42 bataillons ou 3 divisions à 14 bataillons chacune. Ce corps partirait de Vérone fort de 34,000 hommes d'infanterie. Son artillerie serait alors de 2 batteries d'artillerie à cheval françaises, ou 12 pièces; 6 batteries de division française, ou 48 pièces, et 2 batteries de réserve ou 16 pièces. Total, 76 pièces françaises. Il aurait une compagnie des équipages militaires avec ses 40 caissons. La cavalerie serait de 1 régiment de cavalerie italienne de 1,000 hommes et de 1 régiment français aussi de 1,000 hommes. Cela ferait en tout un corps d'une quarantaine de mille hommes, et vous auriez en Italie l'armée italienne et tous les autres bataillons.

« J'ai donné ordre que les cadres des 6 compagnies qui étaient à Glogau, ainsi que ce qui appartient à la garde italienne, partissent pour se rendre en Italie. »

Nap. à Eug.
Dresde,
18 juin 1813.

« Mon fils, le ministre de la guerre a dû vous faire connaître mon désir que du 20 au 30 juin le général Grenier puisse porter son quartier général à

Udine; mais ce ne doit être qu'autant qu'à cette époque vous pourrez présenter 50,000 hommes et plus de 60 pièces de canon. Si vous ne pouviez encore réunir que 30,000 hommes et 30 pièces de canon, il vaudrait mieux vous contenter d'avoir votre quartier général à Vérone, en réunissant une division à Vicence, une à Bassano et l'autre à Vérone, de manière à pouvoir le porter le 10 juillet à Udine. Mais alors vous attendrez mes ordres. Il faudrait que le 20 juillet le quartier général pût être à Laybach, et que vous pussiez avoir à cette époque plus de 50,000 hommes, 3 à 4,000 hommes de cavalerie et une centaine de pièces de canon. Faites-moi connaître sur quoi je puis compter. »

« J'ai reçu, monsieur le duc de Feltre, avec votre lettre du 11 de ce mois, le nouvel état d'organisation que vous m'avez adressé du corps d'observation de l'Adige, d'après les bases fixées par l'Empereur, et dans laquelle organisation figurent les 6 bataillons de la division Durutte, que je ferai compléter à leur arrivée à Vérone le 1er du mois de juillet prochain.

Eugène à Clarke. Milan, 18 juin 1813.

« Profitant de la latitude qui m'est laissée par l'Empereur pour la formation de ce corps d'armée, j'ai adressé à Sa Majesté un projet d'organisation qui résulte de l'état ci-joint, et en attendant toutes les dispositions sont déjà faites pour son exécution. Vous y verrez que, conformément à l'intention de l'Empereur, les bataillons d'élite des deux régiments étrangers et les deux régiments de Croates sont compris dans une division de réserve qui campera à Montechiaro pendant que les divisions actives seront sur l'Adige et sur le Tagliamento.

« Je vous ferai connaître ce que je croirai devoir faire ultérieurement pour l'exécution la plus prompte qu'il sera possible des ordres de Sa Majesté à cet égard.

« J'ai écrit de la manière la plus pressante à Son Altesse Impériale la grande-duchesse de Toscane et au prince Camille, ainsi qu'au général Miollis, pour qu'ils dirigent sans délai sur les points de rassemblement que je leur ai indiqués les troupes sous leurs ordres destinées à faire partie de l'armée d'observation dont il s'agit. »

Eug. à N.
Milan,
20 juin 1813.

« Sire, ce n'est pas seulement 6 canonnières napolitaines qui ont été prises par deux frégates anglaises sur la côte de la Romagne, mais bien aussi 10 petits bâtiments qu'elles escortaient. Un rapport que je reçois d'Otrante m'annonce que la division des 6 mouches italiennes qui se rendaient à Corfou ont été attaquées à la hauteur de l'île de Fano; que nous en avons perdu 2. J'ai reçu aujourd'hui des lettres du ministre de la guerre qui m'annoncent que Votre Majesté a destiné pour l'armée d'Italie le 1er de hussards et le 31e de chasseurs. Nous avions réellement besoin d'un renfort de cette arme dans l'armée, car il y avait bien peu de ressources ici en ce genre.

« Les convois d'artillerie commencent à nous arriver de Turin; 60 bouches à feu et leurs caissons sont déjà rendus à Mantoue. Un autre convoi de 147 voitures, pour compléter les équipages français, doit partir de Turin du 20 au 25, avec les chevaux de Besançon, qui sont aussi arrivés à Turin non pas 750, comme on l'avait annoncé, mais seulement 550. J'ai passé en revue à Pavie tout ce qui tenait à l'artillerie italienne. Tout sera prêt au 1er juillet. L'espèce d'hommes est très-belle; les chevaux en bon état, mais les conducteurs sont très-jeunes et ont peu d'expérience en ce genre de service. Les premiers bataillons, venant du Piémont, commencent à arriver dans le royaume. Dès que les premiers bataillons de chaque division seront au rendez-vous, je me porterai moi-même sur les lieux pour les inspecter. Toutes les troupes sont en mouvement, et le 10 juillet chacun sera à son poste, excepté les bataillons venant de Rome, qui n'arriveront que quelques jours plus tard. Il nous faudra bien quelques jours de suite pour mettre de l'ensemble dans la division, pousser un peu l'instruction et recevoir les effets d'habillement et d'équipement qui pourront nous manquer; cela nous conduit donc au 1er août, époque à laquelle nous pourrons être prêts à nous porter sur l'Isonzo ou la Save, comme Votre Majesté l'ordonnait.

« Les dernières nouvelles de Naples et de Dalmatie confirmaient la nouvelle que la peste existait à Malte. Les plus grandes des précautions ont été recommandées partout. »

« Mon fils, je reçois votre lettre du 12 juin. J'ai Nap. à Eug. Dresde,

21 juin 1813. compris le passage qui était chiffré. Je suppose donc aujourd'hui, qu'au 20 juin le général Grenier avait son quartier général à Vérone, et que du 1ᵉʳ au 10 juillet vous aurez votre armée réunie, avec l'artillerie convenable. Je suppose que les journaux d'Italie rendront compte des revues que passe le général Grenier, de celles que vous passez, et même de celles que le prince Borghèse a dû passer à Turin. Il faut aussi qu'il soit question des généraux qui passent, et qu'il soit dit, dans le public, que l'armée d'Italie se compose de 3 corps et de 9 divisions. »

Nap. à Eug.
Dresde,
21 juin 1813.
« Mon fils, je reçois votre lettre du 14 au matin, n° 28. On a déchiffré ce qui était en chiffres; j'en ai fort bien compris le contenu. J'y vois avec plaisir qu'au 1ᵉʳ juillet vos 6 divisions seront en organisation et en colonnes depuis la Piave jusqu'à l'Adige. Le général X..... a refusé de servir, ou du moins a voulu faire un marché, ce qui m'a porté à lui donner sa retraite.

« Je pense que votre armée étant composée de 6 divisions, vous devez la partager en 3 corps : 1 que vous mettrez sous les ordres du général Grenier; 1 qui sera commandé par un vieux général que je vais choisir et vous envoyer à cet effet, et le 3ᵉ qui restera sous vos ordres immédiats. »

Eug. à Nap.
Milan,
22 juin 1813.
« Sire, j'ai l'honneur de rendre compte à Votre Majesté que la mission que j'ai donnée à l'ordonnateur de l'armée, pour accélérer la livraison des schakos

de Turin, a assez bien réussi, moyennant quelques avances qu'il a pu obtenir du prince Borghèse pour les fabricants. Les 10,000 schakos, qui ne devaient être livrés qu'en août et septembre, le seront effectivement avant le 15 juillet. C'est donc un mois de gagné dans cette partie. Nous n'avons pas été aussi heureux jusqu'à présent pour la buffleterie, car cet objet est extrêmement rare.

« Les signaux de côtes d'hier et d'aujourd'hui n'ont annoncé que la présence d'une frégate, très au large de Venise.

« Le duc d'Abrantès me répond qu'il a pris toutes les mesures pour compléter l'approvisionnement de Raguse et de Zara, et qu'il espère qu'il sera fait très-incessamment. Je lui ai recommandé de prendre les mesures préparatoires pour assurer la subsistance des troupes qui pourraient peut-être se réunir vers Laybach. »

« Sire, j'ai l'honneur de rendre compte à Votre Majesté qu'on a signalé en vue de Venise un vaisseau anglais. Les signaux d'annonce assurent également un vaisseau en vue de ce port.

« J'ai l'honneur d'adresser à Votre Majesté plusieurs rapports du duc d'Abrantès relatifs à la présence de l'ennemi dans les parages de l'Illyrie et à deux petits débarquements qu'ils ont opérés près de Raguse et en Istrie. Je ne vois pas que ces événements demandent aucune mesure extraordinaire, d'autant plus qu'il y aura incessamment des troupes dans ce pays, si Votre Majesté confirme les ordres projetés.

*Eug. à Nap.
Milan,
23 juin 1813.*

« Sire, j'ai reçu ce matin les lettres de Votre Majesté du 11 juin; j'aurai l'honneur de répondre demain en détail aux différentes demandes qu'elles contiennent. Dès ce jour, je puis répondre à celle concernant le contingent qui doit être fourni par le roi de Naples. J'attendrai de connaître l'effet qu'aura produit la lettre que, d'après les ordres de Votre Majesté, le duc de Feltre doit écrire au roi de Naples pour dire à Votre Majesté ce qu'on peut en espérer; ce qu'il y a de certain, c'est qu'aucun mouvement de troupes napolitaines n'a eu lieu vers l'Italie, et que le roi n'a répondu à aucune de mes lettres, par lesquelles je lui demandais instamment le départ de la brigade d'infanterie et de celle de cavalerie que, d'après les ordres de Votre Majesté, il devait fournir. »

*Eug. à Nap.
Milan,
24 juin 1813.*

« Sire, suivant les ordres de Votre Majesté, j'ai envoyé un officier supérieur du génie pour reconnaître la position la plus avantageuse pour faire prendre position à une armée entre Laybach et la Styrie, ainsi que je l'ai mandé à Votre Majesté. Les mesures sont déjà prises pour assurer la subsistance des troupes qui pourraient se porter sur ces points à la fin de juillet. Je ne puis avoir terminé pour ce soir le rapport général sur la situation de divers corps; mais j'espère pouvoir l'adresser demain à Votre Majesté, et cette situation fera connaître la position que l'armée peut prendre du 1er au 30 juillet, et le nombre des pièces dont elle s'augmenterait chaque cinq jours, le nombre des bataillons et des objets dont elle pourrait manquer à chacune de ces époques. Je désire bien que Votre Majesté veuille donner les ordres au duc de Feltre pour les deux régiments de cavalerie qui me sont annoncés, savoir : le 1ᵉʳ de hussards et le 31ᵉ de chasseurs.

« Quant aux Napolitains, il n'y faut plus penser pour l'instant, et j'ai l'honneur de joindre ici la copie de la lettre que j'ai reçue ce matin du roi de Naples à ce sujet. Votre Majesté verra dans la première situation de l'armée que je lui adresserai que les bataillons qui m'arrivent de la division Durutte sont portés à 600 hommes et sont au nombre de 7, parce qu'il arrive à Vicence, de la Toscane, le 3ᵉ bataillon du 35ᵉ léger. J'ai cru devoir garder ce bataillon pour compléter la brigade et m'en servir dans la 48ᵉ division, en remplacement des Napolitains qui ne viennent pas, d'autant plus que si, par suite des circonstances, Votre Majesté appelle cette brigade à la Grande armée, le 3ᵉ bataillon suivrait le mouvement de son 1ᵉʳ bataillon.

« L'armement des trois places que Votre Majesté a ordonné sera terminé le 6 juillet. L'approvisionnement de Palmanova et d'Osopo est déjà commencé, et j'espère qu'il sera terminé vers le 20 du même mois. Enfin, le 10 juillet, Votre Majesté peut compter qu'une division sera à Udine, une autre à Trévise et Bassano, une à Vicence et à Vérone, la division italienne à Padoue et la garde royale à Brescia.

« Les derniers schakos ne se livrent à Turin (après mille et mille difficultés vaincues) que du 25 au 30 du même mois; il en est de même d'une grande quantité de draps pour capotes, qui ne se recevra que dans le commencement de juillet. Ils auront besoin de quelques jours pour être confectionnés et envoyés au corps. Ainsi tout ce que nous pouvons faire, c'est de mettre l'armée sur l'Isonzo au 24 juillet, et le 31, c'est-à-dire le 1ᵉʳ août, elle peut être portée en entier à Laybach. J'excepte pourtant la division étrangère que Votre Majesté m'a ordonné de laisser en réserve, et que je réunis au camp de Montechiaro. Puisque les Napolitains n'arrivent pas, nous n'aurons que les deux régiments étrangers et deux régiments croates; nous affecterons à cette division l'artillerie attelée par les derniers chevaux qui se livreront; et cette division pourra être très-utile, si le reste de l'armée se porte en Styrie, pour maintenir la tranquillité et imposer à tous les pays entre les Alpes et l'Isonzo.

« En fixant les époques ci-dessus, je prie Votre Majesté de croire que c'est faire tout ce qui est possible et ne pas perdre de vue, un seul instant, l'exécution de ses intentions.

« Ce matin, les rapports télégraphiques ont annoncé la présence d'un vaisseau anglais à 15 milles devant Ravenne. »

*Eug. à Nap.
Milan,
26 juin 1813.*

« Sire, Votre Majesté verra par le tableau ci-joint la force actuelle des régiments, ce qu'ils vont verser de conscrits aux cinq cadres des bataillons de la division Durutte, et enfin ce qui restera disponible pour les 4 bataillons de guerre. J'ai fait porter dans la dernière colonne le nombre des conscrits qui est encore dû au corps. Votre Majesté remarquera que la force de tous ces bataillons sera de 5 à 600 hommes, excepté le 92ᵉ qui sera un peu plus fort; mais, lorsque les conscrits dus arriveront, le bataillon pourra être porté de 750 à 800 hommes.

« Il y a eu beaucoup de désertions depuis un mois dans les régiments français; cette désertion a toute portée sur les conscrits de l'Italie, qui, se voyant près de chez eux, ont été entraînés par la facilité d'y rentrer. »

« Sire, j'ai reçu le courrier que Votre Majesté m'a expédié sous la date du 18. J'ai vu, par le décret qu'elle a pris, la nouvelle organisation qu'elle a donnée à l'armée d'Italie. Je vais m'occuper de suite de l'exécution de ses instructions, cela occasionnera quelques jours de retard, puisque les troupes étaient déjà en mouvement suivant l'organisation que j'avais eu l'honneur de lui soumettre.

Eug. à Nap. Milan. 26 juin 1813.

« Votre Majesté remarquera que, dans l'état de situation et d'organisation envoyé par Votre Majesté, il devrait y avoir 85,000 hommes; mais, tous les bataillons qui sont à Toulon, Brest et Lorient devant être déduits de la force, au moins pour le moment, l'armée ne pourra compter, au 30 juillet, que 72,000 hommes. Je désirerais seulement que Votre Majesté maintînt l'organisation de la cavalerie telle que je l'avais présentée dans le premier projet, ce qui pourra porter sa force à 6,000 hommes, savoir : 2,600 à 2,800 de cavalerie italienne, 500 chevaux du 19ᵉ de chasseurs, 2 régiments français qui étaient annoncés, savoir : le 1ᵉʳ de hussards, le 31ᵉ de chasseurs, enfin deux régiments de cavalerie napolitaine.

« Je prie aussi Votre Majesté de vouloir permettre que le corps d'observation d'Italie soit formé de 2 à 3 lieutenances; savoir : 2 divisions françaises sous les ordres du général Grenier; 2 divisions françaises sous les ordres du général que Votre Majesté désignera à cet effet, et enfin les deux divisions italiennes que Votre Majesté voudra bien placer sous le commandement du général Pino. C'est un bon officier, grand de votre royaume, qui a la confiance du soldat, et je réponds qu'il les mènera bien au feu. Les généraux de division Palombini et Bonfanti commanderaient les deux divisions italiennes. Enfin cette nouvelle organisation va nous obliger à augmenter le personnel et le matériel de l'artillerie; il nous manquera 3 compagnies. J'écrirai en conséquence au duc de Feltre.

« Votre Majesté voudra bien remarquer que, dans la situation que je lui ai adressée, j'ai porté de plus qu'elle, dans la division de réserve, les deux régiments croates et les bataillons d'élite des régiments étrangers.

« Elle remarquera aussi que j'ai porté dans la 4ᵉ division française les bataillons appartenant à la division Durutte pour remplacer 7 bataillons des 25ᵉ et 31ᵉ brigades provisoires qui sont encore bien éloignées de pouvoir rejoindre leur division. »

Eug. à Nap.
Milan,
27 juin 1813.

« Sire, j'ai l'honneur d'adresser à Votre Majesté,

le rapport que j'ai fait dresser sur l'état actuel de l'habillement de 6 régiments de l'armée d'Italie. Malgré toute l'activité qu'on a mise dans l'habillement, le manque de matière a occasionné beaucoup de retard ; j'espère cependant que les objets manquants, tels que schakos, buffleterie, et sacs à peau pourront être rendus dans la nouvelle position des corps par transports accélérés dans le courant de juillet, les divisions fussent-elles même au delà de l'Isonzo.

« Dans la situation que j'envoie par le même courrier de l'armée telle qu'elle pourra être au 1ᵉʳ août, Votre Majesté voudra bien remarquer que j'ai porté dans la colonne d'observation l'époque à laquelle les différentes divisions pourraient être rendues aux environs de Laybach. Ce mouvement n'aura cependant lieu que si, comme je le présume, d'ici au 15 juillet Votre Majesté est toujours dans l'intention de porter la totalité de ses troupes en Styrie. En attendant, les 4 divisions françaises, comme elle le veut, seront le 10 juillet, chacune de 11 bataillons, à Udine, Conégliano, Bassano et Vérone. Les deux divisions italiennes, l'une à Padoue et l'autre à Brescia. La division de réserve à Montechiaro. La cavalerie italienne, qui se monte et s'équipe en ce moment et qui s'organise à Crémone, pourra se mettre en mouvement, j'espère, du 16 au 20 juillet pour se porter en ligne.

« Enfin, si Votre Majesté a la bonté de me répondre pour cet objet et de me dire : Soyez au 1ᵉʳ août, avec toute votre armée à Laybach, toutes les mesures sont prises pour l'exécution de ses ordres. Si elle me dit au contraire : Portez-vous de suite à Laybach et concentrez-y les troupes le plus promptement possible, le mouvement ne pourrait avoir lieu alors que successivement et n'avoir pas l'ensemble qu'il serait à désirer. »

Eug. à Nap. Milan, 27 juin 1813.

« Sire, j'ai eu l'honneur d'écrire à Votre Majesté pour lui demander le général Grouchy pour une des lieutenances de l'armée d'Italie. Dans le cas où Votre Majesté ne jugerait pas à propos de me l'accorder, je lui demanderai pour commander la 2ᵉ lieutenance, le général Molitor. J'ai déjà servi avec ce général et je n'ai eu qu'à me louer de lui.

« Votre Majesté semblerait jeter les yeux sur le général Miollis et sur le duc d'Abrantès; mais j'ose l'assurer que ni l'un ni l'autre ne sont propres à ce commandement, l'un à cause de son âge, l'autre à cause de sa santé, vu les qualités nécessaires pour former de jeunes troupes et les commander.

« J'ai reçu la lettre de Votre Majesté, du 18 juin, dans laquelle elle m'ordonne de faire des expéditions de riz sur la Grande-Armée et de commencer par un envoi de 5,000 quintaux, en les faisant rendre à Dresde au meilleur prix possible. Je fais passer un marché pour 45,000 quintaux qui seront portés de Milan à Augsbourg dans 50 à 55 jours au plus.

« Il m'a été de toute impossibilité de trouver des entrepreneurs pour mener ce riz plus loin; mais on pourra, d'Augsbourg le faire continuer sur Dresde.

Ce pays-ci n'a aucune communication directe avec l'Allemagne passé Augsbourg ; aussi le prix de cette denrée a-t-il été réglé en conséquence.

« J'adresserai à l'intendant général de l'armée le contrat passé, mais je puis déjà assurer à Votre Majesté que le prix n'excédera pas 47 francs par quintal. Le duc de Bassano avait écrit ici pour ce riz, en fixant la quantité à 10,000 quintaux. J'ai cru devoir m'en tenir aux ordres de Votre Majesté, d'autant qu'il sera toujours facile de faire des envois subséquents au 1ᵉʳ août, dès que je recevrai l'ordre de Votre Majesté.

« Le prix de 47 francs à Dresde est le plus avantageux qu'on ait pu faire. Je tâcherai de réduire à 46 francs. Ainsi, en calculant le transport d'Augsbourg à Dresde, il reviendrait dans cette dernière à environ 55 francs. »

Nap. à Eug. Dresde, 28 juin 1813.

« Mon fils, je reçois votre lettre du 22 par l'estafette qui vient d'être établie à Milan. Le comte de Metternich vient d'arriver ici. Nous allons voir si le congrès pourra se réunir à Prague ; mais toutes les probabilités paraissent à la guerre. »

Nap. à Eug. Dresde, 29 juin 1813.

« Mon fils, je reçois votre lettre du 24 juin. J'approuve que vous gardiez le bataillon du 35ᵉ. Je suis satisfait de ce que vous me dites que l'armée pourra être sur l'Isonzo du 20 au 25 juillet ; cela me suffit. Mais il est important que vos ingénieurs et officiers aient bien reconnu toutes les chaînes de montagnes de la Drave et de la Save, depuis Villach jusqu'entre Gratz et Laybach, et que, s'il est nécessaire, vous puissiez prendre là une position qui couvre le Frioul et les provinces Illyriennes et contienne le Tyrol.

« Les Autrichiens avaient, dans la dernière guerre, un petit fort dans la vallée de l'Inn. Je suppose qu'il a été démoli. Envoyez des agents du côté de Lintz pour avoir la situation des esprits, et si l'on a des armes. Écrivez au roi de Bavière pour que ses troupes puissent se rapprocher de Kuffstein, et qu'au moins, pendant le temps de l'armistice, il puisse correspondre avec vous. »

<small>Eug. à Nap. Milan, 29 juin 1813.</small> « Sire, j'ai l'honneur de rendre compte à Votre Majesté qu'un agent parti de Trieste pour Gratz, mande que les troupes, dans les environs de cette ville, se sont augmentées depuis le milieu du mois courant et que dans plusieurs villes autour de Gratz il y a des troupes cantonnées; il porte leur force à 30,000 hommes d'infanterie, 2,000 hommes de cavalerie; mais je crois que cela est exagéré. Je suppose qu'il y a tout au plus 20,000 hommes, s'il est vrai que des troupes soient arrivées tout dernièrement. Cet agent dit qu'il n'a pas vu d'artillerie; mais il annonce qu'il a rencontré 3,000 chevaux de remonte achetés dans les différentes provinces et se rendant à Gratz. Il est certain que des magasins considérables de farine se forment sur ce point. On attendait la récolte du foin pour emmagasiner les fourrages.

« Je rends compte à Votre Majesté que le 24 du

courant l'ennemi a fait un petit débarquement en Istrie près Pola, de 5 à 600 hommes environ. Il a saccagé plusieurs maisons et particulièrement les administrations publiques et a emmené avec lui plusieurs fonctionnaires. Je n'ai point encore de rapports détaillés de ce fait, du duc d'Abrantès.

« Les télégraphes de Venise ne disent rien d'intéressant. »

« Sire, j'ai l'honneur de rendre compte à Votre Majesté que j'ai reçu ce matin les deux lettres que je joins ici en original. Les renseignements particuliers que j'avais sont d'accord avec ces deux rapports. Je pense qu'il devient très-urgent, pour le service de Votre Majesté, de désigner un bon officier général pour remplir les fonctions de gouverneur de l'Illyrie. Le duc d'Abrantès n'est définitivement plus bon à rien, et je pense que Votre Majesté peut l'autoriser à rentrer en France, pour y soigner sa santé. Comme il était cependant de mon devoir de pourvoir au plus pressé, j'ai envoyé de suite en Illyrie l'adjudant commandant Lecat pour remplir les fonctions de chef d'état-major. C'est un officier fort tranquille et sûr, qui a l'habitude des détails et qui fera sûrement exécuter les ordres qu'il recevra.

Eug. à Nap. Monza. 30 juin 1813.

« Les signaux parvenus aujourd'hui de Venise n'annoncent la présence d'aucun ennemi sur nos côtes.

« D'après les lettres qui nous parviennent de Bohême, je vois qu'on affecte de dire que l'empereur d'Autriche s'est refusé à une entrevue avec l'empereur Alexandre ; tandis que de Vienne on écrit que cette entrevue a eu lieu. Il paraît cependant certain que l'empereur Alexandre est entré en Bohême, sous prétexte d'y voir la princesse d'Oldenbourg, sa sœur. Cette conduite de l'Autriche décèle assez sa ruse et sa perfidie. Votre Majesté saura mieux que moi à quoi s'en tenir à ce sujet.

« Je suis venu aujourd'hui à Monza établir ma famille, et je compte partir après-demain pour commencer l'inspection des différentes divisions à mesure de leur réunion. »

Nap. à Eug. Dresde, 1er juillet 1813.

« Mon fils, l'Autriche continue à se comporter mal. Des régiments doivent avoir été mobilisés du côté de Vienne pour se porter en Styrie. Il est de fait cependant qu'avec tous les efforts imaginables l'Autriche ne peut pas avoir sur pied plus de 100,000 hommes, qu'elle est obligée de partager entre vous, la Bavière et le corps d'armée qui est ici. Envoyez des espions pour être bien au fait de tous les régiments qui arrivent et connaître leurs divisions à mesure qu'elles se forment. Faites bien reconnaître par les ingénieurs le terrain entre la Piave et Gratz. J'ai cependant accepté la médiation de l'Autriche. Des négociations vont s'ouvrir à Prague le 5 juillet. Il paraît qu'on a des projets de prolonger l'armistice jusqu'au 16 août. Il est cependant toujours nécessaire que vous soyez, à la fin de juillet en colonne depuis la Piave jusqu'à l'Adige. — Padoue n'est pas un pays sain ; il n'y faut pas laisser de troupes pendant les chaleurs. Je suppose que vous n'en avez pas laissé à Mantoue. Les meilleurs cantonnements, dans cette saison, sont Vérone, Brescia et Bassano. Ne me mettez personne à Trévise ; Trévise n'est pas assez sain. Feltre et Conégliano sont plus sains. Je vois avec plaisir que nous correspondons par l'estafette en quatre-vingt-seize heures.

« Tenez-moi donc bien au fait de tout ce qui se passe, et envoyez-moi tous les 5 jours l'état de situation de votre corps, de votre artillerie, de votre génie, et que je voie bien les généraux qui vous arrivent. »

« Mon fils, je vous envoie une lettre du duc d'Abrantès. Comme vous avez le commandement de l'Illyrie, je suppose que vous pourvoyez à la défense de ce pays. » *Nap. à Eug. Dresde, 1ᵉʳ juillet 1813.*

« Sire, il vaquait au 6ᵉ bataillon du 112ᵉ régiment de ligne, qui est en France et qui doit faire partie de l'armée d'Italie, plusieurs emplois auxquels j'ai pourvu provisoirement pour le bien du service. J'ai l'honneur de soumettre à Votre Majesté le projet de décret qui rend ces nominations définitives. Je prie Votre Majesté de vouloir bien le signer. » *Eug. à Nap. Monza, 1ᵉʳ juillet 1813.*

« Sire, j'ai l'honneur d'adresser à Votre Majesté la situation de son armée d'Italie à l'époque du 1ᵉʳ juillet. *Eug. à Nap. Monza, 2 juillet 1813.*

« Votre Majesté remarquera, dans le livret du corps d'observation d'Italie, une force de 72,000 hommes présents sous les armes ; mais, comme on ne peut point compter sur la division de réserve, puisque les Napolitains ne viennent point, puisque les Croates et les étrangers ne doivent point être employés en ligne, la force des 6 divisions se réduira donc à 50,000 hommes au 15 juillet; et cette force sera augmentée de plus de 13,000 hommes lorsque les demi-brigades, annoncées de l'intérieur de la France, arriveront.

« J'ai l'honneur aussi d'adresser ci-joint à Votre Majesté le rapport que me fait le colonel de gendarmerie de l'Illyrie sur la continuation de la maladie du duc d'Abrantès. J'ai écrit à l'intendant général des provinces Illyriennes pour qu'il donne tous ses soins au gouverneur général, qu'il le fasse garder soigneusement chez lui, si son état de démence continue, et que, pour peu que cet état cause le moindre scandale, il le dirige sur la France pour y faire soigner sa santé.

« On écrit de Trieste que les nouvelles qui parviennent de Gratz annoncent l'arrivée prochaine en cette ville du prince Jean. On met la plus grande activité à faire rejoindre les semestriers. On parle de mettre en activité la landwehr, et on continue la formation des magasins en Styrie.

« Des lettres arrivées de Malte à Venise, de la date du 11, annoncent que la peste fait des progrès réellement alarmants dans cette île. Du 1er au 6 juin, 94 personnes en étaient mortes, et un plus grand nombre en étaient malades.

« Je pars demain matin, à la pointe du jour, pour

la tournée que j'ai précédemment annoncée à Votre Majesté. »

« Mon fils, je reçois votre lettre par laquelle vous me faites connaître que vous avez fait un traité pour l'envoi de 5,000 quintaux de riz à Augsbourg, à raison de 46 francs. Nous trouvons ce prix cher, vu que nous en avons à 43 francs. Cependant, si le marché est entamé, faites-le continuer. Vous estimez à 8 francs le transport d'Augsbourg à Dresde. Ce transport sera de plus de 20 francs, ce qui nous fera donc revenir à 66 francs le riz à Dresde. Ces 5,000 quintaux n'en sont pas moins précieux. Si vous pouvez en avoir 3,000 autres, rendus à Augsbourg, mais seulement à 42 francs, vous êtes autorisé à en passer le marché. Le riz que nous achetons à Francfort et à Mayence ne nous coûte que 42 fr. »

Nap. à Eug.
Dresde,
3 juillet
1813.

« Mon fils, j'approuve l'emplacement que vous donnez au corps d'observation d'Italie, savoir : depuis l'Isonzo jusqu'à l'Adige. D'ailleurs, au fur et à mesure que les événements s'avanceront, je vous préviendrai s'il faut rapprocher de la Piave les divisions qui seraient à Brescia ou à Vérone. »

Nap. à Eug.
Dresde,
3 juillet
1813.

« Mon fils, je reçois votre lettre du 26 juin; n'oubliez pas qu'il faut mettre dans la brigade de la division Durutte tous les conscrits italiens, afin que, ceux-ci ayant une fois passé le Tyrol, il ne reste plus en Italie que des Français. »

Nap. à Eug.
Dresde,
3 juillet
1813.

« Mon fils, envoyez, je vous prie, quelqu'un à

Nap. à Eug.
Dresde,

4 juillet 1813.

Plaisance pour savoir le nombre de caissons qui s'y trouvent, soit de l'ancien modèle, soit du modèle n° 2.

« La 1re et la 2e compagnie du 9e bataillon doivent y être. Il doit y avoir aussi la 7e compagnie, dont j'ai ordonné l'organisation. Prenez ces 3 compagnies qui vous feront 120 caissons, ce qui est suffisant pour votre corps d'armée. »

Eug. à Nap. Padoue, 4 juillet 1813.

« Sire, j'ai l'honneur de rendre compte à Votre Majesté de mon arrivée à Padoue. J'ai pensé devoir commencer mon inspection par ici, pour voir de suite les dépôts qui s'y trouvent, afin d'activer les confections. Je ne verrai les divisions de Vérone et de Vicence que vers le 12; et cela donnera le temps aux derniers bataillons d'arriver. Il y en aura pourtant encore trois en retard parmi ceux qui viennent du Piémont, savoir : un des deux du 42e, un du 10e de ligne et un du 1er léger. Le prince Borghèse m'annonce qu'il a encore besoin de quelques jours pour achever leur armement et équipement. Je verrai demain la division italienne qui est ici. J'irai passer deux jours à Venise pour y voir les travaux des fortifications, et continuerai mon inspection par Trévise, Udine, Bassano et Vérone. J'aurai l'honneur de faire à Votre Majesté, pour chaque division que j'inspecterai, un rapport détaillé.

« Je joins ici un extrait de divers rapports parvenus des provinces Illyriennes. »

Eug. à Nap. Padoue, 5 juillet 1813.

« Sire, j'ai l'honneur de mander à Votre Majesté qu'un secrétaire du duc d'Abrantès arrive à l'instant pour m'annoncer verbalement, de la part du duc, que les Anglais ont débarqué à Fiume. Quoiqu'il y ait beaucoup d'exagération dans les premiers rapports parvenus à Gorizia, il paraît certain que l'ennemi avait 2 vaisseaux, 2 frégates, 1 brick et quelques bâtiments de transport. Je suppose donc que 12 à 1,500 hommes auront pu mettre pied à terre, comme il a déjà fait sur différents points de ce long littoral. J'ai ordonné qu'il fût formé sur-le-champ, à Trieste, une colonne mobile de 3 bataillons avec 2 batteries d'artillerie et 2 escadrons de chasseurs montés.

« Cette colonne mobile se dirigera d'abord sur Fiume et se portera partout où besoin sera. Dès que j'aurai des détails plus circonstanciés, je m'empresserai de les faire connaître à Votre Majesté. »

Nap. à Eug. Dresde. 5 juillet 1813.

« Mon fils, je désire que le comte Grenier porte son quartier général à Udine, et qu'il y soit arrivé le 15 juillet; que, du 15 au 20 juillet, 2 divisions, avec leur artillerie et un peu de cavalerie, se réunissent dans le Frioul, entre Osopo, Udine et Gorizia. »

Nap. à Eug. Dresde. 6 juillet 1813.

« Mon fils, je reçois votre dépêche du 1er juillet avec la lettre du consul de Trieste, du 28 juin. Après un événement comme celui-là, il n'y a pas un moment à perdre pour donner ordre au duc d'Abrantès de se rendre chez lui en Bourgogne. L'administration passera dans les mains de l'intendant. Envoyez un militaire prendre le commandement par intérim, jusqu'à ce que j'aie nommé un autre gouverneur; vous pouvez donner cette mission à un de vos aides de camp, qui vous rendra compte de tout et soumettra ce qu'il y a d'important à votre décision.

« Ayez pour ce malheureux homme tous les ménagements qu'exige sa position ; mais ôtez-le vite d'un pays où il offre un spectacle affligeant.

« J'ai signé le décret que vous m'avez envoyé pour le 112°. »

Eug. à Nap. Venise, 7 juillet 1813.

« Sire, je n'ai point encore reçu aujourd'hui de rapport détaillé du duc d'Abrantès. Je reçois seulement une lettre du général Marcognet, d'Udine, qui m'annonce qu'avant même la réception de mon ordre il avait fait passer l'Isonzo et diriger sur Trieste les deux bataillons du 3° léger italien, avec le général Schild et deux pièces d'artillerie. Ces troupes devaient se réunir, à Trieste, aux deux bataillons déjà dans cette place, et devaient se porter sur l'ennemi, s'il était vrai qu'il se maintînt à terre. Je recevrai certainement cette nuit des détails plus circonstanciés de ce qui se sera passé à Fiume et je m'empresserai de les adresser à Votre Majesté.

« J'ai passé hier en revue les troupes de la garnison de Venise. J'en ai été très-satisfait. Les 4 bataillons du 3° de ligne italien et les deux bataillons dalmates seront complétement habillés et équipés pour le 15, et plus des trois quarts sont à l'école de bataillon. Tous les deux jours les troupes vont tirer à la cible.

« J'ai aujourd'hui visité tous les bâtiments de l'escadre, ainsi que les forts de Brandolo, Chiogga et Malamocco. Je ne saurais assez dire à Votre Majesté quelle amélioration j'ai remarquée dans la tenue et l'instruction des équipages depuis que le contre-amiral Duperré les commande. Il ne leur manque que quelques mois de mer pour ne rien laisser à désirer.

« Le fort de Brandolo n'est pas aussi avancé que je m'y attendais. En poussant cependant les travaux avec activité on parviendra à le fermer à la fin de cette année, et on pourra le palissader et l'armer déjà avant l'hiver, comme un bon ouvrage de campagne. Il n'aura son réduit, sa cunette et ses chemins couverts que la campagne prochaine. Les forts qui défendent les passes de la Chiogga et de Malamocco sont en bon état.

« Je verrai demain l'arsenal et toute la gauche de Venise, ainsi que Malghera, et je partirai après-demain pour Udine.

« Dans la dernière lettre que j'ai reçue de Votre Majesté elle me mande de ne point mettre de troupes françaises à Padoue et à Trévise. Dans l'emplacement du 15 de ce mois, il n'y aura plus dans ces deux villes que des troupes italiennes, et les troupes françaises seront placées au pied des montagnes, depuis Osopo jusqu'à Vérone.

« Je reçois à l'instant une lettre du prince Borghèse qui m'annonce qu'il ne pourra point m'envoyer le 10ᵉ régiment de ligne avant quelque temps, le cadre qu'il attendait d'Espagne n'étant point arrivé, et ce corps manquant de beaucoup d'objets d'armement et d'équipement. Ce sera le seul bataillon des troupes en deçà des Alpes qui me manquera, car j'espère toujours que les sacs à peau, buffleterie, et schakos, qui manquent totalement aux deux derniers bataillons de nos six régiments français, arriveront vers la fin de ce mois. »

<small>Nap. à Eug.
Dresde,
8 juillet
1813.</small>

« Mon fils, je suis surpris qu'après tout ce qu'a fait le duc d'Abrantès vous ne l'ayez pas renvoyé en France. Je ne puis que vous exprimer mon mécontentement de ce que vous n'avez pas fait cesser un spectacle aussi affligeant pour des Français en pays étranger. Faites-le partir sans délai, et, comme il ne faut pas qu'il aille à Paris, où il est trop connu, il faut qu'il soit conduit chez son père, aux environs de Dijon. Écrivez au ministre de la guerre pour que sa femme aille à sa rencontre et se charge de le conduire. »

<small>Eugène
à Clarke.
Venise.,
8 juillet
1813.</small>

« Monsieur le duc de Feltre, l'Empereur m'a renvoyé les rapports que le duc d'Abrantès vous avait fait passer, avec sa lettre du 14 juin, contenant son avis sur les moyens de pourvoir à la sûreté de l'Illyrie. Voici les dispositions que j'avais déjà ordonnées pour mettre à l'abri les places et postes de cette côte : sur les quatre bataillons du 4e régiment d'infanterie légère italienne qui s'y trouvent stationnés, un doit être placé à Cattaro, un autre à Raguse, le 3e à Spalato détachant deux ou trois compagnies à Lesina, et le 4e à Zara. Les compagnies d'élite de ces quatre bataillons doivent, après avoir été formés à Zara en un bataillon de grenadiers et un bataillon de voltigeurs, être envoyés à Fiume jusqu'à nouvel ordre.

Ces huit compagnies d'élite remplacent, dans la 6ᵉ division du corps d'observation d'Italie, les deux bataillons que le même régiment devait y fournir, si les circonstances permettent de les retirer de Fiume.

« Quant aux 6 bataillons des troupes croates qui sont en Illyrie, non compris le fond de chaque régiment qui ne bouge pas de la Croatie et y est suffisant pour le service, 1 bataillon doit être placé à Cattaro, 1 à Raguse, le 3ᵉ à Zara, le 4ᵉ à Fiume, détachant 3 compagnies dans les îles du Quarnero. Les différents points occupés de cette manière, ayant les communications établies entre eux par leurs postes détachés et les Pandours du pays, doivent dissiper les craintes sur toute opération de majeure importance de la part de l'ennemi; car pour empêcher les débarquements partiels et instantanés sur une étendue de côte aussi immense, il faudrait y employer un bien plus grand nombre de troupes que celles qui sont disponibles.

« Les deux bataillons-croates restants se rendront à la division de réserve à Montechiaro. »

Eug. à Nap.
Venise,
8 juillet
1813.

« Sire, j'ai l'honneur d'adresser à Votre Majesté les divers rapports qui me sont parvenus sur l'expédition des Anglais à Fiume. Votre Majesté y verra que, ainsi que je l'avais prévu, l'ennemi s'est embarqué au bout de vingt-quatre heures et s'est éloigné ensuite.

« Cette expédition était composée de deux vaisseaux de ligne, deux frégates et un brick, qui le 3 au matin ont débarqué environ 600 hommes. Ils se sont rembarqués le 4 après avoir emporté la farine et le blé qui étaient dans les magasins, enlevé une partie des canons de la place, jeté les autres à la mer et incendié les bâtiments de commerce qu'ils n'ont point emmenés. On avait eu le temps de faire partir pour Karlstadt les caisses publiques. Il paraît que les 300 Croates qui formaient la garnison de la place se sont opposés, pendant plus d'une heure, au débarquement et ne se sont retirés que lorsque le feu des vaisseaux eut réduit au silence les batteries de terre.

« Il semble résulter aussi de ces rapports que l'ennemi aurait contemporainement effectué un débarquement à Porto-Ré et à Buccari.

« Votre Majesté trouvera également ci-joint trois rapports relatifs aux mouvements des Autrichiens en Styrie et aux bruits qui se sont répandus d'un armement des Turcs de concert avec l'Autriche. »

Eug. à Nap. Venise, 8 juillet 1813.

« Sire, j'ai reçu les rapports que le duc d'Abrantès avait fait parvenir au ministre de la guerre sur la situation de l'Illyrie, et que Votre Majesté m'a fait l'honneur de me renvoyer. J'ai l'honneur de rendre compte à Votre Majesté des mesures que j'ai cru devoir prendre pour y assurer la tranquillité : ça a été d'y laisser quatre bataillons du 4ᵉ léger italien qui s'y trouvent stationnés. Je les ai disposés de la manière suivante : (4ᵉ léger italien) un bataillon doit être placé à Cattaro, un autre à Raguse, le 3ᵉ à Spalatro détachant deux autres compagnies à Lesina, et le 4ᵉ à Zara. Les compagnies d'élite de ces 4 bataillons doivent, après avoir été formées à Zara en un bataillon de grenadiers et un bataillon de voltigeurs, être renvoyées à Fiume pour y rester jusqu'à nouvel ordre. Ces huit compagnies d'élite remplaceront, dans la 6ᵉ division du corps d'observation d'Italie, les 2 bataillons que le même régiment devait y fournir, si les circonstances permettent de les retirer de Fiume.

« Quant aux 6 bataillons des troupes croates qui sont en Illyrie, non compris le fond de chaque régiment qui ne bouge pas de la Croatie et y est suffisant pour le service, 1 bataillon doit être placé à Cattaro, 1 à Raguse, le 3ᵉ à Zara, le 4ᵉ à Fiume, détachant 3 compagnies dans les îles du Quarnero. Les différents points occupés de cette manière, ayant les communications établies entre eux par leurs postes détachés et les Pandours du pays, doivent dissiper les craintes sur toute opération de majeure importance de la part de l'ennemi; car, pour empêcher les débarquements partiels et instantanés sur une côte aussi immense, il faudrait y employer un plus grand nombre de troupes que celles qui sont disponibles.

« Les deux bataillons croates restants se rendront à la division de réserve à Montechiaro. Je donne avis de ces dispositions au duc de Feltre. »

Nap. à Eug. Dresde, 9 juillet 1813.

« Mon fils, j'ai à Venise 5 à 6 millions de mercure, et dans les provinces illyriennes beaucoup de minéraux. Donnez des ordres et prenez des mesures pour leur exécution, afin que tous les minéraux qui existent dans les magasins m'appartenant dans les provinces illyriennes, soient transportés à Venise; en sorte que, si le pays venait à être occupé par l'ennemi, il n'y trouvât rien. Prenez également des mesures, et je vous laisse carte blanche à cet égard, pour faire vendre le mercure que j'ai à Venise, et faire rentrer l'argent dont j'ai besoin. Je crains que le comte Defermon ne m'empêche de le vendre, parce qu'il tient le prix trop haut. Cela me fait perdre des fonds et leurs intérêts depuis plusieurs années. »

Eug. à Nap.
Udine,
11 juillet
1813.

« Sire, j'ai l'honneur de rendre compte à Votre Majesté que je suis arrivé ce matin en cette ville. Je passerai ce soir la revue d'une partie des divisions du général Marcognet. J'ai déjà vu à présent à Mestre le 53ᵉ régiment, qui est en marche pour rejoindre ici les divisions. J'ai trouvé des corps manquant de beaucoup d'objets d'artillerie et d'équipement. Les schakos sont arrivés, mais on attend la buffleterie de Lyon et on n'a pas encore de nouvelles de son départ. Je n'ai pas encore pu envoyer à Votre Majesté les résultats d'aucune de ces revues de division, parce que j'ai voulu y joindre 4 tableaux à l'appui de tout ce qui existe et de tout ce qui manque. Sous deux ou trois jours, j'annonce le complément de ces états, et j'aurai l'honneur de les lui adresser de Vérone. En général, l'espèce d'hommes est bien, de bonne volonté; on peut calculer qu'un tiers des soldats est à l'école de peloton, et les deux autres tiers au détail. Cela ne paraîtra pas extraordinaire quand on pense que les armes viennent seulement d'être distribuées aux troupes, et que si le

53ᵉ manque encore même de 500 fusils, c'est qu'il devait les toucher sur ceux que nous attendons de l'île d'Elbe.

« J'ai reçu seulement ce matin la lettre de Votre Majesté du 5 juillet, qui m'ordonne de réunir dans le Frioul deux divisions et de faire porter le quartier général du général Grenier à Udine. Cet ordre va recevoir son exécution du 16 au 20 courant.

« Une partie dans laquelle nous sommes le plus arriérés, c'est pour l'habillement et les effets de grand équipement. Nous sommes bien parvenus à rapprocher de deux mois l'époque de livraison des schakos; ainsi je compte donner passablement d'hommes pour le 16 de ce mois-ci; mais il n'en est pas de même pour les gibernes et les bufleteries, ainsi que pour les havre-sacs. Ils ont tous été annoncés par le ministre directeur, mais rien n'arrive encore, et c'est un grand embarras pour le campement des troupes. Les effets des soldats devraient être placés sur des charrettes, puisqu'ils n'ont même aucun moyen de les porter.

« Je joins ici l'état des expéditions des 5,000 quintaux de riz sur Augsbourg. L'intendant général est prévenu par l'ordonnateur de l'époque de leur arrivée.

« Je joins également les rapports que j'ai reçus de l'Illyrie sur les oppositions des voyageurs venant de l'Autriche et les Vénitiens, dont il est question dans une autre liste que j'avais envoyée dans les montagnes de Styrie, et qui paraît avoir donné de l'ombrage à la police autrichienne. On me marque qu'il est redoublé de précautions sur leurs frontières pour tout ce qui vient d'Illyrie ou d'Istrie.

« J'ai vu hier, moi-même, à Trévise, le duc d'Abrantès; je me suis assuré qu'il avait tout à fait perdu la tête, et qu'il avait le plus grand besoin de soigner sa santé. J'ai pris les mesures pour que deux officiers et deux ordonnances le ramènent avec tous les soins possibles au sein de sa famille, et j'ai fait remettre les fonds convenables, car il était sous ce rapport dénué de toutes ressources. »

*Eug. à Nap.
Udine,
11 juillet
1813.*

« Sire, j'ai l'honneur d'adresser à Votre Majesté des renseignements qui me parviennent à l'instant de l'Illyrie, tant sur les forces qui paraissent se réunir à Klagenfurth que sur l'esprit public dans cet arrondissement.

« Je viens de recevoir la lettre que Votre Majesté m'a écrite au sujet du duc d'Abrantès. Elle verra, par celle que j'ai eu l'honneur de lui écrire ce matin, que déjà j'avais pris les mesures que la santé du duc rendait nécessaires, après m'être assuré par moi-même de sa situation.

« J'exécute l'ordre que Votre Majesté me donne au sujet de l'Illyrie, en y envoyant sur-le-champ le général d'Anthouard, le seul de mes aides de camp, d'un grade élevé, qui soit en ce moment disponible. »

*Eug. à Nap.
Udine,
11 juillet
1813,
au soir.*

« Sire, j'ai l'honneur de rendre compte à Votre Majesté que, selon sa lettre du 9 juillet, je viens d'écrire à l'intendant général de l'Illyrie, pour qu'il dirige sur Venise tous les mercures et autres minéraux qui seraient dans ces provinces, appartenant à Votre Majesté. J'écris également au consul de Votre Majesté à Venise, pour m'entendre avec lui sur les moyens plus avantageux de réaliser ces différentes matières.

« Votre Majesté aura vu par mes précédentes que le duc d'Abrantès est déjà en route pour la France. Il est accompagné de deux officiers et de plusieurs ordonnances. J'ai donné ordre qu'on le remît entre les mains de sa famille en Bourgogne, et j'ai écrit au duc de Feltre pour que, d'après les intentions de Votre Majesté, sa femme vînt au-devant de lui.

« Me voici à la fin de l'inspection des troupes du corps d'observation. Votre Majesté en recevra de Vérone des rapports plus détaillés. En attendant, j'ai l'honneur de lui en adresser ci-joint la situation sommaire. Le 20, toute l'artillerie de la division aura rejoint les troupes; ainsi, le 24, l'artillerie des six divisions sera au complet. Les troupes seront ainsi réparties : deux divisions en Frioul, deux divisions sur la Piave et deux divisions sur la Brenta, à l'exception de la garde, qui sera à Vérone. Je compte cependant dans ces deux divisions le régiment italien, que j'ai détaché momentanément de Trieste.

« Je ne puis pas dissimuler à Votre Majesté toutes mes craintes que nous n'ayons pas encore à la fin du mois tous les objets qui nous manquent en buffleterie. Il y a quelques corps qui sont très en arrière pour les havre-sacs, et même les draps pour les pantalons. Je ne parle pas des habits, car nous renonçons d'en avoir pour tout le monde. Le régiment de toute l'armée le plus en arrière est sans contredit le   régiment. Cela tient beaucoup à l'insouciance du chef. Je proposerais à Votre Majesté de le nommer commandant de place, et de désigner un bon colonel pour le remplacer.

« Les bataillons les mieux équipés et dont j'ai eu lieu d'être le plus satisfait sont ceux venant du Piémont. Pour l'instruction, elle est à peu près égale partout. Cependant le 92ᵉ est le premier, et le   est le dernier.

« J'attends toujours les généraux de brigade qui me sont annoncés. Il n'y en a encore qu'un d'arrivé. Cela nuit beaucoup à l'avancement de l'instruction et à l'impulsion à donner aux corps.

« J'apprends que la plus grande partie des schakos qui nous manquaient sont déjà en route de Turin ; le complément partira à la fin du mois.

« J'attends avec impatience les cadres qui étaient à Glogau. Cela donnera quelques vieux sous-officiers au régiment, car les sergents et caporaux actuels sont bien jeunes.

« Les dernières nouvelles de Malte annoncent la continuation de l'épidémie et portent que les mesures prises par les Anglais eux-mêmes tendent à préserver le continent de la contagion. J'ai recommandé en Illyrie et à Naples les plus grandes précautions pour préserver ces pays des dangers des communications. »

Eug. à Nap.
Vicence,

« Sire, j'ai l'honneur de rendre compte à Votre

Majesté que j'ai été très-généralement satisfait des ouvrages de fortifications que j'ai visités avec le plus grand soin, tant à Malghera qu'à Palma-Nova. Le manque de fonds avait, dans ces derniers mois, retardé les travaux; mais en ce moment ils sont en pleine activité. L'armement de ces places, ainsi que d'Osopo, est complétement achevé depuis le 10 de ce mois. Il reste à envoyer à Palma-Nova quelques pièces de six, pour placer dans les réduits des lunettes. Les approvisionnements de Palma-Nova et d'Osopo étaient très-avancés le 12, lorsque je m'y trouvais, et seront achevés le 20. Quant à Venise, je me suis contenté, pour l'instant, d'y réunir dix mille quintaux de riz. Les magasins des entrepreneurs de la marine offrent déjà beaucoup de ressources pour les autres parties, telles que vins, eau-de-vie, viande salée, etc.; et il me sera bien facile en huit jours de temps de faire jeter dans Venise tout ce qui sera nécessaire pour compléter l'approvisionnement. Je n'ai rien fait pour Mantoue, Legnago et Peschiera, puisque Votre Majesté ne m'a pas donné d'ordres pour ces places. Leur approvisionnement serait d'ailleurs l'objet d'une dépense considérable.

« J'ai l'honneur d'adresser ci-joint à Votre Majesté la situation sommaire de son armée italienne à l'époque du 10 juillet. Je joins également les rapports sur les différents régiments qui composent la 5ᵉ division de l'armée d'observation. C'est la première que j'ai inspectée; j'adresserai successivement à Votre Majesté les rapports de toutes les autres divisions.

« La partie de l'établissement et de l'équipement ne présente pas, pour les troupes françaises, des résultats aussi satisfaisants que pour les troupes italiennes, parce que les marchés sont passés par le ministre directeur à Paris, Lyon et Turin, et que beaucoup de temps se perd en correspondance. »

Nap. à Eug. Dresde, 15 juillet 1813.

« Mon fils, votre commissaire ordonnateur a demandé au ministre de l'administration de la guerre une administration par lieutenance. Le ministre l'a refusée avec raison. Il ne faut que des administrations par division, et les lieutenances, ne formant pas de corps d'armée, ne doivent pas avoir d'administration séparée. »

Nap. à Eug. Dresde, 16 juillet 1813.

« Mon fils, la cavalerie italienne porte un double habillement dont un de parade, cela a l'inconvénient de charger les chevaux et d'en blesser beaucoup, et ce n'est tout à fait bon à rien. »

Eugène au ministre. Brescia, 16 juillet 1813.

« Monsieur le duc de Feltre, je vous préviens que, d'après les ordres de Sa Majesté, je viens d'envoyer à Laybach, pour y prendre le commandement des provinces illyriennes jusqu'à ce que l'Empereur y nomme un gouverneur général, le général de division comte d'Anthouard, mon aide de camp, lequel vient de rétablir sa santé par l'usage des bains d'Albano. »

Eugène au général d'Anthouard. Brescia,

« Monsieur le général comte d'Anthouard, d'après les ordres que j'ai reçus de Sa Majesté, vous voudrez bien vous rendre sur-le-champ à Laybach pour y prendre le commandement militaire des provinces illyriennes. L'intendant général Chabrol est chargé de toute l'administration du pays, l'adjudant commandant Lecat sera votre chef d'état-major. Cette mission n'est que provisoire et ne peut durer que jusqu'à ce que l'Empereur ait nommé un gouverneur général. Vous avez sous vos ordres les généraux de division Montrichard, qui commande à Raguse, et Garnier, qui commande à Laybach. Les généraux de brigade sont : Gauthier à Cattaro, Roize à Zara, Jeanin à Karlstadt, et Belloti à Trieste ; votre première préoccupation sera de surveiller l'exécution des ordres que j'ai précédemment donnés, tant pour la répartition des troupes qui existent dans ce gouvernement que pour préparer les moyens de faire subsister l'armée qui va très-incessamment se porter dans cette partie. Vous activerez de tout votre pouvoir l'organisation du régiment de cavalerie croate. Vous ferez travailler sans délai à mettre en état de défense le château de Laybach. Enfin vous correspondrez directement avec moi pour tout ce qui pourra avoir rapport au service; je vous engage à ne rien négliger pour être bien instruit et pour m'informer du mouvement des troupes autrichiennes vers vos frontières. »

16 juillet 1813.

« Sire, j'ai l'honneur d'adresser à Votre Majesté les rapports sur les différents régiments composant la 2ᵉ division de l'armée d'observation d'Italie, division commandée par le général Verdier. Votre Ma-

Eug. à Nap.
Brescia,
16 juillet
1813,
au soir.

jesté remarquera que ces régiments, et particulièrement le 9ᵉ, sont très-faibles, et ne peuvent fournir à leurs bataillons de guerre que de 450 à 500 hommes. Cela provient du nombre d'hommes que ces corps ont été obligés de fournir aux bataillons de la 32ᵉ division. Les bataillons qui viennent du Piémont sont beaucoup plus forts. Ils ont eu le bonheur d'être recrutés par de bons départements de l'ancienne France, ils ont très-peu de recrues dans l'Italie française.

« Je rends compte à Votre Majesté, qu'en rentrant de la revue que j'ai passée à Vérone, le général Grenier a fait une chute de cheval qui le tiendra alité trois ou quatre jours. Il espère cependant être rendu le 20 à Udine.

« Le général d'Anthouard est parti aujourd'hui pour Laybach, pour prendre le commandement provisoire des provinces illyriennes.

« Pendant mon séjour à Udine, j'ai organisé un bon service d'espionnage, et plusieurs agents sur lesquels on peut se fier sont partis pour Léoben, Gratz et Marburg. Un de ces agents a été jusqu'à Vienne et doit revenir par Lintz. »

*Nap. à Eug.
Dresde,
17 juillet
1813.*

« Mon fils, je reçois votre lettre du 11 juillet. J'envoie dans les provinces illyriennes le duc d'Otrante comme gouverneur, et le général Frésia pour commander les troupes.

« J'ai ordonné au ministre de l'administration de la guerre d'accélérer l'envoi des gibernes et des sacs en peau qui vous manquent encore.

« Je pense que les hostilités ne commenceront que vers le 15 août; vous avez donc encore un mois. Je suppose que le général Grenier est déjà à Udine avec deux ou trois divisions. Hâtez le plus que vous pourrez l'organisation de vos troupes. J'attends depuis longtemps le régiment de hussards croates, faites-moi connaître quand il a passé à Vérone, et où il est actuellement. »

« Sire, j'ai l'honneur d'adresser à Votre Majesté la situation des troupes sous mes ordres, à l'époque du 15 juillet. Le livret est divisé en cinq parties, savoir :

Eug. à Nap. Monza, 18 juillet 1813.

« 1° Les troupes existantes dans les six divisions du royaume.

« 2° Les troupes formant le corps d'observation d'Italie.

« 3° La garnison des places.

« 4° Les troupes dans les divisions militaires de l'Italie française.

« 5° Enfin l'état des troupes en Illyrie.

« Toutes les lettres de Vienne et d'Ausbourg, qui vont jusqu'à la date du 8 courant, annoncent l'ouverture du congrès à Prague et une prolongation d'armistice jusqu'au milieu d'août. Si cette dernière nouvelle se vérifiait, cela serait fort heureux pour nos jeunes troupes, qui auraient ainsi le temps de compléter leur habillement et équipement et de perfectionner leur instruction.

« On fait en ce moment partout l'exercice à feu. J'ai accordé à chaque homme 40 cartouches à poudre et 10 à balle pour tirer à la cible. Si cela ne suffit pas, j'en accorderai d'autres.

« Plusieurs voitures ont traversé aujourd'hui Milan, chargées d'effets venant de Turin pour les corps. Je me fais faire l'état de tous ces objets; ils paraissent fort considérables. Je crains, malgré tout cela, qu'à la fin du mois il ne nous manque encore quelques gibernes et une partie des havre-sacs. Les schakos sont en route; et, du 20 au 30, tous les régiments les auront reçus. Les signaux de la côte nous annonçaient hier un vaisseau et une frégate devant ....., une frégate devant Ancône et un vaisseau devant les bouches du Pô.

« Je suis revenu de mon inspection passer quelques jours à Milan, pour mettre au courant toutes les affaires d'administration, et pouvoir me mettre en route dès que Votre Majesté ordonnera d'autres mouvements de troupes. »

Nap. à Eug Dresde, 19 juillet 1813.

« Mon fils, je reçois votre lettre du 14 juillet. J'ai envoyé le duc d'Otrante comme gouverneur des provinces illyriennes. Il passera par Gratz. Il ira vous voir. Interrogez-le longuement sur tout ce qu'il aura vu à Gratz, et envoyez-m'en un rapport. Écrivez au ministre pour qu'il vous envoie des généraux de brigade. Redoublez de précaution partout pour garantir de la peste. Vous ne devez pas souffrir que des généraux de brigade soient chefs d'état-major. Il ne doit y avoir dans ces places que des adjudants commandants. Faites en conséquence entrer le général Dupeyroux dans une division. »

« Par votre lettre du 23 juin, monsieur le duc de Feltre, relative au décret de l'Empereur du 18 du même mois sur l'organisation du corps d'observation d'Italie, vous m'aviez informé que vous me donneriez avis de la marche des troupes, qui, quoique destinées à faire partie de ce corps d'armée, ne se trouvent point en Italie, aussitôt que Sa Majesté vous aurait donné ses ordres pour leur mouvement. N'ayant reçu depuis lors aucune lettre de vous, accompagnée d'un extrait de l'itinéraire de ces troupes, je ne puis déterminer d'une manière positive la formation des brigades par chaque division, dont l'organisation reste par le même motif incomplète ; je vous demande en conséquence de me faire connaître le plus tôt possible si les troupes dont il est question, et dont l'état est ci-joint, sont toujours destinées à faire partie du corps d'observation en Italie, et, dans ce cas, quelle est l'époque à laquelle elles arriveront sur les points de rassemblement de ce corps d'armée. »

Eugène à Clarke. Monza, 19 juillet 1813.

« Sire, j'ai l'honneur d'adresser à Votre Majesté les rapports des régiments composant la 3ᵉ division de l'armée. Il ne manque pour le complet de ces rapports que celui concernant le 2ᵉ bataillon du 42ᵉ. Je n'ai pu inspecter que l'un de ces bataillons, l'autre partant seulement d'Alexandrie. Cette division a besoin de plus de temps que les autres pour être en état.

« Je joins aux présents rapports la situation des transports militaires qu'il m'a été possible d'organi-

Eug. à Nap. Monza, 19 juillet 1813.

ser. En outre, j'ai fait en sorte de pouvoir organiser dans les dépôts le service des ambulances, de sorte que ces trois compagnies sont exclusivement destinées aux transports des vivres. »

Rapport du comte Bertrand à Napoléon. Sprottau, 19 juillet 1813.

« Sire, je reçois la lettre de Votre Majesté du 17 juillet. Par une lettre du 17 avril, le colonel des hussards croates m'annonçait que son départ était fixé au 18, que ses 657 hussards étaient pourvus de tout, sauf de sabres et carabines, qu'ils devaient prendre à Trente, mais que son départ venait d'être différé par une lettre du duc d'Abrantès dont il m'envoyait copie. — Le duc le prévenait que les 2 régiments ne devaient plus en former qu'un seul et qu'il ne pouvait partir que quand il serait complet. Le colonel, par une seconde lettre, me confirmait les mêmes détails et me demandait à venir me rejoindre. — Des lettres de Laybach du 3 juillet annoncent que le régiment était encore à cette époque à Karlstadt, que 200 hommes avaient été envoyés à Neustadt, pour y apaiser des troubles occasionnés par le remboursement des corvées, mais qu'il devait bientôt partir. — Un officier croate écrit d'Augsbourg qu'on attendait à Vérone deux bataillons croates et le régiment de hussards qui devaient, sous les ordres du général ....., faire partie du corps de l'Adige. Ainsi il paraît que, le 3 juillet, le régiment n'avait fait encore aucun mouvement.

« Renvoyé au vice-roi pour témoigner mon mécontentement à qui de droit de ce qu'on a retardé le départ de ces Croates, et pour le faire partir sur-le-champ, cette cavalerie ne pouvant être d'aucune utilité en Italie. »

« Monseigneur, des avis que j'ai reçus de Gorizia et les dépêches adressées par Votre Altesse Impériale à l'Empereur et dont Sa Majesté m'a fait le renvoi, m'ont appris l'état malheureux dans lequel se trouve le duc d'Abrantès et qui ne lui laisse plus la liberté d'esprit nécessaire pour conserver le commandement qui lui était confié.

« L'Empereur a daigné m'informer qu'il allait pourvoir au remplacement du général duc d'Abrantès, et désigner à cet effet un autre officier général; mais, en attendant que le choix de Sa Majesté soit connu, il importe que l'exercice de l'autorité militaire ne soit pas interrompu dans les circonstances actuelles. Je ne doute pas que cet objet n'ait fixé l'attention particulière de Votre Altesse Impériale. Elle est priée de me faire connaître la disposition qu'elle a ordonnée pour assurer provisoirement le service depuis le départ de M. le duc d'Abrantès. »

Clarke à Eugène. Paris, 19 juillet 1813.

« Sire, j'ai l'honneur d'adresser à Votre Majesté les rapports des différents régiments composant la 1re division de l'armée d'observation d'Italie. Il ne manque au complet de ces régiments que ceux du 1er léger et du 10e de ligne. Mais 4 de ces corps, ainsi que je l'ai précédemment annoncé à Votre Majesté, ne sont point encore partis du Piémont, manquant même de beaucoup d'effets d'équipement. Je

Eug. à Nap. Monza, 20 juillet

crois pourtant qu'il serait en mesure de se mettre en mouvement et particulièrement le bataillon du 1ᵉʳ léger, que j'ai fait passer par Parme pour pouvoir le compléter avec le dépôt du 5ᵉ léger. Il me reste à faire à Votre Majesté le rapport sur les corps de cavalerie; mais il ne m'est pas possible de voir ces régiments avant la fin de ce mois. Tout est en sensation en ce moment, et j'espère que Votre Majesté voudra bien croire qu'on ne perd pas un moment.»

Eug. à Nap. Monza, 21 juillet 1813.

« Sire, j'ai l'honneur d'adresser à Votre Majesté le rapport que j'ai reçu aujourd'hui de Trieste sur le mouvement de l'ennemi.

« J'ai reçu également un rapport fort étendu d'un agent que j'avais envoyé à Gratz; je le fais copier, pour l'envoyer demain à Votre Majesté.

« En substance, il paraîtrait qu'il n'y avait en Styrie, le 1ᵉʳ juillet, que trois régiments d'infanterie dont Burtenstein à Klagenfurth, Chasteler (anciennement Stra-Soldan) et Franz-Cart à Gratz.

« Dans les derniers jours de juin, on a ordonné la levée de trois bataillons de landwehr par cercles, dont deux bataillons actifs et un de réserve. Ces bataillons de landwehr sont arrivés à Gratz le 5 juillet. La province de Styrie fournit quinze de ces bataillons. Les armes devaient se distribuer le 10 juillet à ces nouvelles levées, et on devait, dans le courant de ce mois, les habiller.

« L'agent a vu à Gratz le régiment de hulans n° 2. Il a vu arriver, dans cette même ville, un régiment de dragons, dont il n'a pu savoir le nom, et qui venait de la Hongrie. Enfin, on annonçait l'arrivée très-prochaine de sept régiments d'infanterie de ligne venant également de la Hongrie. Il a vu un parc d'artillerie d'environ 40 voitures, parquées en dehors de Gratz. Il suppose qu'il y avait 14 canons. Enfin, s'il est vrai que l'esprit public en Styrie soit très-prononcé contre les Français, il n'est pas moins vrai que la réunion des troupes dans le pays vénitien a jeté une grande alarme dans cette province.

« Les signaux de Venise annonçaient hier soir la présence de deux vaisseaux anglais, vus de la tour Saint-Marc, et une frégate devant les bouches du Pô. Ce matin aucune voile ennemie n'était en vue.

« Il est arrivé le 16, à Ancône, un bâtiment venant de Corfou, d'où il était parti le 8 juillet.

« Il a laissé dans le port plusieurs bâtiments napolitains chargés de pain, qui arrivaient de la Pouille. Les vivres étaient abondants dans cette île et à un prix très-modéré. Les forces anglaises dans ces parages consistaient en 3 frégates, 1 brick et quelques petits bâtiments légers. »

Eug. à Nap. Monza, 21 juillet 1813.

« Sire, je reçois à l'instant des lettres de Votre Majesté du 16 juillet. Je n'ai formé aucune administration par lieutenance, et je me suis borné à le faire pour chaque division. Votre Majesté peut s'en assurer par la situation que j'ai eu l'honneur de lui adresser. L'ordonnateur seul avait pris sur lui d'en écrire au ministre directeur. Il n'en a jamais été question de ma part. Quant au double habillement ou habit de parade pour la cavalerie italienne, dès mon retour de l'armée, je l'ai supprimé; ainsi j'ai rempli à cet égard les intentions de Votre Majesté. »

Eugène au général d'Anthouard. Monza, 22 juillet 1813.

« Monsieur le général comte d'Anthouard, j'ai reçu votre lettre du 19 courant. Je pense que vous ferez bien de faire venir un bataillon du 32ᵉ léger à Laybach. Faites traiter tous les galeux de ce corps. Pressez un peu l'organisation de ces hussards croates et dites-moi de quoi ils manquent. J'écris aujourd'hui à l'intendant général Chabrol pour lui dire que la haute police doit lui adresser ses rapports. Réclamez de cet intendant général qu'on fasse travailler aux parties des chaussées gâtées de Gorizia à Laybach; je vais donner des ordres pour la partie qui est dans le royaume. N'oubliez pas de me faire un rapport suivant ce que je vous ai dit sur la meilleure position à prendre pour asseoir un camp d'une soixantaine de mille hommes, et pour y livrer bataille en élevant à la hâte quelques ouvrages de campagne. Si l'insalubrité dont vous me parlez est bien constatée pour Laybach, cela est d'un grand poids pour le choix d'une position. Faites lever le plan des positions de Limbourg et de Saint-Oswald, et enfin donnez-moi votre opinion tant sur ces deux positions que sur celles d'Adelsberg et Ober-Laybach. »

Eug. à Nap. Monza, 23 juillet 1813.

« Sire, Votre Majesté m'avait ordonné de lui faire connaître quelle serait la position entre l'Italie et la Styrie qui serait la plus convenable à prendre pour une armée chargée de couvrir l'Italie, et qui devrait, dans cette position, moyennant quelques ouvrages de campagne, pouvoir livrer bataille avec avantage. J'ai envoyé sur les lieux plusieurs officiers intelligents. D'après leurs rapports, il paraîtrait que la position dont je joins ici le plan serait préférable à toutes les autres. Car, au delà de la Save, le terrain est tout favorable à une armée qui déboucherait de Cilly. La position de Krainburg a contre elle de ne couvrir aucune des communications principales de l'Italie. Enfin, celle de Laybach, quoique préférable, donne cependant lieu à quelques observations ; d'abord, comme il est facile de le voir à l'inspection du plan, et comme l'expérience l'a démontré, tous les environs de Laybach sont très malsains à cause des marais qui entourent une partie de cette ville. Toutes les hauteurs qui la dominent sont des montagnes pelées, sans aucune culture, presque sans arbres, et où il serait difficile d'asseoir un camp. Enfin une armée qui défendrait la position proposée aurait sa droite à Talberg et sa gauche au Rosanberg, et serait donc divisée par la rivière de Laybach, ce qui rendrait, à travers la ville, les communications difficiles d'une aile à l'autre. Enfin on aurait derrière soi d'immenses marais et la seule route de Trieste à Laybach.

« J'ai ordonné au général d'Anthouard de voir lui-même ces différentes positions, de me donner son avis sur chacune et de m'envoyer le croquis des positions d'Ober-Laybach et d'Adelsberg, qui, si elles n'offrent point l'avantage qu'a Laybach de l'embranchement des principales routes, remplissent le but demandé de couvrir Trieste et l'Italie. Je prie

Votre Majesté de vouloir bien me donner son opinion sur ces différentes hypothèses. »

Eug. à Nap. Monza, 24 juillet 1813.

« Sire, conformément aux ordres de Votre Majesté, j'ai pris des mesures pour l'extraction des produits minéraux de l'Illyrie et la vente du mercure qui existe dans le dépôt général de Venise. Ce dernier article présentait, au prix des tarifs, une valeur de 5 millions, mais son importance même et les embarras actuels du commerce mettent à la vente des difficultés qui ne pourraient être surmontées qu'en se relâchant sur les prix.

« Je m'occupe en ce moment de cette affaire.

« Quant aux minéraux de l'Illyrie, j'ai l'honneur de rendre compte à Votre Majesté qu'ils consistent d'une part en 500 quintaux seulement de produit mercuriel existant à Idria, et 2,000 quintaux qu'on avait gardés à Trieste dans l'espoir de les faire exporter par les bâtiments ayant licence. D'autre part, en 22 quintaux de plomb, 3,000 quintaux de zinc et 2,000 quintaux de........, exploités dans les mines de la Carinthie.

« Il a été passé marché pour l'enlèvement et le transport de toutes ces matières sur le territoire italien, et j'ai lieu d'espérer qu'à la fin du mois la totalité pourra être rendue dans l'entrepôt général de Venise. Un obstacle se présentait dans l'exécution de ce marché par la nécessité où sont les entrepreneurs de se servir, en Italie, de roues à larges jantes, mais je n'ai point balancé, vu l'urgence, à les en dispenser. »

« Monsieur le général comte d'Anthouard, je vous préviens que Sa Majesté l'Empereur a nommé M. le duc d'Otrante gouverneur général des provinces Illyriennes, et qu'elle a investi le général Fresia du commandement militaire sous les ordres du gouverneur général. Vous remettrez donc ce commandement au général Fresia lorsqu'il sera arrivé à Laybach, et je désire que vous attendiez aussi à Laybach l'arrivée du duc d'Otrante, afin de savoir de lui ce qu'il aurait appris de nouveau en traversant l'Allemagne; cela fait, vous reviendrez auprès de ma personne. »

Eugène au général d'Anthouard. Monza, 24 juillet 1813.

« Sire, j'ai l'honneur de rendre compte à Votre Majesté que les dernières nouvelles que je reçois de Naples sont qu'une division d'infanterie et une division de cavalerie se réunissent en ce moment sur les hauteurs entre Gaëte et Terracine; nous n'avons encore aucune nouvelle du mouvement ultérieur des troupes qui sont destinées à faire partie de l'armée d'observation d'Italie.

Eug. à Nap. Monza, 26 juillet 1813.

« Le duc de Feltre m'annonce dans une de ses dernières lettres que le 1ᵉʳ de hussards et le 31ᵉ de chasseurs doivent se réunir à Lyon dans le courant du mois d'août, et être portés à 1,000 hommes par le moyen des hommes tirés des dépôts de même arme. Le duc de Feltre me dit qu'il n'a donné aucun ordre de mouvement à ces troupes, attendant les ordres de Votre Majesté à cet égard. Comme ces deux régiments sont destinés pour venir en Italie, je prie Votre Majesté de prescrire à son ministre de la guerre que ces deux corps, après une huitaine de séjour à Lyon, pour s'y organiser, se mettent en route pour Vérone.

« Avant-hier, deux vaisseaux et une frégate étaient en vue de Venise; la frégate a obligé les bâtiments d'instruction de rentrer. Hier, il n'y avait plus qu'un vaisseau et une frégate. Aujourd'hui, la tour Saint-Marc a signalé un vaisseau anglais et une frégate, et un vaisseau a aussi été signalé vis-à-vis d'Ancône. »

<small>Eug. à Nap.
Monza,
26 juillet
1813.</small>

« Sire, M. le commandant Duperré, en me faisant connaître les officiers de votre marine française qui se sont le plus distingués par leur zèle à vous servir, me prie de mettre leurs noms sous les yeux de Votre Majesté en demandant pour eux un témoignage de votre satisfaction.

« Je crois devoir mettre à la tête de ces officiers le commandant Duperré lui-même, qui désirerait ardemment, comme marque honorable de la satisfaction de Votre Majesté, d'être nommé commandant de la Couronne de fer. »

<small>Nap. à Eug.
Mayence,
27 juillet
1813.</small>

« Mon fils, je suis venu passer huit jours ici, où j'ai trouvé l'Impératrice en bonne santé. Je serai vers le 1ᵉʳ août de retour à Dresde.

« Je vous envoie un rapport du ministre de l'administration de la guerre. »

<small>Eug. à Nap.
Monza,
27 juillet
1813.</small>

« Sire, j'ai l'honneur d'adresser à Votre Majesté un rapport que je reçois sur le mouvement des troupes autrichiennes. S'il est vrai que les rapports se contredisent souvent, cela provient des difficultés que l'on éprouve à pénétrer dans les provinces autrichiennes, où les autorités locales redoublent de surveillance envers les voyageurs.

« Les signaux de Venise annoncent qu'un vaisseau anglais était ce matin devant Ancône, et qu'un vaisseau et une frégate étaient devant Ravenne. »

« Mon fils, je reçois votre lettre du 20; je vous ai mandé hier que j'étais venu passer quelques jours à Mayence et que je serais de retour à Dresde dans les premiers jours d'août. — Le corps d'observation de Bavière, qui est aujourd'hui à Bayreuth, à Bamberg et à Würzbourg, devient très-beau. Vous ne devez pas compter sur les bataillons qui étaient destinés à votre armée et qui étaient en Bretagne. Vous pouvez compter sur ceux qui étaient en Provence, ils ont ordre de partir. Il est probable que les hostilités ne commenceront que le 16 ou le 17 août. Il est donc indispensable qu'au 10 août vous ayez votre quartier général à Udine, que toutes vos troupes y soient réunies, et que vous puissiez, le 11, vous mettre en marche pour Gratz. Le 1er de hussards et le 31e de chasseurs, qui reviennent d'Espagne, se complètent chacun à 1,200 hommes à Vienne en Dauphiné. Jusqu'à cette heure, je ne sache pas qu'il y ait une armée autrichienne à Gratz et Klagenfurth. Le passage du duc d'Otrante et celui du général Frezia doivent vous avoir donné des renseignements bien positifs là-dessus. Je désire que vous m'envoyiez le plus tôt possible un rapport qui me fasse connaître quelle est la position de votre armée au 1er août, in-

Nap. à Eug.
Mayence,
28 juillet
1813.

fanterie, cavalerie et artillerie, et quelle en sera la situation au 10 août, ainsi que le lieu que chaque division et bataillon occupera à cette dernière époque.

« J'ai contremandé le mouvement des deux régiments étrangers. Cependant, vous pourriez tirer de chaque régiment un bataillon que vous tiendriez en observation sur les derrières, ne serait-ce que pour garder les côtes et réprimer les insurrections, sans toutefois faire avancer ces bataillons dans la direction de l'Allemagne. »

Eug. à Nap.
Monza,
29 juillet
1813.

« Sire, j'ai l'honneur d'annoncer à Votre Majesté qu'il m'est rentré différents agents que j'avais envoyés sur Gratz, Klagenfurth et Marburg. Voici les résumés de leurs rapports :

« Celui de Klagenfurth n'a trouvé dans cette ville que le régiment de Hohenloe-Bartenstein qui y est anciennement en garnison et quelques détachements de cavalerie. Ce régiment venait de recevoir une assez grande quantité de recrues, et tous ses officiers étaient, en outre, occupés à instruire des compagnies de landwehr du Cercle. Ces landwehrs avaient été habillées le 10, aux dépens de la commune de Klagenfurth.

« L'agent de Gratz a laissé peu de troupes dans cette ville. On y attendait 12,000 hommes venant de la Hongrie ; on y exerçait journellement trois à quatre cents artilleurs. Le régiment de Chasteler, qui était à Gratz, ainsi qu'un régiment de cavalerie, étaient partis depuis peu pour le camp qui se forme-

à Pettau. Il a rencontré à Marburg une compagnie de sapeurs qui venait d'y arriver et qui se rendait également au camp de Pettau. Enfin, il a rencontré également, entre Cilly et Windischgrätz, deux cents chasseurs à pied qui venaient s'établir sur la frontière de l'Illyrie.

« L'agent de Marburg, en confirmant les nouvelles venues de Gratz, annonce qu'un camp de 30,000 hommes se forme à Pettau. 16 régiments ont été destinés pour camper à Pettau et Agram. Le général Mesery y est annoncé pour commander la 1re division qui se réunit. Les régiments jusqu'à présent connus comme devant faire partie de ce camp sont, en infanterie, ceux de Gradisca, Broode, Peterswarasdin, Franz-Carl, Jelachitch, Chasteler venant de Gratz, Hohenloe-Bartenstein, qui est à Klagenfurth et qui a reçu nouvellement l'ordre de se tenir prêt à marcher. En cavalerie, on ne connaît encore que le régiment de hussards Radetski. Plusieurs autres sont cependant annoncés, venant de Transylvanie et de Hongrie.

« J'ai ordonné qu'on dirigeât des explorateurs vers les points où paraissent se diriger ces troupes. Quelques inquiétudes s'étaient manifestées, parmi les habitants de la Croatie française, sur les fortes réunions de troupes qui ont lieu en ce moment en Bosnie. Les consuls de Votre Majesté en ce pays assurent cependant que ces troupes doivent être employées contre la Servie. »

« Sire, j'ai reçu hier le renvoi que Votre Majesté

Eug. à Nap.
Monza,
1er août 1813.

m'a fait de Dresde, le 22 juillet, d'une lettre du général Bertrand relative au régiment de hussards croates, et par laquelle, en marquant son mécontentement du retard mis au départ de cette troupe, Votre Majesté ordonne qu'on la fasse partir sur-le-champ pour la Grande-Armée. La cause de ce retard est dans le manque de divers objets d'armement, d'équipement et harnachement que le régiment éprouve encore aujourd'hui. La faute n'en peut être imputée qu'à ceux qui ont été chargés de son organisation. J'envoie ci-joint l'état de situation de ce corps. Il est fort de 655 hommes et 32 officiers. Les trois premiers escadrons manquent en presque totalité de ceinturons, gibernes et banderoles, etc. Il faut changer une partie des selles qui sont de mauvaise qualité. Il manque des couvertures, des sabres, mousquetons ; je fais venir à Vérone cette première moitié du régiment. A son arrivée, je ferai constater ses besoins, et je tâcherai d'y pourvoir par des mesures prises à l'avance. Après cela, suivant les ordres de Votre Majesté, je le dirigerai sur la Grande-Armée. Quant au 3° escadron, les hommes se réunissent en ce moment à Karlstadt, et il n'a encore été reçu que 52 chevaux, on continue la levée.

« Je joins la situation de l'armée d'observation d'Italie au 1er août ; plus un état des officiers provisoirement nommés et que je prie Votre Majesté de confirmer pour le bien de son service. »

Eug. à Nap.
Monza,
2 août 1813.

« Sire, j'ai l'honneur de rendre compte à Votre

Majesté que le duc d'Otrante est arrivé le 29 juillet, à une heure après-midi, à Laybach. D'après mes ordres, le général d'Anthouard a dû se présenter à lui pour lui demander un rapport sur ce qu'il avait vu en traversant l'Allemagne. Dès que ce rapport me sera parvenu, je m'empresserai de l'adresser à Votre Majesté.

« Ce matin, les signaux de Venise ont annoncé qu'hier soir deux vaisseaux et une frégate croisaient entre Grado et le Tagliamento. La frégate italienne la *Piave*, entrée nouvellement en armement, est passée hier à la Chiogga. »

Eug. à Nap.
Monza,
5 août 1813.

« Sire, j'ai l'honneur d'adresser à Votre Majesté une lettre du duc d'Otrante, ainsi qu'un rapport contenant les renseignements que Votre Majesté m'avait chargé de prendre de lui sur ce qu'il aurait vu en traversant l'Allemagne. Le voyageur dont il parle est le duc lui-même. Je le regarde comme fort exagéré lorsqu'il annonce 50,000 hommes de cavalerie.

« Le duc est arrivé le 29 à une heure après-midi à Laybach, le général d'Anthouard s'est de suite présenté chez lui. »

Nap. à Eug.
Dresde,
4 août 1813.

« Mon fils, j'ai reçu votre lettre du 29 juillet. Je viens d'arriver à Dresde. Tout porte à penser que l'armistice sera dénoncé le 10 et que les hostilités recommenceront le 16. Comme l'ennemi ne paraît pas très en mesure de votre côté, il faudra arriver à Gratz. »

Eug. à Nap. Monza, 4 août 1813.

« Sire, j'ai reçu seulement ce matin les lettres de Votre Majesté du 27 et du 28 juillet, datées de Mayence. Dans la première, elle m'annonce qu'elle est venue passer quelques jours avec l'Impératrice. Dans la seconde, elle me donne ses ordres pour la réunion de l'armée sur l'Isonzo.

« Les intentions de Votre Majesté seront entièrement remplies du 10 au 12 de ce mois. Les ordres de mouvement ont été expédiés dans la journée. Comme il faut 36 heures pour qu'ils soient parvenus sur toute la ligne, ce ne sera que le 12 que les dernières troupes de Vérone pourront arriver à Udine.

« Je serai moi-même le 10 dans cette ville, avec tout le quartier général de l'armée.

« J'adresserai demain à Votre Majesté la situation et l'emplacement que toutes les troupes occuperont le 12 de ce mois. En attendant, je puis déjà lui dire que les 4 divisions françaises seront placées l'une à Gorizia et Gradisca, l'autre à Cividale et Udine, la 3ᵉ à Osopo et Saint-Daniel, la 4ᵉ à Codroïpo et Valvasone. Les deux divisions italiennes seront à la même époque, l'une à Palmanova, l'autre à Sanvito.

« Je regrette vivement que Votre Majesté n'ait pas pu nous accorder quelques jours de plus ; car le drap que les corps viennent de recevoir seulement en ce moment, malgré l'activité des confections, ne pourra pas pour cette époque être distribué aux soldats. Tous les colonels m'avaient promis que l'habillement de leur régiment serait complet du 20 au 25 de ce mois. Tous les schakos sont bien à peu près arrivés, mais il nous manquait encore, à l'époque du 1ᵉʳ août, un grand tiers de gibernes, et presque moitié de havre-sacs. Tout est en route et ne peut tarder de nous arriver d'un moment à l'autre. Les mouvements que les troupes vont faire retarderont d'autant l'arrivée définitive et la distribution de ces objets.

« Je suis fort content des progrès de l'instruction. Chaque soldat a déjà brûlé près de ses 50 cartouches. Il s'en faudra de bien peu que le 10 de ce mois toutes les troupes ne soient à l'école de bataillon. On ne pourra en excepter que les derniers détachements qui sont partis de leurs dépôts pour rejoindre leurs bataillons de guerre.

« Votre Majesté ne m'a pas fait l'honneur de me répondre sur l'officier général à qui elle désirait que je donnasse la 2ᵉ lieutenance de l'armée. Si elle ne m'envoyait point d'autres généraux, et que je fusse obligé de choisir entre ceux que j'ai en ce moment sous mes ordres, je ne verrais guère que le général Verdier à qui l'on pût confier plus d'une division. »

« Sire, j'ai l'honneur d'adresser à Votre Majesté la situation du corps d'armée d'observation d'Italie. Votre Majesté y verra l'emplacement actuel des corps et celui qu'elles occupent au 2 août. Elle remarquera qu'il me manque encore plusieurs généraux de brigades et adjudants commandants. Elle verra enfin que nous n'avons de cavalerie que les 2 régiments italiens et un escadron du 19ᵉ de chasseurs qu'on a

Eug. à Nap.
Monza,
5 août 1813.

pu déjà organiser ; tout cela sera bien jeune et bien nouveau pour en espérer aussi vite un bon service. En conséquence de ce que j'ai eu l'honneur d'écrire hier à Votre Majesté sur l'état de l'habillement et de l'équipement des corps, je joins ici un état sommaire de ce que les corps avaient à l'époque de ma revue et de ce qu'ils ont reçu depuis. Votre Majesté remarquera que les objets les plus arriérés sont les gibernes et les havre-sacs. Les derniers rapports que j'ai reçus de l'Illyrie sont que les inquiétudes augmentent sur le rassemblement des troupes turques; on prétend que leurs préparatifs sont trop considérables pour n'avoir d'autre but qu'une expédition en Servie, telle qu'ils le donnent à entendre. Un de mes agents, de retour de Léoben, annonce n'avoir trouvé des troupes qu'à Rothesmann et à Kristenfeld. Dans le premier de ces lieux il y avait quelques bataillons de troupes de ligne, plusieurs bataillons de landwerth et une compagnie de sapeurs. On commençait à y remuer de la terre. Dans le second lieu il n'y avait qu'un bataillon de chasseurs de landwerth, et on y annonçait une division de 8 à 10,000 hommes qui devaient y camper. Des réunions se formaient à Judenburg; il paraît que ces corps seraient destinés à agir soit dans le pays de Salzbourg, soit dans le Tyrol.

« Les dernières nouvelles de Pettau annoncent qu'indépendamment des régiments déjà nommés à Votre Majesté, il devait se réunir à ce camp les régiments frontières de Transylvanie et de la Croatie autrichienne. On nomme pour commandant en chef l'archiduc Jean; les généraux Hiller Hohenzollern et de Giulay pour ses lieutenants. »

« Sire, j'ai l'honneur de rendre compte à Votre Majesté qu'on m'écrit de Naples du 31 juillet, que le roi de Naples venait de se décider inopinément à partir pour Dresde, accompagné d'un capitaine des gardes et de deux aides de camp. Son départ devait s'effectuer le soir du 1ᵉʳ août, il ne serait donc pas impossible qu'il ne fût déjà à Mantoue ou Vérone, et qu'ainsi il arrivât à Dresde, avant l'avis que j'ai l'honneur d'en donner à Votre Majesté. Son chargé d'affaires, qui a reçu également de son ministre la nouvelle de ce voyage, est parti hier au soir, pour se rendre à Vérone, afin d'y saluer le roi à son passage.

Eug. à Nap. Monza, 6 août 1813.

« Un rapport que j'ai reçu ce matin de Villach m'annonce que, le 30 juillet, sont arrivés dans cette ville plusieurs officiers du génie qui, le 31, ont employé 900 à 1,000 ouvriers pour construire deux forts sur les deux routes qui, de Villach, conduisent à Klagenfurth.

« Ainsi que j'ai eu l'honneur de le mander hier à Votre Majesté, je serai le 10 courant, suivant ses intentions, à Udine. »

« Sire, j'ai l'honneur de rendre compte à Votre Majesté que les derniers rapports que je reçois aujourd'hui de l'Illyrie annoncent une augmentation de troupes vers Marburg, Pettau et Varasdin, de même que vers les points de Rothenmann et Kristenfeld. Les voyageurs venant de Vienne n'ont rencontré

Eug. à Nap. Monza, 8 août 1813.

sur la route directe que des équipages militaires, des convois d'artillerie et des pontons. Les mouvements de troupes se font, à ce qu'il paraît, directement de la Hongrie sur la basse Styrie. On commence à s'inquiéter beaucoup en Illyrie.

« S'il faut en croire les dispositions apparentes de l'ennemi, il paraîtrait par la formation de son corps de Rothenmann, et des 7 ou 8,000 hommes qui sont à Agram, que ces deux corps détachés, formant la droite et la gauche, dont le centre serait à Pettau et Marburg, seraient destinés à pénétrer, l'un dans le Tyrol par Rastadt et Spital, l'autre en Carniole par Agram, et Karlstadt. Le centre, que je suppose toujours à Pettau et Marburg, n'agirait que plus tard, lorsque les ailes auraient pu opérer avec succès.

« Je ne dois pas cacher à Votre Majesté (ce que du reste elle n'ignore pas), qu'il y a dans les pays dont j'ai parlé plus haut beaucoup de partisans de l'Autriche, et qu'il ne leur serait pas très-difficile de fomenter l'insurrection.

« Pour faire face à ces différentes attaques, il faudrait un corps détaché à Spital, il faudrait un corps à Karlstadt, et le centre à Laybach. Mais alors ces deux corps détachés, surtout celui de gauche, se trouveraient à cinq journées du centre, et par conséquent presque inutiles pour une affaire générale qui pourrait avoir lieu entre Laybach et Marburg.

« J'attends avec impatience les instructions générales qu'il plaira à Votre Majesté de me donner, pour le cas où la guerre se déclarerait et sur le genre de guerre que nous serions appelés à avoir ici. En attendant ces instructions, et dans le cas où je recevrais l'ordre de faire passer l'Isonzo aux troupes, je croirais devoir diriger sur Villach une des divisions de l'armée; cette division serait toujours en communication avec l'armée, par la route de Wurtzen et de Krainburg.

« Au moment où je vais expédier mon courrier, je pars pour me rendre à Udine. J'y attendrai les ordres qu'il plaira à Votre Majesté de me donner, et, en les attendant, j'accélérerai, autant qu'il sera en mon pouvoir, la confection des effets dont les troupes manquent encore. »

« Sire, il se trouve encore beaucoup d'emplois d'officiers vacants dans les régiments du corps d'observation de l'Adige. J'avais fait préparer un travail considérable que je comptais soumettre à Votre Majesté, pour qu'elle voulût bien nommer à toutes ces places; mais, comme on m'annonce un très-grand nombre d'officiers venant d'Espagne, et que, d'un autre côté, il paraît que plusieurs qui étaient restés malades dans les hôpitaux pourront bientôt rejoindre leurs corps, j'ai extrait seulement de ce travail ce qui regarde les emplois définitivement vacants et auxquels il est urgent de pourvoir, et j'ai l'honneur de soumettre à Votre Majesté les projets de décrets nécessaires pour la nomination des officiers que j'ai cru les plus dignes de ses bontés. J'ai usé en attendant, pour que le service ne souffrît point de ces vacances, de la faculté que Votre Majesté m'a accordée de faire remplir provisoirement les fonctions de ces

Eug. à Nap.
Monza,
8 août 1813.

divers emplois. A mesure qu'il y en aura de vacants ou que les circonstances rendront nécessaire de remplacer les officiers qui n'auront pu rejoindre, j'aurai l'honneur d'adresser à Votre Majesté de nouvelles propositions. »

Nap. à Eug.
Dresde,
9 août 1813.
« Mon fils, c'est aujourd'hui le 9. Le congrès de Prague va fort mal. Probablement, l'armistice sera dénoncé le 11 par les alliés, et le 11 la déclaration de guerre de l'Autriche nous sera signifiée. Prenez cela pour votre gouverne. Il est donc convenable que les courriers que vous m'expédierez désormais m'apportent vos lettres chiffrées. »

Nap. à Eug.
Dresde,
9 août 1813.
« Mon fils, les ministres font passer des détachements d'artillerie, de cavalerie et de sapeurs par le Tyrol, comme si c'était une province française. Il me déplaît que, sans ordres positifs, on traverse ainsi le Tyrol, et, dans la situation actuelle des choses, vous sentez que cela est important. Donnez des ordres positifs pour que rien ne passe plus par cette direction. 200 hommes du 2ᵉ régiment d'artillerie, 200 hommes du 4ᵉ, 50 hommes du régiment d'artillerie à cheval, sont notés sur mes états pour arriver le 19 août à Augsbourg. Comme vous ne recevrez cette lettre que le 15, il ne sera plus temps de contremander leur route; mais, s'il y avait eu quelques retards dans leur départ et qu'ils n'eussent pas dépassé Trente, retenez-les. Il y a également un bataillon de marche de 600 sapeurs qui doit arriver le 15 septembre à Mayence, venant d'Alexandrie. S'il est temps encore,

retenez ce bataillon. Tous ces mouvements sont des mouvements de bureaux et sont mal calculés. L'Italie a besoin de toutes ces ressources. Vous m'instruirez et vous instruirez le ministre de la guerre de tout ce que vous retiendrez. »

« Mon fils, je reçois votre lettre du 5 août, à laquelle était joint l'état de situation du corps d'observation d'Italie. Je n'y vois pas de renseignements sur la situation de votre artillerie. Combien avez-vous de pièces attelées, et quels sont vos approvisionnements? Je n'y vois pas non plus ce qui est relatif aux ambulances. Écrivez au Ministre de la guerre, et écrivez vous-même à Vienne pour qu'on active l'organisation du 31ᵉ de chasseurs et du 1ᵉʳ de hussards. Faites aussi activer l'organisation du 19ᵉ de chasseurs. Je suppose que la division napolitaine doit, à l'heure qu'il est, s'approcher de Bologne, et que vous avez là 8 à 9,000 hommes, sur lesquels vous pouvez compter. »

Nap. à Eug.
Dresde,
11 août 1813.

« Sire, j'ai l'honneur d'adresser à Votre Majesté les rapports particuliers que j'ai reçus à mon arrivée ici. Tous s'accordent sur l'arrivée à Klagenfurth d'un officier général et d'un régiment de hussards (c'est le régiment n° 3). Il paraît certain aussi que le régiment de hussards de Frimont et le régiment de dragons Savoie venant de Hongrie et de Transylvanie sont arrivés à Gratz les 3 et 4 août.

Eug. à Nap.
Udine,
11 août 1813.

« Nous ignorons jusqu'à présent quelle direction ils ont prise, puisque, tant à Marburg et à Pettau qu'à

Klagenfurth, les bruits sont répandus qu'on y attend beaucoup de troupes. Les espions s'accordent à dire que l'ennemi restera beaucoup de temps aux différents passages sur la Drave, qui de Laybach conduisent dans la Carinthie.

« Il paraît même que près de Klagenfurth on construit plusieurs redoutes. J'ai l'honneur de prévenir Votre Majesté que le général Frésia n'était point encore arrivé le 9 à Laybach. Le duc d'Otrante commence à s'en inquiéter et craint qu'on ne l'ait empêché de poursuivre sa route. Suivant l'avis que Votre Majesté a bien voulu m'en donner, j'ai établi depuis hier mon quartier général ici. »

Eug. à Nap.
Udine,
11 août 1813.

« Sire, je rends compte à Votre Majesté que les Anglais continuent à tracasser beaucoup les côtes de la Dalmatie et de l'Istrie. Ils sont descendus le 2 août, à ..... où il paraît qu'ils ont fait du mal; ils se sont emparés, près de Raguse, des îles de Mezzo et de Giupana; ils y ont pris la garnison de 50 hommes, qui défendait les batteries. Votre Majesté sait que nous n'avons point de troupes pour obvier à tous ces inconvénients, puisque l'armée est entièrement concentrée, et qu'il serait dangereux, dans ces circonstances, de la disséminer sur la côte.

« Plusieurs compagnies sont détachées de Trieste en Istrie. Le détachement qui était à ..... paraît même avoir fait son devoir. Quant à la Dalmatie, j'ai cru devoir conserver les points principaux, et j'ai destiné un bataillon italien du 4ᵉ léger et un bataillon de Croates, pour chacun des points de Zara, Spalatro, Raguse et Cattaro. »

Eugène à la vice-reine. Udine, 11 août 1813, 6 h. du soir.

« Je suis depuis ce matin 7 heures à mon bureau, ma chère Auguste, et j'y ai beaucoup de besogne, car il a fallu donner tous les ordres afin que chacun soit en mesure selon toutes les circonstances. Il n'y a pourtant rien de nouveau encore, ce seront les nouvelles du 10, de Dresde, qui seront intéressantes. Toute mon armée est rendue sur l'Isonzo ; il n'y a que les réserves d'artillerie qui ne pourront partir de Vérone que dans quelques jours. J'espère que tu voudras bien ne croire que les nouvelles que je te donnerai, elles seront toujours sincères parce que je sais que, si l'occasion se présentait, tu as assez de force d'âme pour tout entendre, et j'aime d'ailleurs à avoir la plus grande confiance en toi. Aujourd'hui donc que je ne te dis rien de positif, c'est qu'il n'y a encore rien. Je compte ce soir, pour me délasser, aller au spectacle ; on donne *Griselda*, et cela doit être merveilleux. »

Nap. à Eug. Dresde, 12 août 1813.

« Mon fils, les ennemis ont dénoncé hier l'armistice : les hostilités recommenceront donc le 17. — Je n'ai pas la nouvelle que l'Autriche m'ait déclaré la guerre, mais je suppose que j'en recevrai la nouvelle dans la journée. Dès lors, les hostilités avec elle commenceront également le 17. Tout porte à penser que, de votre côté, l'Autriche n'est pas en mesure ; emparez-vous donc des bonnes positions des montagnes.

« Je suppose que la division napolitaine se dirige sur Bologne. »

*Eug. à Nap.
Udine,
12 août 1813.*

« Sire, j'ai l'honneur de rendre compte à Votre Majesté que le général Fresia est arrivé le 9, au soir, à Laybach. Il m'annonce, du 10, m'avoir envoyé son rapport sur ce qu'il a vu pendant son voyage. Dès que j'aurai ce rapport, qui ne m'est point encore parvenu, j'en donnerai connaissance à Votre Majesté.

« Le duc d'Otrante, ayant appris que je suis ici, arrive à l'instant même. Il retourne cette nuit à Laybach. Il doit y donner, le 15 août, une grande fête à laquelle il a invité tous les principaux des provinces.

« Un dernier renseignement, reçu peu avant son départ, annonçait qu'à Cilly on commençait à former des magasins de fourrages. Des patrouilles se font déjà voir sur notre ligne-frontière.

« Je vais faire travailler à Tarvis à la construction d'un ouvrage qui puisse, avec peu de monde, arrêter les colonnes qui déboucheraient de la Carinthie.

« Nous attendons encore bien des effets d'équipement, quoiqu'il en arrive chaque jour aux corps, il nous faudra au moins une semaine ou deux, avant de pouvoir dire qu'il ne nous manque rien. »

*Nap. à Eug.
Dresde,
14 août 1813.*

« Mon fils, je vous envoie un décret qui m'est proposé par le ministre des finances. Si l'exécution de ce décret devait avoir quelque inconvénient dans les circonstances actuelles, vous le retiendriez et vous m'en préviendriez. »

« Mon fils, je reçois votre lettre du 6 août. Le roi de Naples est arrivé aujourd'hui à l'armée. — Les hostilités doivent commencer le 17. — La garde est partie pour Gorlitz où je porte mon quartier général demain.

Nap. à Eug. Dresde, 14 août 1813, au soir.

« Je suis trop loin de vous pour vous donner des ordres positifs. Couvrez les provinces illyriennes et l'Italie; prenez de bonnes positions et attaquez l'ennemi s'il vous est inférieur en forces, comme tout me porte à le penser, et poussez-le sérieusement sur Gratz. »

« Sire, j'ai l'honneur d'adresser à Votre Majesté la copie du rapport que m'a fait le général Fresia, à son arrivée à Laybach.

Eug. à Nap. Udine, 14 août 1813.

« Malgré tous les rapports qui annoncent l'arrivée de renforts et de nouveaux régiments venant de la Hongrie, je ne pense pas que les forces de l'ennemi puissent être aussi considérables que l'annonce le général Fresia. Il m'a pourtant fait dire qu'il tenait ces renseignements de divers officiers piémontais au service d'Autriche, qu'il avait rencontrés sur sa route. Il est réel que les Autrichiens ont évité de faire passer des troupes sur la grande route de Vienne à Laybach, et que leurs rassemblements se sont faits par les troupes de la Hongrie sur Marburg et Pettau, et sur Judenburg et Rothenmann.

« Un agent arrivé hier de Klagenfurth annonce que, le 9, le régiment de Hohenloe, qui s'y trouvait, est parti pour Marburg. Il a été remplacé par un corps de chasseurs venant de Judenburg, et faisant l'avant-garde du corps qui s'est réuni dans cette partie.

« Les Autrichiens paraissent avoir craint un mouvement de Laybach sur Klagenfurth, et paraissent avoir travaillé à détruire les passages du mont Léobel, et du mont Kapel. Le passage de ces deux montagnes étaient déjà même très-difficile dans la bonne saison.

« J'espère avoir bientôt l'organisation de l'armée autrichienne contre nous. Moyennant 10,000 francs de récompense, un agent s'est chargé de se la procurer par le moyen des fournisseurs de l'armée autrichienne. En compulsant tous les rapports qui me parviennent, je n'ai encore reçu jusqu'à présent que les noms de onze régiments d'infanterie et de six régiments de cavalerie, dont un de hulans, trois de hussards et deux de dragons. En ajoutant deux bataillons de chasseurs, l'artillerie et le génie, tout cela fait environ 40 à 45 mille hommes, parce qu'ils ont porté leurs régiments plus qu'au complet, en versant dans chacun d'eux un bataillon de landwehr. Ce que j'ignore encore positivement, c'est ce que la Croatie autrichienne pourra fournir de troupes. Sur leurs dix régiments frontières, je n'en connais encore que trois qui doivent agir de ce côté. On dit le surplus employé aux autres armées. »

Eugène à la vice-reine. Udine, 15 août 1813, heures après-midi.

« Je suis dans tous les embarras et cérémonies de la fête de l'empereur, ma chère et bonne Auguste ; j'ai déjà été ce matin à la cathédrale, à cheval, et à la tête de toutes les autorités militaires; c'était fort beau. Ce soir je donnerai un grand bal. J'ai reçu cette nuit une lettre de Dresde du 9, je ne te cache pas qu'elle sent furieusement la guerre. Il paraît que l'Empereur s'attend à ce qu'on lui dénoncera l'armistice; il semble qu'il veuille laisser parler l'ennemi, et que de son côté il ne le dénoncera pas; cela donne presque un peu d'espoir, mais il est bien faible. Nous nous mettons en règle sur toute la ligne pour toute éventualité. »

« Mon fils, les hostilités ont commencé. Quelques divisions de l'armée russe et prussienne sont entrées en Bohême. J'augure bien de la campagne. Toutes les nouvelles sont que l'Autriche n'a pas 30,000 hommes de votre côté. Si cela est, vous en profiterez. Faites pour le mieux. » <small>Nap. ug. Bautzen, 16 août 1813.</small>

« Sire, j'ai reçu la lettre de Votre Majesté, du 9, de Dresde. Suivant ses ordres, je ferai traduire en chiffres toutes les parties de mes rapports un peu intéressants. J'ai l'honneur d'adresser à Votre Majesté l'interrogatoire d'un voyageur arrivant aujourd'hui même de Vienne qui l'a quitté le 7 de ce mois. Votre Majesté verra qu'environ 18,000 hommes sont en ce moment réunis dans la haute Styrie, indépendamment de ce qui peut être déjà à Rothenmann. <small>Eug. à Nap. Udine, 16 août 1813.</small>

« J'attends avec impatience les premières lettres de Votre Majesté avec les instructions qu'il lui plaira de me donner. Les effets d'équipement arrivent tous les jours. Les corps se complètent en habillement, ils se fortifient dans l'instruction, et, s'il est décidé que nous ayons la guerre, Votre Majesté peut être sûre que son armée d'Italie, malgré la jeunesse de ses soldats, malgré le manque presque total de cavalerie, fera tout ce qu'elle pourra pour mériter son approbation et sa bienveillance. »

<small>Eug. à Nap.
Udine,
16 août 1813.</small>

« Sire, j'ai l'honneur d'adresser à Votre Majesté la situation de l'armée d'Italie au 15 de ce mois. Elle y observera une diminution d'un certain nombre d'hommes entrés aux hôpitaux depuis que l'armée est réunie et par suite des dernières marches, enfin de quelques centaines de déserteurs que nous avons eus, tant dans les troupes italiennes que dans les troupes françaises ; il n'y a pourtant de déserteurs que parmi les conscrits de l'Italie française.

« Je prie Votre Majesté de me dire s'il ne conviendrait pas que je lui envoyasse la situation de son armée d'Italie en état sommaire chiffré. »

<small>Eug. à Nap.
Udine,
16 août 1813.</small>

« Sire, j'ai l'honneur d'adresser à Votre Majesté l'état de l'armée autrichienne dite d'Italie, tel qu'il m'a été possible de me le procurer en compulsant tous les rapports précédemment reçus. Il paraît certain que leurs régiments de cavalerie ont été portés au delà de leur complet ordinaire, et de plusieurs points il m'est revenu que les propres officiers de ces régiments les portent à 1,800 hommes montés. Il paraît jusqu'à présent que leur armée est composée de 2 corps, l'un à Marburg et Pettau, l'autre à Bruck, remontant la vallée de la Muhr. Il est beaucoup question dans tous les rapports d'une réserve qu'on dit devoir s'organiser à Vendeburg, et qui serait composée de 40,000 hommes d'infanterie et 15,000 chevaux fournis par la Hongrie. »

« Sire, j'ai reçu hier la lettre de Votre Majesté du 10, qui ne contenait encore aucune nouvelle positive sur la reprise des hostilités. Suivant ses intentions, j'ordonnerai qu'aucune troupe à l'avenir ne traverse le Tyrol. Je demanderai alors les ordres relatifs au régiment de chasseurs croates, les trois premiers escadrons sont montés et ne manquent que de buffleterie, ce qui va bientôt leur être distribué. Mais les 3 escadrons viennent seulement d'être levés dans les provinces de Croatie, et ne sont ni habillés, ni équipés, ni montés ; l'espèce d'hommes en est superbe et pourra rendre de bons services. J'attends avec impatience l'instruction de Votre Majesté, je la prierai, dans le cas de guerre, de vouloir bien me faire connaître à peu près quelle direction elle donnera à l'armée bavaroise et à celle du duc de Castiglione ; il est très-intéressant que je sache si elle marchera de ce côté-ci du Danube ou bien sur l'autre rive.

Eug. à Nap. Udine, 16 août 1813.

« Votre Majesté voit, d'après la note des troupes autrichiennes qui sont en Styrie, qu'il y a plus de monde qu'elle ne comptait. Il est vrai qu'elles achèvent à peine leur mouvement, mais il n'y a pas de doute que, vers le 20, leur armée sera à peu près en mesure. »

« Monsieur le duc de Feltre, Sa Majesté, par une

Eugène à Clarke.

Udine, 17 août 1813. lettre du 11 août, m'ordonne de vous écrire, afin d'accélérer par tous les moyens possibles l'organisation qui se fait à Vienne et à Lyon des 1ᵉʳ hussards et 31ᵉ de chasseurs. L'empereur espérait qu'au premier septembre ces troupes seraient déjà entrées en Italie. Veuillez bien, afin de remplir les intentions de Sa Majesté, presser autant qu'il sera en votre pouvoir, l'organisation et la mise en mouvement de ces troupes.

« Je suis dans une position très-difficile, manquant encore de beaucoup d'officiers généraux. Ce n'est que depuis hier seulement, que j'ai un général de brigade par division. Une partie de ceux annoncés ne sont point encore arrivés ; et parmi les officiers généraux et adjudants-commandants que vous m'avez envoyés, il y en a une bonne partie qui sont incapables de servir activement, et qu'on n'aurait pas dû sortir du lieu où ils étaient remisés. »

Eug. à Nap. Udine, 18 août 1813. « Sire, je reçois à la pointe du jour la lettre de Votre Majesté du 12, dans laquelle elle me prévient que l'ennemi a dénoncé l'armistice, mais que les Autrichiens n'avaient point encore déclaré la guerre. Comme il était cependant probable que cette déclaration suivrait de peu de temps, je mets demain l'armée en mouvement pour la porter d'abord sur les défilés de la Carniole. Ainsi elle occupera demain Villach, Gorizia et Montfalcone, le 20 Adelsberg et le 21 Oberlaybach et Adelsberg. Je serai le même jour là de ma personne à Laybach où j'ai déjà dirigé 6 bataillons d'infanterie et la brigade de cavalerie légère italienne pour pouvoir garder les ponts de la Save et le château de Laybach et donner le temps d'arriver, si l'ennemi commençait les hostilités sur ces points. Demain 19, la 3ᵉ division arrive à Tarvis et y prend position ; jusqu'à nouvel ordre elle sera occupée à fortifier ce point qui sert d'embranchement aux deux routes sur l'Italie, à la route sur la Drave et à celle sur la Save.

« J'ai reçu hier des nouvelles du maréchal de Wrede, il m'annonce qu'il se porte en avant sur Braunau.

« J'aurais bien désiré qu'il appuyât davantage sur Salzbourg, car il va se trouver une grande distance entre moi et lui, et les débouchés du Tyrol par Salzbourg et Lienz ne se trouvent point couverts.

« Il est plus que probable que l'ennemi, sachant fort bien qu'il y a des partisans, y jette des colonnes ou tout au moins de forts partis.

« Votre Majesté me demande, dans ses lettres du 11 et du 12, de lui faire connaître à quelle hauteur se trouve la division napolitaine. J'ai l'honneur d'informer Votre Majesté qu'aucune troupe napolitaine n'est encore sortie du royaume de Naples et n'est en marche pour Bologne. Depuis le départ du roi j'ai déjà écrit deux fois à la reine, mais j'ignore encore quels mouvements elle peut avoir ordonnés. »

Eugène à la vice-reine. Udine, 18 août 13.

« Une partie de ce que nous avions craint est enfin arrivé, ma bonne Auguste ; l'empereur m'écrit, le 12, que les Russes et les Prussiens avaient dénoncé l'armistice, mais que les Autrichiens n'avaient pas encore à cette époque déclaré la guerre. C'est une bien faible lueur d'espoir, j'espère que dans tous les cas nous ne serons ici qu'accessoires ; je me porterai ces jours-ci en Illyrie pour être maître des différents débouchés des montagnes. J'attendrai là les événements. Adieu, tu conçois si j'ai de la besogne, » etc., etc.

Eugène au général d'Anthouard Udine, 18 août 1813.

« Il est ordonné au général de division comte d'Anthouard, mon aide de camp, de partir demain, 19, pour se rendre à Tarvis et Villach. Il prendra connaissance près du général Vignolle de toutes les instructions qui ont été données, tant au général commandant la 3ᵉ division qu'au génie, pour la construction de fortifications. Il vérifiera si tout marche pour l'exécution des ordres donnés. Il pourra rectifier ce qu'il jugera convenable en me rendant compte. Il doit se pénétrer, et bien faire comprendre au général qui commande cette 3ᵉ division qu'elle est appelée à défendre dans cette partie, les débouchés de l'Italie, qu'elle doit occuper par une tête Villach et Arnolstein, de manière à en conserver les ponts pour prendre l'offensive dans cette partie et à les défendre ou à les détruire si l'ennemi nous y prévenait. Les troupes de gendarmerie à pied et à cheval, et les gardes des finances de la Carinthie doivent être mis sous les ordres du général commandant la division. Il est probable que je laisserai cette division dans la position centrale de Tarviz, jusqu'à ce que les travaux qu'on y fait soient assez avancés pour être facilement gardés avec peu de monde. Enfin, je charge le général d'Anthouard de prescrire tous les travaux nécessaires et toutes les mesures qu'il croira nécessaires tant pour accélérer les travaux que pour augmenter leurs forces, de même que pour assurer la subsistance des troupes qui se réunissent sur ce point. Le général d'Anthouard me fera passer à Laybach ses rapports, de même que les nouvelles qu'on pourra se procurer sur l'ennemi ; quand tout sera bien acheminé, il viendra me rejoindre en cette ville. »

« Sire, j'ai l'honneur d'adresser à Votre Majesté la copie de la lettre que je reçois à l'instant du duc d'Otrante. Je pars cette nuit pour me porter de ma personne à Adelsberg, où la tête de l'armée arrive demain matin. De là j'agirai suivant la circonstance.

« Si mes ordres sont exécutés par le général Fresia, j'espère qu'il aura pu détruire les ponts sur la Save, et tenir à Laybach, jusqu'à l'arrivée des troupes. »

Eug. à Nap. Gorizia, 19 août 1813.

« Enfin, aussi les Autrichiens se sont démasqués, ils ont passé hier la Save sur trois colonnes près Agram. Hier soir, Laybach était encore tranquille. Je pars cette nuit pour Adelsberg, où arrive demain la tête des troupes. Compte sur notre bonheur, ma chère Auguste, et crois-moi pour la vie, » etc.

Eugène à la vice-reine. Gorizia, 19 août 1813.

« Monsieur le général comte d'Anthouard, je vous adresse un officier d'état-major pour avoir de vos nouvelles. Je charge en même temps cet officier d'établir une correspondance régulière par Caporetto.

Eugène au général d'Anthouard. Gorizia, 19 août 1813.

et Gorizia, sur Laybach, afin de recevoir plus promptement les rapports des Tarvis. Je ne serai parfaitement tranquille sur ce point que lorsque je saurai que ce que j'ai ordonné aura été exécuté, d'autant plus que tous les rapports que j'ai reçus ce soir à Gorizia m'annoncent que l'ennemi fait un mouvement depuis les 15 et 16 sur sa droite, c'est-à-dire sur Klagenfurth. Je ne puis que vous répéter qu'il est important de bien placer la division à Tarvis, de manière qu'elle arrête une force double de la sienne, si l'ennemi se présentait. Il faut surtout dès à présent que le général Gratien, qui doit avoir rejoint sa division, envoie dans les vallées de la Pletz et de Ponteba des détachements pour établir d'avance tous les moyens de réunir ces troupes, dans le cas où il serait obligé d'évacuer sa position. Rappelez-lui que, dans cette extrémité, il a toujours à défendre, par la vallée de l'Isonzo, les positions de Pletz et de Caporetto ; par la vallée de la Felta, les positions de Malborghetto, de Rescenta et d'Ospitaletto. Enfin, ce qu'il y a de mieux à faire, c'est de tenir longtemps à Tarvis, s'y fortifier et nous donner le temps d'opérer par Laybach. Écrivez-moi chaque jour, et servez-vous, par duplicata et pour plus de sécurité, de la route de Pletz et de celle de Caporetto. Le général Gratien devra également adresser chaque jour son rapport à l'état-major général, et il peut faciliter sa correspondance en plaçant un poste à Pletz. »

Nap. à Eug. Goerlitz, 20 août 1813.

« Mon fils, on a lieu de craindre que le chiffre du major général avec les commandants d'armée ne soit entre les mains de l'ennemi. Évitez de vous servir de ce chiffre. Ceci n'a rien de commun avec le chiffre particulier que vous a porté dans le temps le général Flahaut, mon aide de camp, pour votre correspondance particulière avec moi. »

LIVRE XXV

DU 17 AOUT AU 2 NOVEMBRE 1813.

§ Ier. — Coup d'œil sur la situation générale à la rupture de l'armistice. — Mouvement de l'armée d'Italie, le 20 août 1813, pour se porter aux débouchés de la frontière. — Affaires de Karlstadt et de Fiume (du 17 au 20 août). — Position et force de l'armée autrichienne du général Hiller. — Les Autrichiens menacent les débouchés de Tarvis et de Villach (21 août). — Mouvement de concentration de l'armée du vice-roi sur Tarvis et Villach (du 21 au 28 août). — Combats autour de Villach. — Affaires autour de Krainburg par la brigade Belotti de la troisième lieutenance (fin d'août, premiers jours de septembre). — Le général Garnier se retire de Fiume sur Trieste et occupe Matéria le 29 août. — Brillant combat de Feistritz (6 septembre). — Position des armées françaises et autrichiennes en Italie. — Plans du général Hiller. — Il manœuvre par les deux ailes. — Combats autour de Saint-Marein (12 septembre). — Affaires de Lippa et de Fiume (14 et 15 septembre). — Craintes en Italie par suite du mouvement d'une colonne autrichienne sur Brixen et Botzen. — Troisième organisation donnée à l'armée (20 septembre). — Affaire de Saint-Hermagor et de Saint-Marein (du 16 au 25 septembre). — Considération qui déterminent le prince Eugène à prendre la ligne de l'Isonzo. — Le mouvement s'opère du 27 septembre au 6 octobre pour le corps de droite; du 6 au 11 octobre pour le corps de gauche. — Combats de Planina (30 septembre); d'Adelsberg (1er octobre); de Saffnitz (7 octobre). — Position de l'armée d'Italie sur l'Isonzo. — Lettre du vice-roi au ministre de la guerre (8 octobre). — Singulière réponse du duc de Feltre.

§ II. — Défection de la Bavière. — Mémoires du duc de Raguse. —

Lettre du roi Maximilien. — Lettres du prince Eugène à son beau-père depuis son retour à Milan jusqu'au changement de politique de la Bavière. — Réponses d'Eugène et de la princesse Auguste au roi de Bavière en apprenant cette nouvelle.— Lettre de la vice-reine à l'empereur Napoléon. — Conséquence militaire du revirement de la Bavière. — Mission du prince de la Tour et Taxis auprès du prince Eugène. — Relation exacte de cette mission. — Conduite et correspondance du vice-roi à cette occasion (novembre 1813). — Lettres de la vice-reine à son mari et à sa belle-mère. — Éloge de la fidélité du vice-roi dans la bouche de son beau-père le roi Maximilien. — Anecdote relative à la mission du prince de la Tour et Taxis.

§ III. — Mesures prises par le vice-roi pour employer ses dernières ressources (11 octobre 1813). — Sa proclamation aux Italiens (11 octobre). — Affaires du Tyrol.— Le général Gifflenga.— Lettre du vice-roi au duc de Lodi (17 octobre). — Mouvement rétrograde de l'Isonzo sur le Tagliamento par le prince, et sur l'Adige (du 17 octobre au 1er novembre). — Combat d'Ala (26 octobre). — Retraite du général Gifflenga sur Vérone. — Mouvement du général Grenier près de Bassano (du 26 au 31 octobre).— Prise de Bassano (31 octobre). — La retraite vers l'Adige continue.

I

L'armistice n'avait été qu'une halte dans la lutte entre les deux partis. La France avait besoin de quelques semaines pour réunir sur les frontières de l'Italie, près de l'Autriche, une armée capable de menacer cette puissance dont on ne pouvait plus ignorer les intentions hostiles ; les alliés désiraient reprendre haleine et se refaire des défaites cruelles et successives que leur avait fait éprouver Napoléon. Ni l'Empereur des Français ni les souverains ne voulaient franchement une paix honorable pour tous, seule paix possible, lorsque, dans une guerre, l'un des adversaires n'a pas écrasé l'autre. Le cabinet de Vienne avait offert avec un désintéressement qui n'était qu'apparent ses bons offices de médiateur. En réalité il ne songeait à rien moins qu'à profiter de l'état des choses pour amener Napoléon à se dessaisir en sa faveur d'une partie de ses conquêtes en Italie. L'Autriche n'abandonne jamais, sans arrière-pensée, une parcelle de territoire. Cette puissance, forcée si souvent de plier devant des armes victorieuses, cherche sans cesse à reprendre, à l'aide d'un habile diplomatie, ce que lui ont coûté ses défaites. Elle croyait le moment venu de réparer, sans coup férir, les pertes, conséquences des batailles de Raab et de Wagram. La question de parenté avec Napoléon n'entrait pour rien dans ses calculs. Le gouvernement français personnifié dans l'Empereur était fort décidé à ne rien céder de ses conquêtes ni en Italie ni en Allemagne. Tout traité, toute proposition sur des bases de cette nature étaient considérés à Paris comme une insulte. Napoléon se croyait sûr de remédier facilement aux désastres de la campagne de Russie. Déjà il avait battu ses ennemis à Lutzen et à Bautzen. Son allié, le roi de Saxe, était rentré en possession de ses États. La grande armée, quoique composée de jeunes soldats, quoiqu'elle manquât encore d'une cavalerie en rapport avec celle des alliés, beaucoup plus nombreuse que la sienne, était pleine d'énergie. Le grand homme de guerre n'avait rien perdu de son génie. L'armée du prince Eugène se rassemblait et s'échelonnait de l'Adige à l'Isonzo. Napoléon avait pleine et entière confiance dans les talents et la bonne volonté de son fils adoptif. Il n'avait aucune raison pour croire, à cette époque, à la défection des Saxons en Allemagne, à celle de la Bavière, qui livra les débouchés du Tyrol, à la trahison de Murat en Italie. Ces causes, qui devaient influer sur les événements futurs, comme l'incendie de Moscou et l'hiver rigoureux de 1812 avaient influé sur les événements passés, ne pouvaient entrer en ligne de compte dans ses calculs. L'Empereur avait donc tout lieu de penser qu'au nord il rejetterait les Russes dans leurs provinces derrière le Niémen, qu'il ferait une fois de plus la loi à la monarchie prussienne; et qu'au midi, les Autrichiens, battus en Italie, seraient contenus dans leurs possessions de la Hongrie et du Tyrol.

C'est donc sous des auspices réellement favorables à la France que le grand capitaine allait de nouveau tenter le sort des armes. Si une partie de ses généraux et de ses vieux soldats commençait à laisser entrevoir une lassitude de la guerre, facile à comprendre après vingt années de luttes incessantes, ses jeunes soldats montraient, surtout en sa présence, un enthousiasme réel, et en face de l'ennemi une ardeur qui ne fit jamais défaut. En un mot, toutes les chances semblaient en sa faveur pour maîtriser les événements.

Le prince Eugène, en Italie, n'était pas aussi confiant dans l'avenir. Son armée, malgré toute l'activité déployée par lui, par Vignolle, son chef d'état-major, par Fontanelli, ministre de la guerre du royaume, n'était pas prête pour la lutte. Les soldats étaient loin de valoir ce que valaient les soldats de l'armée française d'Allemagne.

On avait bien pu faire des possessions romaines et d'une partie de l'Italie de l'ouest des départements français; on n'avait pas pu faire de leurs habitants des hommes propres au métier des armes. Le vice-roi prévoyait ce qui ne devait pas tarder à se produire, c'est que les Croates, les Dalmates, dévoués à l'Autriche, dès qu'ils se verraient en présence des troupes autrichiennes, abandonneraient leurs drapeaux; c'est que les Romains, les Toscans, les Italiens des anciens duchés, déserteraient pour retourner dans leurs foyers. Il y avait si loin des soldats qui peuplaient les légions romaines de la Rome antique aux soldats italiens ramassés de force par la conscription dans l'Italie du dix-neuvième siècle!

Tel était l'état des choses au nord et au midi de l'Europe, lorsque le prince Eugène, apprenant la dénonciation de l'armistice, se porta aux avant-postes de son armée.

Le 19 août, le mouvement des troupes italiennes commença de Gorizia sur Adelsberg. La 1re lieutenance (général Grenier; 2e et 4e divisions, généraux Verdier et Marcognet) s'étendit de Wippach à Alpen. La 1re division (général Quesnel) se porta en avant de Gorizia; la 3e (général Gratien) occupa Tarvis et Villach; la 5e, italienne (général Palombini), couvrit Trieste au sud, et enfin la 6e (général baron Lecchi) s'étendit vers Laybach. La réserve (général Bonfanti) s'approcha de Vérone pour défendre les passages du Tyrol; la cavalerie (général

Mermet) se porta en avant pour rallier l'armée vers Gorizia.

Tandis que le prince Eugène manœuvrait ainsi pour défendre les principaux passages de la frontière, les Autrichiens entraient en Illyrie, et déjà, le 17 août au matin, l'armistice étant expiré le 16, deux de leurs colonnes passaient la Save à Sisseck et à Agram, se dirigeant au sud par Karlstadt sur Fiume.

Le général Jeanin était à Karlstadt. Il voulut s'y défendre. Il rompit le pont de la Koranna et essaya de couper celui de la Kulpa, sur la route d'Agram. Malheureusement les habitants étaient en pleine insurrection, et, lorsqu'il voulut sévir, ses soldats, tous Croates, l'abandonnèrent, en sorte que, menacé d'une part par la populace, abandonné d'une autre par ses troupes, il dut se résoudre à profiter de la nuit pour se retirer sur Fiume, où il arriva presque seul le 19 août.

Le général Garnier se trouvait alors à Fiume avec 400 Croates et 1 bataillon d'élite du 4e léger italien venant de Dalmatie pour rallier la 6e division, et retenu dans la ville par son ordre. Craignant d'avoir bientôt affaire à des forces trop supérieures, ce général crut devoir évacuer Fiume pour prendre position à Lippa; mais, l'ennemi ne s'étant pas présenté, il rentra dans la ville.

Cependant l'insurrection si habilement fomentée en Croatie ne tarda pas à s'étendre en Dalmatie, dans le pays de Raguse et jusqu'aux bouches du Cattaro, où se trouvaient les généraux Montrichard,

Roize et Gauthier, à la tête de quelques bataillons croates et de faibles détachements de troupes italiennes. Les Croates passèrent à l'ennemi, et les villes furent bientôt assiégées.

Les principales forces de l'armée autrichienne opposée à celle du vice-roi s'étaient rassemblées sous les ordres du général Hiller au nombre de 40,000 hommes à Klagenfurth, à Cilly et du côté de Karlstadt et de Neustadt. Les deux grands corps, de 15,000 hommes chacun, l'un à Klagenfurth, l'autre à Cilly, poussaient des reconnaissances sur Neumarkt, sur Volkermarkt et sur Krainburg. Ainsi, dès le 21, l'ennemi débordait la ligne de la Save.

Le vice-roi aurait bien voulu reprendre cette ligne, mais comment mettre à exécution un pareil projet avec une armée numériquement plus faible que celle de l'adversaire, armée encore en formation et toute recrutée de jeunes soldats sans expérience de la guerre, ayant à peine les premières notions du métier des armes[1]. D'ailleurs, les Autrichiens semblaient vouloir se concentrer au Nord vers Klagenfurth pour menacer les débouchés de Villach et de

[1] L'ordre du jour suivant fera comprendre le peu de confiance du vice-roi dans son armée :

« Vu la désertion considérable qui a lieu dans les corps qui composent les divisions italiennes;

« Avons décrété et décrétons :

« A compter de la publication du présent ordre du jour et jusques à nouvel ordre, les déserteurs des bataillons et escadrons de guerre des troupes italiennes seront considérés comme déserteurs à l'ennemi et passés par les armes.

« Le présent ordre sera lu à trois appels consécutifs dans chaque compagnie. »

Tarvis. S'ils parvenaient à s'emparer de ces positions, la gauche de l'armée d'Italie se trouvait débordée et l'accès du Tyrol était ouvert par la vallée de la Drave.

Ces considérations stratégiques décidèrent le prince Eugène à manœuvrer sur sa gauche. Il se porta lui-même de ce côté avec les 1re, 2e, 4e divisions, la garde royale et une brigade de cavalerie, faisant remonter l'Isonzo à ces troupes par Canale, Caporetto et Pletz. La 5e division, chargée de couvrir Trieste, comme nous l'avons dit, reçut l'ordre d'occuper Laybach. Le 27 août, ce premier mouvement était effectué. La 1re lieutenance, d'Adelsberg s'était élevée au nord-ouest et occupait le camp retranché de Tarvis. La 1re division, croisant la 1re lieutenance, avait marché de Gorizia sur Arnoldstein et avait pris position à Finkenstein, un peu au nord-est du général Grenier et au-dessous de Federaun de Hartz et de Villach, occupées par la 3e division (Gratien). Cette dernière division était échelonnée, depuis le 18 août, dans les vallées de la Gaillitz et du Gail, à l'extrême avant-garde, le 35e léger tenant Villach.

Une colonne autrichienne, descendant la Drave par la rive gauche et passant par Gemünd, Spital et Paternion, se présenta le 21 août devant Villach qui fut sommé, menaçant de prendre à revers Arnoldstein et Federaun. Le général Gratien, craignant pour ces deux derniers points, évacua Villach le 23; mais, en apprenant, le lendemain 24, le mouvement vers lui de l'armée et l'arrivée de la 1re division à Tarvis, il fit attaquer la ville par 2 bataillons du

35ᵉ léger et 1 du 36ᵉ, mis sous le commandement du colonel Duché. Cet officier supérieur et ses troupes se conduisirent avec une grande valeur. Villach fut enlevée. On fit 300 prisonniers. Toutefois, on jugea impossible de se maintenir dans la ville, et ordre fut donné de l'évacuer de nouveau pour se porter à Federaun.

Un peu à l'est de Villach se trouve Rossek sur la rive droite de la Drave. Les Autrichiens y jetèrent deux ponts qu'ils couvrirent par un ouvrage de campagne. Le prince Eugène, en arrivant à ses avant-postes, se décida à s'emparer de ce point de Rossek et en même temps de Villach. Le général Gratien reçut ordre d'attaquer Villach avec sa division, tandis que la division Quesnel (1ʳᵉ), marchant par Reckersdorf, opérerait sur Rossek.

L'attaque de Rossek réussit complétement (28 août). L'ennemi fut rejeté sur la rive gauche de la Drave et fit sauter ses ponts. L'attaque sur Villach n'eut pas tout le succès qu'on en espérait. Le général Gratien, avec 6 bataillons, en ayant 3 en réserve aux haies de Federaun, engagea le combat vers deux heures de l'après-midi. Il ne put emporter que les faubourgs, tant la place était bien barricadée; mais, le lendemain 29 août, les Autrichiens l'évacuèrent après y avoir mis le feu, et le prince Eugène y établit son quartier général. La 2ᵉ division (Verdier) occupa Reckersdorf.

Le vice-roi, dont l'humanité, au milieu des désastres de la guerre, ne s'est jamais démentie, à peine entré à Villach, s'empressa de faire porter des secours et de donner des instructions pour que l'incendie fut éteint et le bon ordre maintenu autant que possible. Le général Gratien, qui s'était conduit, dans les affaires de Villach, avec une grande vigueur, cita dans son rapport, parmi les officiers dont il avait particulièrement distingué la bravoure et les bonnes dispositions militaires, le général Piat et le colonel Duché du 35ᵉ de ligne.

Le prince Eugène avait demandé à l'Empereur un général de division capable pour commander la 2ᵉ lieutenance encore sans chef. Voyant que cet officier général n'arrivait pas, le vice-roi remit ce commandement au général Verdier, donnant la division de ce dernier au général Rouyer, qui venait de rejoindre le prince.

L'armée d'Italie fut donc constituée de la manière suivante : État-major général, comme dans l'état précédent, sauf les modifications suivantes : le général de brigade *Fontane* disponible au quartier général; le major *Pasqualei*, les capitaines *Frangipani*, *Hantz*, *Deverre* et *Crotti*, adjoints à l'état-major. 1ʳᵉ lieutenance GRENIER; 1ʳᵉ et 4ᵉ division, *Quesnel* (brigades Campy et Pegot *colonel*), *Marcognet* (brigades Dupeyroux et Jeanin), 17,000 hommes, 38 bouches à feu. 2ᵉ lieutenance VERDIER; 2ᵉ et 3ᵉ division, *Rouyer* (brigades Shmitz et Darnaud), *Gratien* (brigades Piat et Montfalcon, *adjudant* commandant) 16,000 hommes et 34 bouches à feu. 3ᵉ lieutenance PINO; 5ᵉ et 6ᵉ division, *Palombini* (brigades Ruggieri et Galimberti), *Lecchi*, commandant la garde royale, et Belotti), 16,000 hommes, 32 bouches à feu. Réserve (BONFANTI, brigade Mazzuchetti), 4,000 hommes et 16 bouches à feu. Cavalerie, MERMET (brigade Perreymond), 2,300 chevaux et 16 bouches à feu.

Ces forces auraient constitué une armée de 50 et quelques mille combattants, si en effet tous les corps destinés à la former eussent rejoint; mais il n'en était pas ainsi, et le prince n'avait pas alors sous la main plus de 40 *et quelques mille combattants.*

A la fin d'août et après les derniers combats de Villach, les 1re et 2e lieutenances qui formaient par le fait l'aile gauche de l'armée du vice-roi, occupaient Villach et Federaun, Saint-Martin et Rossek. La réserve était du côté de Vérone. Elle était destinée à agir du côté du Tyrol. Nous dirons plus loin quel fut son rôle et son action pendant cette campagne.

La 3e lieutenance, séparée des deux premières par un espace assez considérable, formait l'aile droite du prince et avait fort à faire, car l'ennemi, prolongeant son mouvement vers le sud, poussait de Neustadt des reconnaissances sur Weichselburg au nord-ouest, du côté de Laybach, tandis que le corps campé à Frantz, sur la route de Cilly, envoyait des partis jusqu'au pont de Tchernütz sur la Save, à peu de distance de cette même ville de Laybach. En outre, le général Garnier ayant cru devoir évacuer Fiume le 27 août, pour se replier sur Schapiane, puis sur Materia, entre Trieste et Lippa, une colonne autrichienne entra dans la ville le 29.

Ainsi, l'ennemi s'étendait de Villach à la mer, menaçant Villach, occupant, au centre, le mont

Léobel, entre Villach et Krainburg, sur la route de Klagenfurth à cette dernière ville, maître d'une partie du cours de la Drave et cherchant à se jeter dans la vallée de la haute Piave.

Le 26 août le général Pino, commandant la 3ᵉ lieutenance, arriva à Laybach avec la 5ᵉ division, et, voulant prendre l'importante position du mont Léobel qui commande l'un des passages de la vallée de la Drave à celle de la Save, il lança la brigade Belotti sur ce point avec ordre de s'en emparer. La montagne était fortement retranchée. Le général Blotti fit son attaque le 29, mais il fut repoussé et se replia sur Sainte-Anne. Le jour suivant, il continua son mouvement rétrograde sur Krainburg, se rapprochant de Laybach.

Le vice-roi avait prescrit au général Pino de protéger le mouvement offensif de la brigade Belotti sur le mont Léobel, en poussant une forte reconnaissance avec sept bataillons et deux escadrons sur la route de Neustadt; mais, le 30, la brigade Belotti attaquée vigoureusement dans Krainburg et craignant d'être coupée, s'étant repliée sur Zwischenwasser, le général Pino rappela sa reconnaissance et se concentra à Laybach, faisant occuper le pont de Thernutz sur la Save par les troupes du général Belotti.

La perte de Krainburg coupait la principale communication entre les deux premières lieutenances et la troisième, ce n'était pas ce que voulait le vice-roi ; aussi donna-t-il l'ordre au général Pino de réoccuper cette ville. Le 2ᵉ léger italien, sous le général Belotti, l'attaqua et l'enleva le 2 septembre.

Les mouvements de l'ennemi du côté de Krainburg, la tendance qu'il montrait à s'étendre vers le sud-est, après avoir fait mine de se concentrer au nord du côté de Tarvis, parut au prince vice-roi un indice d'un projet qui tendrait de sa part à s'emparer du vallon de la haute Save pour isoler les deux premières lieutenances de la troisième. Le général Pino semblait craindre beaucoup cette éventualité. En supposant que le général Hiller parvînt à réussir, et s'interposât entre l'aile droite et le centre de l'armée d'Italie, Eugène était contraint de se replier derrière l'Isonzo pour rallier toutes les parties de son ordre de bataille. Le prince résolut donc de manœuvrer pour s'opposer à ce projet. En conséquence, il résolut de faire d'abord enlever les retranchements des Autrichiens à Feistritz sur la Drave, point d'où ils auraient pu se diriger sur Arnoldstein et Tarvis ou pénétrer dans le vallon de la Save, point enfin d'où ils menaçaient Villach sur leur gauche, Krainburg sur leur droite.

Le 3 septembre, la 5e division (Marcognet), en position à Wurtzen, sur la route de Villach à Krainburg, se mit en mouvement pour se rapprocher de cette dernière ville en passant par Assling. Le quartier général et la garde remplacèrent cette 4e division à Wurtzen. Le général Grenier, avec l'autre division de la 1re lieutenance renforcée de la 1re brigade de la division Rouyer (deuxième division), marcha droit sur Feistritz, tandis que la 5e division (Gratien) restait à Villach, et que la brigade Ruggieri, de la division Pino, occupait Adelsberg.

Le 5 septembre, la 4ᵉ division était sur le Léobel, et de cette montagne le vice-roi prescrivit au général Grenier d'attaquer le lendemain Feistritz. La 1ʳᵉ division, formée en deux colonnes, déboucha le 6, au matin, du camp de Saint-Jacob. La colonne de droite, aux ordres du général Campi, se dirigea par Malschack, y laissa un bataillon du 92ᵉ et deux pièces de canon pour établir des postes sur le ravin et couvrir le flanc droit de son attaque, puis elle continua sa marche par Prasinger et Storing où le général plaça un autre bataillon; gagnant ensuite un chemin qui conduit de Bleyberg à Feistritz, elle conserva les hauteurs qui dominent ce dernier point. La colonne de gauche, commandée par le général Quesnel, qui, outre son infanterie et son artillerie, avait le régiment des dragons de la reine, vint prendre position à Schwitzchack. La brigade Schmitz de la 2ᵉ division s'établit en avant d'un ravin, la droite appuyée à la gauche du général Quesnel et s'étendant vers la Drave. La brigade Campi, placée à l'extrême droite, fut chargée, non-seulement d'assurer les mouvements des autres troupes, mais encore de les seconder en prenant à revers les retranchements de l'ennemi. Tandis que les diverses colonnes se portaient en avant, le vice-roi faisait diriger par la montagne plusieurs bataillons de chasseurs à pied de la 4ᵉ division, pour forcer les avant-postes autrichiens à se replier et pour faciliter la marche de la brigade Campi. A trois heures de l'après-midi, cette dernière brigade attaqua l'ennemi à dos, le 84ᵉ et la brigade de Schmitz l'assaillirent de front, et, malgré une vive résistance de la part des Autrichiens, tous les retranchements furent enlevés. Une partie des défenseurs se retira dans le château de Feistritz et fut obligée de se rendre à discrétion. Les troupes d'une redoute située à mi-côte du grand ravin, n'ayant pas voulu mettre bas les armes, furent passées au fil de l'épée.

Vers cinq heures du soir, et nonobstant une forte pluie, la position et les retranchements de Feistritz étaient complétement au pouvoir de l'armée du prince. Le général Grenier avait rempli les instructions du vice-roi. Les troupes, même les jeunes soldats qui voyaient le feu pour la première fois, s'étaient comportés toute la journée avec beaucoup de bravoure, ne craignant pas d'aborder des vieux bataillons de grenadiers hongrois et d'attendre de pied ferme la charge de hulans qu'ils repoussaient à coups de baïonnette[1]. Cette brillante affaire, dans laquelle se distinguèrent les généraux Campi, Schmitz, le colonel Pegot du 84e, et le chef de bataillon Fonvielle du 7e de ligne, fit concevoir au prince Eugène l'espérance de soutenir la lutte malgré l'infériorité numérique de son armée et sa composition en conscrits sans expérience de la guerre. L'ennemi avait perdu 350 hommes tués et 500 prisonniers. L'armée d'Italie eut 60 tués, parmi lesquels le chef de bataillon Charrier du 9e de ligne, et 300 blessés. Le général Grenier cita dans son rapport, comme s'étant distingués, les généraux Quesnel et Schmitz, ce dernier légèrement blessé.

[1] Nous ne voulons parler ici que des conscrits français.

Par suite de ce combat heureux, la communication ayant été rétablie, dès le 7 septembre, entre la 1re et la 4e division, par le Léobel, le quartier général fut établi le 8 à Krainburg, et le vice-roi résolut de s'emparer immédiatement du pont de Tchernütz, pour s'étendre ensuite jusqu'à Saloch. La brigade Belotti fut chargée de cette opération, et la brigade Galimberti, dirigée par le général Palombini, eut ordre de se porter sur la route de Weichselburg, en avant de Saint-Marein. Tandis que la brigade Belotti effectuait son mouvement, des nouvelles défavorables de l'extrême droite, l'évacuation de Trieste, forcèrent le prince Eugène à modifier ses dispositions relativement à la brigade Galimberti. Le général Palombini eut mission de se porter avec la brigade Ruggieri sur Adelsberg, puis sur Lippa, pour chasser l'ennemi de ce dernier point, la brigade Galimberti n'envoyant plus qu'une reconnaissance de deux bataillons à Saint-Marein. Le général Belotti, au lieu de suivre le cours de la Save en se couvrant par les coteaux qui bordent cette rivière, et de masquer ainsi sa marche, se jeta trop à gauche et tomba au beau milieu des camps autrichiens de Stein et de Stol. Surpris et attaqué par des forces considérables, il fut fait prisonnier avec la majeure partie du 3e léger italien, et il perdit en outre 2 pièces de canon. A cette nouvelle, le général Pino se crut menacé et prit sur lui de suspendre le mouvement de la brigade Ruggieri, ce qu'apprenant, le vice-roi assez mécontent fit marcher sur Lippa toute la 5e division, en prolongeant le centre de l'armée jusqu'à Laybach.

Le 10 septembre, la 5ᵉ division s'avança vers Lippa, et le prince s'établit en arrière de la Drave et de la Save dans l'ordre suivant :

La 2ᵉ lieutenance sur la Drave, la gauche à Paternion et la droite à Feistritz avec 2 bataillons à Villach, et le quartier général à Finkenstein. La 1ʳᵉ lieutenance sur la haute Save, la 1ʳᵉ division à Krainburg et Neumarkt avec 2 bataillons en avant du Léobel, la 4ᵉ en avant de Laybach, occupant le pont de Tchernütz.

Le quartier général du prince à Laybach.

Tandis que l'aile gauche de l'armée d'Italie opérait ces divers mouvements, l'aile droite des Autrichiens, sous les ordres du feld-maréchal-lieutenant Fenner, s'étendait par Gemünd vers Spital et Sachsenburg, poussant des partis dans le vallon de la Drave jusque vers Prunecken dans le Pustersthal, prêt à s'avancer sur Lientz. L'armée bavaroise, qui devait garantir le côté du Tyrol, contenue par des forces considérables sous le prince de Reuss, se concentrait sur l'Inn inférieur, évacuant tout le pays de Salzburg. Le centre du général en chef Hiller était encore du côté de Klagenfurth, et l'aile gauche près de Neustadt, ayant à l'extrême gauche deux corps qui tenaient en échec la 3ᵉ lieutenance du général Pino.

Voyant qu'il lui serait fort difficile de forcer le passage de la Drave à Villach, Hiller se décida à continuer sa manœuvre par les deux ailes : 1° par la droite sur le Tyrol, où il voyait la Bavière incapable de l'inquiéter, contenue qu'elle était par le prince de Reuss[1]; 2° par la gauche, en opérant sur Trieste et en menaçant d'arriver sur l'Isonzo avant le vice-roi.

Les projets de l'ennemi n'avaient pas échappé au prince Eugène, qui, d'abord, ainsi que nous l'avons vu plus haut, avait voulu enlever les retranchements de Feistritz, ce à quoi il était parvenu, afin d'assurer son centre et ses communications entre ses lieutenances et son front de bataille. Il prescrivit, à la même époque, à la division restée à Vérone, de se porter à Trente pour s'opposer à l'ennemi s'il tentait de déboucher par le Tyrol.

Cependant, on ne fut pas longtemps à s'apercevoir, par les reconnaissances poussées de Krainburg et de Laybach vers Cilly, par celles dirigées des mêmes points sur Weichselburg et sur Lippa, que les Autrichiens tendaient à dégarnir leur centre pour opérer principalement vers leur droite. En effet, les premières reconaissances ne rencontraient que de faibles postes, tandis que les secondes avaient sans cesse devant elles des forces considérables. Ce plan de l'ennemi fit comprendre au prince l'importance de Saint-Marein, point intermédiaire sur la route de Neustadt à Laybach. Aussi une colonne autrichienne s'étant avancée de ce côté, une partie de la garde royale italienne fut envoyée contre elle. Battue le 11 et le 12 et ayant perdu deux caissons, la garde fut soutenue par plusieurs bataillons français qui ne purent joindre les Autrichiens et qui vin-

---

[1] Déjà, d'ailleurs, à cette époque, la Bavière modifiait sa politique et l'Autriche ne l'ignorait pas.

rent reprendre leur position à Laybach. Mais ces bataillons étaient à peine rentrés, que la garde laissée à Weichselburg fut de nouveau repoussée et qu'il fallut encore la secourir[1]. Le 17, le 53ᵉ de ligne, sous le commandement de son colonel le baron de Grobon, vint occuper le poste important de Saint-Marein.

Nous avons vu que, le 10 septembre, le général Pino avait reçu du vice-roi l'ordre de se porter avec toute la 5ᵉ division sur Lippa. Cet officier général, ayant achevé son mouvement le 13, attaqua le 14, à Lippa, le général Nugent, auquel il prit une pièce de canon mettant hors de combat 500 hommes tués, blessés ou prisonniers. Aussitôt la brigade Ruggieri marcha sur Fiume et en chassa les Autrichiens, le 15, s'emparant de deux canons. Les Anglais, alors à Fiume, se rembarquèrent précipitamment. L'archiduc Maximilien, qui se trouvait avec le général

---

[1] On lit, dans une relation intitulée : *Journal historique sur la campagne du prince Eugène en Italie en* 1813 *et* 1814 :

« On reprocha avec assez de raison ces pertes successives au gé-
« néral L....., officier dont la taille élevée et la physionomie agréable
« faisaient en quelque sorte tout le mérite. Avouons aussi que les
« troupes de la 3ᵉ lieutenance, dans ces affaires et les suivantes,
« montrèrent, en général, peu de bravoure. Ce n'est pas que les Ita-
« liens ne puissent devenir d'excellents soldats; mais il leur faut du
« temps avant d'être formés; il est nécessaire surtout, pour en tirer
« tout le parti possible, de mettre en jeu un ressort bien puissant sur
« leurs âmes et qu'on ne pouvait pas employer dans cette guerre où
« nous combattions sur notre propre territoire, je veux parler de
« l'appât des richesses, qui, dans les campagnes précédentes, parti-
« culièrement en Espagne, avait plus que toute autre cause enflammé
« l'audace de ces mêmes Italiens, et rendu leurs légions redouta-
« bles. »

Nugent, abandonna également la ville. Le 2ᵉ de ligne italien fut laissé devant Lippa, le 3ᵉ fut envoyé à Trieste, et le reste de la 5ᵉ division rétrograda sur Adelsberg. Les généraux Palombini, Ruggieri et Perreymond, le colonel Paolucci, furent cités dans le rapport du général Pino.

Ce dernier quitta l'armée pour retourner à Milan, et fut remplacé par le général Palombini. « L'incapacité absolue (dit le général de Vaudoncourt dans son ouvrage) qu'il avait fait voir (le général Pino), dans cette courte campagne, sa négligence à bien reconnaître les mouvements de l'ennemi, et sa pusillanimité, qui lui faisait à chaque instant perdre la tête, ne permettaient plus au prince de songer à lui laisser un commandement important. Pour lui éviter l'affront de l'en priver, on l'engagea à demander, pour cause de santé, un congé qu'on lui accorda. » Ce jugement de Vaudoncourt sur le général Pino est peut-être un peu sévère; cependant on ne peut nier qu'il ne soit basé sur plusieurs faits de nature à l'autoriser en quelques points, ainsi qu'on le verra par la correspondance du prince Eugène.

Tandis que ces événements se passaient à l'armée principale d'Italie, la division de réserve, commandée d'abord par le général Bonfanti (mise bientôt sous les ordres du général Gifflenga, aide de camp du prince), ayant reçu l'ordre de se porter de Montechiaro, où elle avait été organisée, sur Trente, pour occuper le débouché du Tyrol, se trouva réunie le 12 septembre sur ce point. L'extrême aile gauche des Autrichiens commençait à menacer Botzen, une colonne ennemie enleva même à Mulhbach la compagnie de voltigeurs du 1ᵉʳ régiment étranger, et marcha ensuite en avant, descendant sur l'Italie par Brixen. Cette nouvelle, bientôt connue à Trente, y causa, ainsi qu'à Vérone et même à Milan, quelques alarmes assez vite réprimées. Le vice-roi, ayant su que Trente avait été abandonné, remplaça le général Bonfanti par le général Gifflenga. Nous reviendrons bientôt sur les opérations qui eurent lieu de ce côté du théâtre de la guerre.

Dès la fin d'août, le prince Eugène eut à lutter contre les bruits alarmants que l'on répandait dans le royaume, bruits auxquels des fonctionnaires n'étaient pas même toujours étrangers, soit qu'ils fussent de bonne foi, soit qu'ils obéissent à un autre ordre d'idée. Le 27 août, le vice-roi, profitant de ce qui lui avait été mandé par le préfet de la Piave, écrivit de Villach au chef d'état-major la lettre suivante :

« Le général Vignolle répondra au préfet de la Piave que les nouvelles qu'il nous donne sur l'entrée de l'ennemi à *Toblach* sont fausses ; que les 29 et 30 j'avais encore des postes à *Greffenburg*, et que les patrouilles de l'ennemi ne s'avancent en ce moment qu'un peu au delà de *Sachsenburg*. Le général Vignolle ordonnera de ma part au préfet de rechercher ceux qui ont donné cette première nouvelle, afin qu'il soient arrêtés et punis sévèrement : mon intention étant de sévir contre tous ceux qui répandent de mauvaises nouvelles, et principalement contre les employés qui donnent l'exemple de la pusillanimité.

« Le général Vignolle écrira dans le même sens au commandant du département de la Piave, et ordonnera qu'on rende compte si l'ordre qui avait été donné de ruiner et rendre impraticables les routes d'*Ampezzo* et de *Cortino* a été exécuté. Tous les débouchés donnant sur la vallée de la *Drave* étant pour le moment rendus impraticables, cela doit donner de la tranquillité au département contre tous les partis ennemis qui pourraient se glisser dans cette partie du département de la *Piave*. »

Depuis le commencement des hostilités, l'armée du prince Eugène n'avait pas eu d'échecs, et même on pouvait la considérer comme ayant obtenu plutôt quelques succès, dont le plus important était celui de Feistritz; cependant la position de cette armée ne s'améliorait nullement. Elle s'affaiblissait de plus en plus par les maladies, les blessures et les désertions; au lieu que celle du général Hiller se renforçait à chaque instant de régiments, de bataillons, que l'inaction forcée des Bavarois permettait à l'Autriche de distraire des troupes du prince de Reuss. Tout cela n'échappait pas au vice-roi, qui faisait, pour se maintenir sur la Save, des efforts de toute nature.

Le prince ne tarda pas pourtant à reconnaître que les opérations de plus en plus importantes des Autrichiens sur son extrême droite et sur son centre, les rassemblements nombreux de troupes à Cilly, Neustadt d'une part, et devant Villach d'une autre, le forçaient à occuper une ligne de défense beaucoup trop étendue. Le fractionnement de son armée en trois lieutenance lui parut vicieux, il se décida le 20 septembre à former deux corps, l'un dont il prendrait lui-même le commandement, l'autre qu'il confierait au général Grenier, dans les talents duquel il avait, avec raison, la plus entière confiance.

Cette troisième organisation de l'armée d'Italie fut la suivante :

Corps de droite, prince Eugène (général Verdier à la disposition du prince); 1re division (Quesnel), brigades Lecchi et Pegot; 4e division (*Marcognet*), brigades Dupeyroux et Jeanin; 5e division (*Palombini*), brigades Ruggieri et Galimberti ; cavalerie, général de division *Mermet*, général de brigade Perreymond ; total, 24,000 combattants et 70 bouches à feu.

Corps de gauche, général Grenier; 2e division (*Rouyer*), brigades Schmitz et Darnaud; 3e division (*Gratien*), brigades Piat et Montfalcon ; brigade Campi, détachée de la réserve du Tyrol (comptant au corps de gauche) ; 6e division (*Gifflenga*) brigade Mazzuchelli; 24,000 combattants, 50 bouches à feu.

La 1re division était devant Laybach, la 4e à Saint-Marein; la 5e à Adelsberg; la 2e division entre Feistritz et Finkenstein; la 3e à Villach et Paternion ; la brigade Campi entre Neumarkt et Assling; la brigade de Gifflenga à Trente.

Peu de jours avant cette troisième et nouvelle organisation de l'armée d'Italie, la brigade Piat avait été détachée de Villach à Saint-Hermagor, sur l'extrême gauche, pour s'opposer aux mouvements des Autrichiens de ce côté, et les empêcher de tourner l'aile gauche du prince Eugène, en s'emparant de Tarvis. Attaqué le 16 septembre à Saint-Hermagor, le général Piat ne put lutter avec des forces trop considérables, et il se replia sur Arnoldstein, au-dessous de Villach, avec toutes les troupes que le général Verdier concentra sur ce point. Alors commença la retraite de la 1re lieutenance sur Tarvis; mais, bientôt informé par le général Grenier, qui venait prendre le commandement du corps de gauche, que la brigade Campi occupait le vallon de la Save, entre Neumarckt et Assling, le général Verdier reprit sa position à Arnoldstein.

Les choses en étaient là, lorsque l'organisation en deux corps s'effectua, le 20 septembre.

Dès le jour suivant, le vice-roi, à droite, ayant résolu d'attaquer Saint-Marein, posta une reconnaissance sur Weichselburg. Les Autrichiens, favorisés par un épais brouillard, s'étaient repliés de Saint-Marein, en sorte que, le 22, le général Jeanin, avec deux bataillons et un escadron de chasseurs du 19e régiment, prit, sans coup férir, position à Weichselburg, tandis que le général Palombini envoyait de Zirknitz une autre reconnaissance de même force sous les ordres du général Perreymond. L'ennemi, menacé de front et sur son flanc, se retira du côté de Neustadt, et la 4e division s'établit à Saint-Marein.

Le 25 septembre, les Autrichiens firent une tentative sur le pont de Tchernütz, espérant déboucher sur les derrières de la position de Saint-Marein. Un bataillon du 84e de ligne, un autre du 3e italien et

100 chasseurs à pied de la garde, défendirent brillamment le pont pendant quatre heures, et forcèrent l'ennemi, auquel ils firent 400 prisonniers, à abandonner son entreprise. Aux premiers coups de feu, le prince s'était porté de ce côté.

Cependant le général Hiller cherchait journellement à profiter de la lacune qui existait forcément entre les deux corps de l'armée d'Italie, et à chaque instant il renouvelait ses tentatives entre Assling et Krainburg, pour essayer de pénétrer en Frioul par Tulmino. Le prince Eugène n'avait pas assez de forces à sa disposition pour rejeter l'ennemi derrière la Drave, sans dégarnir et compromettre les passages principaux. Les Autrichiens menaçaient Adelsberg, dont la perte eût séparé l'aile droite de l'aile gauche. Enfin la Bavière, qui ne s'était pas encore déclarée contre nous, observait déjà une neutralité de mauvais augure et qui permettait au prince de Reuss de renforcer l'armée de Hiller. Si, comme tout portait à le croire, le roi de Bavière ne tardait pas à faire cause commune avec les alliés, le royaume d'Italie était frappé au cœur, puisque les Autrichiens pouvaient y pénétrer par les débouchés du Tyrol et tourner ainsi les positions péniblement conservées jusqu'alors par le prince Eugène en arrière de la Save et de la Drave.

Toutes ces considérations confirmèrent le viceroi dans l'opinion fort sage qu'il ne serait pas prudent à lui de se maintenir plus longtemps aussi loin du centre du royaume. Car il risquait ainsi de se voir brusquement coupé de sa ligne de retraite sur la Piave et sur l'Adige et pris à revers avec des troupes dont une partie n'était pas dévouée à la cause qu'il défendait avec tant de persévérance et de talent. Quelle autre ressource lui fût-il alors restée que celle de se frayer un passage l'épée à la main à travers une armée plus forte que la sienne? Il ne pouvait songer, dans l'éventualité que nous venons d'exposer, à franchir le Pô vers son embouchure, puisqu'il se fût trouvé à la merci d'un allié plus que douteux, le roi de Naples, dont les troupes n'étaient pas venues le joindre, et qui, dès ce moment, négociait sa défection.

Le prince Eugène, déterminé à mettre entre lui et l'armée autrichienne les défilés qu'il gardait depuis l'ouverture de la campagne, fit ses dispositions pour prendre la ligne de l'Isonzo. C'était un premier pas rétrograde, fâcheux sans doute, mais nécessaire, sous peine de compromettre son armée.

Du reste, il était temps de songer à une retraite indispensable, car l'ennemi, continuant à se renforcer, devenait de plus en plus entreprenant. Le 25 septembre, en même temps qu'il faisait une tentative sur le pont de Tchernutz, les Autrichiens attaquaient le général Perreymond à Laschitz, et le rejetait sur la division Palombini, ils repliaient cette division le lendemain 26, sur Manitz, en lui enlevant un bataillon du 2e léger italien, qui se conduisit fort mal. Pendant trois jours l'ennemi poussa pied à pied la brigade Galimberti, et enfin, le 27, il attaqua avec des forces très-supérieurs, à Regersdorff, la division Rouyer de l'aile gauche, chargée de maintenir la position de Feistritz.

La division Rouyer ne fut pas entamée et empêcha les Autrichiens de déboucher dans la plaine; mais toutes ces tentatives indiquaient suffisamment un mouvement offensif dangereux de l'armée ennemie.

Les ordres furent donc donnés pour que les deux corps se repliassent sur la ligne de l'Isonzo. Celui de droite quitta Saint-Marein, le quartier général vint coucher à Laybach; les troupes opérèrent leur retraite en bon ordre et par échelons, les 1re et 4e divisions suivant la grande route de Gorizia par Adelsberg et Wippach, à une journée de distance, la 5e par Prewald sur Opschina jusqu'à Dueno, où elle reprit la direction de Gorizia. Les Autrichiens attaquèrent deux fois l'arrière-garde, mais sans succès, le 30 septembre à Planina, le 1er octobre à Adelsberg.

Le général de division Fresia, qui commandait en Illyrie, avait été obligé d'évacuer définitivement Trieste le 27 septembre, en laissant une petite garnison dans le château.

L'aile gauche commença son mouvement le 6 octobre. Après avoir concentré, le 4, devant Tarvis, les 2e et 3e divisions et rapproché sur Weissenfeld la brigade Campi, elle détacha un bataillon de cette brigade à Caporetto pour maintenir le passage de Pletz. La retraite s'opéra en échelons par la vallée de la Fella. Le lendemain, 7 octobre, une colonne autrichienne, forte de neuf bataillons soutenus par 4 bouches à feu, déboucha de Feistritz sur le Gail pour attaquer le poste de Saffnitz, gardé par trois bataillons des 42°, 102° et 131° de ligne. L'ennemi ne put forcer la position et perdit plus de 600 hommes.

Le 6 octobre, le corps de droite avait terminé son mouvement et occupait les positions suivantes : la 4° division sur la rive droite de l'Isonzo, de Gradisca, à la hauteur de Gorizia; la 5° de Gradisca à la mer; la 1re, en réserve, derrière Gradisca; le quartier général dans cette dernière ville.

Le 11, le corps de gauche avait également opéré sa retraite, et se trouvait réuni dans la vallée du Tagliamento, au débouché de la plaine du Frioul, la 2° division à Venzone, la 3° à Ospidaletto.

Le vice-roi, dès qu'il vit le corps de droite réuni sur l'Isonzo, s'empressa de faire connaître au ministre de la guerre les dispositions qu'il croyait devoir prendre pour la défense du pays. Il lui adressa donc de Gradisca, à la date du 11 octobre, la lettre suivante :

« Monsieur le ministre duc de Feltre, je vous adresse la copie des instructions que j'avais données pour la défense de l'Isonzo. Dans le moment où j'expédiais ces instructions, le général Grenier a été attaqué à Tarvis de front par une force considérable, tandis qu'une seconde attaque avait lieu sur ses flancs pour lui couper la communication avec la Ponteba. Il a repoussé l'ennemi; mais, craignant une autre attaque sur ses flancs et même sur ses derrières, il a évacué la position, et s'est replié à Ospidaletto, qu'il occupe en ce moment; on a travaillé depuis deux mois à fortifier cette dernière position.

« Dans le même moment, la division autrichienne, commandée par le général Fenner, ayant reçu des renforts du corps autrichien qui est devant Saltzbourg, a percé dans le Tyrol. Le général Gifflenga, qui y commandait, a voulu résister, mais voyant des forces trop supérieures, il a pris le parti de se replier à Botzen. Sa perte a été en grande partie des déserteurs du régiment étranger qui ont passé à l'ennemi par bandes au moment du combat.

« Je fais organiser ma division de réserve à Vérone, au moyen des compagnies départementales que je fais marcher et réunir en bataillons et régiments. J'espère avoir bientôt trois à quatre bataillons réunis avec un escadron de cavalerie et quelques pièces de canon. Ce sera mon arrière-ban, et, si vous ne m'annoncez pas du renfort, et que l'ennemi continue à se renforcer, je ne sais véritablement pas ce que je pourrai faire. »

A cette lettre était jointe la pièce ci-dessous :

« *Dispositions générales pour la défense de l'Isonzo.* — La division Marcognet occupe le terrain au-dessus de Gradisca, jusque devant Gorizia. La division Palombini celui au-dessous de Gradisca. Les troupes du général Quesnel en réserve en arrière de Gradisca. Le général comte Grenier occupe fortement Tarvis, avec le corps de gauche, s'étendant jusqu'à Pontéba par quelques bataillons et détachant le général Campi avec le 92ᵉ à Caporetto, pour servir à lier les corps de droite et de gauche, couvrir la communication d'Udine, par Cividale, rejeter sur la rive gauche tous les partis ennemis qui voudraient passer la rivière vers Caporetto et Tulmino, enfin se lier avec les bataillons détachés du corps de droite sur Canale et Tulmino.

« Les principales forces de l'ennemi sont divisées en deux corps, dont l'un se présente par différents débouchés sur Tarvis; l'autre par Gorizia et Montfalcone sur l'Isonzo. Enfin un corps intermédiaire de 2 à 3,000 hommes a manœuvré par les vallées de Laak et d'Idria, pour la liaison des deux corps ennemis.

« Malgré la grande quantité de gués qui existent sur le bas Isonzo, la défense de cette rivière est facile, si la surveillance sur tous les points de passage est bien établie, si les troupes de chaque division sont bien concentrées par division ou par brigade, ayant d'ailleurs pour appui la place de Palmanova.

« D'après la position du corps de droite, si l'ennemi effectuait son passage au-dessous de l'embouchure de la Tarre, le général Mermet qui commande dans cette partie, se bornerait à s'assurer que c'est un passage réel, observerait le mouvement et la marche de l'ennemi avec la cavalerie, et les divisions Palombini, Quesnel et Marcognet faisant de suite un changement de front à droite, se réuniraient sur la Tarre pour passer ce torrent et marcher à l'ennemi, appuyant notre droite sur Palmanova.

« Si l'ennemi passe entre Gradisca et l'embouchure de la Tarre, il se trouve sur le front de la division du général Palombini, qui lui présente à l'instant sa division formée sur deux lignes et fait toutes ses dispositions pour offrir la plus grande résistance, afin de donner le temps aux troupes des généraux Quesnel, Mermet et Marcognet d'arriver à son secours.

« Si l'ennemi passait entre Gorizia et Gradisca, le général Marcognet se présenterait au point du passage avec sa division formée en trois colonnes, et opposerait, avec son artillerie et son infanterie solidement formée, une forte résistance, jusqu'à l'arrivée des troupes du général Quesnel, du général Palombini et du général Mermet.

« Si le corps de droite ne pouvait empêcher l'ennemi de passer l'Isonzo, et que la résistance la plus opiniâtre ne pût parvenir à le repousser, le corps de droite après avoir jeté quelques bataillons, qui seraient désignés, dans Palmanova, opérerait son mouvement par Carmons, Cividale, en suivant le pied des montagnes, jusqu'au débouché des vallées où il pourrait avoir fait sa jonction avec le corps de gauche. Un bataillon serait détaché dans la tête de pont du Tagliamento, pour, avec les 6 pièces d'artillerie qui y sont déjà, couvrir et défendre ce poste. Un officier du génie se rendra de suite sur les lieux pour mettre en bon état cet ouvrage.

« On n'a traité jusqu'ici que la supposition d'un passage de l'ennemi en face du corps de droite. On traitera à présent des mouvements qu'il pourrait faire sur le corps de gauche.

« On ne parlera point des partis qui peuvent pénétrer par la Pontéba, soit par Tulmino ou Caporetto; on ne peut répondre que par des partis à ce genre de guerre.

« Il est à présumer que le général Campi, avec 4 bataillons et le colonel Pégot avec 3, suffiront pour repousser tous les partis que l'ennemi jetterait par ces dernières routes, et pour couvrir la communication de Caporetto à Udine. Si le corps de gauche ne pouvait fortement tenir à Tarvis, et qu'il fût obligé de quitter cette position, il se retirerait à celle d'Ospidaletto devant Osopo, après avoir détruit tous les ponts, rendu impraticables toutes les routes; les chemins et ponts de la vallée de Pletz auraient été également détruits; de sorte que la position de l'armée serait : le corps de gauche à Ospidaletto et Osopo, le corps intermédiaire du général Campi, qui aurait alors sa brigade entière à Caporetto, le corps de droite continuant à tenir l'Isonzo.

« Tout mouvement subséquent de l'ennemi nécessiterait de nouvelles dispositions, qui auraient pour but de réunir l'armée dans une position convenable pour présenter et donner bataille.

« Copie de ces dispositions sera envoyée au lieutenant général Grenier, ainsi qu'aux généraux Marcognet, Quesnel, Palombini et Mermet, pour eux seuls, et sous le plus grand secret. »

Le duc de Feltre répondit à cette marque de convenance du prince vice-roi par une lettre fort singulière, en date du 20 octobre, lettre qu'on trouvera quelques lignes plus loin, et dans laquelle il semble prendre l'attitude d'un homme piqué de n'avoir pas été consulté pour les opérations militaires précédentes. Le ministre, tout en se retranchant sur ce qu'il n'a pas mission de donner des conseils pour les opérations futures, émet des avis que le vice-roi, beaucoup plus compétent que lui à cet égard, ne lui demande pas. Au lieu d'avouer qu'il n'a pas de renforts ni d'armes à envoyer en Italie, il cherche à démontrer, *en se refusant à l'évidence*, que le prince a plus de monde que l'ennemi, enfin il termine par une conclusion *bizarre*, en disant que le changement de la Bavière ne peut avoir d'autre effet que *de faciliter aux Autrichiens l'entrée des vallées du Tyrol. Que cela ne doit donc influer en rien sur ce qui se passe du côté de l'Italie.*

Il est difficile d'écrire un non-sens plus manifeste.

Voici cette curieuse lettre de Clarke :

« Monseigneur, je réponds à la lettre dont Votre Altesse Impériale m'a honoré, en date de Gradisca, le 11 décembre. Comme jusqu'à présent il m'a paru que l'Empereur avait donné à Votre Altesse carte blanche pour la conduite des opérations, ou des circonstances particulières à cet égard, ce que j'ignore entièrement, je n'ai pu ni dû m'en mêler en aucune manière, et je me suis borné à transmettre à Sa Majesté les dépêches qui me parvenaient, sans me permettre aucun commentaire. J'ai remarqué d'ailleurs plus d'une fois qu'on trouvait dans nos gazettes françaises, avant de recevoir les lettres de Votre Altesse Impériale, presque tous les détails qu'elles contenaient ; cette circonstance m'a fait juger que la correspondance dont j'étais l'intermédiaire n'était que le duplicata de celle qui passait par le Saint-Gothard.

« D'autre part, l'Empereur ne m'a entretenu de l'Italie que pour m'avertir de faire préparer à Fénestrelle, à Grenoble, au fort Barreaux et à Antibes, tout ce qui est nécessaire pour le service d'une armée qui se réunirait sur les Alpes, en suppposant l'Italie perdue. Sa Majesté me prescrit également de faire armer de quelques bouches à feu le couvent et les tours dont elle a ordonné la construction au mont Cenis. L'Empereur me demande en outre des projets pour le Simplon, pour le col de Tende, pour celui de Cadibone et pour la Bocchetta, afin de pouvoir rester, en cas d'événement, avec peu d'hommes et de dépenses, maître de tous les débouchés sur l'Italie; et j'ai donné des ordres préparatoires pour que les intentions de l'Empereur fussent remplies en tout point.

« Aujourd'hui Votre Altesse Impériale me témoigne subitement et sans m'y avoir préparé, des inquiétudes alarmantes et me fait un appel direct au sujet de ses opérations en me demandant des fusils et des renforts. Quant aux fusils, j'aurai l'honneur d'adresser incessamment à Votre Altesse une réponse spéciale à ce sujet, et sans doute, s'il m'est possible d'en envoyer, elle peut compter que je le ferai. Mais quant aux renforts, Votre Altesse Impériale doit être bien persuadée que je ne balancerais pas à répondre à ses intentions, autant qu'il dépend de moi, si d'autre part l'armée d'Espagne n'en réclamait pas avec instance, et si l'armée d'Allemagne, après les pertes qu'elle a essuyées, n'en avait pas aussi un besoin pressant. Si cependant j'avais à ma disposition quelques renforts à envoyer en Italie, Votre Altesse peut être assurée que je les y ferai passer sur-le-champ. Elle doit toutefois considérer que, d'après le tableau de l'armée autrichienne que j'ai eu l'honneur de lui adresser, cette armée ne présente guère plus de 42,000 combattants, tandis que celle que Votre Altesse Impériale commande en a 50,206 présents sous les armes et qu'après l'arrivée des troupes en marche, il y en aura 52,906. La nouvelle conscription donnera 12,000 combattants de plus et celle de 1815, qui sera levée postérieurement, y ajoutera encore 17 à 18,000 hommes [1]. Je ne fais pas entrer dans le total (qui va au delà de 80,000 hommes) la nouvelle conscription du royaume d'Italie ni les compagnies de réserve que Votre Altesse Impériale fait marcher, ni la gendarmerie des pays évacués, dont on peut former de bons escadrons, pour balancer la cavalerie autrichienne. Avec de semblables moyens, je pense que lors même que les ennemis s'augmenteraient par quelques nouvelles levées en Croatie et en Illyrie, cet accroissement ne saurait être ni dangereux ni fort inquiétant, et que si Votre Altesse Impériale

---

[1] On voit que le ministre de la guerre, imitant en cela l'exemple si souvent donné par l'Empereur, aimait à *se refuser à l'évidence* dans l'évaluation des forces militaires des deux partis. Mais ce qui chez l'Empereur avait un but, celui de demander plus pour obtenir moins, ne pouvait avoir, de la part du ministre, le même objet. Selon toute apparence, le ministre cherchait un moyen convenable, une raison à peu près plausible pour refuser des renforts qu'il n'avait pas. Il eût mieux fait peut-être de dire tout simplement la vérité à un homme aussi loyal et aussi droit que le prince Eugène.

manœuvre convenablement, sa position ne peut être aussi alarmante qu'on pourrait la supposer d'après sa correspondance.

« Quant à la manière de manœuvrer vis à-vis de l'ennemi, Votre Altesse Impériale doit comprendre que dans le cas où l'Empereur lui aurait envoyé des instructions raisonnées, il ne peut pas entrer dans ma pensée d'en envoyer de mon côté, et si Sa Majesté a donné carte blanche à Votre Altesse Impériale, il ne m'appartiendrait pas davantage de lui donner des instructions, à moins qu'elle ne m'en eût expressément demandé.

« Cette observation ne m'empêche point d'avoir pour avis que la principale défense de l'Italie est entièrement sur le haut Adige et qu'elle consiste dans l'art d'empêcher l'ennemi de déboucher sur l'une ou l'autre rive du lac de Garde. Vous jugerez cependant, monseigneur, qu'en énonçant cette opinion, je ne prétends point en dicter les développements. C'est à Votre Altesse Impériale seule qu'il appartient de juger sur les lieux et de combiner tous les moyens d'assurer cette défense dans ses différents détails. Je ne dois donc pas me permettre d'ajouter d'autres explications aux idées que je viens de présenter.

« Le changement de la Bavière ne peut avoir, à l'égard de Votre Altesse Impériale *d'autre effet que de faciliter aux Autrichiens l'entrée des vallées du Tyrol* [1], car il paraît, d'après une dépêche télé-

---

[1] Mais c'est précisément l'entrée des vallées du Tyrol donnée à l'ennemi qui doit naturellement modifier toute la défense et forcer le

graphique qui m'est parvenue à l'instant, que 30,000 Bavarois, commandés par le général de Wrède, joints à 15,000 Autrichiens, vont manœuvrer sur Wurtzbourg, ce qui ne peut influer en rien sur ce qui se passe du côté de l'Italie.

« Depuis le commencement des hostilités, je ne sais rien de ce qui se passe en Dalmatie; on dit que les Monténégrins se sont emparés de Budna, c'est tout ce qui m'est connu, et je prierai Votre Altesse Impériale de vouloir bien me communiquer les renseignements qui lui seront parvenus à ce sujet.

« La dépêche de Votre Altesse Impériale, à laquelle j'ai l'honneur de répondre, a été immédiatement transmise à l'Empereur comme les précédentes. »

La position de l'armée d'Italie, quoi qu'en dise la lettre ci-dessus du duc de Feltre, ne tendait pas à s'améliorer; aussi, dès qu'il fut à Gradisca avec ses troupes à peu près dans la main, le vice-roi voulut essayer de réorganiser les corps qui avaient éprouvé d'assez grandes pertes déjà. Bien qu'on n'eût pas livré de batailles, mais seulement une multitude de petits combats, et bien que ces combats aient été presque tous à l'avantage de l'armée d'Italie, une diminution sensible n'avait pas moins été la conséquence de ces deux premiers mois de campagne. Composés de conscrits passés brusquement et sans transition du toit paternel à l'armée, les corps avaient dû être préparés à une grande lutte, à une bataille générale peu à peu, par des luttes partielles et avec

vice-roi à se porter très en arrière, jusque sur l'Adige ou le Mincio, en abandonnant complétement les départements de l'Est.

discernement. Combiner une opération sur une vaste échelle était impossible avec des hommes sur lesquels on ne pouvait pas compter tant qu'ils n'auraient point été aguerris et rompus au métier des armes. Il fallait à ces hommes des ménagements, du repos, des encouragements. Voilà pourquoi le commencement de cette campagne se passa en affaires d'avant-garde plutôt qu'en actions d'une certaine importance. D'après la situation des choses en Allemagne et par suite de la lettre du ministre, le prince vit bien qu'il ne pouvait guère espérer des renforts de la France. La 25ᵉ demi-brigade provisoire, le 1ᵉʳ régiment étranger, le 31ᵉ de chasseurs, le 1ᵉʳ de hussards, tous en marche pour rejoindre l'armée d'Italie, étaient à peu près les seuls corps sur lesquels il fût permis de compter.

II

Au milieu de tous ces embarras, la défection de la Bavière vint compliquer les difficultés pour le vice-roi. Un ouvrage publié récemment, les *Mémoires du duc de Raguse*, ayant accusé nettement le prince Eugène d'avoir trahi la France, sa patrie, en 1813 et en 1814, nous croyons devoir nous étendre longuement sur la conduite politique que tint le fils adoptif de l'Empereur depuis le jour où le roi son beau-père rompit ses engagements avec la France;

les *preuves irrécusables*, les *documents authentiques* que nous allons mettre sous les yeux de nos lecteurs nous paraissent de nature à prouver la fausseté des assertions des détracteurs du prince Eugène [1].

Nous abandonnerons donc un instant le récit des opérations militaires pendant la fin de l'année 1813. Nous y reviendrons un peu plus loin.

Le roi de Bavière annonça lui-même son changement de politique au vice-roi par la lettre ci-dessous, écrite de Nymphenbourg, en date du 8 octobre 1813.

« Mon bien-aimé fils. Vous connaissez mieux que personne, mon bien cher ami, la scrupuleuse exactitude avec laquelle j'ai rempli mes engagements avec la France, quelque pénibles et onéreux qu'ils aient été. Les désastres de la dernière campagne ont surpassé tout ce qu'on pouvait craindre; cependant la Bavière est parvenue à lever une nouvelle armée, avec laquelle elle a tenu en échec jusqu'ici l'armée autrichienne, aux ordres du prince de Reuss. Cette mesure couvrait une partie de ma frontière, mais laissait à découvert toute la ligne qui court le long de la Bohême, depuis Passau jusqu'à Égra, ainsi que toute la frontière de la Franconie, du côté de la Saxe. J'ai attendu d'un moment à l'autre que cette immense lacune du système défensif fût remplie, mais mon attente a été vaine. Les princes voisins, comme le roi de Wurtemberg, ont refusé tout se-

---

[1] Une grande partie de ces curieux documents a été publiée déjà dans une brochure de M. Planat de la Faye. Ils ont été d'un grand poids dans le procès intenté à l'éditeur des *Mémoires de Marmont* par la famille du prince Eugène, procès gagné par elle.

cours, sous prétexte qu'ils avaient besoin de leurs forces pour eux-mêmes. L'armée d'observation de Bavière a reçu une autre destination et n'a jamais suivi aucune espèce de correspondance avec le général de Wrède. On a laissé le temps aux troupes légères ennemies d'occuper, sur les derrières de l'armée, tout le pays entre la Saal et l'Elbe, d'y détruire divers corps français et de se rendre redoutables à mes frontières; aux réserves de Benningsen, de gagner la Bohême, d'où elles sont à portée de se jeter, sans trouver d'obstacle ni de résistance, sur mes provinces en Franconie ou dans le haut Palatinat, et de là sur le Danube, opération qui ne laisserait d'autre retraite à Wrède, de son propre aveu, que les gorges du Tyrol, et laisserait à découvert le reste de mes États. Je serais forcé de les quitter avec ma famille, dans un moment où il serait le plus dangereux d'en sortir. Dans une situation aussi critique, et presque désespérée, il ne m'est resté d'autre ressource que de me rendre aux instances vives, réitérées et pressantes des cours alliées de conclure avec elles un traité d'alliance. Je crois avoir remarqué à cette occasion, avec assez de certitude pour me croire fondé à vous le dire, que les Autrichiens ne seraient pas éloignés de se prêter, du côté de l'Italie, à un armistice sur le pied de la ligne du Tagliamento. C'est votre père, et non le roi, qui vous dit ceci, persuadé que vous saurez allier *vos intérêts* avec ce que vous devez à l'honneur et à vos devoirs.

« J'ai, comme bien vous pouvez croire, fait rendre le chiffre de l'armée au ministre de France, sans en prendre copie. Je vous prie de même d'être persuadé que les malades qui sont dans mes hôpitaux seront traités à mes frais et renvoyés libres chez eux. Il en sera de même des individus français et italiens qui se trouvent en Bavière.

« J'espère, mon cher Eugène, que nous n'en serons pas moins attachés l'un à l'autre, et que je serai peut-être à même de vous prouver *par des faits* que ma tendre amitié pour vous est toujours la même. Elle durera autant que moi.

« Je vous embrasse un million de fois en idée. La reine vous embrasse. »

Au reçu de cette lettre de son beau-père, le 15 octobre 1813, le prince Eugène répondit de Gradisca :

« Mon bon père, je reçois à l'instant votre lettre du 8 courant. Votre cœur sentira facilement tout ce que le mien a dû souffrir en la lisant. Encore si je ne souffrais que pour moi ! mais je tremble pour la santé de ma pauvre Auguste, lorsqu'elle sera informée du parti que vous vous êtes cru obligé de prendre.

« Quant à moi, mon bon père, quel que soit le sort que le ciel me réserve, heureux ou malheureux, j'ose vous l'assurer, je serai toujours digne de vous appartenir, je mériterai la conservation des sentiments d'estime et de tendresse dont vous m'avez donné tant de preuves.

« Vous me connaissez assez, j'en suis sûr, pour être convaincu que, dans cette pénible circonstance, je ne m'écarterai pas un instant de la ligne de l'honneur ni de mes devoirs; je le sais, c'est en me conduisant ainsi que je suis certain de trouver toujours en vous pour moi, pour votre chère Auguste, pour vos petits-enfants, un père et un ami.

« Le hasard m'a offert une occasion de faire pressentir le général Hiller sur un arrangement tacite par lequel nous demeurerions, lui et moi, dans les positions que nous occupons, c'est-à-dire sur les deux rives de l'Isonzo; je ne sais ce qu'il répondra, mais vous le sentirez, je ne puis faire au delà. Si cette première proposition est jugée insuffisante, si la fortune m'est à l'avenir aussi contraire qu'elle m'a été favorable jusqu'à présent, je regretterai toute ma vie qu'Auguste et ses enfants n'aient pas reçu de moi tout le bonheur que j'aurais voulu leur assurer, mais ma conscience sera pure, et je laisserai pour héritage à mes enfants une mémoire sans tache.

« Je ne sais, mon bon père, ce que votre nouvelle position vous rendra possible. Je ne vous recommande pas votre gendre, mais je croirais manquer à mes premiers devoirs si je ne vous disais pas : Sire, n'oubliez ni votre fille ni vos petits-enfants. »

Le même jour où il écrivait la lettre ci-dessus à son beau-père, le vice-roi apprenait ainsi à sa femme la fatale nouvelle de la défection de la Bavière :

« J'ai une nouvelle à te donner, ma très-chère Auguste, qui affligera ton bon cœur, mais il faut pourtant bien que tu la saches. La Bavière vient de faire un traité avec l'Autriche et avec la Russie contre nous. Le roi me l'apprend lui-même et m'assure que tout cela ne changera rien à son amitié pour moi; je le crois et lui réponds sur le même ton, mais cela va jeter sur mes bras une seconde armée autrichienne, dont je n'avais, parbleu, pas besoin. Écris-lui que je t'ai donné cette affligeante nouvelle, et que tu le pries dans sa nouvelle position de ne point oublier ses petits-enfants. Cela, j'en suis sûr, suffira à son cœur. Ma position ici est fort bonne, et il faut le double de mes forces pour m'en faire sortir; mais je crains les mouvements qu'ils peuvent faire par le Tyrol. Jusqu'à présent il n'y a que 5 à 6,000 hommes, et ce que je rassemble à Vérone suffira, j'espère. Je te prie en grâce de ne parler à personne de la conduite de la Bavière jusqu'à ce que cela soit connu. Il est triste pour toi, ma bonne Auguste, de te voir obligée d'oublier en ce moment que tu es née Bavaroise.

« Réflexion faite, je t'envoie la copie de ma lettre au roi. Je désire que tu en sois satisfaite. »

Avant de donner la réponse de la vice-reine à son père, nous allons faire connaître les différentes lettres du vice-roi à son beau-père, depuis le retour du prince à Milan, après la campagne d'Allemagne jusqu'au moment où il apprit que la Bavière n'était plus l'alliée de la France. Le prince se confia au roi Maximilien tant qu'il le crut fidèle à Napoléon. Le jour où il le vit contre l'Empereur, il cessa toute correspondance avec lui, sans que cela diminuât pourtant son affection filiale. Eugène savait allier l'honneur, la fidélité, le respect du devoir avec les sentiments de la famille. Il y avait chez lui deux hommes : le *vice-roi* d'Italie, *lieutenant* de Napoléon, et le *gendre* d'un souverain qu'il aimait et respectait.

« *Milan, 28 mai* 1813. — Mon bon père, je vous ai annoncé mon heureuse arrivée à Milan. Aujourd'hui je vous informe du résultat de mon premier travail pour l'organisation de l'armée à Vérone, Vicence et Brescia.

« 46e division, 13,834 hommes; 47e division, 12,902 hommes; 48e division, 13,609 hommes; 49e division (italienne), 14,100 hommes; cavalerie française et italienne, 4,758 hommes; réserve d'artillerie, 470 hommes; grand parc, 775 hommes; total : 60,448 hommes.

« Du 15 juin au 1er juillet, il sera organisé deux divisions supplémentaires nos 50 et 51; l'une sera forte de 13,580 hommes, et la seconde de 16,400 hommes. Total général, 90,428 hommes. Il faut ajouter à cela tous les 5es bataillons qui restent dans l'intérieur pour les garnisons, mais qui, au besoin, peuvent former des régiments provisoires, ce qui porterait le nombre des troupes à 120,000 hommes. Nous aurons le 15 juin 100 pièces de canon bien attelées.

« En voilà j'espère plus qu'il n'en faut pour en imposer à nos voisins. L'Empereur compte que, de votre côté, vous ferez tout ce qui vous sera possible. Sa Majesté désirerait, par exemple, que l'on rétablît dans le Tyrol les *chiesa* qui pourraient être utiles pour empêcher l'ennemi d'y pénétrer. Je n'en connais qu'une qui pourrait peut-être rendre quelques services par sa position, c'est celle de Mulhbach, entre Lientz et Brixen, et non loin de cette dernière ville. Vous aurez sûrement appris avant moi les nouveaux succès de Sa Majesté dans les environs de Bautzen. Je vous serai bien obligé, mon bon père, quand vous aurez quelques nouvelles importantes de nos armées, de vouloir bien m'envoyer une estafette expresse : j'en ferai autant toutes les fois qu'il y aura ici quelque chose d'intéressant. Adieu, mon cher père.

« Je présente mes hommages à la reine. J'embrasse frères et sœurs. Auguste et mes enfants vous baisent les mains. »

Milan, 9 juin 1813. — « Mon bon père, je vous rends mille grâces pour deux lettres du 5 juin. La dernière surtout contenait de bien belles et bien bonnes nouvelles. Fasse le ciel qu'on s'entende, et que nous puissions jouir enfin d'une tranquillité si nécessaire à tout le monde !

« La santé d'Auguste et de mes enfants ne laisserait rien à désirer si les médecins n'ordonnaient pas impérieusement à la vice-reine de reprendre encore cette année les eaux d'Albano. Elle se résout donc à y aller, avant surtout qu'une nouvelle grossesse ne vienne l'en empêcher. Notre séparation ne sera pas au reste de longue durée, car je compte, à la fin de juin ou les premiers jours de juillet, me rapprocher d'elle en allant visiter les camps.

« Adieu, mon cher père, moi, ma femme et mes enfants, nous vous baisons les mains. Je présente mes hommages à la reine, et j'embrasse frères et sœurs. »

Milan, 16 juin 1813. — « Mon bon père, d'après les derniers ordres de l'Empereur, il doit être établi une estafette journalière de Milan sur Dresde et retour. Le service commencera de notre part le 20 juin. Voulez-vous avoir la bonté de faire donner dans vos États les ordres pour assurer cette communication directe? Cette correspondance aussi fréquente me fournira l'occasion de vous écrire aussi plus souvent, et j'espère aussi quelquefois recevoir de vos nouvelles. »

Milan, 23 juin 1813. — « Mon bon père, j'arrive du lac de Como, où j'ai été passer trente-six heures avec mes enfants et madame de Würmbs. Cela a été pour eux une grande fête, et leur santé est parfaite.

« Auguste m'écrit chaque jour. Elle a commencé les bains; mais elle se plaint du *temps* qui est fort orageux. Je compte toujours aller la joindre dans les premiers jours de juillet. Je désire bien recevoir quelquefois de vos nouvelles, et apprendre ce que vous espérez de l'état actuel des affaires. Je suis très-occupé de l'organisation de mes troupes; dans leur emplacement j'ai déjà placé la tête en Frioul. Au 15 juillet, je serai en mesure d'y porter toute l'armée.

« L'Empereur désirerait que, dans quelques articles de la *Gazette d'Augsbourg*, on parlât du rassemblement de troupes à Vérone.

« Je présente mes hommages à la reine et j'embrasse frères et sœurs. »

Monza, 8 août 1813.— « Mon bon père, je monte à l'instant en voiture pour me rendre à Udine, où toute l'armée se trouve réunie après-demain.

« J'attends avec impatience des nouvelles des lieux

où se décident les affaires du monde, et je vous serai bien obligé de m'en donner quand vous en saurez d'intéressantes. Qu'avez-vous devant la Bavière en troupes autrichiennes? On me parle d'un camp à Lientz et d'un autre à Rathenmann. Ce dernier paraîtrait destiné pour le Salzbourg ou plutôt encore en Tyrol. Voulez-vous bien me dire, en cas de guerre, quelle direction à peu près prendraient vos troupes? Le point de Salzbourg me paraît bien intéressant.

« J'aurai devant moi l'archiduc Jean. Il est attendu à Marburg : toutes leurs troupes, y compris les régiments frontières, ne montent guère jusqu'à ce moment qu'à une quarantaine de mille hommes et 150 pièces de canon. Ils forment des camps à Marburg, Pettau et Warasdin. »

Villach, 31 août 1813. — « Mon bon père, je reçois à l'instant même votre lettre du 27. Je vous en rends mille grâces. J'avais déjà écrit ce matin à Wrède, en le priant de me donner de ses nouvelles. J'en ferai autant pour lui.

« Nos jeunes soldats commencent à prendre goût au métier. Nous n'avons encore eu que quelques petites affaires, mais toutes heureuses pour nous. Nous avons déjà 300 prisonniers. L'ennemi a repassé la Save et brûlé ses ponts. Cette nuit, je compte en faire jeter un près de Villach. J'ai détaché la lieutenance italienne pour couvrir Laybach et Trieste et observer Fiume et Karlstadt où l'ennemi a jeté de forts partis.

« Aieu, mon bon père, continuez-moi votre tendresse, elle fait le bonheur de ma vie.

« Mes tendres hommages à la reine. J'embrasse mes jolies petites sœurs et souhaite à Charles tout le bonheur possible. Je vous supplie de me donner souvent des nouvelles. »

Laybach, 31 septembre 1813. — « Mon bon père, je me suis empressé de vous faire part des événements heureux qui ont signalé ici le début de la campagne. J'avais réussi à rejeter l'ennemi au delà de la Drave, le long de laquelle je lui avais enlevé, à Rosseck et à Feistriz, des ouvrages importants, et il s'était vu forcé à rappeler du Tyrol les partis qu'il y avait jetés : pendant ce temps l'ennemi avait renforcé sa gauche, il occupait la route de Neustadt, tenait Fiume par un fort détachement, il se présentait en face de la Save par la route de Cilly. Nous éprouvâmes sur les points de Krainburg et de Lippa quelques échecs qui enhardirent l'ennemi dans cette partie, et Laybach était sur le point d'être évacué, lorsque je m'y portai par la vallée de la Save; alors nos affaires se rétablirent sur la droite; l'ennemi, culbuté à Lippa, quitta Fiume, ainsi que Trieste où ses partis avaient pénétré. Tous les ponts de la Drave étant coupés, j'espérai pouvoir prendre l'offensive sur Marburg; mais, au moment où mes opérations allaient commencer, j'appris que le général Verdier, que j'avais chargé d'observer la Drave, était attaqué par divers points, et qu'il se retirait sur Tarvis. Je sentis bien que ma ligne de Villach à Laybach était trop étendue pour pouvoir la soutenir, j'ai donc envoyé à Tarvis le général Grenier pour appuyer Verdier, et défendre les débouchés de l'Italie, qu'on s'occupe depuis six semaines à fortifier. J'ai divisé l'armée en deux corps, et j'ai gardé avec moi six brigades pour conserver autant que possible les positions de Laybach et d'Adelsberg. A gauche, le général Verdier s'est arrêté dans les positions de Federaun et de Beckersdorf. A droite, nos avant-postes sont toujours sur la Piave, à Veischelburg et à Lippa; la division de réserve s'est portée sur Balzano, à la nouvelle que l'ennemi se dirigeait sur Brixen.

« Quoique j'apprenne qu'il a déjà des partis dans les montagnes à Cadore, je ne puis pas comprendre comment, en cherchant à pénétrer en ce moment en Tyrol, il se mettait dans l'obligation de tenir une ligne aussi étendue que celle de Brixen à Fiume par Klagenfurth. Je saurai bientôt, mon bon père, si, avec un peu de prudence, un grand zèle, on peut rester supérieur aux obstacles et ralentir du moins le cours des événements. Nous avons tous, les yeux fixés sur la Grande-Armée, et, si nous ne pouvons pas toujours imiter les exemples qu'elle donne, nous n'en tirerons pas moins ici un très-grand profit de ses succès. — La santé de la vice-reine se soutient assez bien. Je fais des vœux pour la vôtre et pour celle de la reine. »

Ainsi tant que le vice-roi a cru trouver dans la Bavière une alliée fidèle de la France, il fait part à son beau-père de ses espérances et de ses craintes, le met au courant des moyens qu'il a pour résister à la coalition et conjurer l'orage. Il apprend par la lettre du 8 octobre de Maximilien que ce souverain est entré dans la coalition contre l'Empereur; il ne lui écrit plus que la lettre en date du 15 octobre, dont il envoie copie à sa femme, et celle par laquelle quelques jours plus tard il répond négativement à des propositions qu'il n'hésite pas un seul instant à rejeter.

Cependant le roi de Bavière, qui connaît bien sa fille, qui sent la douleur qu'elle va ressentir en apprenant son changement de politique, n'ose lui faire connaître lui-même ce fatal revirement. Il charge la baronne de Wurmbs de cette délicate mission en répondant à une lettre par laquelle *cette vieille amie* (comme il se plaît à l'appeler) lui a donné des nouvelles de la princesse Auguste.

Il lui écrit donc de Nymphenburg, le 15 octobre 1813 :

« Mille remercîments, ma chère baronne, de votre attention de me donner des nouvelles de ma bonne Auguste. Je crois bien que ses peines augmenteront quand elle apprendra mon changement de système. Abandonné par l'Empereur à mes propres forces, ne pouvant communiquer avec le vice-roi, et tout le pays de Passau jusqu'à la frontière du haut Palatinat et du pays de Bayrauth, se trouvant à la merci de l'ennemi, j'ai été forcé, pour la sûreté et le bien-être de mes États, de me joindre à la coalition. J'espère, ma chère amie, que vous me connaissez assez pour ne pas être sûre que je n'ai oublié ni ma fille ni Eugène : les faits, s'il plaît à Dieu, le prouveront; je n'ose pas vous en dire davantage. Comme j'ignore si Auguste sait déjà ma nouvelle position, je ne lui répondrai que mercredi prochain, et vous prie de la préparer à cet événement, en l'embrassant bien tendrement de ma part, ainsi que ses enfants. Adieu, ma chère baronne. Comptez à jamais sur ma tendre amitié. Ma femme vous embrasse. Votre vieil ami. »

La princesse Auguste, en apprenant par le vice-roi et par madame de Wurmbs ce qui se passe, écrit immédiatement à son mari :

« C'en est donc fait, mon tendre Eugène, ta lettre du 15, que je reçois dans ce moment, m'apprend ce que je redoutais tant de savoir... Devoir renoncer à sa famille, à son pays, sans doute c'est cruel; mais mon cœur souffrirait bien plus si tu te conduisais autrement que tu ne fais. Courage, mon ami, nous ne méritons pas notre sort : notre tendresse, notre bonne conscience, nous suffiront, et dans une simple cabane nous trouverons le bonheur que tant d'autres cherchent inutilement sur les trônes. Je te le répète, abandonnons tout, mais jamais la route de la vertu, et Dieu aura soin de nous, de nos pauvres enfants. Ta lettre à mon père m'a fait verser un torrent de larmes, elle lui fendra le cœur. Je vais lui écrire, ce sera la dernière lettre qu'il recevra de sa fille; j'oublierai que je suis Bavaroise et ne penserai qu'à nos enfants et au meilleur et plus aimé des époux. Tu me connais, ainsi sois tranquille, je supporterai tout, tant que nos destinées seront unies. On peut nous prendre tout ce que nous possédons, mais jamais la tendresse que nous avons l'un pour l'autre. Tu as dû voir par mes dernières lettres que je m'attends à partir d'ici ; et, si j'avais osé, j'aurais déjà fait emballer les tableaux et ce que tu as de précieux à la villa. Adieu; pour l'amour de Dieu ne t'afflige pas pour moi, je ne manquerai pas de courage et je t'aimerai toute la vie avec la plus vive tendresse. Ta fidèle épouse. »

Puis, non contente d'avoir versé sa douleur dans le sein du prince Eugène, elle écrit, le 17 octobre, de Milan, à son père le roi Maximilien :

« Mon bon père, Eugène vient de me communiquer l'affligeante nouvelle que vous êtes contre nous ! Vous devez comprendre ce que mon cœur éprouve ! Avoir d'autres intérêts que les vôtres, c'est affreux pour votre fille qui vous a prouvé à quel point allait sa tendresse, sa soumission pour vous. Peut-être l'avez-vous oublié; mais, dans quelque situation que je me trouve, je ne regretterai jamais ce que j'ai fait; ma conscience est sans reproche, et je supporterais avec plus de courage tous les malheurs qui s'offrent à mes yeux si je n'avais pas quatre pauvres enfants et bientôt un cinquième auxquels je dois penser. C'est pour eux que je réclame vos bontés; ce sont les enfants de votre Auguste, que vous paraissiez aimer autrefois. Vous vous trouverez dans la situation de demander un sort pour eux. Ces malheureux ! je dois presque regretter de leur avoir donné le jour; ils n'ont rien au monde que la tendresse de leur père et de leur mère !

« Eugène, le meilleur des époux, ne s'afflige qu'à cause de nous. Il regrette même d'être mon mari, d'être leur père. C'est tout dire. Sa tendresse fait mon unique bonheur; jamais il ne perdra la mienne, je le suivrai partout, bien sûre qu'il ne s'écartera jamais du chemin de la vertu et de l'honneur.

« *Voici la* dernière *lettre que vous recevrez de votre fille. Mon devoir m'impose le silence comme il m'a prescrit de penser au sort de mes enfants.*

« Encore une fois je vous les recommande, ne les oubliez pas. Je compte sur votre tendresse paternelle, que la politique n'a pu effacer de votre cœur, comme jamais rien ne me fera oublier le respect que vous doit, mon bon père, votre tendre fille. »

Le 8 novembre elle adressa à l'Empereur la lettre ci-dessous :

Monza, 8 *novembre* 1813. — « Sire, la peur d'importuner Votre Majesté avec mes lettres m'a empêchée jusqu'à présent de lui écrire. Mais je croirais manquer à mon devoir si, dans cette circonstance, je ne renouvelais à Votre Majesté l'assurance de mon tendre attachement. *Croyez que rien au monde ne me fera oublier mon devoir, et que vous pouvez compter sur mon entier dévouement comme sur celui d'Eugène.* Il défendra le royaume jusqu'au dernier moment; de mon côté, je tâcherai de ranimer les esprits faibles qui se laissent abattre dès qu'ils entendent parler de dangers. Si nous succombons, nous aurons au moins la consolation d'avoir toujours rempli notre devoir.—Je vous recommande mes quatre enfants et réclame pour eux comme pour moi la continuation de vos bontés, dont j'espère être digne.

« J'ai l'honneur d'être, avec l'attachement le plus vrai et un profond respect, Sire, de Votre Majesté, la soumise et tendre fille. »

Un mois s'est écoulé depuis la défection de la Bavière. Pendant ce mois, le prince Eugène a tenu tête à l'ennemi, a combattu avec son talent, son énergie, son courage habituels. Il a été obligé, précisément par suite de la conduite politique de la Bavière et de celle de Naples, d'abandonner la ligne des frontières orientales de l'Italie pour se replier sur l'Adige. En effet : au nord, l'armée du prince de Reuss, devenue disponible, a pu envoyer des détachements pour menacer les passages qui mènent du Tyrol en Lombardie; à l'est, cette même armée a pu renforcer celle du général Hiller contre laquelle Eugène s'est maintenu jusqu'à ce moment; enfin, au sud, la trahison prochaine et prévue, quoique encore cachée, du roi de Naples, fait craindre pour la ligne du Pô.

Les alliés ont successivement détaché de l'Empereur l'Autriche, la Bavière, la Saxe, la Suède; Naples flotte, mais en laissant prévoir un acquiescement prochain au parti des souverains coalisés. Murat ne se défend de tourner les armes contre nous que dans l'espoir d'obtenir des conditions meilleures, un prix plus élevé de sa trahison. On croit le moment venu de faire un dernier effort pour entraîner le prince Eugène dans la coalition. Si on peut le décider, l'Italie est conquise sans coup férir, les étrangers sont aux portes de la France, sur les Alpes; les anciens départements français sont envahis sur toute la ligne de l'Est. Que font les souverains? Ils chargent le propre beau-père d'Eugène d'offrir au jeune prince la couronne de cette Italie dont il n'est que le vice-roi. C'est un appât bien tentant pour un homme que le duc de Raguse représente dans ses *Mémoires* comme un ambitieux, pour un homme qui a bien quelques reproches à faire à Napoléon depuis le divorce de Joséphine.

Une mission secrète est donnée au prince de la Tour et Taxis. Cet officier, aide de camp du roi de Bavière, vit encore. En 1836 il reçoit de la princesse Auguste, qui elle aussi existait également à cette époque, la lettre suivante :

La princesse Auguste au prince Taxis, aide de camp du roi, Munich, 30 octobre 1836. — « Mon prince, sachant que vous conservez un attachement sincère à la mémoire de feu le prince Eugène, j'ose vous prier de vouloir bien m'aider à réfuter une horrible calomnie qu'une personne aussi perverse que malveillante osa répandre avec un tel front, qu'elle est parvenue à ébranler l'opinion de plusieurs personnes de mérite, et surtout d'un écrivain qui a l'intention de publier un ouvrage sur les événements de 1813 et 1814. On accuse le vice-roi d'avoir traité avec les ennemis de l'empereur Napoléon pour se réserver la couronne d'Italie.

« Vous devez comprendre, mon prince, l'indignation que cette accusation me cause, car vous savez mieux que personne combien elle est fausse, puisque vous avez été chargé par le roi mon père de faire des propositions à ce sujet au nom des alliés, et que vous n'aurez pas oublié la belle réponse que le vice-roi vous fit.

« Je désire donc que vous m'envoyiez la copie du

rapport que vous avez fait après cette mission, et, si vous ne l'avez pas fait par écrit, de m'envoyer un récit fidèle de votre mission, et surtout la réponse que vous fit le vice-roi; cet écrit, joint aux pièces que j'ai en main, suffira pour faire connaître dans toute sa pureté la noble conduite du vice-roi.

« L'exactitude des dates étant de la plus haute importance, je vous confie une lettre du vice-roi dans laquelle il me parle de votre mission; veuillez me la renvoyer sous enveloppe par mon grand maître qui est porteur de cette lettre.

« J'espère que je ne compte pas en vain sur votre complaisance, et je saisis avec plaisir cette occasion pour vous assurer, mon prince, de mes sentiments d'estime et de considération. »

Le prince répond immédiatement à la princesse Auguste; voici sa lettre :

Relation de la mission du prince la Tour et Taxis, envoyé par les souverains alliés auprès du prince Eugène, en novembre 1813. Faite à Munich, le 15 novembre 1836, et adressée à Son Altesse Royale, madame la duchesse de Leuchtemberg, veuve du prince Eugène. — « Madame, d'après l'autorisation du roi mon maître, dont Votre Altesse Royale m'a donné l'assurance au nom de son auguste frère, je m'empresse d'obéir à ses ordres, et de lui soumettre un récit fidèle de la mission dont je fus chargé au mois de novembre de l'année 1813.

« J'étais à cette époque major et aide de camp du feu roi Maximilien-Joseph, attaché pour la durée de la guerre à l'état-major général de M. le maréchal prince de Wrède, qui se trouvait à Francfort, où en même temps tous les souverains alliés étaient présents. Le roi de Bavière s'y était également rendu. Ce fut le 16 novembre que le maréchal me fit venir et me dit qu'on avait pris la résolution de faire des démarches pour détacher, si cela était possible, l'Italie entière du système ennemi sans effusion de sang; que déjà on avait entamé des négociations avec le roi Joachim à Naples, et que maintenant les puissances alliées avaient engagé le roi de Bavière, comme le beau-père du prince vice-roi, de faire en leur nom des ouvertures à ce sujet à son gendre. De plus, j'appris que c'était moi qui avais été choisi pour cette mission; et je reçus l'ordre de me rendre immédiatement chez Sa Majesté. Le roi me donna une lettre adressée à son beau-fils, et m'ordonna d'aller trouver avant mon départ M. le prince de Metternich, chancelier d'État de Sa Majesté l'empereur d'Autriche, lequel me donnerait des instructions verbales.

« Arrivé au logement de ce dernier, j'appris que, comme cette affaire délicate devait être traitée avec le plus grand secret, je devais me présenter en uniforme autrichien aux avant-postes de l'armée française en Italie, comme un parlementaire ordinaire. Le prince de Metternich me dit que l'intention des souverains alliés était que je fisse tout ce qui serait en mon pouvoir pour persuader le prince Eugène d'accepter les propositions contenues dans la lettre du roi de Bavière; à quoi je pris la liberté de répondre que j'avais l'honneur de connaître personnellement le vice-roi, et que j'étais intimement persuadé que tous les efforts seraient infructueux, quand même mon éloquence serait aussi grande que possible, ce que d'ailleurs j'étais bien éloigné de croire; mais que toutefois, étant militaire, je saurais obéir. M. de Metternich répliqua que sans aucun doute le prince Eugène possédait l'estime de l'Europe entière, mais que la situation générale des affaires lui faisait un devoir d'essayer, au nom des puissances, la démarche en question. Puis il me donna une lettre pour le général baron Hiller, quoique son successeur, le maréchal comte de Bellegarde, était déjà nommé.

« Je partis en poste, dans la nuit du 16 au 17 novembre, de Francfort, passai par Augsbourg et Inspruck et suivis la grande route jusqu'à Trente, où j'étais obligé de la quitter, vu la position respective des deux armées. Je pris donc par le col de Lugano, et descendis par Citadella et Bassano.

« Enfin, le 21 de grand matin, j'étais rendu à Vicence, où se trouvait le quartier général autrichien. Peu après, je me fis annoncer chez le général Hiller et lui remis la dépêche concernant les détails accessoires de ma mission, et qui lui prescrivait de me fournir l'uniforme d'un officier supérieur de son état-major général; tout fut arrangé de la sorte, et le 22, avant la pointe du jour, je partis de Vicence, déguisé et sous le nom d'un major Eberle pour Stradi-Caldiero, où je remis une lettre du général Hiller au général Paflachner, qui commandait les avant-postes, dans laquelle il lui était enjoint de me donner de suite un cheval de hussard, et de me faire accompagner par un trompette aux avant-postes français.

« Bientôt après, j'avais passé les dernières vedettes autrichienne, et avançant sur la grande route de Vérone, j'aperçus dix minutes plus tard un piquet de chasseurs à cheval; je fis donner le signal d'usage, et dans quelques instants un officier vint pour me recevoir; il me dit (comme c'est l'usage général) que je ne pouvais passer en aucun cas jusqu'au quartier général du vice-roi, vu que le général Rouyer, qui commandait les avant-postes français, avait les instructions générales pour se faire remettre toutes les dépêches apportées par un parlementaire quelconque. Comme cette difficulté était prévue, je lui remis une lettre écrite par moi, mais cachetée par le général Hiller, et dans laquelle je prévenais le prince que des communications de la plus haute importance devaient lui être faites verbalement. Puis j'ajoutai que, en tous cas, je ne quitterais pas les avant-postes avant la réponse du vice-roi. L'officier partit au galop et revint bientôt après pour m'annoncer que le général Rouyer venait d'expédier un aide de camp afin de porter ma lettre à Vérone.

« J'attendis trois heures environ, au bout desquelles on vint m'annoncer que le prince me recevrait dans l'église du petit village de San-Michèle, qui se trouvait à peu près à mille cinq cents pas des avant-postes : j'eus les yeux bandés, comme c'est l'usage en pareil cas, et je fus conduit à cette église, où on ôta de nouveau le mouchoir.

« Quinze minutes après, le prince Eugène descendit de cheval et entra dans le local où je me trouvais; il me reconnut à l'instant même où je lui remis la lettre du roi, et puis se tourna vers les officiers de sa suite en disant : « Comme nous n'avons « rien à cacher à monsieur dans un pays ouvert, « j'aime autant respirer en plein air. » Nous sortîmes donc tous, et, tandis que la suite se tenait près du péristyle de l'église, le vice-roi se promenait avec moi à cent pas de distance.

« Ce n'est qu'après m'avoir demandé des nouvelles de la santé de son auguste beau-père que le prince ouvrit sa lettre; il la lut deux fois, ainsi qu'une note qui y était incluse, et puis me dit, sans la moindre hésitation : « Je suis bien fâché de donner un refus « au roi, mon beau-père, mais on demande l'impos- « sible. »

« C'est ici, madame, où la partie importante de ma narration paraît commencer seulement, qu'elle est pour ainsi dire déjà terminée; car tout le reste de cette conversation roula sur les mêmes termes. J'avais beau me servir des expressions mille fois rebattues de politique, d'utilité, d'intérêt du moment, etc., etc., avec les mots bien simples du devoir de la reconnaissance et de la sainteté du serment prêté, l'avantage restait toujours du côté du prince. Cependant j'essayerai de retracer encore à Votre Altesse Royale textuellement quelques phrases prononcées par le feu prince, son illustre époux. Lorsque je lui parlais du sort de ses enfants, il me dit : « Certainement j'ignore si mon fils est destiné « à porter un jour la couronne de fer; mais, en tout « cas, il ne doit y arriver que par la bonne voie. » Puis, lorsqu'il apprit par moi que les puissances alliées étaient bien décidées à passer le Rhin avec des forces supérieures, il me répondit : « On ne « peut nier que l'astre de l'Empereur commence à « pâlir; mais c'est une raison de plus pour ceux qui « ont reçu de ses bienfaits de lui rester fidèles. » Et puis il ajouta que même les offres qui venaient de lui être faites ne resteraient pas un secret pour l'Empereur. Enfin, lorsque, comme dernier argument, je commençais, ainsi que mes instructions me le prescrivaient, de lui parler des dispositions assez claires que le roi Joachim avait témoigné de traiter avec les souverains alliés, et lorsque j'ajoutais qu'avant six semaines son flanc droit se trouverait exposé, compromis peut-être, le prince me dit : « J'aime à croire que vous vous trompez; si toute- « fois il en était ainsi, je serais certainement le der- « nier pour approuver la conduite du roi de Naples; « encore la situation ne serait-elle pas exactement « la même : lui est souverain, moi, ici, je ne suis « que le lieutenant de l'Empereur. » Enfin notre conversation se termina exactement comme elle avait commencé; la résolution du prince resta inébranlable.

« Pour ce cas, j'avais l'ordre de le prier de déchirer en ma présence la lettre du roi de Bavière, ainsi que la note incluse, ce qu'il fit à l'instant même; puis il me dit qu'il allait rentrer à Vérone, et que là il écrirait une lettre à son beau-père pour lui expliquer les motifs de son refus; puis il appela le général Rouyer, l'engagea à me faire dîner avec lui, et remonta à cheval avec toute sa suite.

« Vers huit heures du soir, ce même jour, 22 novembre, un officier d'ordonnance m'apporta la lettre en question, et je quittai San-Michele immédiatement après pour regagner les vedettes autrichiennes. Le lendemain de grand matin, je me présentai chez le général Hiller pour lui dire en peu de mots que ma mission n'avait pas réussi, et vers le coucher du soleil, après avoir repris mon uniforme bavarois, je repartis pour l'Allemagne. Mes instructions portaient de me rendre d'abord à Carlsruhe, où le roi Maximilien-Joseph avait eu l'intention de se rendre; ce fut là que je lui remis la réponse du prince Eugène. Il la lut en disant : *Je le leur avais bien dit*, la recacheta aussitôt, et m'ordonna de repartir immédiatement pour Francfort, afin de la remettre au prince Metternich, et de lui faire de vive voix un rapport sur ma mission.

« J'arrivai à Francfort le 30 novembre au matin, et m'acquittai sur-le-champ de ce qui m'était prescrit. M. de Metternich me dit combien il regrettait que la démarche eût échoué, tout en rendant la justice la plus entière au beau caractère du prince; ensuite il ajouta qu'il communiquerait la réponse du prince aux souverains alliés, et qu'il la renverrait plus tard au roi par un courrier de cabinet.

« C'est ici, madame, que ma narration est finie. Peut-être Votre Altesse Royale la trouvera-t-elle incomplète, mais j'ose compter sur son indulgence. J'ai dit tout ce que ma mémoire avait gardé, et vingt-trois ans ont passé depuis. Le point essentiel pour l'histoire est toujours de savoir que le prince a non-seulement fait ce que l'honneur exigeait, mais qu'il n'a pas même hésité un seul instant à le faire. En me mettant aux pieds de Votre Altesse Royale, j'ai l'honneur d'être, » etc.

Pour donner plus de crédit au prince de la Tour et Taxis, le roi de Bavière l'avait chargé de remettre à son gendre la lettre ci-dessous.

Francfort-sur-Mein, le 16 *novembre* 1813. — « Vous pouvez ajouter foi, mon cher Eugène, à tout ce que vous dira le prince Taxis, porteur de la présente. Il a toute ma confiance, et, quoique jeune, il en est digne. Le papier ci-joint vous donnera une idée générale de la situation des choses. Brûlez-le dès que vous l'aurez lu. Je vous embrasse tendrement, et vous aimerai, vous, ma fille et mes petit-enfants, jusqu'à mon dernier soupir. Il ne dépendra pas de moi que vous ne soyez aussi heureux que vous méritez de l'être; tout le monde *de ce côté-ci* vous aime et vous respecte; c'est ce que j'entends tous les jours. Votre bon père et meilleur ami. »

Que fait le prince Eugène en recevant la communication de son beau-père, les *propositions formelles* des souverains alliés? A-t-il un moment d'hésitation, d'incertitude? Non, car le rapport de l'envoyé des alliés est positif, et les documents suivants ne peuvent laisser de doute sur la conduite du vice-roi.

Le jour même où il a reçu le prince de la Tour et Taxis, le jour où il lui a exprimé son refus simple, mais très-net, Eugène écrit au roi de Bavière, à l'Empereur, à sa femme, à sa sœur. Voici ces lettres :

Eugène au roi de Bavière. — *Vérone, le 22 novembre 1813, à huit heures du soir.* « Mon bon père, j'ai reçu il y a deux heures votre lettre, que m'a remise aux avant-postes le prince de Taxis, votre aide de camp. J'ai été bien touché de votre souvenir et de vos bonnes intentions pour moi; mais il m'est impossible de dévier un seul instant de la conduite que j'ai tenue jusqu'ici. Je sacrifie volontiers mon bonheur futur et celui de ma famille plutôt que de manquer à mes serments.

« Tout ce que je puis faire serait un armistice de deux à trois mois sur la ligne de l'Adige, espérant que pendant ce temps la tranquillité nous serait rendue. Si vous pouvez quelque chose dans cette affaire, c'est-à-dire obtenir des instructions et pleins pouvoirs au général Hiller en conséquence, je vous en saurai pour ma part un gré infini.

« Auguste est venue passer trente-six heures avec moi ici. Elle se porte bien à présent, ainsi que tous nos enfants. Dans ces dernières circonstances, j'ai bien jugé ma femme, et je vous jure que c'est un ange. Adieu, mon bon père, croyez-moi pour la vie votre affectionné fils. »

Le prince Eugène à l'Empereur. — *Vérone, 22 novembre 1813, à onze heures du soir.* — « Sire, j'ai l'honneur de rendre compte à Votre Majesté qu'il s'est présenté ce soir à nos avant-postes un major autrichien, ayant des lettres à mon adresse qu'il demandait à ne remettre qu'à moi. J'étais alors à cheval visitant les postes.

« Je me suis porté sur la grande route, et j'ai vu

avec surprise que ce major autrichien n'était autre que le prince Taxis, aide de camp du roi de Bavière. Il m'a remis une lettre de mon beau-père purement d'amitié dans laquelle il me priait d'entendre la personne qu'il m'envoyait.

« Je me suis promené environ une heure à hauteur de notre grand'garde, et, s'il m'est difficile de rendre à Votre Majesté toute notre conversation, je vais du moins tâcher de lui en faire connaître la substance :

« 1° Assurances d'estime et d'amitié du roi de Bavière ;

« 2° Assurances que les alliés consentiront à tout arrangement que je pourrais faire avec le roi, pour assurer à ma famille un sort avantageux en Italie;

« 3° Prière du roi de ne considérer dans cette demande que le vif désir de voir assuré dans ces circonstances le sort de sa fille et de ses petits-enfants;

« 4° Enfin, la proposition de me faire déclarer roi du pays qui serait convenu.

« Si Votre Majesté connaît bien mon cœur, elle peut d'avance savoir tout ce que j'ai répondu. Les phrases du moment étaient certes plus énergiques que tout ce que je puis actuellement répéter. Il ne m'a pas fallu grande réflexion pour faire assurer au roi de Bavière que : « son gendre était trop honnête
« homme pour commettre une lâcheté; que je tien-
« drai jusqu'à mon dernier soupir le serment que
« j'avais fait et que je répétais, de vous servir fidè-
« lement; que le sort de ma famille est et serait tou-
« jours entre vos mains, et qu'enfin, si le malheur

« pesait jamais sur nos têtes, j'estimais tellement le
« roi de Bavière, que j'étais sûr d'avance qu'il préfé-
« rerait toujours retrouver son gendre, particulier,
« mais honnête homme, que *roi et traître;* qu'enfin
« la vice-reine partageait entièrement mes sentiments
« à cet égard. »

« Le jeune prince Taxis m'a demandé si pourtant il n'y aurait pas moyen d'allier mes intérêts avec ceux de Votre Majesté. A cela j'ai répondu que la seule chose que je ne trouverais point contraire aux intérêts de Votre Majesté serait un armistice de six semaines ou deux mois, qui désignerait la ligne que j'occupe en ce moment; ne voulant pas perdre un seul pouce de terrain, et bien entendu que les places, même celles en Dalmatie, seraient respectées pendant sa durée.

« Votre Majesté comprend facilement qu'en faisant une semblable proposition je n'ai en vue que son propre avantage, puisque le bien qui résulterait de ces deux mois gagnés n'est point à discuter.

« Le prince Taxis m'a quitté en m'assurant qu'il ne doutait pas qu'avant huit jours le général Hiller ne reçût l'ordre de traiter avec moi sur les bases ci-dessus.

« J'écris à cet effet à Votre Majesté, par le télégraphe, afin de connaître d'avance si cela ne dérangerait aucun de ses projets[1].

---

[1] Voici la dépêche télégraphique du prince :
« SIRE, je prie Votre Majesté de m'autoriser à conclure un armis-

« La situation actuelle des choses en Italie, la mauvaise direction de l'esprit public, et, plus que cela, le temps nécessaire à l'arrivée comme à l'ortice de deux ou trois mois avec le général Hiller, à condition que je garderai la ligne de l'Adige. »

Cette dépêche, datée de Vérone 22 *novembre* 1813 au soir, fut reçue par l'Empereur le 28 *novembre*.

Nous appelons l'attention sur ces deux dates, *et pour cause*.

On lit dans une *Histoire de Napoléon*, par M. Begin, les singulières assertions suivantes :

« L'Empereur me charge de vous dire, écrivait par le télégraphe
« le duc de Feltre au prince Eugène, que, si vous ne voulez pas venir
« avec l'armée, qu'au moins vous ne reteniez pas ses troupes et que
« vous les lui renvoyiez. » EN QUINZE MINUTES (cela est imprimé) *cette dépêche arriva de Paris à Milan*, etc.

Conçoit-on :

1° Un ministre de la guerre qui écrit : Si vous ne voulez pas venir, au moins envoyez vos troupes ?

2° Un télégraphe, *non atmosphérique*, hélas ! il n'était pas inventé encore, mais un télégraphe *ordinaire* qui communique une dépêche de Paris à Milan EN QUINZE MINUTES !...

Tout cela pour abonder dans le sens de MM. d'Anthouard, Marmont et compagnie, et prouver que le prince Eugène a trahi l'Empereur ? a refusé de revenir avec ses troupes (sans doute aussi EN QUINZE MINUTES) de l'Adige sur la Seine ?

A M. Begin nous répondrons, quoi qu'il ne soit guère utile de répondre, par la lettre suivante adressée le 20 août 1857 à M. Planat de la Faye, l'infatigable défenseur du prince Eugène, par le directeur général des télégraphes :

« Monsieur, conformément au désir exprimé dans la lettre que vous avez écrite à M. Chégaray, le 7 de ce mois, je me suis empressé de prescrire la recherche d'une dépêche télégraphique qui aurait été adressée, du 13 novembre 1813 au 1ᵉʳ avril 1814, par le duc de Feltre, ministre de la guerre, au prince Eugène, et qui serait ainsi conçue : « *L'Empereur me charge de vous dire que si vous ne voulez*
« *pas venir avec l'armée, qu'au moins vous ne reteniez pas les*
« *troupes et que vous les lui renvoyiez.* »

« Ces recherches, qui ont été faites avec le plus grand soin dans les différentes séries de nos dépôts, viennent d'être terminées, sans qu'il ait été trouvé trace de la dépêche dont il s'agit; on a seulement trouvé,

ganisation du renfort pour l'armée me font vivement désirer que Votre Majesté approuve mes propositions. »

Le prince Eugène à la princesse Auguste. Vérone, 23 novembre 1813. — « Je t'envoie, ma bonne Auguste, une lettre que j'ai reçue du roi par un officier parlementaire. Cet officier n'était autre que le prince Taxis. J'ai causé plus d'une heure avec lui, et je t'assure que je n'ai dit que ce que je devais. En deux mots, il m'a apporté la proposition, de la part de tous les alliés, pour me faire quitter la cause de l'Empereur, de me reconnaître comme roi d'Italie.

« J'ai répondu tout ce que toi-même tu aurais

à la date du 26 janvier 1814, une lettre du directeur de police de Florence, dans laquelle on lit ce qui suit :

« *Il se peut qu'il* (le roi de Naples) *n'agisse offensivement contre
« l'armée du vice-roi qu'après la signature de son traité avec
« l'Angleterre, quoique ses ministres le pressent de commencer
« d'avance en lui déclarant que c'est un moyen de succès..... Nul
« accord n'est en aucun cas possible entre le vice-roi et lui* (le roi
« de Naples). »

M. Begin prétend que la dépêche télégraphique qu'il cite est *tirée des archives* du télégraphe. On a lu la réponse du chef des archives du télégraphe. Qui croire? Que M. Begin réponde. D'où tient-il cette prétendue dépêche? Quelle en est l'origine? quelle en est LA DATE au moins, car la date a son importance dans ce cas, importance majeure. Quand on écrit l'*histoire* ou l'histoire d'un homme, au moins faut-il préciser.

Nous croyons les *documents* que nous donnons, de nature à mieux faire connaître le véritable état des choses, que les appréciations de M. Begin dans l'ouvrage duquel nous trouvons des faits comme celui-ci, par exemple : *Mais Eugène rétrograde lentement vers Augereau.* Où l'auteur a-t-il pris qu'Eugène ait jamais rétrogradé vers Augereau? Est-ce en se portant de l'Isonzo sur l'Adige, et en s'établissant ensuite sur le Mincio? Singulière façon d'écrire l'histoire.

répondu, et il est parti ému et admirateur de ma manière de penser; comme il a vu que je ne voulais entendre à rien qu'à un armistice, il m'a assuré que le roi l'obtiendrait d'autant plus « que les alliés ad-« miraient mon caractère et ma conduite. »

« *C'est déjà une bien belle récompense que de commander ainsi l'estime à ses ennemis.*

« *Déchire le billet du roi, ne parle de rien de tout cela.*

« *Dans l'armée on ne sait qu'il est venu un parlementaire que comme officier autrichien.* »

Le prince Eugène à la reine Hortense. Vérone, le 9 novembre 1813. — « Ma bonne sœur, depuis huit jours j'ai le projet de t'écrire, et chaque jour une nouvelle occupation vient me déranger. J'avais pourtant besoin de te mander ce qui m'est arrivé la semaine dernière.

« Un parlementaire autrichien demande avec instance, à nos avant-postes, de pouvoir me remettre lui-même des papiers très-importants. J'étais justement à cheval; je m'y rends, et je trouve un aide de camp du roi de Bavière, qui avait été sous mes ordres la campagne dernière. Il était chargé, de la part du roi, de me faire les plus belles propositions pour moi et pour ma famille, et assurait d'avance que les souverains coalisés approuvaient que je m'entendisse avec le roi, pour m'assurer la couronne d'Italie. Il y avait aussi un grand assaisonnement de protestations d'estime, etc. Tout cela est bien séduisant, pour tout autre que pour moi. J'ai répondu à toutes ces propositions comme je le devais, et le jeune envoyé est parti rempli, m'a-t-il dit, d'admiration pour mon caractère. J'ai cru devoir rendre compte du tout à l'Empereur, en omettant toutefois les compliments qui ne s'adressaient qu'à moi.

« J'aime à penser, ma bonne sœur, que tu aurais approuvé toute ma conversation, si tu avais pu l'entendre. Ce qui pour moi est la plus belle récompense, c'est de voir que, si ceux que je sers ne peuvent me refuser leur confiance et leur estime, ma conduite a pu gagner celle de mes ennemis.

« Adieu, ma bonne sœur; ton frère sera dans tous les temps digne de toi et de sa famille; et je ne saurais assez te dire combien je suis heureux des sentiments de ma femme en cette circonstance. Elle a tout à fait suspendu ses relations directes avec sa famille, depuis la déclaration de la Bavière contre la France, et elle s'est réellement conduite divinement pour l'Empereur.

« Adieu, je t'embrasse, ainsi que tes enfants, et suis pour toujours ton frère et meilleur ami.

« Ne montre cette lettre qu'à Lavalette; car je désire éviter qu'on ne fasse des bavardages à mon sujet. »

De son côté, la princesse Auguste, en apprenant ce qui venait d'avoir lieu aux avant-postes, et la belle conduite de son mari, écrivait, le 26 novembre, de Milan, à l'impératrice Joséphine :

« Ma bonne mère, rien de ce qui est bon, noble et grand ne peut vous étonner de la part de notre excellent Eugène ; mais, depuis hier, je suis, malgré cela, encore plus heureuse et fière d'être la femme d'un tel homme ; et, pour vous faire partager ma joie, je me hâte de vous envoyer la copie de la lettre qu'il m'a écrite, après avoir refusé une couronne qu'on lui offrait, s'il consentait à être un ingrat, un lâche, enfin à trahir l'Empereur... Ah ! si tout le monde servait l'Empereur avec l'attachement et le dévouement désintéressé de mon mari, tout irait encore bien. Je suis bien plus souffrante dans cette grossesse que dans les autres, ce qui provient des angoisses continuelles que j'éprouve pour mon Eugène ; car il est toujours là où il y a du danger. Le courrier va partir, je n'ai que le temps de vous baiser les mains, ma chère mère, et de vous prier d'aimer toujours votre respectueuse et dévouée fille. »

Dans les derniers jours de l'année 1813, la princesse Auguste envoya une lettre toute filiale, mais ne contenant pas un mot de politique, à son père le roi Maximilien. Ce dernier, heureux de recevoir des nouvelles de sa fille chérie, lui répondit de Carlsruhe :

« J'ai reçu avant-hier, ma bien aimée Auguste, votre lettre du 6 de ce mois, je vous laisse à penser la joie qu'elle ma causée. Nous sommes dans une si triste position, que le plus grand bonheur qu'on puisse goûter est de pouvoir nous donner de nos nouvelles. Je suis enchanté, ma chère amie, de vous savoir bien portante avec vos enfants... Embrassez Eugène de ma part et dites-lui que je le reconnais à tout ce qu'il fait et dit. Il n'existe pas deux hommes comme lui; vous devez être bien fière d'avoir un pareil mari ! »

Cet hommage rendu à la fidélité d'Eugène par celui-là même qui avait été chargé de proposer une couronne pour prix d'une défection, ce cri parti, pour ainsi dire, malgré lui, de l'âme du souverain que les circonstances, la force, bien plus que son cœur, avaient obligé à tourner ses amis contre nous, n'est-ce pas un sublime éloge de la vertu du fils adoptif de Napoléon ?

Eugène s'en montra fier et avec raison. En recevant de la princesse Auguste la communication de la lettre de son beau-père, il répondit à sa femme :

« C'est un vrai bouquet de nouvelle année que la lettre du roi, que tu m'as envoyée, ma très-chère Auguste; elle m'a vraiment touchée, je t'assure, et c'est pour moi la plus belle récompense de ma conduite. Dis-lui, quand tu lui écriras, combien je suis reconnaissant de ses sentiments à mon égard, il peut être sûr que, quelles que soient les circonstances, je serai toujours digne de lui appartenir. Ne pouvant t'embrasser pour tes étrennes demain, et l'expression des vœux les plus sincères pour ton bonheur, je confie le tout au papier, bien pénétré pourtant que je travaillerai toute ma vie, si je puis, à te rendre heureux. Adieu, ma bonne et bien-aimée Auguste, aimons-nous dans trente ans comme nous nous aimons maintenant. J'embrasse mes petits choux. »

Quelques jours plus tard, les alliés renouvelèrent leurs tentatives corruptrices sur le prince Eugène, en lui faisant connaître que l'armistice qu'il avait demandé ne serait accordé qu'à la condition d'entrer en négociations avec lui par l'abandon de la cause de la France.

Eugène nous fait connaître, par la lettre suivante à sa femme, l'indignation qu'il éprouva à cette ouverture :

Le prince Eugène à la princesse Auguste. — Vérone, 17 janvier 1814. — « Il paraît, ma chère Auguste, qu'il sera impossible de s'entendre avec l'ennemi pour une suspension d'armes. Oh! les vilaines gens! Le croirais-tu? ils ne consentent à traiter que sur la même question que m'avait déjà faite le prince Taxis. Aussi a-t-on de suite rompu le dicours. Dans quel temps vivons-nous! et comme on dégrade l'éclat du trône en exigeant pour y monter lâcheté, ingratitude et trahison ! Va, je ne serai jamais roi! »

Lorsque les alliés voulurent essayer de détacher Eugène de la France en faisant briller à ses yeux l'éclat d'une couronne à laquelle du reste ce prince avait bien quelques droits ; lorsqu'ils lui envoyèrent proposer *sous main* le trône d'Italie qu'ils lui eussent, selon toute apparence, conservé, car les souverains de l'Europe aimaient et estimaient la loyauté, le beau caractère et les talents du vice-roi, une femme, sa parente, la grande-duchesse Stéphanie de Bade, ne crut pas un seul instant au succès de la mission du prince de la Tour et Taxis. Elle connaissait trop les nobles sentiments du fils adoptif de Napoléon pour admettre la possibilité de sa part, même d'un mouvement de faiblesse. La grande-duchesse de Bade se trouvait alors avec l'empereur Alexandre et le roi de Bavière. Ce dernier lui fit connaître la proposition qu'on allait faire au vice-roi. « Nous devons, lui dit-il, faire offrir la couronne d'Italie à Eugène. Nous lui envoyons le prince de Taxis. » La grande-duchesse sourit et fit un signe de tête exprimant qu'elle ne croyait pas qu'on réussît.

« Quoi ! dit Maximilien, vous pensez qu'il refusera ? — J'en suis sûre, répondit la grande-duchesse. — La couronne d'Italie, c'est bien tentant. — Nous verrons. » Une quinzaine de jours après cette conversation, les souverains alliés étaient au théâtre, ainsi que la grande-duchesse Stéphanie. On vient leur remettre une lettre de la part du prince de la Tour et Taxis. C'était la réponse du prince Eugène. La princesse sa cousine laisse percer un sourire. « Eh bien ? dit-elle. — Vous aviez raison, lui est-il répondu : Eugène refuse. — J'en étais convaincue, et je vous en avais prévenu ; je le connais trop pour ne pas savoir que les choses ne pouvaient se passer autrement[1]. »

III

Nous avons laissé le vice-roi établi : sa droite sur l'Isonzo, sa gauche aux débouchés de la vallée du

---

[1] Cette anecdote nous a été racontée à nous-même le 27 avril 1858, aux Tuileries, par Son Altesse Impériale et Royale la grande-duchesse Stéphanie de Bade, avec autorisation d'en faire l'usage qui nous conviendrait, et de dire de qui nous la tenions.

Tagliamento, ne pouvant plus compter sur la Bavière pour couvrir les passages du Tyrol, ayant à craindre d'un jour à l'autre la défection de Murat[1] et n'ayant à espérer que des renforts insignifiants de la France, ou de l'Italie centrale.

Le prince vit qu'il n'y avait pas un instant à perdre pour user des dernières ressources. Il prescrivit en conséquence l'organisation d'une division de réserve qui devait se réunir à Vérone et se composer de 6 bataillons italiens tirés des compagnies de réserve départementale. Le 11 octobre, il ordonna une levée de 15,000 conscrits dans le royaume, et il lança la proclamation suivante :

« Peuples du royaume d'Italie ! vous avez été les heureux témoins des premiers exploits du héros qui préside à vos destinées, vous en êtes plus constamment présents à sa pensée et plus chers à son cœur. A peine il eut relevé de ses mains triomphantes le trône de Charlemagne, que ce trône fut affermi. Tous les Français jurèrent de le maintenir et de le défendre; ils ont été fidèles à leur serment. Mais ce que l'Empereur avait fait pour la France ne suffisait pas à sa grande âme. Il ne pouvait être insensible au sort de l'Italie. Son premier vœu fut de vous rendre

---

[1] Le roi de Naples revint vers cette époque de la Grande-Armée, franchit les Alpes et passa à Milan, où on lui fit le meilleur accueil. On trouve dans l'ouvrage du baron Darnay : « Sa Majesté le roi de Naples disait à qui voulait l'entendre qu'elle allait ouvrir ses portes aux Anglais; qu'elle ne voulait s'occuper à l'avenir que du bonheur de ses peuples et de sa propre indépendance. Le roi tint ce langage sur toute la route de Milan à Bologne. On rendit compte au vice-roi de l'opposition subite du roi de Naples et des discours qu'il avait débités publiquement, » etc.

à vous aussi votre ancienne existence et votre antique renommée. Il plaça sur sa tête la couronne de fer trop longtemps oubliée, et les voûtes de votre temple retentirent de ces paroles mémorables : « Dieu « me l'a donnée, gare à qui la touche! » Ces paroles excitèrent votre enthousiasme et même votre orgueil. Vous en appréciâtes le véritable sens et vous répétâtes alors d'une voix unanime : « Dieu la lui a « donnée, gare à qui la touche! » Dès ce moment le royaume d'Italie exista; dès ce moment, les Italiens se ressouvinrent de la gloire de leurs ancêtres; dès ce moment, aux yeux de l'Europe étonnée, ils marquèrent leur place au milieu des nations les plus honorées. Italiens, je vous connais! vous aussi serez fidèles à vos serments.

« Un ennemi qui longtemps vous a tour à tour asservis, et qui, dans les siècles passés, avait le plus contribué à vous diviser, afin de n'avoir jamais à vous craindre, n'a pu voir sans inquiétude et sans jalousie, et votre résurrection et l'éclat dont elle s'environnait. Pour la troisième fois, il ose menacer aujourd'hui votre territoire et votre indépendance. Vous avez vaillamment concouru à réprimer ses premiers efforts; vous ne tarderez pas à le faire repentir du troisième. Combien de nouveaux motifs excitent aujourd'hui votre patriotisme et votre vaillance! Vous n'avez pas oublié ce que vous étiez il y a douze ans. Vous êtes dignes de sentir ce que vous êtes devenus depuis. La main qui vous recréa vous a donné les institutions les plus nobles et les plus généreuses. Ces institutions font à la fois votre orgueil et votre félicité; vous ne souffrirez pas qu'on ose essayer de vous les ravir.

«Italie! Italie! que ce nom sacré, qui dans l'antiquité enfanta tant de prodiges, soit aujourd'hui notre cri de ralliement. Qu'à ce nom vos jeunes guerriers se lèvent, qu'ils accourent en foule pour former à la patrie un second rempart devant lequel l'ennemi n'osera pas même se présenter. Il est toujours invincible, le brave qui combat pour ses foyers, pour sa famille, pour la gloire et l'indépendance de son pays! Que l'ennemi soit forcé de s'éloigner de notre territoire, et puissions-nous bientôt dire avec confiance à notre auguste souverain : « Sire, nous étions dignes de « recevoir de vous une patrie; nous avons su la « défendre. » *Donné à notre quartier général de Gradisca le 11 octobre 1813.* »

A la même époque, la garnison de Palmanova fut augmentée de 3 bataillons, et celle de Venise, qui devait être portée à 12,000 hommes, reçut également quelques renforts sans cependant atteindre jamais le chiffre. En outre, un approvisionnement de siége pour six mois fut accordé à la dernière de ces places dont le gouverneur était le général Séras, et sa défense fut organisée avec soin.

Le 14 octobre, quelques changements sans importance eurent lieu dans le personnel des généraux de l'armée. La brigade Campi étant rentrée à la 1re division, la garde passa à la réserve du quartier général. Le général Soulier fut envoyé à la 1re division, en remplacement du colonel Pegot, nommé général. Le général Deconchy remplaça le général Dupeyroux à la 4ᵉ division, et le général Bonnemains fut employé à la division de cavalerie.

Il est temps de jeter un rapide coup d'œil sur ce qui avait eu lieu dans le Tyrol.

Nous avons dit que, vers le milieu de septembre, la division de réserve Bonfanti s'était portée vers Trente, avait ensuite abandonné cette place, que cet abandon momentané avait causé quelques alarmes à Milan.

Le vice-roi s'était empressé de donner l'ordre au général Gifflenga, un de ses aides de camp, de remplacer, dans son commandement, le général Bonfanti. Cet officier général, homme de mérite, arrivé à Trente le 21 septembre, se dirigea le même jour, avec sa division, sur Brixen. Les Autrichiens s'étaient déjà repliés. Les troupes ennemies qu'on avait vues de ce côté n'étaient, du reste, qu'un détachement de 800 hommes jeté en avant de lui par le général Fenner qui marchait par Lientz, Toblach et Pruneck-ken. Le 25 septembre, Gifflenga occupait Brixen. La brigade Mazzuchelli attaqua immédiatement les Autrichiens à Aïcha et les rejeta, en désordre, sur Mulhbach, qu'ils abandonnèrent également. Prolongeant son mouvement sur Prunecken, le général Gifflenga eut, le 30 octobre, un engagement assez vif avec l'avant-garde du général Fenner qu'il battit, et à laquelle il prit ou tua 400 hommes. La faible division de la réserve dite du Tyrol n'était pas en mesure de lutter avec le corps autrichien qui opérait de ce côté. Force fut donc à cette division, qui ne recevait pas de renforts, de se replier successivement sur Botzen, sur Trente, et enfin sur Volano où elle prit position le 15 octobre, après douze jours d'une fort belle résistance.

Vers le milieu d'octobre, un fort détachement autrichien partit de Toblach sous les ordres du général Eckard, se porta sur Bellune, chef-lieu du département de la Piave, et l'envahit malgré les efforts et la résistance du général Bonin.

Les nouvelles fâcheuses de Trente, de Bellune, causèrent une fois encore de sérieuses alarmes à Milan. Le prince en fut informé et, immédiatement, il écrivit au duc de Lodi la lettre ci-dessous pour lui prescrire de prendre des mesures et de rassurer l'opinion publique. Avec la franchise qui le caractérise, le vice-roi dit l'exacte vérité.

Gradisca, 17 octobre 1813. — « Monsieur le duc de Lodi, je suis informé de toutes parts des alarmes qui se sont répandues à Milan. Ces alarmes sont naturelles sous beaucoup de rapports, mais elles sont aussi très-exagérées, et nul doute que, si on ne prend aucune mesure pour les calmer, elles nuiront essentiellement à la cause que nous avons à défendre et nous raviront la plus grande partie des ressources dont nous avons besoin. Je vais essayer de vous faire connaître notre situation *tout entière*. Si vous trouvez dans mon exposé quelques motifs d'inquiétude, vous y trouverez aussi, je l'espère, beaucoup de sujets d'être calmes et confiants. La ligne que j'occupe sur l'Isonzo est bonne et forte, l'ennemi n'a pas encore tenté sérieusement de la forcer, et il y a quelques raisons de croire qu'il ne le tentera pas, au moins tout de suite. Ces raisons, les voici : 1° Il n'y a pas de doute que l'armée qui est en face de moi n'est pas très-forte en nombre; 2° en supposant qu'elle puisse me forcer à abandonner l'Isonzo, je doute qu'elle ait autant de monde qu'il lui en faudrait pour laisser successivement devant Osopo, Palma, et enfin Venise, toutes les forces qu'elle serait obligée d'y placer; 3° l'ennemi ne veut pas se battre, au moins il ne l'a pas voulu jusqu'à présent; il a pu éviter tous les combats dans un pays de montagnes, et sur une ligne si étendue, qu'il m'était impossible d'en couvrir à la fois tous les points. Il n'ignore pas que, s'il se présentait en deçà de l'Isonzo, il faudrait qu'il se battît, et je crois que c'est encore là un des motifs qui l'ont retenu et qui le retiennent encore immobile au delà de l'Isonzo. Ainsi, toutes ces considérations me portent à croire que nous pouvons être tranquilles, au moins *pour plusieurs jours*, sur la position des pays ex-vénitiens que couvre mon armée. Donc, pour ce qui regarde ce premier point, les inquiétudes qu'on exprime à Milan sont à la fois prématurées et exagérées. Reste à examiner notre situation dans le Tyrol et le parti que l'ennemi pourrait en tirer dans toutes les hypothèses. Sans doute nous sommes moins forts du côté du Tyrol que nous ne le sommes sur l'Isonzo, mais l'ennemi aussi n'y est pas très-fort encore. J'espère donc que les forces qui sont à la disposition du général Gifflenga, celles que rassemble en ce moment le général Pino, et un corps sous les ordres du général Palombini que je dirige aujourd'hui sur Bassano, suffiront pour arrêter les tentatives de l'ennemi et pour le fixer au moins à Trente, ou l'obligera à y retourner. Cette espérance est d'autant plus fondée, 1° que le petit corps du général Fenner a beaucoup plus de paysans que de soldats; 2° que j'ai la *certitude* que la défection de la Bavière ne laisse disponible, contre nous, qu'une très-petite partie de forces autrichiennes, se joigne au corps du général Fenner, et qu'ainsi nos forces, en face du Tyrol, deviennent insuffisantes pour les arrêter *longtemps;* nul doute qu'elles le seront toujours assez cependant pour tenir l'ennemi en échec jusqu'à ce que je sois moi même descendu avec toute mon armée sur les derrières de l'ennemi. Dans cet état de choses, qu'il est *impossible que l'ennemi ne prévoie pas,* il est certain qu'à mon approche les corps qui se seraient avancés en deçà du Tyrol remonteraient à la hâte vers Trente et y seraient arrêtés au moins pendant plusieurs jours. Donc, jusque-là, rien, absolument rien à craindre pour les pays au delà de l'Adige; quand je dis rien à *craindre,* je n'entends pas dire que quelques partis ennemis ne pussent être jetés par les montagnes et même arriver jusque dans le Brescian, mais des partis ne font pas des conquêtes. Ils inquiètent et puis *c'est tout.* Il suffit de quelques paysans bien animés (et c'est l'ouvrage des autorités municipales) pour les repousser et les forcer à prendre la fuite. Ensuite, il faut observer que ces partis, pour arriver en Lombardie, seraient obligés de passer l'Adda; dans le cas où ils arriveraient jusque-là, il suffira que vous donniez l'ordre au général Polfranceschi de garder l'Adda pour que Milan soit encore pendant longtemps à l'abri de voir arriver chez lui les partis. De bonnes dispositions sur les ponts de Lodi et de Cassano suffisent pour couvrir Milan contre tous les partis possibles. Ainsi encore, jusque-là, rien, absolument rien de sérieux à craindre pour Milan. Si donc l'Italie met à profit le temps qui lui reste pour répondre à l'appel que je lui ai fait, vous voyez que, nos forces s'augmentant, nous arriverons à nous trouver en mesure de repousser des dangers plus sérieux.

« Maintenant supposons les événements les plus fâcheux, car il est bon de tout prévoir. — J'ai prouvé qu'il n'y avait rien à craindre *aujourd'hui* pour les pays vénitiens, et qu'il n'y aurait rien à craindre pour Milan, quand même des partis auraient pénétré jusqu'à l'Adda. — Voyons maintenant les mesures que nous aurions à prendre si, par des circonstances que je ne redoute ni ne prévois encore, je vous en donne ma parole d'honneur, supposons, dis-je, que l'ennemi rassemblé non en faibles partis, mais en *corps d'armée*, me forçât à m'appuyer sur Mantoue ou Venise, et que dès lors il pût occuper un moment la Lombardie. — Que faudrait-il faire? être d'abord calmes, prudents et fermes. Alors le gouvernement, informé de l'approche de l'ennemi en *corps d'armée*, publierait une proclamation dans laquelle il annoncerait que sa fidélité à son souverain lui fait une loi de ne pas compromettre la dignité des hommes qu'il a honorés de sa confiance en les laissant exposés aux insultes de l'ennemi; qu'en conséquence il se retire un moment au delà du Pô, mais qu'en se retirant il exhorte le peuple à demeurer calme et ferme et à ne jamais oublier les sentiments de reconnaissance et de fidélité qu'il doit à son souverain. Cette proclamation serait faite par vous, et un peu avant, et tout de suite après sa publication, les grands officiers de la couronne et du royaume, les ministres, le sénat et le conseil d'État passeraient le Pô et se dirigeraient sur Bologne, où ils attendraient d'autres événements pour prendre un autre parti, si, par impossible, les circonstances devenaient plus fortes. — Je dis d'abord de se retirer au delà du Pô, parce que, dans mon opinion, le royaume d'Italie est sérieusement compromis le jour où il est entièrement abandonné par ses fonctionnaires, d'où il suit que ceux-ci ne devraient en sortir *qu'à la dernière extrémité*, et, je le répète, cette dernière extrémité est plus *qu'improbable*. — Que savons-nous en effet si, à cette heure, une victoire de l'Empereur n'a pas déjà changé nos destinées ? — Dans le cas où le gouvernement passerait le Pô, je n'ai pas besoin de vous dire que les autorités judiciaires et municipales devraient être invitées à demeurer à leur poste, et à s'y conduire pendant la durée de l'orage avec fidélité, noblesse et dignité. Je me résume. Il n'y a, *quant à présent*, rien à craindre pour la Lombardie. Il n'y aura, non plus, rien à craindre pour Milan tant que des *partis* n'auraient pas passé l'Adda, ou un *corps d'armée* le Mincio; jusque-là que faut-il faire? Avoir confiance et en *inspirer*; mettre le plus grand zèle à ranimer l'esprit public et la plus grande activité aux nouvelles levées. Tout cela ne veut pas dire sans doute que les individus qui tiennent de plus près au gouvernement ne puissent, s'ils le jugent convenable, faire quelques dispositions pour mettre à couvert leurs effets les plus précieux. Mais, je le répète, je crois que ces précautions seront inutiles, et j'ajoute que, dans tous les cas, elles doivent être faites dans *le plus grand silence*. Si elles étaient faites avec *publicité*, elles seraient *coupables*, car elles nous feraient un grand mal. J'ai tout dit, monsieur le duc de Lodi, je vous ai parlé dans toute la sincérité de mon cœur, je m'en rapporte à vous pour l'exécution de toutes les mesures que je viens d'indiquer et que les circonstances pourront exiger. — Je désire qu'après avoir lu la présente lettre vous rassembliez les ministres et le directeur général de la police, et que vous leur en donniez connaissance; je suis sûr qu'il n'est aucun d'eux qui, dans cette circonstance, ne se montre digne de la confiance dont il a été honoré par Sa Majesté. Sur ce, monsieur le duc de Lodi, je vous renouvelle l'assurance de mes sentiments particuliers, et je prie Dieu qu'il vous ait en sa sainte et digne garde. Écrit de mon quartier général de Gradisca, le 17 octobre 1813. »

Les événements se succédaient rapides et menaçants en Italie comme en Allemagne. La marche du général Fenner sur le Tyrol, celle du général Eckard sur Bellune, l'immobilité d'une partie des troupes du général Hiller en face du vice-roi, indiquaient chez l'ennemi le projet bien arrêté de contenir à l'est l'armée principale du prince le plus longtemps possible, sans s'engager contre lui, et de lancer sur le cœur du royaume de fortes colonnes pouvant le couper de sa ligne de retraite.

Un mouvement rétrograde devenait indispensable. Le vice-roi en donna l'ordre. Il commença le 17. Le général Palombini, avec la brigade Galimberti, partit pour se rendre à Conegliano et renforcer l'aile gauche (général Grenier). La brigade Ruggieri, de la même division, se réunit à Palma-Nova, laissant un bataillon d'arrière-garde sur l'Isonzo. Cette brigade occupa ensuite la tête du pont de Codroipo sur le Tagliamento. Le général Grenier, avec les divisions Rouyer et Gratien, quitta Venzone et Ospidaletto pour se rapprocher de Feltre et de Bellune, après avoir franchi le Tagliamento. L'aile gauche avait pour mission de précéder de trois jours la marche de l'aile droite et de rejeter sur les montagnes tout ce qui avait essayé de descendre des gorges du Tyrol. En se dégageant ainsi sur sa gauche et en assurant ses communications avec Vérone, le vice-roi espérait avoir le temps de prendre position derrière la Piave et y tenir quelques jours.

Le 23 octobre, le mouvement du général Grenier étant bien prononcé, le prince Eugène vint établir son quartier général à Udine. La brigade Soulier, chargée de l'arrière-garde, devait se replier le lendemain sur Saint-Daniel, mais, attaquée avant d'avoir reçu cet ordre, elle combattit avec intrépidité et arriva le 25 à Saint-Daniel. Elle y passa le Tagliamento, s'établit à Spilimbergo, ayant à quelques lieues sur sa droite le quartier général à Codroipo, qu'elle couvrait. Le 26, l'armée continua sa marche rétrograde. Le 30 elle était sur la Piave, le quartier général à Spréziano, un peu en arrière de cette rivière.

Ce même jour, le général Grenier, avec l'aile gauche, avait pris position en avant de Castel-Franco, entre Rossano et San Zenone, sur la grande route de Trévise à Vicence. Cette aile gauche faisait ses dispositions pour attaquer Bassano, où l'ennemi avait jeté un corps considérable, après l'occupation de Trente.

Cependant l'ennemi continuait à se prolonger au nord ou à l'ouest. Il cherchait à descendre le long du lac de Guarde et à gagner l'Adige vers les positions de Rivoli avant que le vice-roi eût pu atteindre Vérone. Il attaqua vigoureusement, le 26 octobre, le général Gifflenga à Ala. La 6ᵉ division se battit quelque temps avec courage; mais, la droite ayant été rejetée sur le Naviglio, un bataillon italien de la réserve de Vérone jeta ses armes, le désordre se mit dans les deux brigades. Le général Gifflenga eut beaucoup de peine à rallier ses troupes et à arrêter les Autrichiens. Bref, il fut obligé de se replier sous le canon de Vérone où il arriva le 29, après avoir perdu un millier d'hommes. L'ennemi, il est vrai, avait eu 1,500 soldats mis hors de combat; mais l'ennemi pouvait se renforcer, la 6ᵉ division le pouvait difficilement.

Dès que le vice-roi eut connaissance de cet échec, il fit soutenir le général Gifflenga à Vérone par la brigade Galimberti qui, de Conégliano où elle s'était rendue, reçut ordre de gagner l'Adige.

Nous avons laissé le général Grenier avec l'aile gauche entre Trévise et Vicence. Le 26, il se dirigea avec ses deux divisions et la brigade de cavalerie Bonnemains sur Bassano. Le soir, son avant-garde, composée d'un bataillon d'élite et d'un peloton de chasseurs, engagea le combat. Le lendemain et le surlendemain (27 et 28 octobre) le temps était détestable; on se borna à faire des reconnaissances. Le 29 au soir, le général Bonnemains eut ordre d'attaquer l'ennemi qu'il rejeta de Casoni dans Bassano. Le 30, trois bataillons autrichiens tentèrent de reprendre Casoni, mais il échoua devant les bonnes dispositions du général Bonnemains.

Enfin, le 31, le général Grenier, se mettant à la tête de ses deux divisions et de sa brigade de cavalerie, disposées en trois colonnes, attaqua et enleva Bassano. Le vice-roi en personne avait pris la direction de la colonne de droite. Les Autrichiens furent poursuivis jusque dans la vallée de la Brenta à Primolano.

Ayant ainsi rejeté au loin l'ennemi, le prince vice-roi fit continuer le mouvement sur l'Adige, dirigeant ses troupes sur Legnano et Vérone.

CORRESPONDANCE

RELATIVE AU LIVRE XXV.

DU 20 AOUT 1813 AU 2 NOVEMBRE 1813.

« Monsieur le duc de Feltre, je vous annonce que, le 17 de ce mois, les Autrichiens ont attaqué le territoire de l'Illyrie, et qu'une division s'est portée sur Carlstadt, en même temps que sur toute la ligne ils se présentaient sur les frontières. Comme tous mes rapports m'annonçaient que les principales forces de l'ennemi se réunissaient entre Marburg et Pettau, j'ai dû mettre l'armée en mouvement dans la direction de Laybach. J'ai porté moi-même, aujourd'hui, mon quartier général à Adelsberg. La 5ᵉ division avait été dirigée sur Tarvis, occupant par deux bataillons Villach, pour défendre ce débouché de l'Italie. Aujourd'hui, j'apprends que l'ennemi a fait un mouvement de flanc sur sa droite, pour réunir ses
Eugène à Clarke.
Adelsberg,
20 août 1813.

principales forces à Klagenfurth. Il est même probable que, ce matin, Villach aura été attaqué.

« D'après la certitude que j'ai acquise que le général Hiller, commandant l'armée ennemie, s'est porté avec la majorité de ses troupes sur Klagenfurth, j'ai dirigé au point important de Tarvis une seconde division qui part demain de Gorizia.

« Selon les nouvelles ultérieures que j'apprendrai, je porterai le reste de l'armée, soit sur le même point, soit sur la direction de Villach, soit sur celle de Laybach. Je vous tiendrai informé des événements qui pourront avoir lieu, et je vous prie de donner connaissance à l'Empereur de mes rapports; car je crains que la route de la Bavière ne soit bientôt interceptée. »

Eug. à Nap.
Au quartier
général,
à Adelsberg,
12 août 1813.

« Sire, j'ai l'honneur de rendre compte à Votre Majesté qu'à peine arrivé ici hier avec la tête de l'armée j'ai su, par mes rapports de Laybach, que l'ennemi n'avait plus personne sur la route de Marburg à Laybach, mais par un grand mouvement s'était ployé sur sa droite. Avant-hier 19, le général Hiller a dû arriver à Klagenfurth, et tout s'accorde à faire croire que 20 à 25,000 hommes de l'ennemi y étaient déjà réunis. Dans cette circonstance, je n'ai pas cru devoir continuer ma route sur Laybach, mais j'ai au contraire, dirigé une 2ᵉ division de Gorizia sur Tarvis pour y renforcer ce poste. Pendant que la Save est soigneusement gardée depuis Krainburg jusqu'à Laybach, par quatre bataillons et 1,200 chevaux, et que toute l'armée y est annoncée, il est probable, suivant les avis que je recevrai de Tarvis dans la journée, il est probable, dis-je, que je m'y porterai avec toute l'armée.

« La position des troupes est aujourd'hui celle-ci : Les 2e, 4e, 5e et 6e divisions sont à Adelsberg, Vippach et Prévald ; la 3e division occupe Tarvis, la 1re est en route de Gorizia par Pletz pour s'y rendre.

« Les colonnes qui ont passé la Save à Agram paraissent jusqu'à présent fort peu considérables; on ne peut guère évaluer leurs forces qu'à 3,000 hommes. C'est une fausse attaque que l'ennemi a faite sur son extrême gauche, pour occuper notre attention, et cacher son ploiement sur sa droite. »

Eugène à la vice-reine. Adelsberg, 21 août 1813.

« Je suis arrivé ici hier vers midi et j'ai reçu des rapports de l'ennemi. Il paraît qu'il n'a pas grand monde à Laybach et que ses principales forces sont à Klagenfurth. Comme il serait possible qu'ils tâchassent de gagner Tarvis où je n'ai qu'une division, j'y en envoie une seconde et je fais séjour ici pour attendre l'événement. Ma santé est bonne, et, quoique je ne dorme pas beaucoup, je me porte bien; je pense à toi et à mes enfants. D'ici à deux ou trois jours, je serai plus tranquille. »

Eugène à Clarke. Adelsberg, 21 août 1813.

« Monsieur le duc de Feltre, tous les rapports que je reçois de ma gauche me confirment le mouvement de l'ennemi pour se replier sur sa droite.

« Jusqu'au 20 au soir, il n'avait encore débouché en force que de Gemünde, et il était entré à Spital, le même jour au matin, de l'infanterie et de la cavalerie. Il avait aussi des divisions à Saint-Veit et à Klagenfurth. D'après ces renseignements, je n'ai point balancé à me porter, avec trois divisions et la garde royale, sur le point important de Tarvis pour y soutenir la 3ᵉ division qui s'y trouve déjà et rester maître des défilés de la Save et de la Drave.

« Je serai demain à Gorizia, le 23 à Caporetto et le 24 à Tarvis, dont la garde et la 2ᵉ division seront peu éloignées.

« Il paraît que les projets de l'ennemi sont de s'appuyer au Tyrol et d'y pénétrer, si les événements d'Allemagne le lui permettent Si l'ennemi avait voulu prendre l'offensive dans cette partie, il eût déjà pu le faire par Villach. Il n'est pas à présumer qu'il s'engage dans la vallée de la haute Drave, ou qu'il passe la Save, lorsque les principales forces de notre armée seront concentrées entre Tarvis et Villach.

« La 3ᵉ division a des échelons placés à Villach et à Arnolistein, ainsi qu'un bataillon à Vedsenfels, pour observer la vallée de la Save.

« C'est avant-hier, 19, que les premiers coups de fusil ont été tirés. Un poste ennemi s'était emparé du petit pont de Rossek, qui n'était gardé que par les douanes. Le colonel du 35ᵉ d'infanterie légère y ayant dirigé une reconnaissance qui rencontra l'ennemi, nos jeunes soldats le chargèrent et firent le poste entier prisonnier.

« J'ai laissé la lieutenance du général Pino dans la position d'Adelsberg, pour recevoir la brigade d'infanterie et la brigade de cavalerie, qui sont établies le long de la Save pour observer les corps qui pourraient déboucher de la Croatie, et pour manœuvrer selon les circonstances. »

« Je suis revenu ici, ma bonne Auguste, pour re- *Eugène à la vice-reine.*
prendre la route de Villach, par Tarvis. C'est sur ce *Gorizia.*
point qu'il paraît que l'ennemi s'est dirigé ; il en *22 août 1813, à midi.*
veut aussi, à ce qu'il paraît, au Tyrol. Le 19, près
de Villach, les premiers coups de fusil ont été tirés
et ont été heureux pour nos jeunes soldats, qui ont
fait une dizaine de prisonniers. Je serai à Tarvis après-
demain soir avec 3 divisions ; la 4ᵉ et la garde me
suivront de près. »

« Monsieur le général comte d'Anthouard, j'ar- *Eugène au général d'Anthouard.*
rive à l'instant à Caporetto, où je viens de recevoir *Caporetto.*
votre seconde lettre d'hier. J'ai vu avec plaisir que *23 août 1813*
l'ennemi était encore loin de Tarvis. Cela nous donnera le temps d'arriver. Je serai demain à Tarvis,
si j'apprenais que l'ennemi y est en présence, sans
quoi je m'arrêterai à Breth ou à Raihl. On vous aura
annoncé la marche de toute l'armée vers ce point.
J'ai laissé la lieutenance de Pino sur Laybach. Je ne
pouvais pas pousser sur la Carniole, lorsque l'ennemi avait ses principales forces en Carinthie ; et si,
comme tout le fait croire, il s'agite en Bavière et en
Tyrol, il est bon d'appuyer au moins sur lui. Atten-
dez-moi à Tarvis. Qu'on y augmente le nombre des
forces. Nous tenons encore Villach, écrivez à l'intendant pour lui annoncer mon arrivée, ainsi que
celle de toute l'armée, et faites commander beaucoup de pain, beaucoup de farine et de l'avoine.
Entendez-vous avec le général Gratien, en lui mon-
trant ma lettre, pour que, dès l'arrivée de la division
Quesnel, il porte un autre échelon de deux batail-

lons et de quatre pièces d'artillerie sur le général Piat. De sorte que le général Piat aura sa brigade sous la main; 2 bataillons à Villach et 2 ou 4 bataillons entre Arnoldstein et Federaun, de manière à garder ce pont du Gailh et à observer la route de Saint-Jacob. J'approuve les deux partis que vous avez proposé d'envoyer dans le haut Gailh. Vous pouvez hardiment envoyer tous les agents que vous voudrez; je vous rembourserai de toutes vos avances. »

Eug. à Nap.
Pletz,
24 août 1813,
au matin.

« Sire, les mouvements de l'ennemi sont aujourd'hui dessinés. Il ne s'est plié rapidement sur sa droite que pour opérer dans le Tyrol et rester en communication avec l'armée autrichienne en Bavière. J'arrive ce soir à Tarvis; j'y aurai deux divisions et, dès demain, je fais reprendre l'offensive sur Spital, où l'ennemi paraît déjà arrivé en force, et sur Klagenfurt. L'ennemi paraît déjà avoir jeté dans les montagnes beaucoup de partisans. J'espère, par mon mouvement, arrêter sa marche en Tyrol, à moins qu'il ne fasse de grands progrès dans la vallée de l'*Inn*. Le général Hiller commande définitivement l'armée autrichienne d'Italie. Il a avec lui les généraux Hohenzollern et Frimont pour lieutenants. Le général Frimont était encore avant-hier à Klagenfurt.

« Comme la communication du Tyrol sera très-incessamment fermée, je prends le parti d'adresser mes dépêches à Votre Majesté par Paris.

« Le 1ᵉʳ septembre j'aurai réuni à Vérone les trois

bataillons de la demi-brigade qui vient de Toulon et les trois bataillons d'élite étrangers, ainsi qu'une batterie de 8 pièces. N'ayant point d'autres troupes disponibles en Italie, je suis obligé de me servir de celles-là. Je n'ai point encore entendu parler des Napolitains. Cette division pourra se porter dans les premiers jours de septembre sur Trente et rassurer l'Italie dans cette partie. »

Eugène au général d'Anthouard. Raihl, 24 août 1813.

« Monsieur le général comte d'Anthouard, je vous préviens que je viens d'arriver à Raihl. Je compte me rendre demain de bonne heure à Tarvis ; j'y reconnaîtrai les positions. Comme la garde y arrivera aussi, j'ai l'intention de pousser le général Gratien en avant. Prévenez les généraux de mon arrivée. Je serai bien aise de vous voir ce soir ici. Nous avons 100,000 rations de biscuit et 500,000 rations de riz qui sont parties de Palma-Nova ; 25,000 rations de pain biscuité nous partent journellement d'Udine et de Cividale. Nous avons reçu à Caporetto le premier convoi. Dites au général Quesnel d'envoyer ses voitures vides à Osopo, ainsi que celles du général Gratien, pour y charger du biscuit. »

Eugène à la vice-reine. Raihl, près Tarvis, 24 août 1813.

« Je te fais donner chaque jour de mes nouvelles par Soulanges, ma bonne amie, et moi, je t'écris quand je puis trouver un moment de repos. Nous ne tarderons pas à avoir quelque engagement ; la division que j'avais laissée au débouché a placé un peu loin trois de ses bataillons ; je crains pour eux, quoique ces gaillards nous aient fait encore cette nuit

150 prisonniers. Mais ils pourraient être attaqués aujourd'hui par plus de monde. Je commencerai demain à me reconnaître, et nous verrons ensuite. D'après les mouvements de l'armée, il paraîtrait qu'il en veut fortement à la Bavière; je crains bien que le roi ne soit encore obligé de quitter Munich... Écris à ma mère et à ma sœur. »

Eugène à Clarke. Quartier général de Tarvis, 25 août 1813.

« Monsieur le ministre duc de Feltre, je m'empresse de vous prévenir que je suis arrivé à Tarvis dans la nuit derrière. J'ai avec moi la seconde lieutenance et la garde royale. La première lieutenance arrivera demain. Le général Pino, avec la lieutenance italienne est à Laybach. J'ai trouvé ici tout en belles dispositions. Je vous ai informé que les Autrichiens s'étaient portés sur Villach; ils ont cherché à s'en emparer, mais la belle contenance du colonel Duché, commandant deux bataillons du 35e d'infanterie légère, les a maintenus jusqu'au 23, que, voyant des dispositions pour le tourner entièrement par ses deux flancs, il s'est décidé, le 23, à trois heures après-midi, à retirer tous ses postes et à se replier sur Federaun. Ce mouvement a été exécuté sans tirer un coup de fusil. Le même jour, à onze heures du soir, le colonel Duché, avec les deux bataillons du 35e léger et un bataillon du 36e léger, s'est reporté sur Villach dans l'intention d'y surprendre les ennemis, qui ne pouvaient encore y être établis; cette expédition a eu tout le succès que l'on pouvait en attendre. On est arrivé vers les trois heures du matin; on a repris la ville sans perdre un homme; on y a fait

150 prisonniers, et l'on a détruit le pont que les Autrichiens avait déjà rétabli.

« Pendant que cela se passait, les ennemis dirigeaient une colonne de cavalerie et d'infanterie pour s'emparer du pont de Federaun sur le Gailh. Mais le 2ᵉ bataillon du 56ᵉ léger, qui était de garde à ce pont, a repoussé la cavalerie, et, en se portant en avant, a également surpris et renversé l'infanterie et a fait une cinquantaine de prisonniers.

« Les troupes qui étaient dans Villach n'ont pas eu le temps de savoir qu'elles étaient tournées ; elles revenaient tranquillement avec les prisonniers et ont pris position en avant de Federaun. L'interrogatoire que l'on fera subir aux prisonniers nous mettra à même de connaître la composition de l'armée autrichienne et de savoir quels sont ses desseins. »

Eug. à Nap. Au camp de Tarvis. 26 août 1813.

« Sire, j'ai l'honneur d'adresser à Votre Majesté la copie de la lettre que je viens de recevoir de la reine de Naples, en réponse à l'une de celles que je lui avais écrites au sujet des troupes napolitaines, conformément aux ordres de Votre Majesté, qui pensait qu'à cette époque ces troupes devaient déjà être à la hauteur de Bologne[1]. »

Eugène à la vice-reine. Tarvis, 26 août 1813.

« Je rentre de la visite des avant-postes, ma très-chère Auguste ; je m'y suis un peu mis en colère, mais c'est pour que les choses aillent un peu mieux... Demain soir ou après-demain matin nous

---

[1] Cette lettre nous manque.

commencerons nos opérations ; je vais me coucher, car j'ai fait plus de quinze lieues aujourd'hui ; nous n'avons pas tiré un coup de fusil depuis avant-hier. »

<small>Eug. à Nap.
Quartier
général
à Arnoldstein,
27 août 1813.</small>

« Sire, depuis le dernier rapport que j'ai eu l'honneur d'adresser à Votre Majesté, j'ai achevé mon mouvement sur le Gailh, où j'ai pris position. J'ai poussé des reconnaissances sur tous les points, et il paraîtrait que l'ennemi prend une position défensive sur cette position. Lorsqu'il n'y avait qu'une division à Tarvis, les Autrichiens ont attaqué Villach, défendu par 3 bataillons. Le colonel Duché, qui commandait, voyant manœuvrer sur ses deux flancs, ne voulut pas s'exposer à être coupé, ni rien compromettre, suivant qu'il en avait l'ordre. Il s'est replié le 23 au soir sur le pont de Federaun ; mais, voulant avoir des prisonniers, et ayant su que l'ennemi n'était pas entré en force, il s'est reporté dans la nuit à Villach, y a surpris 200 hommes, a détruit le pont qu'on avait rétabli, et s'est retiré le 24.

« Rien n'explique encore les projets de l'ennemi. Il a lancé des partis sur divers points : en Croatie, pour inquiéter Fiume et Neustadt ; vers la Save, sur la route de Laybach et sur la grande route du Tyrol ; mais ces partis ou reconnaissances n'ont pas encore poussé loin.

« Les Autrichiens ont à Spital 1 division qui n'a pas encore fait de grands mouvements. Je pense qu'elle est en observation pour couvrir un mouvement sur Salzbourg, et attend un résultat pour agir.

« Le long de la Drave, l'ennemi est sur la défensive; il n'occupe Villach que par des postes, mais fait des retranchements pour couvrir le pont de Rosseck, et il a achevé les travaux de Feistritz, sur la frontière, pour couvrir le pont de Holenburg, route de Klagenfurt à Laybach. Il a coupé et détruit le chemin de Léobel, en couvrant la coupure par des retranchements à Sainte-Madeleine.

« Demain, je marche pour m'emparer de Villach, et en même temps du pont de Rosseck.

« Comme l'on avait à Fiume des inquiétudes sur les mouvements que l'ennemi faisait par Karlstadt, j'ai ordonné au général Pino d'envoyer sur Neustadt une reconnaissance composée d'une brigade et 6 à 8 pièces de canon.

« Une autre brigade couvre la Save, et une troisième brigade est à Krainburg, chargée de s'emparer du Léobel et de menacer le pont d'Holenburg. Elle se liera par sa gauche avec nous. »

Eugène à la vice-reine. Tarvis. 27 août 1813.

« Encore deux mots aujourd'hui; je suis tranquille à présent sur les événements, les ennemis ne prennent décidément pas l'offensive de mon côté; ça sera moi qui le ferai; c'est toujours un petit avantage. Mes rapports de cette nuit annonçaient qu'ils se sont retirés derrière la Drave... Je partirai cette nuit pour Villach ou environs. »

Eug. à Nap. Quartier général de Villach, 29 août 1813.

« Sire, j'ai eu l'honneur de rendre compte à Votre Majesté de mon mouvement sur Tarvis et le Gailh.

« Le 27, j'ai reconnu l'ennemi, et j'ai disposé mes troupes pour attaquer le 28. La division Quesnel s'est portée sur Rosseck, où les Autrichiens faisaient des travaux qui ont été enlevés facilement; mais, le pont ayant été détruit, le passage de la Drave n'a pu avoir lieu. Le même jour, 28, dans l'après-midi, la division Gratien a attaqué la position de Villach, dont l'ennemi voulait faire une tête de pont; les avancés et faubourgs ont été enlevés avec bravoure. L'on a de suite fait les dispositions contre la ville pour le 29; mais, d'après ce qui s'était passé, les Autrichiens n'ont pas cru devoir résister et ont tout disposé pour la retraite. Dès la pointe du jour, ils ont mis le feu aux quatre coins de la ville. Aussitôt qu'on s'en est aperçu, on a pu juger de leurs projets, et des compagnies ont été dirigées pour s'emparer de la ville, tandis que des bataillons ont été placés au-dessus et au-dessous avec des batteries pour écarter l'ennemi et tâcher de conserver le pont; mais l'on n'a pu réussir à ce dernier point. Le pont a été brûlé, et même le faubourg de la rive gauche. Des troupes ont été employées à arrêter l'incendie et à sauver les maisons auxquelles on pouvait porter secours : on a réussi pour plusieurs. Malgré cela, près des deux tiers de la ville ont été la proie des flammes. Nous avons su que le général autrichien, mécontent de trouver dans les habitants un attachement prononcé pour leur souverain, s'en est vengé par cet acte de barbarie. Notre perte en totalité, pendant ces deux jours, s'élève à 12 hommes tués et une centaine de blessés. Les ennemis doivent avoir eu beaucoup de monde hors de combat, et ont eu 2 pièces démontées.

« Votre Majesté connaît la Drave, qui est profonde et encaissée. Je suis très-embarrassé pour la passer, n'ayant point d'équipage, et l'ennemi détruisant tous les moyens. Je fais tâter en ce moment le pont de Paternion, et, si je puis m'en emparer, je pourrai prendre l'offensive. Votre Majesté voit de plus que j'appuie sur la gauche; c'est que jusqu'à ce moment il m'a paru que l'ennemi opérait sur sa droite, et qu'il n'a que des partis sur sa gauche; car, quoiqu'il soit entré le 26 à Fiume, ce n'est qu'un parti de 2 bataillons et quelques centaines de chevaux. J'ordonne au général ° Pino de manœuvrer sur Fiume, et de menacer Karlstadt, en conservant pourtant une réserve à Adelsberg pour couvrir Trieste.

« Dans tous les cas, si les Autrichiens voulaient se porter en force sur ma droite, je puis agir par la Save, et me porter à Laybach par Wurtzen. Du reste, les Autrichiens n'annoncent encore qu'un plan défensif, mais paraissent vouloir se lier avec l'armée de l'Inn ou de l'Ens. Sous peu, tout s'éclaircira. »

« Monsieur le ministre duc de Feltre, je vous ai informé du mouvement de l'armée sur le Gailh, et que j'allais me porter sur la Drave. Le 28, la division Quesnel (1re division), lieutenance du général Grenier, s'est portée sur le pont de Rosseck, où l'ennemi travaillait à se fortifier. Les retranchements

Eugène à Clarke. Villach, 29 août 1813.

ont été enlevés assez facilement; mais, le pont ayant été détruit, le passage de la Drave n'a pu avoir lieu sur ce point. J'observerai à cet égard que, cette rivière étant encaissée et profonde, un passage ne peut avoir lieu facilement.

« Le même jour, 28, dans l'après-midi, la division Gratien (3ᵉ division, 2ᵉ lieutenance) a attaqué la position de Villach, où les Autrichiens faisaient de grands travaux, dans l'intention d'en faire une tête de pont; les faubourgs ont été enlevés avec beaucoup de hardiesse, et l'ennemi rejeté entièrement dans la ville. On faisait des dispositions pour enlever la ville ce matin; mais l'ennemi, jugeant qu'il ne pouvait résister à une seconde attaque, a pris le parti de se retirer, et ce que l'on croira à peine, c'est que le général autrichien a fait mettre le feu aux quatre coins de la ville pour se venger des habitants, qu'il a trouvés trop attachés à leur souverain. Il a également fait mettre le feu au pont et au faubourg de la rive gauche. Lorsque, le matin, on a vu le feu se manifester en ville sur plusieurs points à la fois, il était facile de juger qu'il était mis exprès, et que l'ennemi ne voulait pas la défendre; l'on a en conséquence devancé l'heure de l'attaque, et l'on a pénétré au milieu des flammes et malgré une canonnade et même une fusillade assez vives. L'on a de suite pris les mesures nécessaires pour sauver les maisons qui n'étaient pas encore la proie des flammes; les soldats y ont travaillé avec ardeur, et y ont réussi en partie. Mais il est douloureux de dire que presque les trois quarts de cette ville ne sont plus que des décombres.

« Nous avons eu à peu près 12 hommes tués et une centaine de blessés.

« *P. S.* J'apprends à l'instant que l'ennemi est entré le 26 au soir à Fiume. Il paraît que c'est un parti de 2 bataillons et quelques centaines de chevaux. J'ordonne au général Pino, qui est à Laybach, de manœuvrer sur l'ennemi et de tenir toujours une réserve à Adelsberg. »

Eugène à la vice-reine. Villach, 29 août 1813.

« Nous avons rejeté l'ennemi au delà de la Drave, ma bonne Auguste; mais cela sera difficile à passer, car ils ont brûlé tous les ponts; ils ont même eu la cruauté de mettre le feu aux quatre coins de cette ville avant de l'évacuer, et, pendant que nos soldats cherchaient à l'éteindre, ils tiraient à force sur la ville; je n'ai pas eu plus de 3 bataillons engagés et 6 pièces d'artillerie; nous avons eu une centaine de blessés et 8 à 10 tués; l'ennemi a dû souffrir, car tous nos tirailleurs tiraient sur leurs canonniers. Ma santé est bonne; je suis logé dans la première maison en entrant dans le faubourg. J'attends avec impatience des nouvelles de la Bavière pour savoir ce qui s'y passe. »

Nap. à Eug. Dresde, 30 août 1813.

« Mon fils, je reçois votre lettre du 24. — L'armée autrichienne de Bohême est bien supérieure par sa composition à celle qui vous est opposée, et cependant ce sont des recrues qui ne sont pas depuis un mois sous les drapeaux, et qui ne sont pas même habillés.

« J'ai battu, le 26 et le 27, la grande armée des

alliés devant Dresde; elle était de 200,000 hommes, dont 80,000 Russes. Je lui ai pris 30,000 hommes, 30 drapeaux, 50 pièces de canon et 800 caissons de munitions ou voitures de bagages. Cette armée fuit épouvantée en Bohême, et je la fais vivement poursuivre. »

Eugène à la vice-reine. Villach, 31 août 1813.

« Rien de nouveau de nos côtés, ma chère Auguste; quelques coups de fusil d'une rive à l'autre de la Drave; je fais, en attendant, tout préparer pour construire des ponts sur différents endroits, et cela inquiète l'ennemi. J'attends des nouvelles de Pino. Quand je suis un peu loin, les rapports deviennent tout de suite exagérés; il croit avoir devant Laybach toute l'armée ennemie, et il se trompe de beaucoup. Du reste, dans la position actuelle des choses, si nous ne pouvons faire de grands progrès, du moins ne pouvons-nous pas éprouver de grandes pertes. »

Eugène à la vice-reine. Villach, 2 septembre 1813.

« ... J'espère bien, au train que l'empereur paraît y aller, ne pas rester assez longtemps absent pour retrouver nos petits anges trop grandis... L'ennemi nous a fait hier une canonnade sur toute la ligne de près de quatre heures. Tout cela n'a abouti à rien; ils sont fort inquiets de nos travaux. »

Eug. à Nap. Au quartier général à Villach, 2 septembre 1813.

« Sire, depuis que j'ai eu l'honneur d'écrire à Votre Majesté, nous avons appris les brillants succès qu'elle a remportés les 21 et 26 de ce mois. Malgré toute notre bonne volonté, il s'en faut de beaucoup que nous soyons ici aussi avancés. N'ayant point avec moi d'équipage de pont, le passage de la Drave se trouve être une grande difficulté à surmonter. Nous avons tenté d'enlever 2 ou 3 barques que l'ennemi gardait de l'autre côté, mais elles étaient liées par des chaînes, et n'étaient point à flot. Cette opération a donc manqué. Nous construisons des chevalets et des radeaux. Il a même fallu forger des grappins qui n'existaient point ici; et demain, si l'ouvrage n'est point entièrement terminé, du moins il sera fort avancé. Les ponts de la haute Drave, près Spital, ont tous été également détruits par l'ennemi.

« J'ai fait hier une reconnaissance sur Feistritz, près de Maria-Elend, où l'ennemi a fait beaucoup d'ouvrage.

« D'après tous les rapports, et ce que j'ai vu hier moi-même, l'ennemi peut avoir 1 division à Spital, 1 division devant Villach, 1 autre en seconde ligne à Delden, laquelle a 3 bataillons et une partie de son artillerie devant Rossek; enfin une 4ᵉ entre Oldemburg et Feistritz.

« J'attends avec impatience les rapports du général Pino, qui était, avec 3 bataillons à Laybach et sur la Save, chargé de garder cette rivière et de manœuvrer sur l'ennemi qui pouvait se porter sur la Croatie.

« Je reçois à l'instant même la nouvelle qu'un courrier, parti probablement de Dresde vers le 24, a été arrêté près d'Inspruck, par un parti de soldats autrichiens déguisés. Si les dépêches dont il était porteur contenaient quelque chose d'important, je prie Votre Majesté de vouloir bien me le faire connaître. »

Eug. à Nap. Au quartier général à Villach, 3 septembre 1813.

« Sire, j'ai appris hier soir, par un rapport du 1ᵉʳ septembre du général Pino, que, l'ennemi paraissant marcher de Carlstadt sur Laybach, ce général avait réuni sur ce point toutes ses troupes, n'ayant laissé à Krainburg que 3 bataillons. Le 30 au soir, la position de Krainburg fut attaquée par quelques troupes descendues du Léobel, et par une colonne venant de Stein.

« Le général Belotti repoussa toutes les attaques de l'ennemi et lui fit éprouver quelques pertes. Mais, craignant d'être forcé dans son poste, il l'évacua pendant la nuit et détruisit le pont. J'ai ordonné au général Pino de se maintenir sur la Save et de tout faire pour rétablir la communication par Krainburg. Je l'appuierai de mon côté, en faisant descendre jusqu'à Asseling ou Ratmansdorff une division qui menacera Krainburg par de fortes reconnaissances. Pendant ce temps, on continue ici les travaux pour le pont de la Drave.

« Dans l'affaire dont j'ai parlé plus haut à Votre Majesté, nous avons eu 150 hommes tant tués que blessés. »

Eugène à la vice-reine. Wurtzen, 3 septembre 1813.

« J'arrive à l'instant, et je m'empresse de t'écrire deux mots. Je me porte bien, ma chère Auguste; je suis en mouvement avec une division et la garde royale pour descendre la Save jusqu'à peu près à Krainburg, pour me lier avec Pino; qui est à Laybach; il me fait pester avec ses continuelles inquiétudes. On est bien malheureux d'être servi par de pareilles gens; ce sont des enfants qui ont encore besoin de la lisière; garde cela pour toi. Je laisse Grenier sur la Drave, où l'ennemi paraît vouloir rester tranquille. Adieu, ma bonne amie. Je me porte demain sur Assling.

« Dis à Frangipani que j'ai été bien touché du dévouement de son frère; au premier coup de canon il est venu s'offrir, et je l'ai placé avec Vignolle. »

« Je suis arrivé ici, et tout est déjà tranquille. Pino avait fait réoccuper cette ville. L'ennemi n'était pas en force... Je me porte bien, malgré ma course d'hier. Le général Grenier doit faire tâter les retranchements de l'ennemi à Feistritz. Je crains bien qu'on ne réussisse pas. Ce serait trop joli si on réussissait. Adieu. Mes messieurs se mettent à tes pieds. »

Eugène à la vice-reine. Krainburg, 6 septembre 1813, à midi.

« Bonne nouvelle, ma chère Auguste, l'attaque d'hier a bien réussi. Tous les ouvrages de l'ennemi ont été enlevés. Nos jeunes soldats valent les plus anciens; ce sont tous des héros. J'envoie vite le courrier à Udine... Annonce avec précaution à Frangipani que son frère a été blessé à l'épaule à cette affaire. »

Eugène à la vice-reine. Krainburg, 7 septembre 1813, au matin.

« Sire, j'avais ordonné au général Grenier, commandant la première lieutenance de l'armée, de se porter sur Feistritz avec 2 divisions, et de faire attaquer les retranchements que l'ennemi avait élevés sur la rive droite de la Drave, pour couvrir le pont de Holenburg, ce qui, avec les ouvrages que l'en-

Eug. à Nap. Au quartier général à Krainburg, 7 septembre 1813.

nemi avait élevés sur le mont Léobel, lui formait comme un vaste camp retranché, d'où il pouvait déboucher sur Villach comme sur Laybach. Le général Grenier employa la journée du 5 à reconnaître la position de l'ennemi. Le 6, jour convenu pour l'attaque, il fit ses dispositions. Je dirigeai en même temps quelques colonnes par les chemins des montagnes escarpées, pour tourner les ouvrages de l'ennemi. A trois heures de l'après-midi ces ouvrages furent attaqués de front, pendant que le général de brigade Campi, avec 4 bataillons, suivait la campagne à mi-côte, malgré les difficultés du terrain et les obstacles que l'ennemi y avait préparés. L'attaque fut vive, et le succès ne fut pas un instant douteux. Les retranchements ont été emportés aux cris de Vive l'empereur. L'ennemi a été poursuivi et culbuté pendant plus de deux lieues. Trois bataillons de grenadiers qui arrivaient en soutien n'eurent point le temps de se déployer. Celui de tête fit seul une décharge; nos jeunes soldats ne daignèrent pas y répondre, mais se précipitèrent dessus à la baïonnette. La nuit et le temps affreux qu'il faisait mirent fin à notre poursuite. Dans la nuit on aperçut un grand feu qui fait présumer que l'ennemi a brûlé le pont d'Holenburg. Cette journée coûte à l'ennemi 400 hommes tués ou blessés, et nous lui avons fait 350 prisonniers. Ils sont des régiments Rewski, Chasteler; grenadiers du bataillon de Chimay, et hullans de Merfeld. De notre côté, nous avons eu 50 hommes tués et 200 blessés. Cette journée fait le plus grand honneur aux officiers généraux, officiers et troupes qui y ont été employés. Nos jeunes soldats ont rivalisé d'ardeur avec les plus anciens. Nous n'avons eu à regretter la mort d'aucun officier de marque. Parmi les officiers blessés se trouve un chef de bataillon du 84ᵉ et le capitaine adjoint à l'état-major Frangipani, écuyer de Votre Majesté.

« Ce matin j'ai fait communiquer par le Léobel avec les troupes du général Grenier. J'ai ordonné qu'on travaillât de suite à détruire les ouvrages que l'ennemi avait construits, tant à Feistritz que sur le mont Léobel. »

«Monsieur le duc de Feltre, il s'en faut de beaucoup que les affaires aient été aussi bien à ma droite qu'à mon centre et à ma gauche. Le général de brigade Belotti, allant, avec 3 bataillons, prendre une position qui lui avait été ordonnée, s'est égaré, est tombé dans un parti ennemi, et, après un engagement assez vif, il a perdu la moitié de son monde et est resté lui-même blessé au pouvoir de l'ennemi. Sur l'extrême droite, le général Pino, mal informé sur la force véritable de l'ennemi, n'envoya à Adelsberg que 4 bataillons. Le général Ruggieri, ayant fait une reconnaissance avec 3 de ces bataillons, sur la route de Fiume, a rencontré des forces qu'il a assuré être supérieures de beaucoup aux siennes, et il a dû se replier sur Adelsberg. Dès que j'ai eu la nouvelle de ces divers événements, j'ai ordonné au général Pino d'envoyer sur Adelsberg le général Palombini avec 8 bataillons, et, comme j'apprends que l'ennemi s'est renforcé de beaucoup entre Karlstadt et Neustadt et

Eugène à Clarke. 9 septembre 1813.

à fait filer quelques bataillons sur la route de Fiume, je me suis décidé à faire porter sur la Save la lieutenance du général Grenier, laissant les divisions du général Verdier sur la Drave, dont l'ennemi a brûlé tous les ponts. La 4e division arrivera demain entre Laybach et Krainburg. Je dirigerai de suite le général Pino avec ses 6 bataillons sur Adelsberg, et avec ses 14 bataillons, 400 chevaux et ses 6 pièces d'artillerie il doit reprendre avantageusement l'offensive sur l'ennemi.

« Ce que je crains, c'est que d'ici à deux jours quelque autre événement fâcheux ne se passe dans l'intervalle nécessaire aux mouvements de l'armée. Les rapports des divisions et les ordres parviennent difficilement. Je n'avais dans toute l'armée, en commençant la campagne, que 6 officiers d'état-major, et j'éprouve tous les jours combien je manque de cavalerie. Je vous prie de donner connaissance de ma lettre à l'Empereur.

« *P. S.* J'oubliais de vous dire, monsieur le duc, qu'à raison du peu de succès de la reconnaissance du général Ruggieri, l'ennemi ayant dirigé une colonne de Lippa sur Trieste, le gouverneur général et le commandant militaire ont dû évacuer cette place, où il paraît que l'ennemi est entré hier soir 8. »

Eugène à la vice-reine. Krainburg, 10 septembre 1813, 6 heures du matin.

« Je n'ai le temps que d'écrire deux mots, ma chère Auguste; les affaires ne vont pas aussi bien à ma droite qu'au centre et à ma gauche. Je vais tâcher d'y remédier; l'ennemi est en force à Fiume et a pu pousser jusqu'à Trieste. Je fais passer ici la lieutenance de Grenier, et Pino se portera sur Trieste et Fiume. »

Eugène au général d'Anthouard Krainburg, 10 septembre 1813, 8 heures du soir.

« Monsieur le général comte d'Anthouard, je ne reçois qu'à cinq heures et demie votre rapport de Laybach. Si les renseignements que vous avez acquis donnent la certitude que l'ennemi a repassé la Laybach et n'est point sur la rive gauche, le général Pino peut faire son mouvement avec ses six bataillons dès deux heures du matin ; si, au contraire, il était positif que l'ennemi se tînt sur la rive gauche de la Laybach, il faudrait que le général Marcognet y dirigeât 3 ou 4 bataillons et 6 pièces, et que le général Pino soutînt avec le même nombre d'hommes, de manière à culbuter l'ennemi dans la Laybach. Mais je prévois que l'ennemi, ayant aperçu le mouvement de la division Marcognet aujourd'hui, se sera retiré, et alors Pino peut suivre son mouvement, pourvu que le général Marcognet s'échelonne, savoir : 3 bataillons au pont de la Save et 4 bataillons dans les faubourgs de Laybach. Demain j'arriverai avant dix heures du matin avec les 6 bataillons de la garde et les 3 autres bataillons de la division Marcognet. Ainsi nous serons en mesure pour garder les ponts de la Save et de la Laybach, afin de faire une pointe sur la route de Karlstadt. Voyez demain matin, à la pointe du jour, le général Marcognet, pour savoir les dispositions qu'il a prises, et trouvez-vous à neuf heures, au plus tard, à mon logement, pour me rendre compte de ce qui aura été fait, et me faire connaître de quel côté est l'ennemi. »

Eugène au général d'Anthouard Krainburg, 11 septembre 1813, 5 heures du matin.

« Monsieur le général comte d'Anthouard, je reçois votre rapport du 9 au soir. D'après la position des troupes du général Marcognet, je ne vois pas qu'il y ait beaucoup de monde pour garder la route de Neustadt, si les troupes italiennes étaient parties. Si 3 bataillons suffisent de ce côté, jusqu'à l'arrivée de la garde royale, vous pouvez laisser partir le général Galimberti avec 2 bataillons dalmates et 3 du 3ᵉ de ligne. Mais, puisqu'on n'a pas exécuté mon ordre, en laissant le 3ᵉ léger au fort, j'entends qu'il y reste un bataillon du 3ᵉ de ligne. J'écrirai au général Pino d'après le rapport que j'ai lu du général Palombini ; mais, en attendant, faites dire de ma part, par Paolucci ou Galimberti, que j'espère bien qu'on ne marchera pas sur Trieste, s'il est déjà évacué par l'ennemi, mais qu'on marchera en forces du côté où l'ennemi aura réuni les siennes. Je serai à neuf heures à Laybach. »

Eugène à la vice-reine. Laybach, 12 septembre 1813, 6 heures du matin.

« Je n'ai pu t'écrire ces derniers jours, ma chère Auguste, j'ai été constamment à cheval, j'y monte même à l'instant pour me porter, avec toute la garde, sur la route de Karlstadt et je rentrerai ce soir ici. Ma santé est bonne malgré l'excessive peine que nous avons. Pino se réunit à Adelsberg, et, s'il réussit, comme je l'espère, à dégager Trieste et Fiume, nos affaires iront bien. »

Eugène à la vice-reine. Laybach, 13 septembre 1813, à midi.

« Je ne suis rentré que cette nuit de la course que je fis hier sur la route de Karlstadt. J'ai trouvé l'ennemi à quatre lieues d'ici, et après quelques fusillades j'ai conservé la position que je désirais ; il m'y a attaqué deux fois et a été repoussé. Je n'avais que la garde avec moi ; les vélites ont fait une belle contenance, ils ont eu à eux seuls une centaine de blessés ; demain j'y marcherai de nouveau avec 6 ou 8 bataillons de plus pour m'emparer de la position de l'ennemi. »

« Monsieur le ministre duc de Feltre, je vous ai fait connaître par ma dernière que l'ennemi s'était porté en force sur Fiume, et qu'il menaçait Trieste, en même temps qu'il se présentait sur Laybach par la route de Neustadt et par la route de Cilly. La prise des retranchements de Feistritz et du Léobel m'ayant mis à même de disposer d'une division, je me suis porté le 10 à Laybach. J'ai dirigé le général Pino avec 3 brigades de la 3ᵉ lieutenance sur Adelsberg, d'où il menaçait également Trieste et Fiume. Ce mouvement a forcé l'ennemi à se retirer des environs de Trieste pour se concentrer sur Lippa dans une position retranchée et couvrir Fiume. Le 12 j'ai poussé une forte reconnaissance jusqu'à Saint-Marcin, route de Neustatd à Karlstadt, afin de reconnaître l'ennemi et de pénétrer ses projets. Il était dans une belle position, dominant une plaine marécageuse que l'on ne pouvait traverser que sur une chaussée, et les flancs appuyés à des montagnes couvertes de bois, d'une étendue considérable. Je fis prendre position, et, après avoir reconnu le terrain, j'ordonnai pour le 13 les mouvements pour tourner la position, et je revins à Laybach d'où j'expédiai au

Eugène à Clarke.
Laybach,
15 septembre
1813.

général Pino les ordres pour enlever la position de Lippa, ce que ce général exécuta le 14 avec beaucoup d'intrépidité.

« Il me rend compte que l'ennemi a perdu 300 hommes tués ou blessés et 100 prisonniers, et une pièce de canon ; il ajoute que l'archiduc Maximilien était présent à cette affaire. Le général Nugent commandait les troupes. Le même jour 14, je me suis rendu à Saint-Marein pour attaquer l'ennemi qui, s'étant aperçu des mouvements qui s'opéraient sur ses flancs, abandonna la position qu'il occupait et celle de Weichselburg, deux lieues plus loin, et se retira sans vouloir combattre. Il a perdu un officier, et 40 hommes prisonniers, et 160 à 180 hommes tués ou blessés par la fusillade des tirailleurs. J'ai fait prendre position à deux à trois lieues au delà de Weichselburg. Le résultat de ces opérations est d'avoir repoussé l'ennemi qui avait forcé sur ma droite : je tiens la ligne de la Drave jusqu'au Léobel, et celle de la Save, la droite, vers Fiume. Cette ligne est immense, surtout par la difficulté des communications, mais elle est obligée.

« Sa Majesté serait dans le cas de demander pourquoi je n'agis pas plus offensivement, mais il faut observer que l'ennemi a sur la Drave, entre Spital, Villach et Klagenfurth, près de 20,000 hommes appuyés à de fortes positions naturelles et à des retranchements, plus 20 autres mille hommes sur la Save jusqu'à Karlstadt et dans la direction de Fiume, non compris quelques troupes de landwher et de l'insurrection croate. Je pourrai bien, en réunissant 2 à

3 divisions, pousser sur la route de Cilly, mais alors l'ennemi, cédant le terrain, se reporterait en force sur mes flancs, surtout vers Fiume ou Laybach, et m'obligerait à m'arrêter et même à rétrograder pour couvrir ma ligne d'opération qui peut être coupée. Il paraît décidé que l'ennemi ne veut engager aucune affaire sérieuse ; il tâte sur tous les poins et se retire dès que l'on se présente en force : il est surtout favorisé par la nature du terrain, par le langage des habitants du pays et par les communications nombreuses avec son intérieur. Ce qui facilite davantage ses mouvements, c'est sa nombreuse cavalerie, au moyen de laquelle il présente partout des têtes de colonnes et fait rapidement des pointes sur toutes les directions. »

Eugène à la vice-reine. Laybach, 15 septembre 1813.

« Je ne suis réellement pas trop malheureux, ma chère Auguste. Hier, pendant que je repoussais l'ennemi à plus de dix lieues sur la route de Karlstadt, après lui avoir pris un officier et une quarantaine d'hommes, je faisais marcher Pino sur Lippa et Fiume. Il a attaqué hier l'ennemi et l'a culbuté, lui a tué 300 hommes, pris une pièce de canon et plus de 100 soldats. Le colonel Paolucci y a été grièvement blessé; il s'est fort distingué. Fais prévenir sa femme par Nina Parraviccini qui est de son pays. Me voilà donc tranquille sur ma droite; dès demain je me porte avec 15 bataillons sur la route de Cilly. Tous ces petits succès, sans être très-éclatants, nous maintiennent dans nos positions, couvrant bien le royaume, et formant beaucoup nos jeunes soldats. Je me porte bien malgré que je ne suis descendu de cheval qu'après minuit. Écris à ma mère et à ma sœur, car j'ai bien peu de temps à moi; ayant peu d'officiers, je suis obligé d'être partout. »

<small>Eugène à Clarke. Laybach, 16 septembre 1813.</small>

« Monsieur le duc de Feltre, je reçois votre lettre du 7 septembre, dans laquelle vous voulez bien me communiquer les renseignements que vous avez eus sur la composition de la force de l'armée ennemie en Italie. Les renseignements que je me suis procurés de toutes manières et la déposition même des prisonniers présentent bien quelques différences. Voici à peu près la composition de l'armée qui m'est opposée :

« Le général Hiller, commandant en chef. Les feld-maréchaux-lieutenants : Frimont, Marschall, Fenner, Somma-Riva, Radivoyevich. Les généraux majors : Vlassitz, Eckart, Langenau, Nugent, Folzeytz, Rebrovich et plusieurs autres. Les régiments d'infanterie : Franz-Carl, Lusignan, Chasteler, Hohenloë, Bartenstein, Jellachich, Duka, Rewski, Bronder, Saint-Georges, Grandiscauer, Swet-Valatchich, Kreutzer. Ces derniers régiments esclavons doivent avoir chacun un bataillon à la grande armée. Les bataillons de chasseurs n°s 8 et 9; 4 bataillons de grenadiers; enfin 8 bataillons de landwehr. Ce qui fait environ 45 bataillons d'infanterie, c'est-à-dire plus de 40,000 hommes. Cavalerie, hussards : Stipzitz, Frimont et Radewski; hulans : de Merfeld et archiduc Charles; un régiment de chevau-légers, un de dragons de Savoie, le 2e cuirassiers.

« Ces trois derniers régiments n'ont point encore paru en ligne. Il a été vu sans exception de tous les autres corps,

« On peut donc calculer entre 6 et 8,000 chevaux, ce qui, avec l'artillerie et les sapeurs, approche bien d'une armée d'environ 55,000 hommes.

« Je m'abstiens d'aucune réflexion. J'ai avec moi six divisions d'infanterie qui ont à peine 6,000 baïonnettes, une division de réserve qui n'offre pas 4,000 hommes. J'ai commencé la campagne avec 2,200 chevaux, et je suis obligé d'avoir un corps détaché dans le Tyrol, de tenir les deux principales communications de l'Italie, Villach et Laybach, et enfin de détacher un corps sur Lippa pour couvrir Trieste et empêcher que l'ennemi n'arrive sur l'Isonzo avant moi. »

« Monsieur le ministre duc de Feltre, je vous ai donné connaissance de mon mouvement sur Veiselburg, et, après en avoir chassé l'ennemi, j'ai placé 5 bataillons et 2 pièces de canon pour tenir cette position, tandis que je retirais une division pour exécuter une attaque combinée par le pont de Tchernütz et Krainburg, sur Stein et Podpetsch, dans la direction de Frantz et Cilly, afin de balayer toute la rive gauche de la Save et me porter sur les défilés de la frontière, plus faciles à garder, et avec moins de monde, que la ligne de la Save telle qu'elle est aujourd'hui, ce qui me donnait alors une division disponible pour agir suivant les circonstances. Je montais à cheval hier matin, 16, lorsque je fus pré-

Eugène à Clarke. Laybach, 17 septembre 1813.

venu que les troupes de Veiselburg étaient attaquées. Peu de moments après, je sus que ces troupes étaient attaquées par des forces très-supérieures, et qu'à la faveur des bois et des montagnes l'ennemi avait dirigé des colonnes jusqu'en arrière de ces troupes qui ont fait bonne contenance pendant plusieurs heures. On s'est joint à la baïonnette, et la compagnie de grenadiers du 67ᵉ régiment a culbuté tout ce qui s'est présenté. Cependant il a fallu céder à une force trop supérieure en infanterie, appuyée par de la cavalerie. La retraite a été ordonnée et effectuée avec ordre; mais le moral des jeunes soldats a été affecté; plusieurs se sont débandés, surtout dans un moment où les 2 pièces étaient engagées dans un mauvais pas. L'ennemi en a profité, et, fournissant une charge de cavalerie, il s'est emparé des 2 pièces. Nous avons perdu à peu près 300 hommes, mais il y en a au moins 150 prisonniers. On a pris position à Saint-Marein, deux lieues en arrière de Veiselburg, et l'expédition que je projetais n'a pu avoir lieu. Nous avons ramené 40 prisonniers.

« Du côté de l'Istrie, le général Pino, après avoir enlevé, le 13, la position de Lippa, a dirigé une colonne sur Fiume le 14, où nos troupes sont entrées peu d'instants après que la division aux ordres du général Nugent en était partie dans le plus grand désordre. Nous avons pris dans cette journée deux pièces de canon et 2 à 300 prisonniers. Le désordre a dû être très-grand dans la ville, car l'archiduc Maximilien n'a eu que le temps de se retirer dans un canot, avec l'amiral Fremancle, pour se rendre à bord d'un vaisseau anglais qui mit aussitôt à la voile.

« Une brigade est restée en position à Lippa, et le reste des troupes se reporte sur Adelsberg pour se rapprocher des opérations du reste de l'armée.

« Dans le Tyrol, quelques partis ennemis paraissent avoir pénétré par Lientz et vouloir se diriger sur Brixen. Je fais marcher sur Bolzano la division de réserve qui s'est organisée à Vérone; elle poussera au besoin plus avant, de manière à assurer le pays. »

« Monsieur le ministre duc de Feltre, je m'empresse de vous faire connaître que, par les rapports qui m'arrivent, il résulte que l'ennemi s'est porté en force sur ma gauche, a surpris et battu 3 bataillons qui défendaient la vallée du Gail, a passé la Drave à Rossek et à Holenburg, a attaqué le Léobel, et a forcé la lieutenance n° 2 à prendre une position plus en arrière.

Eugène à Clarke.
Laybach,
20 septembre
1813.

« L'étendue de la ligne à garder, la grande difficulté des communications entre les corps, et surtout les communications avec le royaume, qui ne peuvent avoir lieu que par la Pontéba et Tarvis pour la gauche, et par Gorizia et Adelsberg pour la droite, m'obligent à partager l'armée en deux corps. Je garde celui de droite, et je confie celui de gauche au général Grenier : mon centre était à Krainburg; mais, par les événements qui viennent d'avoir lieu, ce n'est plus qu'un poste de première ligne pour la communication de la droite à la gauche. Il est possible que l'ennemi l'attaque en force et s'en rende maître; j'ai calculé cette chance dans le parti que je viens d'arrêter.

« Je vous ferai adresser les rapports détaillés que les généraux ont envoyés à l'état major général sur ce qui s'est passé à l'aile gauche. Je ferai en sorte demain d'éloigner l'ennemi de ma droite sur la route de Neustadt, afin d'avoir quelques bataillons disponibles. »

<small>Eugène à la vice-reine.
Laybach, 20 septembre 1813, à midi.</small>

« Hier mes postes du Léobel ont été attaqués et se sont repliés sur Neumarkt. L'ennemi paraît tenir beaucoup à cette communication qui sera pourtant impraticable dans quinze jours à trois semaines. Du côté de Villach, il paraîtrait qu'ils ont jeté des partis dans la vallée du Gail, en même temps qu'ils font filer une colonne en Tyrol; j'y ai envoyé Gifflinga prendre le commandement de la division de réserve qui se porte sur Botzen. Les Bavarois sont fort tranquilles, à ce qu'il paraît, et on va même jusqu'à prétendre qu'il y a une convention tacite entre les deux armées pour ne pas s'attaquer; ce qu'il y a de sûr, c'est que cela me procure d'avoir sur les bras quelques mille hommes de plus, car deux régiments d'infanterie et un de cavalerie sont arrivés à Spital venant de Lambach. Adieu, ma chère Auguste, nos affaires ici dépendent beaucoup de ce qui se passera à la Grande-Armée. Les dernières lettres de Dresde faisaient espérer que les grandes pertes des armées pourraient bien amener un rapprochement. Je t'embrasse tendrement. »

« ..... J'ai marché sur l'ennemi pendant que la division Palombini le tournait par la droite, et cette nuit il a évacué sa position de Saint-Marein qui est fort bonne et qu'il était venu reprendre il y a trois jours. Sur ma gauche vers Villach, sans aller positivement mal, cela n'allait pas bien : j'y ai envoyé Grenier en toute hâte avec un renfort; tout cela fait que je me regarderai comme très-heureux si je puis continuer à rester entre ici et Trieste. L'essentiel est de gagner du temps et de laisser arriver la mauvaise saison. Ma santé est bonne, si ce n'est une petite douleur de bras qui ressemble à une fraîcheur. »

Eugène à la vice-reine. Saint-Marein, 21 septembre 1813.

« J'arrive à l'instant à la position de Saint-Marein : elle est évacuée par l'ennemi. Dans le moment où j'allais faire partir la division, nous recevons, du colonel du 53ᵉ, les rapports que l'ennemi s'était montré, hier soir et ce matin, en force devant lui, et que sa reconnaissance avait même été repoussée par celle de l'ennemi. J'y envoie Corner, afin de savoir si, depuis que le brouillard s'est levé, l'ennemi s'est affaibli devant lui. Le colonel du 53ᵉ de ligne devra vous prévenir directement de ce qu'il y aura de nouveau; dans tous les cas, il me paraît prudent de faire passer les bataillons de vélites, avec 4 pièces de la garde, à l'emplacement qu'occupe encore l'artillerie du 53ᵉ. Cela arrêterait tout ce qui pourrait venir par la plaine et servirait de point d'appui au 53ᵉ en cas de besoin. Moi, je vais me lier avec Palombini et pousser une forte reconnaissance en avant jusqu'à ce que Corner soit de retour.

Eugène au général d'Anthouard, Saint-Marein, 21 septembre 1813, 10 heures.

Nous avons toujours le temps, d'ici à ce soir, d'aller coucher quelques lieues plus loin, en arrière de Saint-Marein. »

Eug. à Nap. Laybach, 22 septembre 1813.

« Sire, depuis quelques jours je n'ai pas eu l'honneur d'écrire à Votre Majesté. J'ai envoyé régulièrement mes rapports au ministre de la guerre, en le priant de les lui communiquer. Voici le résumé des événements qui se sont passés ici :

« Au commencement de la campagne, l'ennemi avait ployé ses forces derrière ses ouvrages en Carinthie. J'avais dû, par conséquent, me porter avec mes principales forces sur Villach, laissant sur la Save le général Pino, avec 3 brigades pour couvrir Trieste. Sur la Drave, les événements avaient été aussi heureux qu'on pouvait le désirer, et, en peu de jours, nous avions repris Villach, enlevé les ouvrages que l'ennemi avait commencés au pont de Rossek, emporté ceux de Feistritz auxquels l'ennemi travaillait depuis quatre mois; enfin, nous l'avions forcé à rappeler du Tyrol tous les partis qu'il y avait jetés. Dans cet intervalle, l'ennemi avait renforcé sa gauche par plusieurs bataillons de frontière, tirés de l'Esclavonie, et occupait fortement la route de Neustadt, pendant qu'un détachement de 3,000 hommes occupait Fiume. En même temps, plusieurs mille hommes se présentaient en face de la Save, par les routes de Cilly. Le général Pino, ayant éprouvé quelques échecs, tant sur Krainburg que vers Lippa, l'ennemi se resserra dans cette partie; et ce général était au moment d'évacuer Laybach, lorsque je crus devoir me porter à son secours avec une division et la garde royale, par la vallée de la Save. Dès que j'arrivai à Krainburg, le général Pino put opérer, avec avantage, sur sa droite. L'ennemi ayant coupé tous les ponts de la Drave, j'espérais pouvoir prendre l'offensive sur Marburg, et je laissai, en conséquence, 2 divisions françaises, sous les ordres du général Verdier, pour observer la Drave. Mais, au même moment où mes opérations commençaient, j'appris que le général Verdier était attaqué par divers points, et qu'il se retirait sur Tarvis.

« Je sentis bien que ma ligne de Villach à Laybach était trop étendue pour pouvoir la soutenir. Je crus devoir, en conséquence, envoyer à Tarvis le général Grenier avec un renfort de 8 bataillons pour soutenir le général Verdier et défendre ce débouché de l'Italie, qu'on s'occupe, au reste, depuis six semaines, à fortifier. J'ai gardé avec moi 3 brigades françaises et 3 brigades italiennes pour conserver, autant qu'il me sera possible, les positions de Laybach et d'Adelsberg. La division de réserve s'est portée de Vérone sur Bolzano à la nouvelle que l'ennemi s'avançait sur Brixen.

« Votre Majesté eût sans doute désiré de plus heureux résultats, mais elle daignera considérer que son armée d'Italie était à peine formée au moment où les hostilités éclatèrent; que, dans ces jeunes soldats, sans expérience de la guerre, le physique ne répondait pas toujours à un moral qui, quoique bon, avait besoin d'être éprouvé; enfin, qu'outre le manque d'une suffisante quantité de bons officiers et officiers supérieurs, le choix des généraux laissait beaucoup à désirer. Je suis trop heureux si mes efforts parviennent à surmonter tant d'obstacles. »

Eugène à la vice-reine. Laybach, 23 septembre 1813, au matin.

« Tu auras vu, par la date de ma dernière lettre, que j'avais marché de nouveau sur Weiselburg, mais l'ennemi s'est retiré de nouveau en arrière sans rien vouloir engager, et alors je ne veux pas trop m'éloigner. J'ai répondu à tes demandes, il ne me reste plus qu'à te parler de ma vive tendresse qui ne finira qu'à la vie de ton fidèle époux. »

Eugène à la vice-reine. Laybach, 26 septembre 1813.

« Hier, nous avons eu une petite attaque, ma chère Auguste. A 5 heures et demie nous entendons le canon ennemi, et à midi tout était tranquille; l'ennemi avait été repoussé; je n'en suis pas moins resté à cheval jusqu'au soir. On nous dit ici que la Grande-Armée aurait gagné une belle bataille à Tœplitz. Si cela est vrai, nos affaires avanceront. »

Eug. à Nap. Laybach, 27 septembre 1813.

« Sire, les différents régiments italiens sont tous aux armées et ont tiré des dépôts tout ce qu'il y avait de soldats, en sorte que, dans ce moment, il ne reste personne à ces dépôts, et par conséquent dans le royaume.

« Il est cependant nécessaire d'alimenter ces régiments. La conscription de 1814 étant levée et en activité aux armées, je proposerais à Votre Majesté de prendre 12,000 hommes sur le rappel des années 1808, 9, 10, 11 et 12, et de déclarer que, ce rappel une fois pris, il n'en sera plus fait sur ces années; je joins le projet de décret. »

Eugène à Clarke. Planina, 29 septembre 1813.

« Monsieur le duc de Feltre, depuis que je ne vous ai donné de mes nouvelles, l'ennemi paraît avoir reçu des renforts de Karlstadt, et il s'est porté par Laschitz sur Zierkintz, où il a attaqué, le 27, la division Palombini avec des forces supérieures. Ce général a cru devoir se concentrer à Adelsberg. Par son mouvement, l'ennemi menaçait fortement mes communications, et j'ai dû rappeler les troupes que j'avais vers Saint-Marein et sur la Save, et me porter au secours du général Palombini. Les Autrichiens, instruits de mon mouvement, se sont retirés aussitôt. Ils avaient rempli leur but, qui était sans doute de me faire évacuer Laybach, mais je ne pouvais faire autrement, car, déjà, mes communications avec la division italienne étaient interrompues, puisque j'ai trouvé un poste autrichien à Planina, d'où je l'ai fait chasser, et je ne pouvais point abandonner le général Palombini à lui-même, puisqu'il avait devant lui un ennemi supérieur. Mes rapports m'annoncent aussi que l'archiduc Maximilien, qui s'était embarqué à Fiume, s'est rendu à Capo d'Istria, où se trouvent environ 3,000 hommes en partie troupes de ligne autrichiennes, et le reste insurgés istriotes et troupes de débarquement anglaises. Ces forces menacent Trieste, sur lequel se portent aussi les 3,000 hommes que j'avais fait repousser de Lippa et de Fiume; cela fait donc environ 6,000 hommes qui menacent mes derrières. D'après ce, je vais faire occuper Adelsberg par le général Marcognet, et j'envoie la division Palombini à Prewald pour, de là, se porter au besoin sur Trieste.

« A la gauche, les Autrichiens ont poussé une forte reconnaissance le 27 avec infanterie, artillerie et cavalerie, sur la ligne du général Grenier; mais ils ont été repoussés partout, et aucun de nos postes n'a plié.

« Voilà, jusqu'à ce moment, quel est l'état des choses, je vous informerai de la suite de ces mouvements.

« Vous vous rappellerez, sans doute, qu'en entrant en campagne nos bataillons n'étaient point au complet. Ils commencent maintenant à s'affaiblir considérablement, et il est fâcheux de ne rien avoir dans les dépôts pour remplacer les hommes que l'on perd. En perte réelle, nous n'avons guère eu jusqu'à présent que 4,000 malades et 1,200 blessés; mais il faut y ajouter environ 2,000 prisonniers et *beaucoup de déserteurs parmi les Dalmates, parmi les Italiens et même parmi les Français, parce que les régiments français de cette armée ont été principalement recrutés avec des conscrits de l'Italie française.* »

Eugène à la vice-reine. Planina, 30 septembre 1813.

« Je me suis porté hier ici en toute hâte, ma bonne Auguste, pour venir au secours du général Palombini, qui s'était replié sur Adelsberg. L'ennemi ne m'a pas attendu, car le matin même où j'arrivais il est parti; ils nous font une mauvaise guerre, ils évitent tout engagement sérieux et sont toujours sur nos flancs et sur nos derrières. On m'annonce qu'ils se renforcent à présent à Fiume et en Istrie. Je vais porter une division sur Trieste, et me rendrai peut-être aussi par là s'il est nécessaire. Je t'annonce pour *toi seule* que l'empereur Napoléon a envoyé le prince de Neuchâtel à son beau-père pour traiter de la paix; jamais elle n'arriverait plus à propos. Adieu, ma bonne Auguste. »

Eugène à la vice-reine. Adelsberg, 1er octobre 1813.

« Bonsoir, bonne et chère Auguste, ma santé est bonne, malgré le froid qui commence aujourd'hui à se faire sentir vivement. L'ennemi a reçu quelques renforts, et il paraît vouloir déboucher sur ici et sur Trieste : aujourd'hui il est venu nous tâter ici, mais il a été repoussé. Je vois avec peine que je me rapproche de nos frontières. »

Eugène à Clarke. Préwald, 2 octobre 1813.

« Monsieur le duc de Feltre, je vous ai fait connaître par ma dernière de Planina, 29 septembre, le mouvement que j'étais obligé de faire avec toutes les troupes qui étaient sur la Save pour aller au secours de la division Palombini. L'ennemi a suivi ma marche par la grande route, avec un petit corps de troupes, et a fait passer la plus grande partie des forces qu'il m'opposait par des chemins de traverse pour gagner ma droite et renforcer ses opérations par l'Istrie. Le 30, dans l'après-midi, j'ai dirigé la division Palombini sur Préwald pour maintenir la seule communication que j'aie avec l'Italie et pour délivrer Trieste.

« Le 1er octobre je suis arrivé à Adelsberg à la

pointe du jour, avec les divisions Quesnel et Marcognet. L'ennemi a fait sur ce point une forte reconnaissance par la route de Fiume, en même temps que par les bois il attaquait les postes de gauche sur la route de Planina. Il a été repoussé partout avec perte. J'ai expédié l'ordre au général Palombini de se porter le même jour à Senosetsch, et de pousser de fortes reconnaissances sur la route d'Optschina, et sur celle de Passovitza, toutes les deux dans la direction de Trieste.

« Aujourd'hui je suis arrivé à Préwald, où je fais prendre position, et, comme les rapports confirment la présence d'un corps ennemi à Optschina, j'envoie le général Palombini pour l'en déloger et être maître de la route de Trieste à Gorizia.

« La position de Préwald n'est pas très-bonne, cependant mon intention est d'y tenir aussi longtemps qu'il sera possible, et d'y attendre l'ennemi s'il veut venir m'y attaquer. Cependant, comme toutes les montagnes sont accessibles et qu'il y a partout des routes, il pourrait se faire que je sois obligé de me replier sur Gorizia si mes flancs étaient menacés. Je garderai alors l'Isonzo, et, tant que le général Grenier pourra se maintenir sur le haut Isonzo et aux débouchés de la Carinthie, je ne crois pas pouvoir être forcé dans cette position. Je crois cependant devoir vous faire observer que les Anglais, maîtres de la mer, peuvent prendre à bord des troupes pour les débarquer sur mes derrières, ce qui me contrarierait beaucoup, ayant peu de troupes.

« Le général Grenier était encore le 29 sur le

Gail, mais l'ennemi le débordait sur ses flancs, et avait même inquiété un moment par des partis sa ligne d'opération. Il est probable qu'il sera obligé de se replier et de prendre la position de Tarvis.

« Le général Gifflenga, avec la division de réserve, a repoussé les partis ennemis qui s'étaient montrés en Tyrol dans le Pustertalh, et se porte à Prunecken pour entrer en communication avec le général, et couvrir les départements italiens qui y confinent.

« L'armée d'observation d'Italie présentait sur le papier dans le commencement de la campagne un état de force assez considérable, mais elle se trouve très-réduite en ce moment, ainsi que je vous l'ai expliqué dans ma dernière. D'un autre côté, les régiments dalmates et croates désertent d'une manière indigne, et le peu qui reste, ne pouvant être employé en ligne, ne peut par la même raison être employé dans les places fortes. De plus, je manque de cavalerie, et l'ennemi en a beaucoup. Vous m'en annoncez bien, qui ne pourra arriver en ligne que vers la fin du mois, en sorte que, lorsqu'elle rejoindra l'armée, elle remplacera à peine les pertes éprouvées; ainsi ce ne sera pas un renfort. Si les événements me forçaient à quitter l'Isonzo, ma position serait très-critique en plaine, avec de trop jeunes soldats sans cavalerie, contre un ennemi qui en a beaucoup. Il faut observer, en outre, que l'ennemi se renforce journellement, par les levées qu'il fait dans la Croatie autrichienne et la Hongrie, sans compter celles qu'il exécute dans la Croatie illyrienne. Nous avons déjà eu à combattre des Croates de l'Illyrie formés en bataillons et qui ont renforcé le corps autrichien qui agit dans ces provinces. Je redoute extrêmement le mouvement sur l'Italie, car les régiments italiens déserteront en quantité, ainsi que les régiments français, qui ont presque tous été recrutés avec des conscrits des départements français de l'Italie. Je n'ai presque pas eu de conscrits français. Mon armée serait alors réduite à rien, et je n'y trouverai pas de quoi former la stricte garnison des places qu'il faudrait dégarnir. »

<small>Eugène à la vice-reine. Santa-Croce, 4 octobre 1813.</small>

« Je me porte bien, malgré la vie que je mène; l'avant-dernière nuit, je l'ai passée entièrement à cheval; l'ennemi débouchait en force devant moi, pendant qu'un corps de 8,000 hommes, disait-on, gagnait mon flanc droit. Ce dernier rapport était fort exagéré, et Palombini n'a trouvé que 2,000 hommes. Tous ces mouvements m'ont forcé de me rapprocher de l'Isonzo; je tâcherai d'en tenir la ligne, et j'espère toujours que Sa Majesté fera bientôt la paix à quelque prix que ce soit, car il ne peut arriver que malheur de la continuation de la guerre. »

<small>Eugène au général d'Anthouard. Santa-Croce, 4 octobre 1813, 4 h. du soir.</small>

« Je reçois votre seconde lettre. Il ne faut pas que Palombini risque de faire jeter quelques bataillons dans l'eau. Il a d'ailleurs ses instructions. Faire passer le plus possible à Sagrado, et replier le reste sur Gorizia, en faisant partir cette nuit pour gagner du chemin sur l'ennemi, mais me prévenir à temps afin que je ne sois pas embarrassé et que je règle mes mouvements en conséquence. Répondez-moi vite où il en sera demain à huit heures du matin, et où pourra être l'ennemi qui le suivrait. Je partirai cette nuit pour passer le matin les défilés où je m'arrêterai encore en avant, si cela lui est nécessaire. J'ai expliqué tout cela à votre aide de camp. J'espère qu'il m'aura compris.

« Je suis un peu inquiet pour Canale; j'y envoie de suite le bataillon de chasseurs de la garde qui est à Gorizia. Veillez, je vous prie, qu'il n'aille pas par la rive gauche. Il y a une route par la rive droite dans la montagne, je l'ai faite avec le duc de Raguse.

« J'envoie ce soir des corvées prendre les vivres de chaque régiment, et demain en passant cela sera vite délivré. »

« Monsieur le ministre duc de Feltre, par ma dernière de Préwald, du 2 octobre, je vous faisais connaître pourquoi et comment j'avais été obligé de prendre la position de Préwald, j'ajoutais que j'espérais pouvoir m'y maintenir quelques jours. Mais, le même jour, à huit heures du soir, l'ennemi est arrivé en force devant ma position, débouchant par trois colonnes, venant d'Adelsberg, de Fiume, de l'Istrie. Il a en même temps établi ses postes à portée de fusil, et ses vedettes à portée de pistolets de mes factionnaires avancés. J'ai reconnu la ligne, elle était nombreuse, les dispositions de l'ennemi n'étaient pas équivoques; il me débordait sur mes deux flancs, ma position était mauvaise et un défilé à dos. La division Palombini était arrivée à Optschina, elle était maîtresse de la route de Trieste à Gorizia, elle pou-

Eugène à Clarke.
Gradisca,
7 octobre 1813.

vait exécuter son mouvement sur l'Isonzo avec facilité; il n'était plus nécessaire que je tinsse à Préwald pour assurer cette division, qui d'ailleurs ne pouvait prendre part à l'affaire que je pouvais avoir. En conséquence, le 3 de grand matin, j'ai passé le défilé de Préwald, et suis venu prendre position à Santa-Croce, où je me suis arrêté un jour entier. J'aurais désiré que l'ennemi vînt m'y attaquer, mais il s'est borné à me présenter des postes et a porté ses forces principales sur mon flanc gauche; son but paraissait être de s'emparer des passages de Canale, Tulmino, Caporetto, pour menacer Udine, avant que je puisse y accourir. J'ai fait porter la division Palombini à Sangrado, couvrant le bas Isonzo; elle a été attaquée dans son mouvement, mais elle a repoussé l'ennemi. Je me suis établi le 5 à Gorizia; j'ai fait occuper la vallée de l'Isonzo supérieur, et les passages les plus intéressants; quelques partis ennemis s'y présentaient, mais ont été chassés. Le 6, j'ai transporté mon quartier général à Gradisca pour être plus à portée de correspondre avec toute la ligne.

« Le général Grenier occupe la position de Tarvis, sa droite s'étend à Pletz.

« Le général Gifflenga, avec la division de réserve, est à Prunecken; il a eu, le 3, un engagement avec l'avant-garde de la division autrichienne qui menace le Tyrol; il a repoussé l'ennemi, qui a perdu près de 400 tués ou blessés. Le général Gifflenga s'attendait à être attaqué au premier moment par toute la division, qui devait être beaucoup plus nombreuse que les troupes sous ses ordres. Il se méfie beaucoup des bataillons étrangers, qui désertent journellement. »

« Nous avons pris hier la ligne de l'Isonzo, ma chère Auguste; j'espère pouvoir m'y maintenir. J'ai fait toute la matinée la visite des postes de la droite, ayant déjà vu hier ceux de la gauche. »

<small>Eugène à la vice-reine. Gradisca, 7 octobre 1813.</small>

« Sire, depuis la dernière lettre que j'ai eu l'honneur d'adresser à Votre Majesté, l'ennemi s'est renforcé sur tous les points. Il lui est arrivé des régiments d'Esclavonie et Croatie de nouvelle levée, mais composés de vieux soldats. Il a organisé des bataillons dans la Croatie illyrienne et a incorporé tous nos déserteurs dans ces bataillons. Il a insurgé l'Istrie, qui lui a fourni près de 3,000 hommes, non compris ce que les Anglais ont débarqué. Il s'ensuit donc que l'ennemi se renforçait à chaque pas, tandis que je m'affaiblissais dans une proportion double. Plusieurs fois j'ai formé le projet de me porter en avant pour arrêter les progrès de l'ennemi et retenir l'esprit du pays, mais chaque fois j'ai été empêché par quelque échauffourée de bataillons sur ma droite ou sur ma gauche, ce qui me découvrait et m'obligeait de réparer le mal avant de me porter en avant. J'avais par deux fois repoussé l'ennemi sur Fiume et sur Weichselburg pour l'écarter de mon flanc droit et de mes derrières, et pouvoir ensuite marcher par la Save sur Cilly; mais, l'ennemi ayant pu forcer et gagner du terrain à mon extrême gauche, j'ai été obligé de partager l'armée en deux corps au lieu de trois lieutenances, vu l'étendue de la ligne

<small>Eug. à Nap. Gradisca, 8 octobre 1813.</small>

et la difficulté des communications. J'ai confié le corps de gauche au général Grenier, et j'ai gardé celui de droite. L'ennemi, en force partout, menaçait de me couper d'avec le corps de gauche, tandis qu'il débordait mon flanc droit; il avait même déjà de forts partis sur mes derrières, et il présentait partout de la cavalerie, tandis qu'on ne pouvait lui en opposer. Le corps de gauche était concentré en avant de la position de Tarvis, et l'ennemi avait déjà jeté des partis jusqu'à la Ponteba. A ma droite, la division italienne était fortement attaquée sur Adelsberg, tandis que d'autres troupes ennemies enveloppaient Trieste et que les Anglais avaient débarqué à Doino. J'ai pris alors le parti de quitter la Save, où j'étais avec une division et demie; je me suis porté sur Adelsberg et Préwald, pour conserver ma ligne d'opérations qui était menacée et pour appuyer la division italienne que j'ai dirigée sur Optschina, afin d'être maître de la route de Trieste à Gorizia. L'ennemi ayant suivi mon mouvement, je lui ai présenté plusieurs fois le combat, qu'il a constamment refusé, ne laissant devant moi qu'un rideau et continuant à manœuvrer sur mes flancs, poussant surtout par les montagnes d'Idria pour gagner l'Isonzo, où des partis s'étaient déjà présentés. J'ai donc été obligé de prendre la ligne de l'Isonzo.

« Il est malheureux que je me sois vu obligé de quitter les provinces illyriennes, mais Votre Majesté reconnaîtra d'un coup d'œil l'impossibilité où j'étais de couvrir cette immense ligne dont les communications sont si difficiles : je ne pouvais pas me concentrer, car, lorsque je me suis porté sur Villach en force, l'ennemi a forcé à ma droite et gagné du terrain dans la direction de Laybach; je me suis porté à Laybach, et l'ennemi, ayant reçu des renforts, a forcé sur Villach. Votre Majesté se rappellera qu'en entrant en campagne mes divisions étaient de 6 à 7,000 hommes chacune, elles sont maintenant au plus de 5,000 hommes. Votre Majesté sera surprise de cette réduction, surtout en se rappelant ce que présentait le tableau de l'armée à l'ouverture de la campagne, mais je la prie d'observer : 1° que, beaucoup de corps annoncés à l'armée, portés sur les états de sa composition, n'ont jamais rejoint. 2° Les Dalmates, Croates, étrangers qui ont été employés en ligne, ont *tous* déserté, on n'a conservé que ceux qui étaient dans l'intérieur. 3° On a recruté les régiments français avec la conscription de Rome, de la Toscane, du pays de Gênes, Parme, etc., etc., et les *conscrits désertent par bande.* 4° Les régiments italiens ont eu aussi beaucoup de déserteurs. 5° Si à ces pertes on joint celles de la guerre, telles que tués, blessés, prisonniers, éclopés par les marches, fiévreux, Votre Majesté ne sera plus surprise de voir son armée d'Italie réduite au point où elle se trouve.

« Je n'ai l'espérance d'aucun renfort, car il n'y a rien dans les dépôts, ni aucun corps de troupes en marche pour me rejoindre. Je n'ai rien dans les places fortes, dont les garnisons doivent être fournies par l'armée, en sorte que ces garnisons absorberaient tout et annuleraient l'armée si les circonstances nous obligeaient à quelque autre mouvement rétrograde.

« *P. S.* J'ai oublié de rendre compte à Votre Majesté que toutes les autorités de l'Illyrie se rendent à Trévise et de là à Parme pour y attendre des ordres. Le duc d'Otrante se rend à Venise et m'a prié d'en informer Votre Majesté. »

Eugène à la vice-reine. Gradisca, 9 octobre 1813.

« C'est toujours des bords de l'Isonzo que je t'écris, ma très-chère Auguste, et j'espère y tenir, surtout si mes généraux ne me font pas quelque grosse bêtise. Sur la gauche nous avons fait encore hier 80 prisonniers. Ma santé continue à être bonne; espérons qu'un temps plus heureux et plus calme remplacera ces temps d'orage dans lesquels nous vivons depuis si longtemps. Je suis bien peiné de te savoir toujours souffrante, mais je t'assure que je partage et que je sens bien tout ce que ton cœur éprouve. Adieu, ma bonne Auguste, pense du moins que tu ne peux être aimée davantage que par ton fidèle époux. »

Eugène à la vice-reine. Gradisca, 11 octobre 1813.

« J'ai tout à fait oublié de te prévenir que j'envoyais Bataille à Milan, de sorte qu'il t'arrivera avant cette lettre. Je crois que si je l'avais gardé plus longtemps il serait mort : il est si pressé de se marier, qu'il n'en dormait plus. J'ai eu d'autant plus une entière pitié de son état qu'il ne pouvait plus monter à cheval depuis sa dernière blessure. Je désire qu'il trouve le bonheur, après lequel il paraît courir si vite; mais le mariage est une loterie, et tout le monde n'attrape pas comme moi le gros lot; je te confie cela du fond de mon cœur. L'armée est en ce moment-ci dans une bonne position. Si l'ennemi débouche nous nous battrons, j'espère même avec quelque avantage; mais je crains plutôt qu'il ne suive son même genre de guerre, c'est-à-dire qu'il ne manœuvre en Tyrol et sur les montagnes de la Piave; l'inaction de l'armée bavaroise est très-fâcheuse, mais dans les moments difficiles chacun pense à soi. Adieu, ma chère Auguste. »

Eugène à la vice-reine. Gradisca, 13 octobre 1813.

« J'ai parcouru hier toute la ligne des postes depuis le pont de Gorizia jusqu'à la mer ; tout est jusqu'à présent fort tranquille, je ne suis inquiet que pour le Tyrol. Gifflenga a dû se retirer jusqu'à Trieste. Je fais revenir en toute hâte à Vérone quelques bataillons ; si nous avons encore huit jours, il y aura près de 4,000 hommes, ce sera un beau renfort pour lui. Je sais de bonne part que les empereurs de France et d'Autriche s'écrivent directement, cela me fait beaucoup espérer, garde ceci pour toi. Je t'expédie Bellisoni, Callini étant arrivé. Adieu, ma très-chère et tendre Auguste, je te serre contre mon cœur ainsi que mes enfants, et suis pour la vie ton fidèle époux. Un souvenir aimable à tes dames. »

Eugène à Clarke. Gradisca, 14 octobre 1813.

« Monsieur le duc de Feltre, le *Moniteur* de ce jour annonce la levée d'une nouvelle conscription. Je me recommande à vous pour que les corps de l'armée d'Italie et les dépôts qui sont de ce côté-ci des Alpes en reçoivent le plus possible, afin de présenter quelques ressources à l'armée d'Italie. Il est surtout bien important pour le service de l'Empereur *que vous évitiez de nous donner des conscrits de Rome, de*

Toscane et même du Piémont, autrement ce sera autant de perdu, puisqu'ils désertent très-facilement, étant trop près de chez eux, et qu'à la première affaire malheureuse on serait sûr de ne pas en conserver un seul.

« Depuis que je ne vous ai écrit, monsieur le duc, l'ennemi s'était tellement renforcé dans le Tyrol, que le général Gifflenga a dû se retirer jusqu'au Lavis, où il était en position le 12, après en avoir coupé les ponts. J'espère que cela nous donnera le temps de réunir quelques mille hommes à Vérone pour renforcer cette division. On porte la force du général Fenner à 8,000 hommes, dont 2,000 insurgés. Je crois que cela est exagéré; mais ce qui m'étonne beaucoup, c'est d'avoir eu affaire ces jours-ci, dans les différentes rencontres que nous avons eues avec l'ennemi, avec des corps qui ne faisaient point anciennement partie de l'armée autrichienne d'Italie; et ces corps sont le régiment *Szeckler* et celui de *Bianchi*.

« Nous avons déjà une trentaine de prisonniers de ce dernier régiment; ces prisonniers annonçaient de nouvelles troupes arrivant de l'armée du prince de Reuss. J'aime à croire qu'il n'en sera rien[1]. »

La grande duchesse Élisa à Eug. Florence, 15 octobre 1813.

« Mon cher neveu, les ordres de l'Empereur ayant mis à la disposition et sous le commandement de Votre Altesse Impériale les forces militaires de la

---

[1] Le vice-roi ne connaissait pas encore le traité conclu par la Bavière pour entrer dans la coalition contre nous; il apprit cette nouvelle le lendemain.

29ᵉ division, il m'a paru convenable de me concerter avec vous sur les mesures que la force des événements pourrait rendre nécessaires dans le grand-duché. Votre Altesse Impériale sait que les forces militaires de la Toscane se bornent aux garnisons de Livourne, de l'île d'Elbe et des places et forts du Montagentaro, et que, pour l'intérieur, je n'ai, outre des compagnies départementales et de police incomplètes et divisées ainsi que la gendarmerie dans les trois départements du grand-duché, que les dépôts de 3 corps et les 2 bataillons croates ; mais vous n'ignorez pas la valeur de ces moyens, qui ne présentent réellement de disponible et de mobile que ces 2 derniers bataillons, sur lesquels Votre Altesse Impériale compte si peu, et qui offrent surtout dans leurs cadres d'officiers tant d'éléments de défiance. Comme il n'est point douteux que Votre Altesse Impériale, en me les envoyant en échange de 2 bataillons étrangers, n'ait cédé à des considérations plus puissantes pour elle que la défense de la Toscane, j'ai tâché du moins de tirer de ces hommes le parti le moins dangereux, en faisant passer un bataillon à Portoferrajo, où il sera plus facile de le contenir dans le devoir que sur le continent.

« Cependant Votre Altesse Impériale concevra que la prudence exige, d'un autre côté, de n'accorder à de pareils moyens que la confiance qu'ils méritent, et de s'entendre d'avance sur ceux qu'il conviendrait de prendre dans le cas où des circonstances impérieuses ne nous permettraient plus d'attendre notre défense des opérations de l'armée d'Italie.

« Je prie donc Votre Altesse Impériale de vouloir bien me donner ses instructions à cet égard, et m'indiquer par quels moyens j'aurais à pourvoir à l'approvisionnement et à la défense des points sur lesquels il pourrait devenir indispensable de réunir les forces que je devrais conserver à l'Empereur. »

Eugène à Clarke. Gradisca, 16 octobre 1813.

« Monsieur le duc de Feltre, je vous adresse les différentes situations de l'armée aux époques des 7 septembre, 26 septembre et 12 octobre. La différence dans les présents sous les armes est très-considérable, comme vous l'observerez, et il est bon de vous donner une explication à ce sujet :

« 1° Dans la situation du 7 septembre, les régiments croates figuraient en force à la division de réserve. J'ai été obligé de les renvoyer sur les derrières ; 2° les régiments étrangers et le régiment dalmate présentaient un effectif assez fort : la presque totalité de ces troupes a passé à l'ennemi ; 3° les bataillons qui étaient en marche de Toulon étaient alors portés à 840 hommes, et ne sont arrivés que forts de 600 ; 4° enfin, outre la perte des tués et prisonniers, qu'on peut évaluer à 1,500 hommes environ, il faut porter en ligne de compte tous les hommes entrés aux hôpitaux, et je vous en envoie l'état ci-joint. Il est de 8,342, dont 2,000 environ y sont pour cause de blessures et le reste pour maladies. Ce nombre ne vous étonnera point, en réfléchissant que notre armée est entièrement composée de jeunes gens de 18 à 20 ans, n'ayant passé tout au plus qu'un mois ou six semaines à leurs dépôts, et n'ayant pas eu le temps de se faire à la vie militaire. La saison a d'ailleurs été affreuse. Depuis le mois d'août il n'a pas cessé de pleuvoir. Je vous prie de mettre ces détails sous les yeux de Sa Majesté. Si vous défalquez des 43,000 hommes que présente l'état de situation du 12 octobre les non combattants, c'est-à dire le train d'artillerie, les transports militaires, les infirmiers, etc., cela réduit réellement l'armée à 30,000 baïonnettes, 2,000 hommes de cavalerie et 2,000 d'artillerie, et je n'ai malheureusement aucun espoir de me maintenir dans cette même force.

« J'ai appris ce matin, par le ministre de France à Munich, la défection de la Bavière. Une partie des troupes du prince de Reuss se rend vers l'Allemagne et l'autre vers l'Italie. Cela m'explique comment déjà nous avions des corps venant de cette direction. Voyez, dans la situation actuelle des choses, ce que vous pouvez faire pour l'armée d'Italie. Mais, si l'on ne veut pas qu'elle perde trop de terrain, il est bien urgent de lui envoyer des renforts.

« Il est un objet de la dernière importance pour le service de Sa Majesté, et dont je dois vous entretenir. Vous allez m'envoyer des conscrits pour les régiments français. Outre que les dépôts de ces corps sont dénués de tout, en effets d'équipement et d'habillement, et qu'ils devront longtemps attendre ces objets de France, ces mêmes dépôts sont, aujourd'hui, employés à former partie des garnisons de Palmanova et de Venise. Si, lorsque ces conscrits et ces effets seraient sur le point d'arriver à leurs dépôts, l'armée eût été forcée de faire un mouvement rétrograde et de reprendre des lignes en arrière de ces places, il en résulterait qu'on ne saurait comment recevoir ces conscrits ni ces effets, etc. Je vous proposerai donc de faire, soit à Turin ou Alexandrie, soit sur tel autre point que vous jugeriez convenable, un dépôt général d'infanterie pour les régiments français en Italie. Par les soins de l'ordonnateur de Turin, tous ces conscrits seraient habillés, on les amènerait là, et je pourrais, si vous le jugiez à propos, envoyer le cadre d'un bataillon par régiment pour recevoir et instruire les conscrits que vous lui donneriez. Ces hommes arriveraient donc à l'armée habillés, armés et équipés et conduits en ordre, et ce renfort serait d'une plus prompte utilité. J'ai cru devoir prendre cette mesure pour les troupes italiennes, en formant un dépôt général pour tous les corps à Mantoue. Veuillez bien m'informer de ce que vous aurez cru devoir décider à ce sujet. »

Clarke à Eugène. Paris, 16 octobre 1813.

« Monseigneur, je m'empresse d'informer Votre Altesse Impériale que M. le maréchal duc de Valmy me mande, par une dépêche télégraphique datée de Mayence le 14 octobre, qu'il vient d'apprendre que la Bavière a contracté une alliance offensive et défensive avec l'Autriche.

« Quoique cette nouvelle ne m'ait pas encore été confirmée par aucun avis officiel, cependant j'ai cru nécessaire, monseigneur, en attendant les ordres de l'Empereur, de donner connaissance à Votre Altesse Impériale de ce que me mande à cet égard le duc de

Valmy, afin de mettre Votre Altesse à portée de faire provisoirement les dispositions préparatoires qu'elle pourrait juger nécessaire au service de Sa Majesté et au service de ses opérations. »

« Faisant partir, ma chère Auguste, une estafette extraordinaire pour Vérone, j'en profite pour répondre à ta lettre du 14 que j'ai reçue cette nuit. Tu auras su, par ma dernière, toutes les nouvelles de la Bavière. Cela rend, il est vrai, ma position plus difficile, mais espérons que cela accélérera aussi la paix. Bataille t'a parlé beaucoup trop vite de départ; j'espère encore que tu n'y seras pas obligée, car l'ennemi ne peut point s'enfourner en Italie tant que je serai ici. D'ailleurs, Pino a déjà rassemblé du monde à Vérone et j'en fais marcher aussi de mon côté. Mais enfin, dans ce moment, il faut tout savoir prévoir, et, si l'ennemi forçait Pino, il faudrait te décider à partir et à te retirer avec mes enfants à Genève, où ma mère a, comme tu sais, une petite maison hors de la ville. Tu seras, d'ailleurs, prévenue à temps, car je penserais de t'envoyer Triaire, et tu ne devrais réellement quitter Milan que si l'ennemi était arrivé à Brescia, tu aurais tes chevaux pour conduire tes voitures et tes caissons, et tu prendrais pour escorte les 80 dragons montés de la garde qui sont à Milan. Si, par hasard, tu apprenais que des petits partis ennemis sont descendus des montagnes, cela ne présenterait, je crois, aucun danger réel.

Eugène à la vice-reine. Gradisca, 17 octobre 1813.

« Tout ce que tu peux faire à présent est, sans

bruit, de préparer tes objets les plus précieux, prendre ton argent chez Hennin, afin d'être prête à partir en 24 ou 48 heures, à te mettre en voiture. Je te répète toujours que j'espère que tu n'en viendras pas à cette extrémité. »

<small>Clarke
à Eugène.
Paris,
17 octobre
1813.</small>

« Monseigneur, M. de Cetto, ministre plénipotentiaire de Bavière, a eu ordre de demander ses passeports. Il a remis, en conséquence, à Paris, aux relations extérieures, une lettre pour le duc de Bassano, par laquelle il les demande : elle ne contient aucun détail, il paraît lui-même n'en avoir reçu aucun. La lettre qui lui a été écrite est du 10. On lui mande qu'on s'est expliqué avec M. de Melcy, sans lui dire quand. C'est une alliance que la Bavière a faite avec l'Autriche.

« Je m'empresse, monseigneur, de donner à Votre Altesse Impériale cette fâcheuse nouvelle, afin qu'elle soit sur ses gardes surtout pour sa gauche qu'on dit fortement menacée, s'il est vrai que les Autrichiens soient à Botzen. »

<small>Eugène
à la vice-
reine.
Gradisca,
19 octobre
1813.</small>

« J'espère, ma chère Auguste, que tu as reçu mes dernières lettres et que tu seras plus tranquille. Je t'envoie, à l'appui de ce que je t'ai déjà écrit, la copie d'une dépêche que j'envoie au duc de Lodi. Ici, nous sommes toujours dans la même position. J'ai envoyé quelques troupes dans les montagnes. Si je suis forcé de quitter l'Isonzo, je veux tâcher au moins de les laisser s'engager de manière à en avoir quelques morceaux. Ma santé est bonne, je descends de cheval à l'instant; il a plu cette nuit à torrents; tous les ruisseaux sont débordés. L'ennemi, étant dans les montagnes, en souffre plus que nous. »

« Madame et chère tante, il me serait bien difficile de donner aujourd'hui à Votre Altesse Impériale les instructions qu'elle me fait l'honneur de me demander. La situation dans laquelle je me trouve ne me permet pas de prévoir d'une manière assez *positive* le résultat des événements qui se préparent. Tout ce que je puis dire à Votre Altesse Impériale, c'est que je tiens encore la ligne de l'Isonzo, et que, depuis quinze jours que j'y suis établi, l'ennemi ne l'a jamais attaquée sérieusement. Maintenant j'observe les mouvements de l'ennemi, et ces mouvements, comme Votre Altesse Impériale le présume bien, régleront les miens. Ce qui est certain, c'est que je suis encore bien loin de redouter rien de fâcheux pour la Toscane. Nous avons tous, sans doute, grand besoin d'une victoire de l'Empereur; mais cette victoire, je suis sûr que nous l'obtiendrons. D'ici là, j'espère qu'il me sera possible d'empêcher l'ennemi d'aller trop loin. Je n'ai pas besoin de dire à Votre Altesse Impériale que je me ferai un devoir et un plaisir de l'informer de tous les événements qui auront quelque influence sur le grand-duché. »

[Eugène à la grande-duchesse Elisa, Gradisca, 20 octobre 1813.]

« J'ai reçu cette nuit, ma chère Auguste, ta lettre du 15, elle m'a attendri aux larmes, et je sens vivement que j'ai été heureux d'épouser la plus parfaite des femmes. Je t'assure que dans tout ceci

[Eugène à la vice-reine. Gradisca, 20 octobre 1813.]

je ne souffre que pour toi et pour nos enfants : *je te prouverai que dans toutes les situations possibles j'étais digne d'être ton époux*[1]. Ma santé se soutient malgré le mauvais temps et les fatigues; les torrents sont si pleins, que d'Anthouard n'a pu encore communiquer avec les avant-postes. J'envoie M..... à Milan, au bout de 3 à 4 jours il viendra me rejoindre; je le charge de voir un peu les ministres, de ramener la confiance, et il te dira de ma part tout ce que je pense de ceci. Ce ne serait pas très-flatteur pour certaine nation que ce fût écrit. Adieu, je t'embrasse. »

Clarke
à Eugène.
Paris,
21 octobre
1813.

« Monseigneur, Son Altesse Impériale monseigneur le prince archichancelier m'ayant dit que Sa Majesté la reine de Naples avait offert, à l'époque de l'attaque des Anglais sur Porto-d'Anzo, d'envoyer 10,000 Napolitains dans les départements de Rome et du Trasimène, j'ai pensé que la reine de Naples serait peut-être disposée à envoyer ces 10,000 hommes et même davantage à Votre Altesse Impériale si elle croyait devoir les lui demander. La difficulté actuelle des communications avec l'armée que commande Sa Majesté l'Empereur et roi ne permettant pas d'avoir des ordres de lui à ce sujet.

« La cavalerie napolitaine est bonne et pourrait être de quelque utilité à l'armée d'Italie. Quant à l'infan-

---

[1] Eugène écrit ceci après avoir reçu la lettre que cette noble femme lui répond en apprenant le revirement de politique de la Bavière (voir cette lettre au texte).
Nous avons à dessein souligné cette phrase du vice-roi.

terie, on pourrait la placer en ligne ou dans des places, suivant ce que Votre Altesse Impériale jugerait le plus convenable, d'après l'esprit qui anime ces troupes et au sujet duquel on a quelque doute.

« J'ai fait connaître à monseigneur l'archichancelier que j'écrivais à Votre Altesse Impériale dans ce sens, et il a pensé que c'était une chose convenable dans les circonstances actuelles.

« Je reçois à l'instant une dépêche télégraphique de M. le maréchal duc de Valmy, en ces termes :

« Le roi de Naples, le prince de la Moskowa et le « duc de Castiglione ont battu complétement l'en- « nemi, les 11 et 12, partout où ils l'ont rencontré. « On a amené au quartier général un grand nombre « d'officiers supérieurs et 3,800 prisonniers. »

Eugène à la vice-reine. Gradisca, 22 octobre 1813.

« J'ai reçu cette nuit ta lettre du 19, ma chère Auguste; je ne puis te rendre assez mes inquiétudes sur ta santé. Au nom de Dieu, soigne-la bien pour tes enfants et pour ton mari, qui ne tient à ce monde que par ta tendresse. N'écris pas, si cela te fatigue.

« ..... Il me suffit de savoir, par madame de Wurmbs, l'état de ta chère santé... Voici la dernière lettre que j'écrirai d'ici. Je rentre cette nuit à Udine, où je réunis demain une bonne partie de mes troupes, afin de savoir de quel côté l'ennemi débouchera; il est probable que je me replierai sur le Tagliamento, même sur la Piave, car l'ennemi a jeté 6 à 8,000 hommes sur mes derrières, et je suis forcé d'y diriger de suite deux divisions. Adieu, ma bonne et chère Auguste; je ne te parle pas de ma santé, elle ne peut pas être bonne, puisque tu souffres. »

<small>Eugène au général d'Anthouard. Udine, 23 octobre 1813, au soir.</small>

« Monsieur le général comte d'Anthouard, je vous écris par l'officier qui porte des ordres au général Soulier. Si ce général n'est point sérieusement attaqué, et qu'il ait d'ailleurs la facilité de se retirer doucement sur Spilimbergo, en détruisant la route, il doit garder la position d'Ospidaletto aussi longtemps que possible, c'est-à-dire jusqu'à demain au soir ou après-demain matin. Mais, quelque temps qu'il prenne pour effectuer sa retraite, il devra toujours faire dans le courant de la journée une reconnaissance, soit pour masquer son prochain mouvement, soit même pour faire croire à l'ennemi qu'il a l'intention de rester dans sa position; ainsi, si l'ennemi le tourmente, il pourra partir demain dans l'après-midi; si l'ennemi le lui permet, il ne commencerait son mouvement qu'après-demain avant le jour; il s'assurerait de passer le même jour à Spilimbergo : son artillerie pourra faire le tour par Codroipo en partant quelques heures avant lui, car je reste toute la journée de demain à Udine, et je m'arrêterai après-demain 25 à Codroipo. Je rentre à l'instant de Cividale, où j'ai laissé tout tranquille. D'après les premiers rapports que je reçois de l'Isonzo, il paraît qu'environ 100 cavaliers seulement auraient passé vers neuf ou dix heures du matin ce fleuve. Si vous n'avez eu rien de nouveau aujourd'hui à Ospidaletto, je vous engage à venir me rejoindre ici après la rentrée des reconnaissances du matin. »

« Sire, au moment où je pris la ligne de l'Isonzo, appuyant ma gauche à Ospidaletto et gardant fortement Caporeto, ma division de réserve, portée en avant de Brixen, défendait avec avantage le débouché du Tyrol. L'ennemi, déjà renforcé par l'arrivée de quelques régiments détachés de l'armée du prince de Reuss, a tâté inutilement les points par lesquels il pouvait espérer de forcer ma ligne de l'Isonzo : il s'est décidé à faire un grand mouvement par sa droite, et, pendant que l'une de ses colonnes descendait sur Trente, une autre débouchait sur Bellune et sur Feltre. Quoique j'aie été directement informé qu'un des premiers effets de l'alliance entre la Bavière et l'Autriche avait été de porter vers l'Allemagne la plus grande partie des forces du prince de Reuss, cependant la défection de la première de ces puissances donnait seule à l'ennemi de grandes facilités pour opérer dans le Tyrol.

« Aussitôt que j'ai été instruit des projets de l'ennemi, j'ai fait marcher contre lui le général Grenier avec deux divisions et demie; mais une conséquence nécessaire de cette manœuvre a été l'obligation de me concentrer moi-même avec le reste des troupes sur le Tagliamento. J'attends le résultat de l'opération confiée au général Grenier, que je seconderai en temporisant le plus que je pourrai sur ce point. Mais Votre Majesté connaît trop bien le pays qui est en ce moment le théâtre de la guerre pour que je

*Eug. à Nap.
Udine,
24 octobre
1813.*

me permette même de lui indiquer les avantages qu'il présente à l'ennemi. Je ne me dissimule point qu'il est possible que je sois forcé d'aller chercher une bonne position jusqu'à l'Adige, et qu'ainsi les pays ex-vénitiens soient abandonnés. Alors même ma position deviendrait d'autant plus embarrassante que j'aurai diminué mon effectif de 4,000 hommes que j'aurais dû laisser à Osopo et à Palmanova, et de 6,000 hommes qui seraient le moins que je pusse jeter dans Venise. En cet état de choses, une occasion s'étant présentée de communiquer avec les avant-postes ennemis, j'avais cru convenable d'en profiter pour faire sonder le général Hiller relativement à la possibilité d'une suspension d'armes tacite, qui eût été, ce me semble, bien utile aux intérêts de Votre Majesté, en nous faisant du moins gagner du temps ; mais le général Hiller sent trop bien ses avantages actuels, et il ne s'est point laissé séduire par les insinuations qui lui ont été faites. Elles n'ont donc pas eu de suite. J'ai cru néanmoins devoir informer Votre Majesté d'une chose à laquelle je me fusse prêté d'autant plus volontiers, qu'en résultat elle m'eût permis de conserver intacte une partie de son royaume, que je savais être sur le point de devoir abandonner, et que d'ailleurs cela eût bien facilité nos levées actuelles.

« Mais, avant de terminer le compte que j'ai l'honneur de rendre à Votre Majesté, je lui dirai qu'il me reste encore un espoir d'arrêter les progrès de l'ennemi dans l'opération du général Grenier. Si elle réussit bien, je profiterai de l'élan que le succès aura donné aux troupes pour reprendre l'offensive, et, si la fortune me favorise, je ne désespérerai point de réoccuper bientôt après la ligne de l'Isonzo. »

« Monsieur le duc de Feltre, depuis que je vous ai informé des mouvements de l'armée, l'ennemi a tâté plusieurs fois les positions que j'avais prises à Ospidaletto, à Caporeto et sur l'Isonzo. Il s'est assuré qu'il ne parviendrait pas à déboucher de vive force par cette ligne. Il s'est décidé alors à faire un grand mouvement sur sa droite par les vallées de la Drave et du Gail. Il s'était déjà fait précéder dans les montagnes de la haute Piave par les régiments qu'il venait de recevoir du corps du prince de Reuss. D'ailleurs, depuis son alliance avec la Bavière, l'ennemi n'avait plus rien à craindre, en opérant fortement par le Tyrol. J'ai été prévenu de ce mouvement, mais pas assez à temps pour empêcher l'ennemi de descendre et d'envahir le département de la Piave. J'ai de suite fait partir le général Grenier avec deux divisions et une brigade italienne en le chargeant d'opérer fortement sur l'ennemi, pendant qu'avec le reste de l'armée je chercherais à gagner du temps. Effectivement, le général Grenier sera probablement demain à Feltre, et moi je prendai position sur le Tagliamento. Si cet officier réussit bien dans son expédition, il serait possible que je reprisse par ici l'offensive, sans quoi j'entrevois qu'il me sera bien difficile de prendre une forte position avant l'Adige.

« J'ai reçu votre lettre du 15, par laquelle vous

*Eugène à Clarke.
Udine, 24 octobre 1813.*

supposez que 45 bataillons autrichiens ne font que 33,000 hommes. Je puis vous certifier que les bataillons autrichiens sont aujourd'hui de 900 et jusqu'à 1,200 hommes. Tous les bataillons d'infanterie de ligne sont entrés en campagne à 1,000 hommes. Les bataillons des régiments frontières, Croates et Esclavons, étaient, à l'entrée en campagne, de 1,400 hommes. Les seuls bataillons qui soient aujourd'hui un peu réduits sont ceux de la landwehr, parce qu'ils ont éprouvé quelques désertions. »

<small>Eugène à la vice-reine. Codroipo, 25 octobre 1813.</small>

« Je n'ai pas grand temps aujourd'hui pour t'écrire, car je suis resté toute la journée à cheval : je me porte bien, mais cela me fend le cœur d'être obligé d'abandonner des départements du royaume. Les mouvements de l'ennemi paraissent trop sérieux là haut pour que je puisse faire autrement. »

<small>Eugène à la vice-reine. (Sans date précise.)</small>

« D'Anthouard est revenu, il n'y a eu que des discours insignifiants et sans aucun résultat ; si Grenier réussissait et battait l'ennemi un peu, il y aurait apparence à rester tranquilles pour quelques jours..... A toutes tes questions, je te réponds : dès que je serai sur l'Adige, je t'enverrai Triaire, tu arrangeras avec lui tout ce que tu voudras. J'approuve tout ce que tu feras dans cette circonstance, tu emporteras ce qu'il sera possible, le reste serait transporté à Mantoue. Il est plus difficile pourtant d'emporter autant d'effets qu'en Allemagne, à cause des Alpes à passer, et il n'y a pas non plus tant de moyens de transport ; enfin ne pense seulement qu'aux *choses précieuses*. Tout le reste de mes effets, meubles, tableaux, etc., peut très-bien rester à la villa, et personne n'y touchera, je t'en réponds, car la villa est une propriété particulière, et on les respecte partout. Je préfère donc que tu places là tout ce qui nous appartient et qui ne pourrait être emporté; donne toi-même des ordres à Leroy, il devrait suivre le convoi avec mes effets; quant à sa femme et à ses enfants, ils viendraient plus tard ou encore mieux attendraient à notre villa les événements. Enfin, en y réfléchissant bien, il faudrait absolument assigner aussi Genève aux grands officiers de la couronne, car ce sera encore la cour d'Italie qui s'y rend, et on ne peut renoncer aussi au simple titre. Ils ne te gêneront pas, puisque tu serais dans la petite maison hors de la ville, mais il faut qu'ils soient là-bas, ainsi que la dame d'honneur. Tout cela irait de son côté. Ce qui est bien essentiel que tu dises, c'est que je ne veux qu'aucun officier de la maison royale, homme ou femme, reste dans un lieu occupé par l'ennemi. Ceux qui ne suivront pas ce principe seront en temps et lieux punis sévèrement. Adieu. »

« Monsieur le duc de Feltre, je vous remercie de la bonne nouvelle contenue dans votre lettre du 21. Je vais m'empresser de la répandre. Quant à l'idée de renforcer mon corps d'armée par des troupes napolitaines, désabusez-vous sur ce point. Il y a trois mois qu'on élude mes demandes, fondées sur les ordres de l'Empereur, et qu'on m'a allégué même

Eugène à Clarke. Sacile, 28 octobre 1813.

la défense expresse du roi de ne laisser sortir aucune troupe du royaume de Naples. »

<small>Eugène à Clarke. Sacile, 28 octobre 1813.</small>

« Monsieur le duc de Feltre, vous me témoignez par votre lettre du 20 être surpris de ce que ce n'a été qu'à Gradisca que, par la mienne du 11, je vous ai marqué des inquiétudes sur ma situation en vous demandant des fusils et des renforts. Vous ajoutez que la défection de la Bavière ne peut avoir eu d'autre effet contre moi que d'ouvrir aux Autrichiens les vallées du Tyrol. Enfin vous revenez sur la situation comparative des forces de l'ennemi et des miennes, qui a déjà fait l'objet de votre lettre du 15.

« A tout cela, je réponds :

« Ce n'est point seulement de Gradisca, mais de *Planina*, que j'ai commencé à mettre sous vos yeux la faiblesse de mes ressources, tant au *moral* qu'à *l'effectif*. Les mouvements de l'ennemi sur mes flancs, et principalement sur ma droite, les partis qu'il jetait en arrière de moi par les montagnes, enfin l'offensive très-prononcée qu'il venait de prendre : tout m'autorisait dès lors à juger qu'il avait reçu de nouvelles troupes ; mais ce n'était encore, à la vérité, qu'une présomption tirée de sa nouvelle attitude.

« J'arrivai sur l'Isonzo ; j'y restai pendant quelque temps assez tranquille, observant toujours les mêmes forces devant moi ; mais, dans quelques engagements qui eurent lieu, on fit des prisonniers sur des régiments qui n'avaient point encore paru en ligne : je vous les citai.

« La division de réserve qui couvrait le Tyrol, quoique affaiblie par des désertions que je n'ai laissé ignorer ni à l'Empereur ni à vous, s'était jusqu'alors assez bien maintenue. Elle tenait encore en avant de Brixen. Mais bientôt le général Fenner, à la tête de 8,000 hommes, dont 2,000 insurgés, la força de position en position, et je m'aperçus que l'ennemi, se renforçant journellement de ce côté-là, n'affaiblissait pourtant point la ligne qu'il me présentait.

« Ce fut dans ces circonstances que je vous demandai des renforts. Je saisis pour cela le moment où de nouvelles levées venaient d'être ordonnées en France, et je vous priai de ne m'envoyer ni Romains, ni Toscans, ni même Piémontais, parce que ces conscrits, que l'on peut utiliser sur d'autres points, ne valent rien *en Italie.*

« A l'époque de ma lettre du 11, la défection de la Bavière ne m'était point encore connue. Mais l'ennemi savait probablement à quoi s'en tenir à ce sujet; on ne peut guère expliquer autrement la hardiesse de son mouvement par le Tyrol. Je devais compter qu'il n'opérerait pas sérieusement par ce débouché, aussi longtemps que la Bavière serait pour nous, et qu'il pourrait craindre d'être coupé par le corps bavarois. Aujourd'hui que le contraire est arrivé, l'ennemi, qui en a été instruit avant moi, en a profité pour prendre l'avance, en sorte qu'il lui a été facile de se porter le premier sur le haut Adige. Je sais comme vous que c'est dans le haut Adige qu'est la principale défense de l'Italie. J'en suis même si convaincu, que je me serais placé sur ce point, si j'avais pu prévoir, soupçonner même ce qui est arrivé; et sûrement alors je ne me serais point enfoncé dans les provinces Illyriennes. Mais il faut se rappeler que les opérations de la campagne commencèrent en liaison avec l'armée bavaroise, et j'avais reçu jusque peu avant ma retraite de Laybach des lettres du général de Wrède, qui sûrement ne laissaient point soupçonner ses desseins.

« J'ai su comme vous que l'armée bavaroise s'était portée sur Würzbourg, non pas avec la *totalité*, mais avec la plus grande partie du corps du prince de Reuss, car j'ai été en même temps averti que ce prince venait de sa personne remplacer le général Frimont, et qu'environ 10,000 hommes de son corps avaient été immédiatement détachés contre l'Italie.

« Je pense avoir détruit, par les très-simples observations qui terminent ma dernière lettre d'Udine, les faux calculs sur lesquels sont fondés les rapprochements de votre lettre du 15, mais *les faits* détruisent encore mieux tous les raisonnements. Or le fait est qu'en ce moment j'ai réellement devant moi, tant de ce qui a passé l'Isonzo, que de ce qui a débouché par Caporeto et par la vallée de la Fella, 24,000 hommes d'infanterie et au moins 5,000 hommes de cavalerie, ce qui suppose, avec l'artillerie et le génie, un corps de 32,000 hommes au moins. Je soutiens cette masse avec la 1re et la 4e divisions, et une brigade italienne, formant ensemble 14,000 baïonnettes. Si, comme je le crains, l'ennemi a jeté par le Tyrol et la haute Piave, 18 à 20,000 hommes, il faut que je me retire sur l'Adige. J'ai détaché dans la haute Piave le général Grenier avec deux divisions françaises et une brigade italienne ; il dispose de 14,000 baïonnettes, sans compter la division de réserve qui défend la vallée de l'Adige. Ce général est sous les murs de Bassano, où l'ennemi paraît s'être barricadé. Le résultat de l'attaque qu'il est sur le point de faire peut avoir une grande influence sur notre position. J'attends ce résultat avec une impatience d'autant plus vive, que le général Gifflenga vient d'être repoussé de Rovérédo, et que si l'ennemi force par là, je n'ai pas sujet d'être tranquille sur Vérone.

« Le temps est affreux, il pleut continuellement : le soldat est sans ressort. Généraux et officiers manquent de confiance dans leurs troupes, je dirai presque en eux-mêmes, tant le découragement peut gagner du soldat à ses chefs. Vous jugerez de tout cela par les copies de lettres que je vous envoie.

« Vous me parlez de 12,000 combattants que me donnera la nouvelle conscription ; de 18,000 qu'ajoutera celle de 1815, de la nouvelle conscription d'Italie, etc., et vous formez de tout cela *une seule masse*, comme si l'on pouvait faire figurer *ensemble*, des levées qui doivent être faites *successivement*, à une certaine distance l'une de l'autre, et dont la dernière ne fera au contraire que *remplacer* ce que les événements de la guerre auront *détruit*. Pour moi, je sens qu'à des besoins actuels ce sont des ressources actuelles qu'il faudrait, et que toutes les promesses de l'avenir ne diminuent en rien l'urgence du présent. Je ne puis donc que vous renouveler avec instance la prière de m'envoyer promptement tous les renforts que vous pourrez. La désertion continue parmi les Italiens. Notre mouvement rétrograde compromet le succès de la nouvelle levée que j'ai ordonnée, et la rend déjà nulle pour plusieurs départements.

« Quant à la gendarmerie illyrienne, elle se borne à 350 hommes, dont 200 à pied, qui ne sont bons qu'à faire le service des états-majors et la police de l'armée, auxquels je les ai affectés.

« Enfin, monsieur le duc, les ordres mêmes que vous me dites que l'Empereur vous a donnés pour la défense des Alpes prouvent que Sa Majesté a connu de bonne heure ma position. »

Eugène à Clarke. Sacile, 29 octobre 1813.

« Monsieur le duc de Feltre, ainsi que je vous l'avais mandé, suivant tous les rapports que j'avais reçus, j'étais fondé de croire que la division du général Fenner, composée de 8,000 hommes, y compris les insurgés, se réunissait à Trente et menaçait Vérone, tandis que la division du général Marschall, commandée par le général Eckart, descendait par Bellune sur Feltre et Bassano. Voici, contre ces mouvements, les dispositions que j'avais faites.

« J'étais parvenu à réunir à Rovérédo environ 5,000 hommes, sous les ordres du général Gifflenga. Ils étaient chargés de couvrir Vérone et de défendre pied à pied le terrain, comme aussi de coopérer au mouvement offensif que je méditais. J'avais détaché de l'Isonzo le lieutenant général Grenier, avec ses deux divisions et une brigade italienne, ainsi que 1,200 chevaux, avec ordre de se porter sur la Piave, et de manœuvrer sur l'ennemi; soit sur Feltre, soit sur Bassano, afin de l'attaquer et de le rejeter dans les montagnes. Je détachais avec peine de moi autant de monde, mais je voyais l'importance de se rendre maître de ce débouché, et je ne devais pas balancer un seul instant d'envoyer assez de monde pour réussir et pour obtenir même quelque heureux résultat. Je me réservais, avec les 1re et 4e divisions, une brigade italienne et 1,800 chevaux, de maintenir les principales forces de l'ennemi, et de me retirer tout doucement sur le Tagliamento, la Livenza, et enfin la Piave en dernière ligne.

« Rien jusqu'à ce jour n'a répondu à mon attente. La tête du général Grenier étant arrivée le 25 devant Bassano, il a d'abord attendu à rallier ses troupes; il me mandait pourtant qu'il espérait, le 26 ou le 27, attaquer l'ennemi. Il n'a eu le 26 qu'une affaire de tirailleurs, qui paraît avoir été mal engagée, puisque nous avons perdu une pièce de canon. Enfin, aujourd'hui, je reçois du général Grenier les lettres ci-jointes. Il craint que l'ennemi ne soit plus en forces que lui à Bassano. Il me presse de revenir sur la Piave, paraissant même craindre que l'ennemi ne l'attaque et ne rende sa position embarrassante. Vous sentez facilement combien ma position ici serait critique. Aussi je me décide à me porter aujourd'hui de ma personne sur la Piave avec la cavalerie et 8 bataillons. Demain, le reste de mes troupes y sera. J'écris au général Grenier de tenir ses troupes bien réunies, d'attaquer l'ennemi et d'enlever le poste de Bassano, s'il se croit en mesure; et, dans le cas contraire, de prendre une position telle, que je puisse demain le soutenir avec une grande partie de mes forces. Je vous informerai demain de ce qui se sera passé, et je ne doute pas que ces jours-ci ne décident les affaires pour le reste de la campagne. »

Eugène à Clarke. Bassano, 31 octobre 1813.

« Monsieur le duc de Feltre, je vous rends compte que j'ai fait attaquer aujourd'hui Bassano par les deux divisions du général Grenier. L'attaque a parfaitement réussi, et les troupes ont montré beaucoup d'ardeur. Un bataillon du 42e a enlevé une pièce de canon à l'ennemi. Nous avons fait en outre au moins 300 prisonniers; nos patrouilles en ramènent à chaque instant. L'ennemi a eu 600 hommes tués ou blessés. Je ne connais point encore notre perte, mais elle est très-peu considérable, d'après ce que j'ai pu en juger. »

Eugène à la vice-reine. Bassano, 31 octobre 1813.

« J'entre à l'instant à Bassano, ma chère Auguste; l'ennemi a été bien frotté, nous lui avons tué ou blessé plus de 600 hommes; nous comptons déjà 300 prisonniers et une pièce de canon. Notre perte est bien faible. Je me porte bien et n'ai que le temps de t'embrasser. »

Eugène à la vice-reine. Vicence, 2 novembre 1813.

« Il est midi; j'arrive à l'instant de Bassano et je continue mon mouvement sur l'Adige : j'espère que tout cela se fera tranquillement. Il fait une pluie affreuse qui nous désespère, car elle fait du mal à nos troupes. Les bras me tombent de l'arrivée du roi de Naples à Milan; je suis bien curieux de savoir comment il aura quitté l'armée... Adieu; je n'avais pas besoin des circonstances, ma bien chère amie, pour apprendre à te chérir. Ton fidèle époux. »

LIVRE XXVI

DE NOVEMBRE 1813 A JANVIER 1814.

§ I. — Position, force et emplacement de l'armée du vice-roi au commencement de novembre 1813. — Opérations du prince sur le Tyrol (9, 10, 11 novembre). — Combat de Saint-Martin (12 novembre). — Affaire de Caldiéro (15 novembre). — La vice-reine vient passer quelques instants à Vérone avec son mari. — But de cette visite. — Combat de Vago (18 novembre).

§ II. — Conséquence des événements politiques d'Allemagne et d'Italie. — Leur influence sur les esprits en Italie et surtout à Milan. — Effet produit sur l'esprit du vice-roi par les difficultés. — Mesures prises par le prince pour augmenter toutes ses ressources. — Instructions de Napoléon, dictées au général d'Anthouard pour être portées au prince Eugène (20 novembre). — Effet produit par le voyage à Vérone de la vice-reine. — L'armée napolitaine se met en mouvement pour Rome, les Romagnes et la Toscane (fin de novembre et commencement de décembre). — Force de cette armée. — Conduite de Murat. — Débarquement du général Nugent à Volano; sa marche sur Ferrare (15 novembre). — Marche de la colonne Verdier contre Nugent. — Mouvements du général Marschall et du général Deconchy que lui oppose le vice-roi. — Affaire de Rovigo (3 décembre); — de Boara (5 décembre); — d'Edolo (7 décembre); — de Castagnaro (24 décembre), — de Forli (25 décembre). — Nouvelle organisation de l'armée du vice-roi.

1

Au commencement de novembre 1813 la position de l'armée d'Italie était la suivante :

1° Les deux corps de gauche et de droite, en retraite de l'Isonzo et du Tagliamento sur l'Adige, arrivant sur cette nouvelle ligne de défense;

2° La réserve, sous le général Gifflenga, également en retraite sur l'Adige et Vérone (prête à être ralliée par la brigade Galimberti) en marche de Conégliano sur Vérone;

3° La garnison de Palmanova complétée; celle de Venise renforcée d'une brigade et d'une demi-batterie, montant à 8,000 hommes de troupes de terre et dont 6,000 seulement en état de faire le service, plus 3,200 marins. La défense de cette place importante et celle des lagunes était organisée. La défense terrestre confiée au général Séras, gouverneur, divisée en quatre arrondissements; la défense maritime confiée au contre-amiral Duperré. Les généraux de brigade Dupeyroux, Schilt et Daurier commandant les 1er, 3e, 4e arrondissements, le contre-amiral Duperré le 2e. On avait fait entrer dans la place les malades et les blessés. Le général autrichien Marschall, après être venu à Mestre, le 3 novembre, s'était porté devant la ville et les lagunes pour en opérer le blocus.

Les divers détachements qu'il avait fallu jeter dans les places que l'armée d'Italie laissait en avant d'elle ayant diminué son effectif d'une façon assez sensible, le vice-roi jugea nécessaire de supprimer la 3e division (Gratien) et de la fondre dans les autres. Les cadres des bataillons supprimés furent renvoyés à Alexandrie pour être complétés avec les hommes de la conscription.

L'armée se trouva donc réduite à 4 divisions, plus deux corps, détachés l'un à l'aile droite, l'autre à l'aile gauche; celui de droite chargé de surveiller et de défendre le bas Adige, celui de gauche chargé de garder les vallées qui viennent aboutir à Brescia.

Cette nouvelle organisation fut complétée le 6 novembre; la voici :

État-major général comme dans l'organisation précédente, sauf le général *Dode de la Brunerie*, arrivé pour commander le génie et ayant pour chef d'état-major le chef de bataillon *Beaufort d'Hautpoul*.

PREMIÈRE LIEUTENANCE. — Général GRENIER; 1re division (*Quesnel*), brigades Campi et Soulier; 4e division (*Marcognet*), brigades Jeanin et Deconchy : 14,000 hommes et 24 bouches à feu.

DEUXIÈME LIEUTENANCEE. — Général VERDIER ; 2e division (*Rouyer*), brigades Schmitz et Darnaud; 5e division (*Palombini*), brigades Ruggieri et Galimberti · 13,000 hommes et 24 bouches à feu, plus un escadron des dragons Napoléon.

Corps détaché de droite, l'adjudant commandant MONTFALCON, 3 bataillons : 1,050 hommes.

Corps détaché de gauche, général GIFFLENGA, 6 bataillons : 3,500 hommes.

Cavalerie : général MERMET, brigades Rambourg, Bonnemains, Perreymond, 18 escadrons : 2,900 chevaux et 6 bouches à feu.

Réserve d'artillerie : 14 bouches à feu et 400 hommes.

Grand parc : pas de bouches à feu, des voitures, 1,600 hommes et 1,100 chevaux.

Garde royale italienne, général Lecchi, 4,000 hommes.

Ce qui constituait une force de 32,000 hommes d'infanterie, de 3,000 de cavalerie et de 5 à 6,000 d'artillerie environ. Total général : 40,000 hommes à peu près tenant la campagne.

Ce même jour, 6 novembre, cette petite armée se trouva sur la rive droite de l'Adige, occupant les positions suivantes :

Première division, à Vérone, s'étendant sur sa droite par des postes jusqu'à Zévio;

Quatrième division, dans les environs de Legnago, se liant avec la 1re, par sa gauche, vers Ronco.

Deuxième division, à Vérone, s'étendant par sa gauche jusqu'à Bussolengo;

Cinquième division, dans les positions de Rivoli et de la Corona;

Corps détaché de droite, de Legnago à Roverchiaro;

Corps détaché de gauche, à Dezenzano et à Salo sur le lac de Guarde, occupant le débouché du Brescian;

Cavalerie : une brigade à Isola-Porcarizza et San Piétro di Legnago, une autre à San Giovanni Lupatolo, la 3e à l'avant-garde;

Garde royale à Villafranca et à Vérone;

Réserve d'artillerie à Goito et à Roverbella;

Grand parc à Valleggio;

Quartier général à Vérone.

Une avant-garde composée d'une brigade de cavalerie, de trois bataillons tirés de la 1re division, le tout sous les ordres du général Bonnemains, s'établit à Saint-Michel, à Saint-Martin et à Vago, en avant de Vérone, sur la rive gauche de l'Adige.

La retraite de l'Isonzo sur l'Adige, couverte par cette brigade, avait été peu inquiétée par les Autrichiens. Les cours d'eau grossis par des pluies assez fréquentes, les ponts rompus en vertu des ordres du prince, avaient retardé la marche de l'ennemi. L'armée put s'établir tranquillement sur la nouvelle ligne de défense. L'ennemi se montrait plus pressant du côté du Tyrol; aussi le vice-roi prit-il la résolution de rejeter le général Fenner sur le haut Adige, afin d'appeler l'attention de ses adversaires sur Rovérédo et de les empêcher de tourner, par le Brescian, la position qu'il occupait lui-même du côté de Vérone. Le 9 novembre, une colonne autrichienne pénétrant dans la Valcamonica, près du lac d'Isco, se porta sur Brescia. Le général Gifflenga marcha vers elle et la força à rétrograder. Le prince Eugène se mit aussitôt en mouvement avec la 2e lieutenance sur Rovérédo. Après avoir livré plusieurs combats brillants, les 9, 10 et 11 novembre, les brigades Schmitz, Darnaud, Galimberti sous le général Rouyer, et le général Palombini, repoussèrent les Autrichiens au delà d'Ala jusqu'à Meroni, presque à la hauteur de la pointe nord du lac de Guarde. Cette diversion habilement faite, en temps opportun, appela l'attention de l'ennemi sur Rovérédo, ainsi que le voulait le prince, et dégagea le Brescian. Les généraux Palombini, Darnaud et Verdier, ce dernier, blessé, furent l'objet des éloges du vice-roi. Les Autrichiens eurent, dans les différentes affaires, plus de 800 hommes hors de combat et perdirent un égal nombre de prisonniers. Le prince ne voulut pas pousser plus loin sa pointe sur Rovérédo, parce que son but était atteint, et que l'aile gauche du général Hiller, retardée quelque temps par la brigade Bonnemains, avait dépassé Vicence et semblait vouloir menacer la droite de l'armée d'Italie.

En effet, le 10 novembre, tandis qu'un parti de 500 hommes, moitié Autrichiens, moitié Anglais, jeté sur la côte, à l'embouchure de la Piave, par un vaisseau anglais, s'emparait du fort de Cortelazzo et de la redoute de Cavalino, près de Venise, une colonne ennemie marchait de Villanova sur Caldiéro. Le colonel Desmichels, du 31ᵉ de chasseurs à cheval, reçut l'ordre de se porter en reconnaissance du côté de Caldiéro avec 200 chevaux de son régiment et un bataillon d'infanterie. Il échangea quelques coups de feu près de Vago avec une reconnaissance autrichienne. Le surlendemain, 12 novembre, un détachement de 2 escadrons et de 3 bataillons, soutenus par 4 bouches à feu, attaquèrent, à Vago, les avant-postes du général Bonnemains. La grand'garde se défendit en s'abritant derrière le canal, ce qui donna le temps à 4 compagnies du 53ᵉ de ligne, appuyées par deux escadrons et un obusier, de déboucher de Saint-Martin et de repousser la colonne ennemie en lui faisant une vingtaine de prisonniers.

Cependant l'armée autrichienne avait pris position

à Caldiéro, où elle commençait à se retrancher, ce qui semblait indiquer le projet d'une attaque sérieuse contre Vérone. Le prince Eugène résolut de détruire les ouvrages commencés par l'ennemi en l'attaquant vigoureusement à Caldiéro. Le 14 novembre fut d'abord fixé pour cette opération. Le mauvais temps ayant fait retarder d'un jour, on en profita pour faire tous les préparatifs. Au point du jour, le 15, la division Marcognet, la brigade de cavalerie Bonnemains, 12 bouches à feu débouchèrent de Vago, se portant de front sur la position de l'ennemi. La division Quesnel déboucha par Fontana, une de ses brigades se portant sur Colognola, droite de l'ennemi, l'autre sur Illasi pour déborder les Autrichiens et tourner Caldiéro. Cette division, agissant en terrain fort accidenté, ne reçut qu'un escadron et une demi-batterie. Une colonne aux ordres du général Mermet, colonne composée d'une brigade de la division Rouyer, de la brigade de cavalerie Perreymond et de 6 bouches à feu, se dirigea de Saint-Martin sur le chemin de Caldiéro à Arcole, entre l'Adige et la grande route, de façon à tourner la gauche du général Hiller et à réunir ses troupes au pont de Villanova. Enfin, le général Rouyer, avec sa seconde brigade, fut donné comme seconde ligne à la colonne Marcognet. La garde royale resta en réserve à Saint-Martin. Deux bataillons furent laissés sur les hauteurs de Pogliano.

L'attaque commença vers dix heures du matin. La brigade Jeanin replia les postes ennemis jusqu'à la gauche de la porte de Caldiéro. Le 53ᵉ de ligne, conduit par son brave colonel Grobon, enleva cette position par une brusque attaque, dépassa le mamelon enlevé situé à la droite de la route, se rabattit sur ce mamelon et le prit à revers, contribuant, avec un peloton du 31ᵉ de chasseurs à cheval, à s'emparer du retranchement qui couvrait ce point en faisant prisonnier tout' ce qui s'y trouvait. Pendant ce temps-là les voltigeurs de la colonne du général Mermet tournaient cette position.

Entre Colognola et la grande route, l'ennemi avait établi une ligne sur les hauteurs et faisait un feu des plus vifs. Cependant la colonne Bonnemains, débouchant par la grande route, parvint à mettre en batterie 6 pièces à demi-portée de fusil des retranchements autrichiens qui furent criblés de projectiles et évacués. Alors la division Quesnel profitant avec habileté de ce premier succès, poussa les Autrichiens de position en position jusqu'à Souve. La brigade Bonnemains les poursuivit jusqu'auprès de Villanova sur la grande route, les culbutant chaque fois qu'ils essayaient de prendre position. Le général Grenier, ayant mis une seconde batterie à la disposition de Bonnemains, ce dernier parvint à décider le mouvement général de retraite de la droite de l'ennemi.

Cette brillante journée coûta à l'ennemi 1,500 tués ou blessés, 900 prisonniers et 2 canons; et à l'armée du vice-roi 500 soldats. Le prince cita particulièrement les généraux Jeanin et Bonnemains et surtout le colonel Grobon, du 53ᵉ, auquel ce brillant fait d'armes valut quelques jours plus tard le grade de général de brigade; le colonel Desmichels, du 31ᵉ de chasseurs, et plusieurs autres officiers de tout grade.

La journée du 16 novembre fut employée à la destruction des retranchements autrichiens. Le 17 l'armée franco-italienne rentra dans Vérone en laissant la brigade Jeanin, de la division Marcognet, en position à Saint-Martin, derrière le torrent de Vago. La brigade Deconchy fut détachée vers Ronco et Roverchiaro.

Le vice-roi, après ce combat, espérant avoir un peu de tranquillité, en profita pour engager la princesse Auguste à venir passer quelques instants auprès de lui à Vérone, elle et ses enfants [1].

[1] Le bonheur de se trouver réunie avec son mari ne fut pas le seul motif qui décida la vice-reine à se rendre à Vérone; elle voulut aussi affermir, par son approbation personnelle, le prince Eugène dans sa résolution de résister, quelque chose qui pût arriver, à toutes les séductions. Voici à ce sujet le curieux passage du journal du prince de la Tour et Taxis, passage relatif à la mission de l'aide de camp du roi de Bavière auprès du vice-roi d'Italie :

« ..... Je fis tous mes efforts pour lui démontrer, que non-seule-
« ment son propre intérêt, et celui de sa famille, exigeait qu'il se dé-
« clarât indépendant de la France, mais que c'était encore l'intérêt de
« l'Italie, qu'il paraissait tant aimer. Dans ce moment, en effet, on ne
« pouvait douter que, pour prix de son alliance, on aurait consenti à
« le reconnaître comme souverain de tout le pays, depuis l'Adige; ce
« qui pour l'avenir assurait à l'Italie l'existence de nation indépen-
« dante. Sa réponse fut invariablement celle-ci : Que, très-convaincu
« lui-même de la vérité de ce que je venais de lui dire, et tout en étant
« très-touché des marques d'affection qu'en plus d'une occasion les
« Italiens lui avaient données, il ne pouvait néanmoins leur sacrifier
« que sa vie, mais non pas son honneur. ». Il ajouta : « *Qu'il y avait*
« *peu de jours une députation du Sénat était venue lui demander*
« *ouvertement son adhésion pour organiser un mouvement à Milan*
« *et le proclamer* ROI D'ITALIE; *que non-seulement il avait nettement*
« *refusé, mais encore menacé les instigateurs de les dénoncer à son*

Le 18 novembre, la brigade Jeanin, à Vago, fut attaquée par des forces supérieures; elle les contint; le général Marcognet, voyant que l'ennemi se portait dans la direction de Montorio, et craignant une attaque de flanc, fit replier ses troupes sur Saint-Martin. Le jour suivant, les Autrichiens se portèrent avec vigueur sur ce dernier point. Le vice-roi, à cette nouvelle, fit replier le général Marcognet sur Saint-Michel; mais alors, 6 bataillons des 20°, 53°, 101° et 102° de ligne, soutenus le soir par 2 du 1ᵉʳ étranger, aux ordres du général Darnaud, soutinrent la lutte sans désavantage toute la journée, et contraignirent, le soir venu, l'ennemi à abandonner son projet.

Ces deux affaires avaient coûté 1,200 hommes aux Autrichiens, plus 200 prisonniers.

Le 20, le prince fit relever à l'avant-garde la divi-

« beau-père à la première tentative. » Il me dit ensuite : « Je n'ai pas « à examiner par quelle suite d'événements l'empereur Napoléon est « arrivé à son pouvoir actuel; ce qui est certain, c'est que je tiens de « lui seul celui que j'exerce; il est mon bienfaiteur, je lui ai prêté « serment comme vice-roi et comme général en chef, et ce serment « je dois le tenir. » Il ne se fit aucune illusion sur le sort précaire de ses enfants si l'empire, déjà ébranlé, venait à s'écrouler; des larmes lui vinrent aux yeux, et il parut très-ému en touchant ce sujet. Il parla de son bonheur domestique, et ne me cacha pas que la princesse Auguste, sa femme, avait quitté la veille même Vérone, où elle était venue de Milan, tout exprès pour le conjurer de ne jamais faire aucune démarche (quoi qu'il advienne) qui pût compromettre son honneur, et pour lui dire qu'elle était prête à partager avec lui le sort le plus rigoureux, MAIS QU'ELLE NE POURRAIT SURVIVRE A LA PENSÉE DE LAISSER EN HÉRITAGE A SES ENFANTS LE NOM D'UN TRAITRE.....

(*Extraits du journal d'un officier supérieur bavarois pendant les campagnes de* 1812, 1813, 1814 *et* 1815.)

sion Marcognet, affaiblie par les combats précédents, par la division Rouyer. La brigade Campi resta à Ronco.

Pendant près de quinze jours les principales forces des armées autrichiennes et franco-italiennes restèrent en présence, sans engagement autre que des affaires d'avant-postes et de patrouilles.

II

Les événements politiques, tels que le revirement de la Bavière et le jeu double de Naples, les événements militaires, tels que la perte de la bataille de Leipzig en Allemagne et la retraite du vice-roi sur l'Adige en Italie, n'étaient pas de nature à calmer les inquiétudes à Milan et dans les départements non encore au pouvoir des Autrichiens. A mesure que les adhésions devenaient plus nombreuses parmi les souverains, pour la coalition contre l'Empereur, les agents secrets de l'Autriche travaillaient à accroître le nombre des partisans des alliés dans les populations. Dans le royaume d'Italie, il ne manquait pas de *prétexte* et même de *cause* pour jeter du mécontentement, de la défaveur sur le gouvernement de Napoléon. La mesure de la conscription, mesure impopulaire pour une nation aussi antimilitaire que l'est la nation italienne des bords du Tessin aux rives de l'Isonzo ; l'obligation où se trouvait le vice-roi de demander des avances ou des emprunts pour soutenir la lutte ; la menace permanente d'une irruption sur les riches plaines du Milanais par les vallées de Bergame et de Brescia, tout cela était bien de nature à entretenir les mauvaises dispositions de certains esprits turbulents toujours prêts à conspirer contre l'État.

L'Autriche avait beau jeu pour attiser le feu de la révolte et ses agents en profitaient avec adresse, même ou plutôt surtout à Milan. La révolte dont le ministre Prina fut la malheureuse victime couvait sourdement déjà. Des conciliabules avaient lieu secrètement. On ne cacha pas l'état des esprits au prince Eugène, et on a vu, au livre précédent, la longue lettre qu'il écrivit à ce sujet au duc de Lodi.

On peut dire : que plus les obstacles se multipliaient, plus les dangers devenaient grands, et plus devenait grand aussi le courage du prince, son activité, son énergie. Non pas qu'il se fît beaucoup d'illusion sur l'issue de la lutte, qu'il croyait impossible à soutenir longtemps et dont il appelait la fin de tous ses vœux par une paix honorable, mais parce que, homme du devoir avant tout, il sacrifiait tout au *devoir*, et cela, sans ostentation, sans espoir de récompense, sans arrière-pensée. Telle est du moins l'idée que nous avons prise du prince Eugène en étudiant scrupuleusement sa vie, en reconstituant son existence à l'aide des matériaux nombreux, des documents irrécusables venus entre nos mains, en lisant sa volumineuse et intéressante correspondance, et en mettant à nu, ainsi que nous ne tarderons pas à le faire, les motifs secrets qui ont poussé ses détracteurs. Pour nous (et en cela nous sommes parfaitement d'accord avec l'opinion générale, nous pourrions même dire avec l'opinion à peu près universelle), pour nous, l'existence du prince Eugène, depuis le jour où il eut l'âge de raison, jusqu'à sa mort, est un modèle parfait, sans la plus légère tache : de l'honneur militaire, de la fidélité politique, de l'esclavage du devoir, de la modestie la plus naïve jointe aux talents véritables, de la bonté unie au courage, de l'amour filial, de l'amour de la famille. Comme homme privé, comme homme politique, comme militaire, comme souverain, nous l'avouons en toute sincérité, nous ne trouverions pas l'ombre d'un reproche à adresser au vice-roi.

Le 18 novembre, un décret impérial accorda, sur la conscription, un renfort de 15,000 hommes à l'armée d'Italie, et prescrivit, en outre, la formation d'une armée de réserve de 45 bataillons répartis dans 3 divisions qui devaient s'organiser en Piémont, à Turin, à Alexandrie et à Plaisance, pour de là, être envoyés au prince Eugène.

A la même époque, le vice-roi, ne voulant négliger aucun moyen pour conserver l'Italie à l'Empereur, expédia le général Pino à Bologne pour y organiser, avec la garde nationale, si la chose était possible, des bataillons de volontaires. Le général Fontanelli reprit le portefeuille de la guerre et fut spécialement chargé de hâter la levée de l'armée de réserve. On verra plus loin que les circonstances rendirent illusoires pour le vice-roi les effets qu'il pouvait espérer de ce décret sur une réserve, et cependant les événements qui allaient se passer sur la rive droite du

Pô eussent donné un grand à-propos à ce renfort.

Cependant le général d'Anthouard, premier aide de camp du prince, celui-là même qui eût dû défendre la mémoire d'Eugène et qui l'attaqua calomnieusement, le général d'Anthouard, homme de talent fort apprécié par le vice-roi, était parti pour se rendre auprès de Napoléon, porteur des dépêches de son général en chef. Le 20 novembre, il reçut de Napoléon lui-même des instructions fort détaillées, qu'il écrivit sous la dictée de l'Empereur et qu'il expédia ensuite au vice-roi. Voici la lettre de cet officier général et ces instructions [1] :

D'Anthouard à Eugène. (Sans date.) — « Monsei-

---

[1] Sous la Restauration, dans un grand dîner d'officiers généraux et supérieurs, le général d'Anthouard raconta qu'il était revenu de Paris, porteur de l'ordre au vice-roi d'abandonner l'Italie et de se replier sur les Alpes avec son armée pour gagner la France et défendre le sol de la patrie. D'Anthouard ajoutait qu'il avait *prié*, *supplié* Eugène d'opérer ce mouvement; qu'il s'était jeté aux genoux du prince, le tout inutilement. Cette singulière révélation, *qui ne coïncide nullement avec les instructions écrites de l'Empereur*, fit un grand effet sur les officiers présents au dîner de d'Anthouard : il n'y avait pas un officier de l'ancienne armée de France ou d'Italie qui ne considérât le prince Eugène comme le type de la fidélité. Le dire de d'Anthouard, ex-premier aide de camp du vice-roi, parut donc une chose des plus extraordinaires. Nous tenons le fait du général G...., qui vit encore, qui nous le racontait il y a peu de jours. Or, à l'époque où le dîner eut lieu, on ne connaissait pas les ordres et instructions envoyés au vice-roi par le général d'Anthouard lui-même. Le général d'Anthouard croyait ces documents perdus. Ils ont été retrouvés, *en originaux*, dans les archives ducales de Leuchtenberg, écrits *en entier* de la main de d'Anthouard, et ces ordres, ces instructions prescrivent au *prince Eugène de ne pas évacuer l'Italie*. Ces documents, devenus pièces capitales dans le procès historique du prince Eugène, ont été envoyés à l'un des courageux et énergiques défenseurs du vice-roi, M. Planat de la Faye; ils sont entre nos mains.

gneur, j'ai l'honneur d'adresser à Votre Altesse Impériale une copie des instructions que l'Empereur m'a dictées et que j'ai écrites à la volée. Je pense que Votre Altesse est déjà au courant de tout cela, mais il y a des articles intéressants. J'ai écrit comme l'Empereur parlait. Il y a eu ensuite une conversation de plus d'une heure. Il est déjà passé 5,000 conscrits par Alexandrie et il y en a 7,000 passés de Piémont en France. Je n'ose m'exprimer sur ce que je pense des travaux militaires du mont Cenis, il faudra une division pour les garder si on les achève, mais je parie qu'il en sera pour ce point comme pour Peschiera. Votre Altesse Impériale verra que je suis encore loin d'elle pour plusieurs jours. Je ne sais comment le prince Borghèse prendra ma mission, mais s'il la prend bien, je la fais bien, s'il la prend mal, je ne pourrai la remplir en entier. L'Empereur m'a dit de lui rendre compte directement, et en même temps m'a ajouté : « Tout ce que vous allez « faire étant pour le vice-roi, vous le préviendrez de « tout ce qui sera nécessaire. » Je prie Votre Altesse de m'adresser ses ordres à Turin, pour ces premiers jours. Il est probable que je n'irai à Plaisance qu'après Casal et en passant par Milan. »

Ordres et instructions donnés à d'Anthouard. 20 novembre 1813, onze heures du matin. — « D'Anthouard m'écrira du mont Cenis où en est la forteresse, si on peut l'armer, si elle est à l'abri d'un coup de main, etc. Il verra le prince Borghèse qui doit avoir reçu la copie de l'ordre que j'ai signé hier, ayant deux buts, et qui là lui fera voir.

Premier but. I. — L'envoi de 16,000 hommes de renfort à l'armée d'Italie, sur la conscription des 120,000 hommes. Ces 16,000 hommes sont fournis aux 6 corps qui forment l'armée d'Italie à raison de 700 hommes. Total, 4,200, plus 800 hommes à prendre au dépôt du 156ᵉ pour le 92ᵉ; en tout, 5,000 hommes, et en 7,000 hommes qui font partie des régiments qui sont à l'armée d'Italie et dépôts au delà des Alpes. Enfin en 600 hommes du dépôt du 156ᵉ régiment pour le 36ᵉ léger; 600 hommes pour le 133ᵉ; 600 hommes pour le 132ᵉ. Total, 16,000 hommes.

« Au reste le prince Borghèse lui remettra le décret qui est très-détaillé, afin qu'il en ait pleine connaissance pour l'exécution de ses ordres.

« Il reconnaîtra :

« 1° Si les conscrits sont beaux hommes et forts, s'assurera de la quantité, si la désertion a occasionné des pertes, et combien? etc.

« 2° Il s'informera du directeur de l'artillerie s'il a les armes pour ces 16,000 hommes.

« 3° Il s'assurera si l'habillement, grand et petit équipement, sont prêts, ou quand ils le seront.

« II. — Ces 16,000 hommes sont destinés aux 1ᵉʳ et 2ᵉ bataillons de l'armée d'Italie, mais j'ai en outre une armée de réserve de 30,000 hommes par décret d'hier (19 novembre) et à prendre sur la levée des 300,000 hommes. Ces 30,000[1] hommes se lèveront en Provence, en Dauphiné, Lyonnais,

---

[1] 40,000 dans la lettre du 17 novembre.

et seront réunis à Alexandrie à la fin de décembre.

« Il faut voir si les armes sont prêtes ainsi que l'habillement, ou bien si les mesures sont prises pour cela pour ces 30,000 hommes. Ces 30,000 hommes, formant 3 divisions, seront incorporés pour la 1re division, dans les 4e et 6e bataillons de l'armée d'Italie. Les 4es bataillons existent à Alexandrie. Le vice-roi fera former les cadres des 6es bataillons et les enverra de suite à Alexandrie.

« 2° La 2e division sera formée des bataillons qui ont leur dépôt en Piémont. Plusieurs retournent à la Grande-Armée, en sorte qu'il ne faut compter que sur la moitié ; il faut donc former des cadres en remplacement et les diriger sur ces dépôts.

« 3° La 3e division sera formée de 11 à 12 cinquièmes bataillons dans les 27e et 28e divisions militaires.

« La 1re division recevra 9,000 hommes; la 2e, 7,500 ; la 3e, 5,500 ; total, 22,000 hommes.

« Indépendamment de ces 3 divisions, je forme une réserve en Toscane des 3e, 4e, 5e bataillons du 112e régiment, des 4e, 5e bataillons du 35e léger, qui reçoivent 2,500 hommes sur la levée de 300,000 hommes.

« Puis je forme une réserve à Rome des 3e, 4e bataillons du 22e léger, des 4e, 5e bataillons du 4e léger, des 4e, 5e bataillons du 6e de ligne, qui recevront 3,000 hommes sur les 300,000 hommes, non compris ce qu'ils reçoivent des 120,000 hommes. Total, 28,000 hommes. Il reste 2,000 hommes pour l'artillerie d'Alexandrie, Turin, pour les sapeurs, les équipages; je veux une artillerie pour l'armée de réserve.

« J'ai envoyé le prince d'Essling à Gênes avec 3,000 hommes de gardes nationales levées depuis un an à Toulon. Il est possible que je lui confie le commandement de l'armée de réserve, mais s'il est totalement hors d'état de le remplir, à cause de sa poitrine, j'y enverrai probablement le général Caffarelli.

« Ainsi donc, avant le 1er janvier, le vice-roi recevra 16,000 hommes des 120,000 hommes pour recruter les 3 premiers bataillons des régiments, tout cela de l'ancienne France, il n'y aura ni Piémontais, ni Italiens, ni Belges. Plus 30,000 hommes de l'armée de réserve; total, 46,000 hommes réunis d'ici au mois de février; tous vieux Français et âgés de 23, 24, 25, 26, 27, 28, 29, 30, 31 et 32 ans.

« Le principal soin doit être de former les 6es bataillons et de tirer des corps pour former les cadres dont nous manquons et qu'on ne peut créer.

« Le roi de Naples m'a écrit qu'il marche avec 30,000 hommes; s'il exécute ce mouvement, l'Italie est sauvée, car les troupes autrichiennes ne valent pas les Napolitains. Le roi est un homme très-brave, il mérite de la considération. Il ne peut diriger des opérations, mais il est brave, il anime, il enlève et mérite des égards. Il ne peut donner de l'ombrage au vice-roi; son rôle est Naples, il n'en peut sortir.

« D'Anthouard me rendra compte de l'état dans lequel se trouve la citadelle de Turin, son armement, ses magasins de guerre et de bouche, son commandant, les officiers du génie, de l'état-major, etc. Il me rendra le même compte sur Alexandrie, en joignant le calque des ouvrages; il me fera rapport sur les officiers, l'état-major, etc.; même rapport sur la citadelle de Plaisance.

« On me parle de la citadelle de *Casal;* il s'y rendra et me rendra compte si cela vaut la peine d'être armé et approvisionné.

« Si le vice-roi avait enfermé dans les places les fonds de dépôts, comme quartier-maître, ouvriers, il faut les retirer, il faut même évacuer tout ce qui, dans ce genre, se trouve à Mantoue. On y a même enfermé le 5ᵉ bataillon et dépôt du 8ᵉ léger ; j'ai donné deux ordres pour que ce dépôt reçoive 600 conscrits à Alexandrie. D'Anthouard se fera rendre compte où cela en est, et que cela soit dirigé d'Alexandrie, ensuite que le dépôt, major, ouvriers, soient à Plaisance pour recevoir ce qui revient de la Grande-Armée et organiser un bataillon.

« D'Anthouard trouvera à Alexandrie 700 hommes pour le 13ᵉ de ligne. Le vice-roi a enfermé le dépôt à Palmanova ; ces 700 hommes vont se trouver seuls. J'ai ordonné d'en former le 6ᵉ bataillon. Il faut que le vice-roi fournisse quelques officiers et le prince Borghèse formera le cadre. J'ai ordonné qu'un demi-cadre du 13ᵉ soit envoyé de Mayence ; mais jusqu'à l'arrivée il faut pourvoir à la réception, organisation, instruction, et mettre ce bataillon à la citadelle d'Alexandrie.

« D'Anthouard trouvera à Plaisance le dépôt du

9ᵉ bataillon des équipages militaires. Il faut diriger tout l'atelier, tout le matériel, les magasins sur Alexandrie qui est une place sûre. Si les approvisionnements des citadelles de Turin et d'Alexandrie n'étaient pas complets, il faudrait en rendre compte au prince Borghèse pour qu'il y pourvoie de suite. D'Anthouard donnera des ordres en forme d'avis pour tout ce qu'il croira nécessaire d'après mes instructions, et me rendra compte des ordres qu'il aura donnés. Il faut que les fortifications soient en état, fermer les gorges en palissades, voir ce qui est nécessaire pour les parapets et banquettes à rétablir, etc., porter une grande attention sur les inondations.

« Compte-t-on dans le pays sur l'inondation du Tanaro et la résistance du pont éclusé?

« Un régiment croate de 1,300 hommes et 600 chevaux est à Lyon. Je donne ordre à Corbineau de faire mettre pied à terre et d'envoyer cette canaille sur la Loire, et de donner 300 chevaux à chacun des deux régiments, 1ᵉʳ de hussards et 31ᵉ de chasseurs.

« Je vais m'occuper de la cavalerie pour l'armée d'Italie :

« 1° J'envoie à Milan tout ce qui appartient au 1ᵉʳ de hussards et au 31ᵉ chasseurs.

« 2° Je vais y envoyer deux bons régiments de dragons d'Espagne de 1,200 chevaux chacun.

« J'ai ordonné que toutes les troupes italiennes de la Grande-Armée se rendissent à Milan. Il y a 4,000 hommes. Même ordre pour les mêmes troupes qui sont en Aragon et en Espagne; il y a 6,000 hommes. Tout cela est en marche.

« J'ai ordonné à Grouchy de se rendre à l'armée d'Italie. Il est un peu susceptible, mais le vice-roi fera pour le mieux. Le vice-roi peut avoir grande confiance en Zucchi; j'en ai été très-content.

« Il ne faut pas donner de crédit à Pino; il faut élever en crédit Palombini et Zucchi, et soutenir Fontanelli. L'expérience m'a prouvé que l'ennemi s'occupe particulièrement de gagner les généraux étrangers que nous portons en avant, en leur accordant crédit et confiance. Ainsi de Wrède, pour qui j'ai tant fait, a été tourné contre moi, mais il est mort. Les trois généraux que j'indique peuvent être mis en avant en ce moment et annuler Pino. Il faut que les approvisionnements des places soient pour six mois. Je désire que d'Anthouard examine Saint-Georges et me dise sur quoi je puis compter.

« *Opérations*. — Le vice-roi ne doit pas quitter l'Adige sans une bataille. Il doit avoir de la confiance; il a 40,000 hommes, il peut avoir 120 pièces de canon, il est sûr du succès. Quitter l'Adige sans se battre est un déshonneur. Il vaut mieux être battu...

« Il faut qu'il ait beaucoup d'artillerie; il ne doit pas en manquer à Mantoue et à Pavie : il n'y a que les attelages qui pourraient manquer, mais les dépôts sont trop voisins pour que l'on ait besoin de traîner beaucoup de caissons. Ce n'est pas comme l'armée attaquante, qui est obligée d'avoir avec soi ses deux approvisionnements. Il faut une réserve de 18 pièces de 12 pour un moment décisif. L'attelage bien nécesaire est celui de la pièce et d'un caisson et demi. Il n'est pas nécessaire d'attelages réguliers pour les affûts, les forges, les rechanges, etc., lorsque l'on est aussi près de ses places et dépôts. Lorsqu'il verra venir la bataille, il doit avoir 150 à 200 pièces. Je n'attache pas d'importance à la perte du canon, si les chances de prises peuvent être compensées par les chances de succès. Je suppose que la demi-lune de la porte de Vérone à Caldiéro est établie et armée; en cas contraire, il faut l'établir sur-le-champ, et l'armer avec du 8 ou du 12 en fer ou mauvais aloi à tirer des places, puisque l'on n'a pas occupé Caldiéro qui était la véritable position. J'avais dans le temps fait établir cette demi-lune. L'occupation des hauteurs de Caldiéro, couvertes d'ouvrages de campagne, ne peut être forcée, l'Alpon en avant. On doit y être sans inquiétude. La Rocca-d'Anfo barre le seul chemin par où l'on puisse venir avec de l'artillerie. Il y faut deux chaloupes armées pour le lac. Il y faut deux ou trois barques armées pour le lac de Como. Il faut tirer des marins de la côte pour ce service, et, s'il n'y en a pas, en demander au prince Borghèse de Gênes, où il se trouve des marins de l'ancienne France. Il faut 3 à 400 hommes dans les citadelles de Bergame et de Brescia, quelques poignées d'hommes de gardes nationales pour l'intérieur de la ville et deux mauvaises pièces à la citadelle. Il faut des bateaux armés pour les lacs de Mantoue, et qu'il y ait un lieutenant de vaisseau de la vieille France pour chef. Il faut rester maître de tous les points des lacs.

« Il faut se maintenir en communication avec Brondolo par la rive droite de l'Adige. Il faut à Rivoli une bonne redoute palissadée, armée de canons, ce qui rend impraticable la grande route de Vérone. Il faut occuper le Montébaldo et un ouvrage à la Corona. Il faut alors que l'ennemi passe l'Adige, et je ne vois pas de difficultés à couper les digues de l'Alpon et même les digues de l'Adige sous Legnago à Chiavari (au bâtardeau). Il faut des bateaux armés sur le lac Majeur et sur le lac de Lugano, sans violer les Suisses. Il y a un point au royaume d'Italie.

« Dans ces situations inforçables, il ne faut pas quitter sans une bataille. Une manœuvre que j'indique, que je ne conseille pas, que je ferais, serait de passer par Brondolo sur Mestre et de forcer sur Trévise ou la Piave avec 30,000 hommes. Il ne manque pas de moyens de transport à Venise. Je la ferais, mais je ne la conseille pas, si on ne me comprend pas. On obtiendrait des résultats incalculables. L'ennemi opère par Conégliano et Trévise : on le coupe, on le disperse, on le détruit, et, s'il faut se retirer, on le fait sur Malghera et l'Adige. Mais je ne conseille pas cette manœuvre hardie; c'est là ma manière, mais il faut comprendre et saisir tous les détails et moyens d'exécution, le but à remplir, les coups à porter, etc., etc. L'armée serait (Sa Majesté en est restée là court):

« Si le vice-roi perdait la bataille et abandonnait l'Adige, il a la ligne du Mincio qui n'est pas bonne, mais qu'il faut préparer d'avance pour s'en servir pour un premier moment de retraite et voir venir.

Ensuite l'Adda, le Tessin, etc., etc. Je pense que, forcé sur le Tessin, il doit se jeter sur Alexandrie et la Boquette. Il serait à Alexandrie renforcé par l'armée de réserve. Sa ligne d'opération serait par Gênes. Je préfère défendre Gênes au mont Cenis, parce que d'Alexandrie à Gênes il protége d'avance la Toscane. En cas de cette retraite, il faudra prévenir les garnisons de Turin et du mont Cenis, et celle du Simplon, qui doit se retirer sur Genève que je fais mettre en état de défense. Quand bien même le vice-roi quitterait le Mincio et l'Adda, la grande-duchesse doit rester à Florence. L'ennemi ne peut y envoyer un détachement de son armée. D'ailleurs, si la grande-duchesse était forcée, elle se replierait sur Rome; si elle y était encore forcée, elle se replierait sur Naples. La présence du prince d'Essling avec 3,000 hommes à Gênes, où les dépôts se forment, et les marins assurent la place. D'ailleurs les Génois ne sont pas Autrichiens.

« Il n'y a rien à craindre des Suisses; s'ils étaient contre nous, ils seraient perdus. Ils sont bien loin de se déclarer aujourd'hui, quoi qu'on en dise. Enfin, passé février, je serai en mesure, et j'enverrai d'autres renforts. J'ai en ce moment 800,000 hommes en mouvement, etc., etc. L'argent ne me manque pas.

« Si les autorités italiennes étaient obligées d'évacuer Milan, elles se retireraient à Gênes.

« Dans tout ceci, j'ai fait abstraction du roi de Naples, car s'il est fidèle à moi, à la France et à l'honneur, il doit être avec 25,000 hommes sur le

Pô. Alors beaucoup de combinaisons sont changées.

« Je connais parfaitement les positions. Je ne vois pas comment l'ennemi passerait l'Adige. Quand bien même l'ennemi se porterait d'Ala sur Montébaldo, il ne peut y conduire d'artillerie sur la Corona. Il y a de superbes positions où j'ai donné ma bataille de Rivoli. L'infanterie autrichienne est méprisable; la seule qui vaille quelque chose est l'infanterie prussienne. A Leipzig, ils étaient 500,000 hommes, je n'en avais que 110,000. Je les ai battus deux jours de suite, etc., etc.

« Il faut un pont sur le Pô, au-dessous de Pavie, vers Stradella. Il faut faire travailler à la citadelle de Plaisance.

« Si j'avais su sur quoi compter pour l'artillerie, j'aurais vu si je devais aller en Italie; dans tous les cas, on peut laisser ébruiter que j'irai en Italie, » etc.

Il résulte de ces longues instructions de l'Empereur au prince Eugène, que ce dernier devait *défendre* et non *évacuer* l'Italie, à cette époque, fin de novembre 1813. Il est donc impossible d'admettre que le général d'Anthouard fut chargé de porter l'ordre au vice-roi *d'évacuer* l'Italie et de le presser de se rendre en France avec son armée.

Le général rejoignit le prince Eugène quelques jours après le retour à Milan de la vice-reine. Cette princesse, ainsi que nous l'avons dit, profitant des quelques moments de tranquillité que le vice-roi croyait avoir conquis, à la suite des affaires de Caldiéro, était venue passer quarante-huit heures auprès de son mari. Lorsqu'elle revint dans la capitale du royaume, elle fut accueillie avec d'autant plus de joie que sa présence semblait de nature à détruire en grande partie les fables que l'on se plaisait à débiter dans un certain monde hostile à la France. Ainsi, parfois l'on affirmait que l'armée du prince, enveloppée par le général Hiller, avait demandé à capituler; parfois c'était une armée autrichienne tout entière qui débouchait par les vallées du Brescian. D'autres fois encore, c'était une bataille perdue sur les bords de l'Adige ou du Mincio.

Il y avait, au milieu de ces exagérations ridicules, plus d'un sujet de craintes sérieuses pour les partisans de la France. L'une des plus graves complications de la position politique et militaire du vice-roi était l'attitude de plus en plus menaçante de Murat. Déjà fort mal intentionné, lors de son passage pour se rendre d'Allemagne à Naples, les instances de sa femme, propre sœur de Napoléon, l'avaient poussé tout à fait dans la coalition. Tandis que, d'après les ordres de l'Empereur, qui ne pouvait croire à tant d'ingratitude, de mauvaise foi et de sottise, l'armée de Naples était reçue par le prince Eugène comme une armée alliée; tandis qu'on ouvrait aux soldats napolitains, partout sur leur passage, les greniers et les caisses [1], leur roi trahissait la France.

Murat profitait sans délicatesse de la générosité

---

[1] Lettre du vice-roi au général Vignolle, chef d'état-major général de l'armée d'Italie : « Le général Vignolle écrira au commandant des 4ᵉ et 5ᵉ divisions militaires (et il en fera part au général Pino) que je donne l'ordre que les troupes napolitaines, en arrivant à Bologne ou à Rimini, aient les vivres de campagne. » *Vérone*, 19 *décembre* 1813.

de l'Empereur et du vice-roi pour puiser dans les caisses du royaume d'Italie et pour faire vivre ses troupes aux dépens du pays.

On a vu que le prince Eugène avait eu fort à faire au commencement de la deuxième quinzaine de novembre. Les combats livrés à Caldiéro, la visite de la princesse Auguste à Vérone, les propositions des alliés, la mission du prince la Tour et Taxis, n'avaient pas été les seules causes de ses nombreuses préoccupations. Il avait appris le 17 que, le 15, le général autrichien Nugent avait débarqué à la tête d'un corps de 3,000 hommes à l'embouchure du Pô, à Volano, ainsi que l'archiduc Maximilien; que le corps de débarquement était composé d'Anglais et de déserteurs de toutes les nations, et que l'ennemi était en marche sur Ferrare. Aussitôt il avait détaché le major Merdier du 42e avec deux bataillons, un du 42e et l'autre du 1er régiment étranger, pour couvrir ou reprendre au besoin Ferrare. Le 22 novembre, les Autrichiens, en face de l'armée principale, firent une fausse démonstration sur Ronco, pour détourner l'attention de ce qui avait lieu sur le bas Adige. Eugène, devinant leurs intentions, se décida à envoyer sur Trecenta et sur Ferrare le général Deconchy avec la 29e demi-brigade provisoire et le 3e de chasseurs italiens.

Ces mouvements de l'ennemi sur le bas Adige donnaient d'autant plus d'inquiétude au vice-roi, qu'à la même époque le général Miollis, gouverneur de Rome, lui rendait compte du mouvement en avant, sur l'Italie centrale, de l'armée napolitaine. Murat marchait-il pour se réunir aux Autrichiens et faire une diversion en leur faveur sur les rives du Pô, ou bien venait-il enfin joindre ses armes à celles de l'armée d'Italie, voilà ce que le prince Eugène cherchait à deviner. Quoique le caractère loyal du vice-roi se refusât à admettre la trahison, quoique les lettres de l'Empereur même encore, à cette époque, fussent de nature à entretenir l'illusion sur les projets ultérieurs du roi de Naples, cependant les faits, les indices, tout, en un mot, ne semblait plus devoir laisser de doute sur les dispositions hostiles du beau-frère de Napoléon.

Le 25 novembre, le major Merdier arriva à Malbergo. Le général Pino, commandant la 4e division militaire à Bologne, vint le joindre pour l'aider à réoccuper la ville de Ferrare dans laquelle la colonne du général Nugent était entrée. Le 26, le major attaqua les Autrichiens qui avaient pris position en avant de la place, les rejeta en leur faisant essuyer une perte d'environ 200 hommes et ne s'arrêta que devant le feu des remparts. Dans la nuit, Nugent évacua Ferrare dont les troupes de Merdier prirent possession.

Le prince Eugène, fort heureux d'apprendre que la colonne Nugent était rejetée et battue, voulut tâter l'ennemi en face de lui. En conséquence, il sortit de Legnago le 27, à la pointe du jour, avec une forte reconnaissance d'infanterie et de cavalerie aux ordres du général Mermet et poussa tous les postes autrichiens jusqu'à Bevilacqua [1].

---

[1] Le prince fut atteint par une balle morte. « Mon cher Darnay,

Cependant l'armée napolitaine, si longtemps dans la plus complète inertie, commençait un mouvement général. La 1re division, commandée par le général Carascosa et composée de 8 bataillons, de 2 régiments de cavalerie et de 8 bouches à feu, était attendue à Rome du 25 novembre au 2 décembre. Elle devait être suivie par la garde royale aux ordres du général Millet, 5 bataillons, 8 escadrons. La 2e division, général d'Ambrosio, forte de 9 bataillons, devait être à Ancône du 2 au 4 décembre. Les premières troupes napolitaines arrivèrent en effet à Rome, vers la fin de novembre, et, outre les 2 divisions et la garde royale dont nous venons de parler, une 3e division de 8 bataillons, commandée par le général Pignatelli-Cuchiara, suivit le même itinéraire. Le passage dura pendant tout le mois de décembre, parce que le roi de Naples qui voulait attendre l'issue de ses négociations avec les alliés, avant de se compromettre vis-à-vis de l'Empereur par un acte hostile et décisif, avait eu soin de prescrire à ses généraux de marcher lentement et de saisir tous les prétextes pour prolonger leur séjour dans tous les gîtes d'étape, de façon que l'armée franco-italienne, aussi bien que l'armée autrichienne, pût croire à un mouvement en sa faveur. Pendant ce temps-là,

---

« écrit-il à ce dernier, je vous confie qu'hier, dans une reconnaissance
« hors de Legnago, j'ai été atteint d'une balle à la hanche droite, mais
« qui n'est pas entrée, de sorte que ce n'est qu'une bonne contusion.
« Je n'en boite pas. Je suis resté à cheval hier, encore plusieurs heures,
« et j'y monterai de nouveau demain matin. Si vous entendiez parler de
« ce léger événement, veuillez bien assurer qu'il n'aura pas de suite,
« et que c'est une simple chiquenaude. »

caisses, arsenaux, magasins de vivres, du royaume d'Italie, Murat usait de tout sans ménagement.

La 1re et la 3e division napolitaine, ainsi que la garde, passèrent par Rome; la 3e division s'y établit. La 1re et la garde se dirigèrent sur Ancône et sur Fano par Macerata et par le Furlo. Un fort détachement prit sa route par Viterbe sur Florence. La 2e division, traversant les Abruzzes, marcha droit sur Ancône. Ces divisions formaient un total de 30 bataillons, 16 escadrons et 50 bouches à feu.

Les troupes franco-italiennes, alors dans la 30e division militaire (Trasimène et Rome, capitales *Spoleto et Rome*), ne montaient qu'à environ 4,000 hommes, dont 2,500 en état de combattre. C'étaient des dépôts, plus un bataillon de volontaires romains ne valant pas grand'chose et quelques gendarmes. La presque totalité de ces forces était enfermée dans le château Saint-Ange, à Civita-Vecchia ou répandue sur le littoral.

On a vu que le général Deconchy avait été envoyé par le vice-roi pour renforcer la colonne du major Merdier et en prendre le commandement. Le 27 novembre, cet officier général occupa Fratta et Villanova, envoyant des reconnaissances sur Rovigo. Il ne tarda pas à être informé qu'une colonne autrichienne assez forte, formée de troupes détachées du blocus de Venise, paraissait vouloir passer l'Adige à Boara, entre Rovigo et Borgo-Forte. Il se mit en marche le 29 au matin pour combattre ce corps, mais il trouva l'ennemi tellement en force à Boara, qu'il dut se replier. Le 30, il fut obligé de battre en retraite sur Trecenta pour y attendre les renforts et l'artillerie qu'il avait fait demander au vice-roi. Dès qu'il eut reçu le lendemain un bataillon du 106ᵉ et 2 canons, il résolut de se placer entre le général Nugent, repoussé de Ferrare par le major Merdier, et les troupes du blocus de Venise qui, de Boara, marchaient vers le sud sur Crespino, pour rallier cette colonne Nugent.

Le 1ᵉʳ décembre, il s'avança sur Rovigo et Boara. L'ennemi y avait déjà passé le fleuve. Le 2, ne trouvant pas la colonne autrichienne, il se rabattit sur Fratta au sud-ouest. Enfin, le 3 décembre, passant par Villanova et par Costa, et remontant sur Rovigo, il joignit le corps du général autrichien Marschall. Quoiqu'il n'eût avec lui que 2 bataillons et 2 escadrons, le général Deconchy attaqua et enleva successivement trois des bataillons qui défendaient l'Adigetto. Il s'empara ensuite de la ville de Rovigo, et chassa son adversaire qu'il contraignit à repasser l'Adige, affaibli de 400 tués ou blessés et de 900 prisonniers. Malheureusement, la colonne Deconchy n'était guère plus considérable en nombre que la colonne des prisonniers faits à l'ennemi. Cela rendait la position du général assez difficile et l'engagea à se replier le soir sur Fratta et Villanova.

Le prince Eugène témoigna toute sa satisfaction au général Deconchy et à ses braves troupes, ainsi qu'au colonel Rambourg du 3ᵉ de chasseurs à cheval italien.

Les mouvements de l'ennemi sur le bas Adige, les nouvelles des négociations secrètes de Murat avec les alliés, nouvelles qui commençaient à transpirer d'une façon plus claire, firent juger au vice-roi que le but de l'ennemi était de pousser le général Nugent dans les Romagnes et de maintenir la communication entre lui et le reste de l'armée par le général Marschall, de façon à donner la main à l'armée de Naples, si les négociations avec Murat réussissaient, et à conserver libre le passage de l'Adige et du Pô, si ces négociations prenaient une mauvaise tournure pour les alliés.

D'après ces données, le vice-roi résolut d'envoyer une division tout entière sur le bas Adige. La brigade Campi vint relever à Saint-Michel la brigade Schmitz, et la division Marcognet se mit en mouvement le 6 vers Lendinara et Villanova. Le 8, elle se liait par ses postes avec le général Deconchy. Le même jour, le général, réunissant toutes ses forces et celles du général Deconchy, attaqua en trois colonnes la tête du pont construite à Boara par les Autrichiens. Après un combat des plus acharnés, et qui dura jusqu'à dix heures du soir, il fut obligé de battre en retraite et de reprendre sa position à Villanova et à Fratta. Le 53ᵉ de ligne souffrit beaucoup dans cette affaire. Son colonel Grobon y fut blessé.

La division Marcognet, ayant perdu beaucoup de monde, eut ordre de se replier jusqu'à Castagnaro et de faire une tête de pont à la Ratta. Pendant ce temps-là, le général Nugent, qui avait, après le combat de Boara, assuré ses communications, s'étendit vers Ravenne et Forli pour entrer en communication directe avec l'armée napolitaine. Arrivé à Ravenne, il adressa aux Italiens une proclamation dans laquelle il promit à ces peuples le bonheur le plus complet, sous le gouvernement de l'empereur d'Autriche.

En face du vice-roi, le général en chef maréchal Bellegarde, qui avait remplacé le général Hiller dans son commandement, ne faisait aucun mouvement; mais, pendant que Nugent s'étendait sur l'extrême droite du prince Eugène, que le blocus de Venise était resserré, une brigade autrichienne descendait à l'extrême gauche de la ligne, par le val Camonica sur Brescia. Le 7 décembre, elle fut attaquée par une demi-brigade provisoire du général Gifflenga, et par un petit corps venu de la Valteline, sous les ordres du colonel Néri. Battu à Edolo, le corps autrichien se rejeta dans les montagnes dans un complet état de désorganisation.

Les craintes principales du vice-roi n'étaient pas sur son extrême gauche, mais sur sa droite. Les mouvements continuels de l'ennemi sur le bas Adige, sa tendance à se rapprocher des troupes de Naples, l'incertitude des véritables intentions de Murat, créaient sur les rives du Pô un danger réel et qui, si on n'y faisait attention, pouvait tout à coup compromettre sérieusement l'armée franco-italienne. Eugène résolut d'avoir une communication toujours assurée avec les pays de la rive gauche du fleuve; en conséquence, il donna l'ordre de construire un pont à Borgo-Forte, sur la route de Mantoue à Guastalla, et il ordonna d'armer Plaisance. La lettre suivante du prince à Darnay, en date du 22 décembre, fera connaître quelle était sa position vis-à-vis de Murat :

« Depuis plusieurs jours, je ne vous ai point écrit.
« C'est que j'ai de l'ouvrage par-dessus les oreilles,
« surtout depuis qu'il faut surveiller ces Lazaroni.
« Concevez-vous rien à leur conduite? Un aide de
« camp s'est présenté à Forli, à nos postes, pour aller
« parlementer avec l'ennemi. On s'y est refusé, fort
« heureusement; il a persisté, et il a fini par dire
« qu'il était porteur d'une lettre de son maître pour
« le général en chef autrichien. Le colonel Armandi
« a persisté dans son refus, et il est reparti. J'ai té-
« moigné à Armandi toute ma satisfaction, et j'ai
« donné les ordres les plus sévères pour l'avenir. »

La fin de décembre 1813 fut marquée par deux attaques des Autrichiens. Le 24, une colonne de 3,000 hommes se jeta à Castagnaro, sur le général Deconchy. Cette colonne fut repoussée avec perte de plus de 400 hommes.

Après cette affaire, la division Marcognet s'approcha de Castagnaro, et la brigade Schmitz se rapprocha de Legnago.

Le 25, un bataillon du 53ᵉ régiment et le 5ᵉ du 1ᵉʳ étranger, qui se trouvaient à Forli, avec deux canons, furent attaqués par le général Nugent, avec des forces très-supérieures. Ces deux bataillons furent presque entièrement détruits ou dispersés. A la même époque, la tête des troupes napolitaines arriva à Rimini et à Imola. Les Autrichiens occupaient Céséna et Faenza, sans être inquiétés par les premiers qui se disaient pourtant encore nos alliés. Les Napolitains refusèrent de concourir à une expédition sur Ravenne, sous prétexte d'un armistice avec l'ennemi, et parce que, prétendaient leurs généraux, ils ne pouvaient agir sans ordre du roi. Cette réponse faite par le général Filangieri au commandant de Forli, et au général commandant à Bologne, les inquiétudes que témoignait le général Barbou sur la place d'Ancône, où les Napolitains s'étaient introduits à la faveur de leur alliance et des ordres du gouvernement : tout contribua à obliger le prince vice-roi à des mesures de précaution. La conduite plus qu'équivoque des Napolitains à notre égard les exigeait impérativement. Le 30 décembre, la brigade napolitaine du général Filangieri, venant de la Toscane, entra à Bologne. Le général Fontane, qui y commandait, fit partir pour Milan et Mantoue les troupes et les dépôts qui s'y trouvaient.

Vers la fin du mois, les troupes italiennes qui étaient en Espagne étant rentrées et les divers corps de l'armée ayant reçu un assez grand nombre de conscrits, armés, habillés, équipés, et assez bien instruits au dépôt d'Alexandrie, le prince vice-roi réorganisa son armée en 6 divisions de la manière suivante :

PREMIÈRE LIEUTENANCE. — Le lieutenant général GRENIER.

DEUXIÈME DIVISION. — Général ROUYER. Général de brigade, SCHMITZ, 9e de ligne, 3 bataillons ; 28e demi-brigade, 52e de ligne, 1 bataillon ; 67e de ligne, 1 bataillon. Général de brigade, DARNAUD, 35e de ligne, 3 bataillons ; 1er étranger, 3 bataillons. Force, 6,956 hommes, et 12 bouches à feu.

QUATRIÈME DIVISION. — Général MARCOGNET. Général de brigade, Jeanin, 29ᵉ demi-brigade provisoire, 6ᵉ de ligne, 1 bataillon; 20ᵉ de ligne, 1 bataillon; 101ᵉ de ligne, 1 bataillon; 31ᵉ demi-brigade provisoire, 131ᵉ de ligne, 1 bataillon; 132ᵉ de ligne, 1 bataillon. Général de brigade, Deconchy, 36ᵉ léger, 1 bataillon; 102ᵉ de ligne, 2 bataillons; 106ᵉ de ligne, 2 bataillons. Force, 6,257 hommes, et 12 bouches à feu.

Sixième division. — Général Zucchi. Général de brigade, Saint-Paul, 1ᵉʳ léger italien, 2 bataillons; 2ᵉ léger italien, 2 bataillons; volontaires italiens, 2 bataillons. Général de brigade, Paolucci, 4ᵉ de ligne, 2 bataillons; 5ᵉ de ligne, 2 bataillons. Force, 3,383 hommes, et 6 bouches à feu.

Deuxième lieutenance. — Le général Verdier.

Première division. — Général Quesnel. Général de brigade Campi, 92ᵉ de ligne, 3 bataillons; 30ᵉ demi-brigade provisoire, 1ᵉʳ léger, 1 bataillon; 14ᵉ léger, 1 bataillon; 10ᵉ de ligne, 1 bataillon. Général de brigade, Forestier, 35ᵉ léger, 1 bataillon; 84ᵉ de ligne, 3 bataillons. Force, 7,384 hommes, et 12 bouches à feu.

Troisième division. — Général Fressinet. Adjudant-commandant, Montfalcon, 25ᵉ demi-brigade provisoire, 1ᵉʳ de ligne, 1 bataillon; 16ᵉ de ligne, 1 bataillon; 62ᵉ de ligne, 2 bataillons; 42ᵉ de ligne, 2 bataillons. Général de brigade, Pegot, 7ᵉ de ligne, 1 bataillon; 53ᵉ de ligne, 3 bataillons. Force, 5,529 hommes, et 8 bouches à feu.

Cinquième division. — Général Palombini. Général de brigade, Ruggieri, 3ᵉ léger italien, 2 bataillons;

2ᵉ léger italien, 3 bataillons. Général de brigade, GALIMBERTI, 3ᵉ de ligne italien, 3 bataillons; 6ᵉ de ligne italien, 1 bataillon; gardes de Milan, 1 bataillon. Force, 5,355 hommes, et 8 bouches à feu.

CAVALERIE. — Général MERMET. Général de brigade, RAMBOURG, 3ᵉ chasseurs italien, 4 escadrons; 19ᵉ chasseurs français, 2 escadrons. Général de brigade, BONNEMAINS, 4ᵉ chasseurs italien, 2 escadrons; 31ᵉ chasseurs français, 3 escadrons et demi. Général de brigade, PERREYMOND, 1ᵉʳ hussards français, 4 escadrons; dragons de la réserve, 3 escadrons. Force, 3,010 hommes, et 6 bouches à feu.

RÉSERVE. — Général LECCHI. Garde royale : une compagnie des gardes d'honneur; vélites royaux, 1 bataillon; grenadiers royaux, 1 bataillon; chasseurs à pied, 2 bataillons. Force, 3,148 hommes, et 12 bouches à feu.

La première lieutenance avait son quartier général à Isola-Porcarizza; la 2ᵉ division occupait Vallese et Isola-Porcarizza; la 4ᵉ, Legnago et Castagnaro; la 6ᵉ division, Mantoue.

La 2ᵉ lieutenance avait son quartier général à Vérone; la 2ᵉ division occupait Véronette et Saint-Michel; la 3ᵉ, Vérone; la 5ᵉ, Caprino, Rivoli et Bussolengo.

La cavalerie occupait Vigo, Saint-Giovanni, Lupotolo et Bavolone.

La garde royale occupait Vérone et Villafranca.

Le quartier général était à Vérone.

La réserve d'artillerie, avec 14 bouches à feu, était à Valleggio.

Le grand parc d'artillerie, avec le matériel conservé, était à Mantoue. Le matériel excédant avait été envoyé à Alexandrie.

CORRESPONDANCE

RELATIVE AU LIVRE XXVI.

DE NOVEMBRE 1813 A JANVIER 1814.

« Je suis arrivé hier soir fort tard à Vérone, ma très-chère Auguste, après avoir été trempé toute la journée. Mon arrière-garde n'arrivera que demain en avant de cette ville, et d'ici à deux jours j'aurai fini mes dispositions pour défendre la ligne de l'Adige. J'espère y tenir d'autant mieux, que j'envoie un corps de 3,000 hommes sur les montagnes du haut Brescian pour arrêter les partis ennemis qui pourraient seulement agir par-là. Ma santé est bonne; j'attends avec impatience l'issue de tout ceci. »

Eugène à la vice-reine. Vérone, 4 novembre 1813.

« Monsieur le duc de Feltre, ainsi que je vous avais annoncé devoir le faire, j'ai pris la ligne de l'Adige. Les renforts que l'ennemi avait reçus dans le Tyrol, comme ceux qu'il pouvait y porter avec facilité, m'ont fait une loi de ce mouvement. Le gé-

Eugène à Clarke. Vérone, 5 novembre 1813.

néral Vignolle vous fera connaître, dans la première situation, l'état exact des troupes qui sont dans Palmanova et Venise, ainsi que la nouvelle organisation que j'ai cru devoir faire de l'armée, d'après le nombre actuel de ses bataillons, et vu surtout l'exécution de vos ordres pour le renvoi au Piémont de plusieurs cadres.

« Voici la position que j'ai cru devoir faire prendre à l'armée :

« Une division est à Rivoli, ayant 3 bataillons à la Chiusa, sur la rive gauche, et tenant sur la rive droite par une avant-garde les défilés de la Corona. Une autre division est à Busolengo. Les réserves et le parc de cette lieutenance sont à Castelnovo.

« La 1re lieutenance a une division sur la rive droite de l'Adige, tenant les hauteurs de Saint-Léonard avec plusieurs bataillons. Cette division est chargée de défendre la partie de la ville appelée Véronette, que je fais mettre à cet effet à l'abri d'un coup de main. La 2e division de cette 1re lieutenance a une brigade dans Vérone, et l'autre brigade à Ronco, observant avec la cavalerie l'Adige entre ici et Legnago.

« La garde royale est à Vérone.

« Enfin deux corps détachés sont placés sur les ailes de l'armée pour arrêter les partis ennemis et observer ses mouvements.

« L'un de ces corps, composé de 5 bataillons, manœuvrera dans les vallées du haut Chiese et de la Jarca, et sera toujours soutenu par le fort de la Rocca d'Anfo.

« L'autre corps détaché, composé de 2 bataillons et de 400 chevaux, est placé à Legnago pour observer le bas Adige.

« La cavalerie est placée en arrière de Vérone, vers Isola de la Scala.

« Si, lorsque j'étais sur l'Isonzo, mes ordres avaient été ponctuellement exécutés, la prise de Bassano, qui était facile, me permettait de rester sur la Livenza, puis sur la Piave, pendant que le corps de gauche et la division de réserve auraient remarché sur Trente, et nous étions alors en mesure. Mais, la prise de Bassano ayant été ajournée pendant quatre jours par suite des faux rapports qu'on avait sur l'ennemi, il ne m'était plus possible d'arrêter le corps de droite sur la Piave, et d'enfourner dans la vallée de la Brenta deux divisions qui eussent été compromises si l'ennemi avait montré quelque résistance vers Trente, en même temps qu'il eût forcé la Piave.

« Je ne vous cache pas, monsieur le duc, que, dans ce moment, où les officiers généraux et supérieurs auraient besoin de toute leur force d'âme, les nouvelles que l'ennemi se plaît à répandre et celles qui nous parviennent de la grande armée ne servent pas peu à abattre leur esprit. Vous pensez bien que, dans ces circonstances, je redouble de zèle et de soins pour entretenir la confiance et relever le moral. »

« Triaire part cette nuit, ma bonne Auguste, et t'arrivera demain soir; mais j'espère qu'il ne te servira pas de sitôt encore d'escorte : tu pourras, en

<small>Eugène à la vice-reine. Vérone, 6 novembre 1813.</small>

attendant, convenir de tout avec lui. Pour moi, je compte tenir ici, mais désire pourtant que l'Empereur en finisse bientôt. Je pense que tu ferais bien, vu la mauvaise saison, de rentrer à Milan, du moins de le faire le 15 comme de coutume, à moins que le temps ne restât au beau. Cela ferait toujours bon effet à Milan d'annoncer ta prochaine rentrée en ville. »

<small>Eugène à la vice-reine. Vérone, 8 novembre 1813.</small>

« ..... Je compte faire demain une pointe dans la vallée de l'Adige pour forcer l'ennemi à rappeler tous ses partis des montagnes du Brescian. Si, comme je l'espère, je réussis, cela nous fera rester tranquille encore quelques jours. Adieu; tu feras pourtant bien de recevoir, car cela paraîtrait trop extraordinaire. Garde Triaire jusqu'à nouvel ordre : je suis plus tranquille quand je le sais près de toi. »

<small>Eugène à Clarke. Ala, 10 novembre 1813.</small>

« Monsieur le duc de Feltre, après avoir pris position sur l'Adige, et placé mes troupes comme je vous l'ai marqué, j'ai conçu l'avantage qu'offrirait une expédition dans la vallée de l'Adige, soit pour connaître les forces de l'ennemi sur ce point, soit pour l'obliger à retirer les partis qui inquiétaient déjà Bergame et Brescia, soit enfin pour le dérouter sur nos propres desseins.

« Je me suis donc porté avec les troupes de la 2e lieutenance sur la route de Trente, en remontant le fleuve par les deux rives. J'ai eu mon quartier général le 9 à Peri et le 10 à Ala. Partout l'ennemi a été tourné et forcé dans ses positions, et nous lui avons fait 800 prisonniers; il a laissé plus de 200 morts sur le terrain, et le nombre de ses blessés doit avoir été considérable.

« La contenance qu'il a faite le second jour ne me laisse point à douter qu'il n'ait dans le haut de la vallée des forces assez considérables; j'ai su qu'il avait remué beaucoup de terre à Nezavalle où il a 6 bataillons de grenadiers. Les prisonniers que nous avons faits sont des régiments Spleni, Duka, Zeckler, Hohenloe-Bartenstein, hussards Frimont et chasseurs du 8e.

« J'avais devant moi les généraux Vlassitz, Sommariva, Stanislazovitz, Marciani et Vinziani.

« Le but de cette forte reconnaissance étant rempli, je me reporterai demain doucement vers Vérone que je ne dois pas perdre de vue, d'après ce que j'apprends des mouvements que l'ennemi commence à faire sur le bas Adige. Il est fâcheux que je n'aie pas plus de monde et rien en arrière de moi, car ces avantages ont remonté le moral de la troupe qui est pleine d'ardeur depuis l'affaire de Bassano.

« *P. S.* Le général Verdier a reçu aujourd'hui une balle à la cuisse, mais le coup n'est pas dangereux. »

Eugène à la vice-reine. Ala, 10 novembre 1813.

« Un petit mot pour te dire que je me porte bien après deux jours de combat. Aujourd'hui cela a été assez sérieux, mais nous avons eu constamment l'avantage. L'ennemi a perdu au moins 200 tués, et nous lui avons fait près de 600 prisonniers; nous avons eu environ 250 hommes hors de combat. Le général Verdier a été blessé à la cuisse; personne de ma maison n'a été touché. »

*Nap. à Eug.
Saint-Cloud,
12 novembre
1813.*

« Mon fils, j'arrive à Paris. J'apprends avec peine que vous êtes sur l'Adige. Envoyez-moi l'état de votre armée, des ressources que vous espérez tirer d'Italie et des garnisons que vous avez laissées dans Venise. Je suis occupé dans ce moment à lever 600,000 hommes. »

*Eug. à Nap.
Vérone,
11 novembre
1813.*

« Sire, j'ai l'honneur d'adresser à Votre Majesté la situation de son armée d'observation d'Italie au 8 novembre, à la fin de laquelle j'ai fait comprendre celle des places de Venise, Palmanova et d'Osopo. Votre Majesté voudra bien remarquer que, dans la situation qui présente 40,000 hommes sous les armes, il y a au moins 5 à 6,000 hommes à prélever comme non-combattants, tels que train d'artillerie, grand parc, etc.

« Votre Majesté s'étonnera peut-être aussi de trouver 9,000 hommes dans la place de Venise. Mais j'ai l'honneur de l'informer que cette garnison est en grande partie composée de dépôts français et italiens; qu'on a jeté dans cette place tous les dépôts d'isolés et de convalescents qui étaient à Trévise et Padoue; que la garde sédentaire de Venise et les canonniers gardes-côtes ne peuvent point être considérés comme de véritables combattants, qu'ainsi on peut regarder la garnison réelle de Venise comme n'étant que d'environ 6,000 hommes de troupes. »

« Monsieur le duc de Feltre, après avoir repoussé l'ennemi de plusieurs marches dans la vallée de l'Adige, du côté de Rovérédo, j'avais formé le projet de me porter sur lui par la route de Vicence, et j'y avais été déterminé surtout parce que je savais qu'il avait l'intention de se fortifier dans la position de Caldiéro. Cette attaque devait avoir lieu le 14, mais le mauvais temps l'a retardée jusqu'aujourd'hui 15, que j'ai fait déboucher de Vérone une partie des troupes sur trois colonnes, savoir : le général Quesnel à la gauche, le général Marcognet au centre, et le général Mermet avec la cavalerie et une brigade d'infanterie à la droite, ayant une brigade en réserve.

Eugène à Clarke. Caldiéro, 15 novembre 1813.

« Nous avons trouvé l'ennemi occupant les hauteurs de Caldiéro, au nombre d'environ 10,000 hommes. Il a été attaqué franchement, et, malgré sa vive résistance, le village d'Ilasi, celui de Colognola et les mamelons de Caldiéro ont été successivement emportés aux cris de *Vive l'Empereur!* L'ennemi, poursuivi dans la plaine, a été rejeté jusqu'au delà du torrent de l'Alpon, et dans le défilé notre artillerie lui a fait beaucoup de mal. Il a eu plus de 1,500 hommes tués ou blessés, et 900 prisonniers sont restés en notre pouvoir. Les généraux et les troupes se sont parfaitement conduits. Je dois citer plus particulièrement les 42°, 53° et 102° régiments de ligne, ainsi que le 31° de chasseurs.

« En attendant que les rapports des généraux me mettent à même de vous faire connaître les braves qui se sont distingués, je dois nommer le général de brigade Jeanin, le colonel Grobon et le lieutenant Charbonnier, du 31ᵉ de chasseurs. Notre perte est modérée comparativement à celle de l'ennemi ; nous n'avons eu qu'environ 500 hommes hors de combat ; malheureusement il s'y trouve au moins 30 officiers, parmi lesquels il y a déjà, à ma connaissance, 6 officiers supérieurs ; mais la journée coûte certainement à l'ennemi de 2,200 à 2,400 hommes. »

Eugène à la vice-reine. Caldiéro, 15 novembre 1813, 8 heures au soir.

« ..... Nous avons bien battu l'ennemi ; il a eu au moins 1,200 tués ou blessés, et nous lui avons fait plus de 700 prisonniers. Donne de mes nouvelles à ma mère et à ma sœur. »

Eugène à la vice-reine. Caldiéro, 16 novembre 1813, 5 heures du soir.

« Je dois rester ici pour présenter le combat à l'ennemi, mais il s'est bien gardé de nous offrir une autre occasion de le battre. Compte fait ce matin des prisonniers d'hier, le nombre se monte à 1,000 moins quelques-uns. Je rentrerai cette nuit à Vérone et l'armée reprendra demain ses positions autour de cette ville. Si j'avais eu 10,000 hommes de plus, je serais resté dans cette position-ci, mais il me faudrait la même armée que j'avais en 1809. »

Nap. à Eug. Saint-Cloud, 17 novembre 1813.

« Mon fils, le général d'Anthouard arrive ; vous avez encore une belle armée, et si vous avez avec cela 100 pièces de canon, l'ennemi est incapable de vous forcer. Il ne s'agit que de gagner du temps. J'ai ici 600,000 hommes en mouvement, j'en réunirai 100,000 en Italie. Je vais prendre des mesures pour porter tous vos cadres au grand complet de 900 hommes par bataillon.

« Faites-moi connaître si tous les régiments de l'armée d'Italie d'ancienne formation auraient de l'étoffe pour établir les 6es bataillons.

« P. S. — Vous trouverez ci-joint la note du départ des colonnes italiennes. »

Nap. à Eug. Saint-Cloud, 17 novembre 1813.

« Mon fils, je vois par l'état de situation que m'apporte le général d'Anthouard que tous les 5es bataillons sont renfermés dans les places fortes. Y avez-vous aussi renfermé les dépôts, tels que le major, les ouvriers, les effets d'habillement, le quartier-maître et sa comptabilité ? Si cela était, ce serait un grand malheur ; si ce n'est pas, dirigez-les tous sur Alexandrie. »

Nap. à Eug. Saint-Cloud, 17 novembre 1813.

« Mon fils, vous trouverez ci-joint un projet de décret ; vous y verrez que je distingue deux choses : ce qui doit servir au recrutement des 1er, 2e et 3e bataillons et ce qui est destiné à une armée de réserve. Les 15,000 hommes destinés à porter les bataillons de guerre à leur grand complet sont déjà en marche. Ils partiront d'Alexandrie. Correspondez avec le prince Borghèse pour presser leur habillement, leur équipement et leur armement. L'armée de réserve que je forme sera de plus de 40,000 hommes d'infanterie. Les cadres ne peuvent être tirés que des bataillons que vous avez actuellement. Faites des promotions et envoyez à Alexandrie tout ce qui est nécessaire pour la formation de ces cadres en officiers et sous-officiers. Les cadres des 5es bataillons pourront servir à vous conduire jusqu'à mi-chemin tous les hommes disponibles. Il sera nécessaire de les renvoyer pour qu'ils puissent recevoir les hommes de la conscription des 300,000 hommes. Renvoyez-moi le plus tôt possible ce projet de décret, où il peut y avoir des erreurs, qui seront rectifiées au bureau des mouvements, et sur lequel d'ailleurs je désire que vous me remettiez vos observations. »

Eug. à Nap. Vérone. 17 novembre 1813.

« Sire, je m'empresse de féliciter Votre Majesté sur son heureux retour dans sa capitale. J'en sentirai plus que personne le bon effet, puisque je serai plus à portée de recevoir de Votre Majesté des directions dont j'ai en ce moment plus besoin que jamais.

« Pendant l'éloignement de Votre Majesté, j'ai exactement rendu compte de tous les événements au duc de Feltre. Il m'a dit l'en avoir tenue informée. Il est hors de doute que, depuis la défection de la Bavière, l'armée ennemie a été renforcée de 14,000 hommes de troupes réglées, indépendamment des levées qu'elle a pu faire en Tyrol et en Croatie. J'ai toujours cherché à engager l'ennemi dans quelque affaire dans l'espoir d'obtenir sur lui quelque succès. Mais il s'est attaché à éviter tout combat et il s'est constamment occupé de manœuvrer sur mes flancs, et d'inquiéter mes communications, ce que lui facilitait la libre entrée du Tyrol. L'armée de Votre Majesté a donc été obligée, sans pouvoir livrer une bataille, de se rapprocher de l'Adige. Elle n'en a pas moins obtenu des succès toutes les fois qu'elle a pu joindre l'ennemi. Ainsi les affaires de Villach, de Feistritz sur la Drave, de Tschernütz sur la Save, et de Lippa font beaucoup d'honneur à ses troupes. Dernièrement, l'armée a fait éprouver à l'ennemi des pertes assez considérables dans les combats de Bassano, d'Ala et de Caldiéro. Je n'ai pas pu, comme en 1809, garder cette dernière position, car Votre Majesté, qui la connaît, sait qu'elle est assez étendue pour exiger au moins 30,000 hommes. On ne peut pas d'ailleurs tenir Caldiéro lorsque l'ennemi a au moins 10,000 hommes dans le Tyrol et qu'on n'a point cette même force à lui opposer. J'ai donc fait rentrer aujourd'hui les troupes dans leur première position autour de Vérone. A cet effet, j'ai fait mettre à l'abri d'un coup de main les murs de Véronette. Ayant ici réorganisé l'armée en 4 divisions, voici la position que j'ai fait prendre aux troupes :

« Deux divisions occupent Vérone, ayant une brigade sur les hauteurs du fort Saint-Félix ; nos avant-postes occupent Saint-Michel et Saint-Martin. Une division est à Rivoli, une autre à Zevio et Ronco. Un corps détaché de 3,500 hommes manœuvre autour de Rocca-d'Anfo, l'ennemi ayant déjà fait des démonstrations sérieuses dans les vallées du Brescian. Enfin, j'ai joint aux troupes de la garnison de Legnago, 300 chevaux qui observent le bas Adige. Je doute que l'ennemi vienne m'attaquer dans mes positions, mais il cherchera par tous les moyens à faire des diversions sur d'autres points, et par exemple, j'apprends cette nuit qu'il a débarqué 2,000 hommes commandés par le général Nugent, au point de Volano, près de Comacchio. Les premiers rapports assurent qu'ils se dirigeaient de là sur la Mesola.

Ce n'est certainement pas une diversion de 2,000 hommes qui fera changer la position de l'armée, mais cela ne nécessite pas moins des détachements. Ces partis ennemis jettent l'épouvante et la confusion partout, abattent l'esprit public et paralysent toutes les ressources.

« Quoique généralement les officiers supérieurs ne servent plus avec le même zèle que dans les guerres passées, l'armée de Votre Majesté n'en est pas moins animée du meilleur esprit. Les soldats sont jeunes, mais se battent bien, surtout quand on peut éviter de les approcher de la cavalerie ennemie, Cependant il n'est pas moins vrai que l'ennemi est très-supérieur en nombre, et que l'armée en a le sentiment.

« Votre Majesté peut bien croire que je défendrai l'Adige tant qu'il me sera possible. Après cela, il me restera encore le Mincio. Enfin, si l'ennemi m'obligeait à sortir de cette ligne, j'ai le projet de concentrer toutes mes forces autour de Mantoue. Cela découvrirait, il est vrai, tout le reste de l'Italie ; mais, n'ayant plus en arrière de moi aucune ligne, après avoir fait les garnisons de Mantoue et de Peschiera, il me resterait trop peu de forces pour présenter la moindre résistance ; tandis que, groupé autour de Mantoue, j'oblige l'ennemi à se réunir autour de moi, je l'empêche de s'avancer sérieusement dans le fond de l'Italie, et je donne à Votre Majesté le temps de créer de nouvelles armées, ou d'arriver par d'autres voies à l'accomplissement de ses projets. Je la prie de me donner à ce sujet ses instructions.

« La conduite de l'ennemi dans les pays qu'il occupe, l'organisation provisoire des provinces conquises, et surtout le serment exigé, paraissent dévoiler assez quelles sont les prétentions du gouvernement autrichien. Votre Majesté s'en convaincra en jetant les yeux sur la pièce ci-jointe. »

Eugène à la vice-reine. Vérone, 17 novembre 1813.

« Je suis rentré ici cette nuit, ma chère Auguste, et les troupes reprennent ce matin leurs anciennes positions..... J'ai appris cette nuit que l'ennemi a fait un débarquement près de Comacchio; il n'y a que 2,000 hommes, ainsi cela n'est inquiétant que pour le voisinage du pays; ils ne peuvent, avec cette force, rien tenter de sérieux. »

Nap. à Eug. Saint-Cloud, 18 novembre 1813.

« Mon fils, j'ai reçu votre lettre sur la situation des esprits en Italie. J'envoie à Gênes le prince d'Essling avec 3,000 hommes tirés de Toulon. Je vous ai envoyé aujourd'hui un ordre pour la formation de plusieurs 6ᵉˢ bataillons. Vous y aurez vu que vous pouvez compter sur un renfort de 15 à 16,000 hommes; et qu'en outre 40,000 hommes seront réunis avant le 1ᵉʳ janvier à Turin et à Alexandrie. On fera encore de plus grands efforts. Dans ce moment tout est ici en mouvement. Ne vous laissez pas abattre par le mauvais esprit des Italiens. Il ne faut pas compter sur la reconnaissance des peuples, le sort de l'Italie ne dépend pas des Italiens. J'ai déjà 600,000 hommes en mouvement. Je puis employer là-dessus 100,000 hommes pour l'Italie. De votre côté, remuez-vous aussi. Écrivez au prince Borghèse. Il me semble que la grande-duchesse et le général Miollis pourraient envoyer des colonnes dans le Rubicon. J'ai envoyé le duc d'Otrante à Naples pour éclairer le roi et l'engager à se porter sur le Pô. Si ce prince ne trahit pas ce qu'il doit à la France et à moi, sa marche pourra être d'un grand effet. »

*Nap. à Eug.
Saint-Cloud,
18 novembre
1813.*

« Mon fils, écrivez à la grande-duchesse de Toscane et au général Miollis que, quand même vous seriez obligé d'abandonner l'Adige, ils doivent rester où ils sont, l'ennemi ne pouvant pas envoyer de forts détachements contre eux; qu'à tout événement ils auraient leur retraite sur Naples.

« Votre position sur le Mincio garde Parme. Écrivez la même chose au prince Borghèse pour Parme. »

*Eugène
à Clarke.
Vérone,
18 novembre
1813.*

« Monsieur le duc de Feltre, je m'empresse de vous informer qu'hier 17 l'armée a repris les positions autour de Vérone, sur les deux rives de l'Adige. Ce matin, plusieurs déserteurs qui sont arrivés à nos avant-postes ont annoncé l'arrivée hier soir d'une forte colonne de troupes composée des régiments de Deutsch-Maester, Spleny et deux bataillons de grenadiers. Le premier de ces régiments n'était point encore connu à l'armée et paraît y être arrivé nouvellement, ainsi que le régiment Beniowski, dont on annonce l'arrivée à Rovérédo. Ce soir, un peu avant la nuit, l'ennemi a fait une reconnaissance pour connaître la position de nos avant-postes. Demain, je serai à cheval à la pointe du jour et je verrai quels peuvent être ses projets. »

> « Je t'engage, ma chère Auguste, à faire ton petit paquet pour venir me voir, mais à Vérone au lieu de Mantoue.... Donne donc tes ordres à Triaire pour ton départ après le déjeuner. Pourtant, comme il faut douze heures de route, tu ferais bien de partir vers huit heures et je t'attendrai pour dîner demain. Emmène une dame, Triaire et un officier de ta maison. Si Caprara était par hasard sous ta main, je sais que cela te rendrait bien heureuse. Adieu. »

Eugène à la vice-reine. Vérone, 18 novembre 1813. 5 heures du soir.

> « Mon fils, je viens de dicter au général d'Anthouard ce qu'il doit faire à Turin, Alexandrie, Plaisance et Mantoue. Il vous fera connaître mes intentions. Il ne faut pas quitter l'Adige sans livrer une grande bataille. Les grandes batailles se gagnent avec de l'artillerie; ayez beaucoup de pièces de 12. Étant à portée des places fortes, vous pourrez en avoir autant que vous voudrez. Vous n'avez plus rien à craindre d'une diversion sur les derrières, puisque l'artillerie ne passe nulle part. Mettez 200 hommes et 6 pièces de canon à Brescia. Ayez des barques armées qui vous rendent absolument maître du lac de Peschiera, du lac de Lugano, du lac Majeur et du lac de Côme.

Nap. à Eug. Saint-Cloud, 20 novembre 1813.

> « Faites construire de bonnes redoutes fraisées et palissadées sur le plateau de Rivoli, et qu'elles battent le chemin de Vérone sur la rive gauche de l'Adige. Faites construire des ouvrages du côté de la Corona. Si vous êtes à temps, occupez les hauteurs de Caldiéro et faites-y faire des redoutes. Coupez les digues de l'Alpon et inondez le bas Adige.

Enfin la grande manœuvre serait d'attaquer l'ennemi, en concertant les moyens de passer rapidement et sans qu'il le sût par Mestre. Cette manœuvre, concertée en secret, et avec les grands moyens que vous avez, pourrait vous donner des avantages considérables. »

<small>Eugène à Clarke. Vérone, 20 novembre 1813.</small> « Monsieur le duc de Feltre, je vous ai marqué avant-hier que l'ennemi devant Vérone avait été renforcé par l'arrivée des régiments de Deutsch-Maester et Beniowski. Hier il a réuni à ces deux régiments ceux de Chasteler, Spleny, Jelachich et Bianchi, avec deux bataillons de grenadiers et deux de landwehr, et il a mis toutes ces troupes en mouvement contre la partie de l'armée qui est sur la rive gauche de l'Adige, dans l'intention de nous rejeter dans Vérone. Nos avant-postes, qui étaient à Saint-Martin, ont dû se replier sur les bataillons que nous avions en avant de Saint-Michel, et dans cette position il s'est engagé une affaire assez vive qui a duré jusqu'au soir.

« Quelque opiniâtreté que l'ennemi ait mise dans son attaque en revenant plusieurs fois à la charge, j'ai soutenu son effort avec 7 bataillons de la 4e division, qui se sont très-bien comportés. Mon intention n'était pas d'ailleurs d'engager une affaire générale. Nous avons eu 5 à 600 hommes hors de combat, parmi lesquels trois officiers tués et onze blessés. Mais la perte de l'ennemi a été considérable, et, à en juger par la déposition des prisonniers, par les morts nombreux qu'il a laissés sur le terrain, et par l'effet présumé de 8 pièces que nous avions en batterie, et qui, pendant 3 heures, ont tiré sur lui à mitraille, cette perte doit avoir été au moins de 12 à 1,500 hommes en tués et blessés : nous lui avons fait en outre 200 prisonniers.

« J'ai été très-satisfait de la bonne conduite de nos bataillons. Aujourd'hui tout a été fort tranquille. L'ennemi ne s'est pas soucié de recommencer une attaque qui lui a si peu réussi, puisqu'il n'a pas même pu nous enlever la position. Maintenant je vais observer plus particulièrement ma droite, sur laquelle je lui crois des projets.

« Les dernières affaires qui ont eu lieu ayant été fort honorables pour les troupes de Sa Majesté, j'aurai l'honneur de lui adresser quelques propositions de récompenses pour ceux qui se sont le plus distingués. »

Eugène à Clarke. Vérone, 20 novembre 1813.

« Monsieur le duc de Feltre, les nouvelles que je reçois de Raguse, à la date du 28 octobre, confirment la prise de Stagno par une bande de déserteurs croates commandés par des Anglais. Le 24, un corps de Croates, de Monténégrins et d'habitants des Bouches a attaqué Cattaro. Le général Gauthier a repoussé l'ennemi auquel il a fait beaucoup de mal, ainsi qu'à une frégate et à un brick anglais qui protégeaient l'attaque. Le 28, les Anglais se sont emparés de la vieille Raguse. La perte de Stagno fait beaucoup de tort à Raguse, en lui enlevant la correspondance de la Dalmatie, la perception des contributions et l'entrée de diverses denrées. Tous les Croates qui étaient encore dans cette place ont déserté ainsi que leurs officiers. On me rend compte aussi que deux des principaux habitants émigrés de Raguse font insurger les communes des environs, secondés par un petit nombre d'Anglais et de Pandours. Ces individus sont, le vice-consul de Naples, Caboga, et le comte Bona, qui était chef de bataillon de la garde nationale.

« Il ne reste maintenant à Raguse que le 4ᵉ bataillon du 4ᵉ léger italien, et à Cattaro, que le 3ᵉ bataillon du même régiment. »

Eugène à la vice-reine. Vérone, 21 novembre 1813.

« Je regrette vivement de t'avoir fait partir si vite, ma très-chère Auguste, car la journée d'hier a été des plus tranquilles. Il est déjà neuf heures du matin et celle-ci se prépare de même; tu vois donc que nous aurions pu passer ensemble vingt-quatre heures de plus; et ce bonheur-là est si grand pour moi, qu'il m'est bien permis de le regretter du fond de mon cœur. »

Eugène à Clarke. Vérone, 22 novembre 1813.

« J'ai reçu, monsieur le duc de Feltre, les quatre lettres que vous m'avez adressées les 5, 6 et 7 de ce mois, et par lesquelles vous m'informez que, d'après un ordre de l'Empereur en date du 2 du même mois, toutes les troupes italiennes qui sont encore à la Grande-Armée, ainsi que celles employées dans les armées d'Espagne, d'Aragon et de Catalogne, doivent en partir de suite pour rentrer en Italie; que, par suite de cette disposition, vous avez donné des ordres pour que les détachements de troupes italiennes qui se trouvaient au dépôt de Toulouse rejoignissent les différents corps auxquels ils appartiennent, à leur passage dans la 10ᵉ division militaire, et que vous me ferez connaître la marche de ces troupes lorsque les rapports sur leur mouvement vous seront parvenus.

« J'ai aussi reçu votre lettre du 8 novembre, relative au colonel Tassin, de la 31ᵉ légion de gendarmerie, qui doit se rendre à Besançon pour prendre le commandement de la 20ᵉ légion de son arme. J'en ai fait prévenir cet officier supérieur à Parme, où il se trouve avec quelques gendarmes provenant de l'Illyrie, qui, à cause de leurs infirmités, n'ont pu faire partie du détachement employé à cette armée comme force publique pour la police. »

Eugène
à Clarke.
Vérone,
22 novembre
1813.

« Je vous ai déjà fait connaître, monsieur le duc de Feltre, les mesures que j'ai concertées avec le prince Camille, pour l'incorporation dans plusieurs cadres de bataillons de l'armée d'Italie des 5,600 conscrits des classes antérieures à 1814, qui sont destinés à recruter les 9ᵉ, 10ᵉ, 13ᵉ, 35ᵉ, 53ᵉ, 84ᵉ, 92ᵉ et 106ᵉ régiments d'infanterie de ligne. Il résultera de leur exécution que tous ces corps, à l'exception du 13ᵉ régiment, auront reçu le contingent qui leur est assigné, et que les conscrits destinés à ce dernier corps qui, n'ayant en Italie que son bataillon de dépôt renfermé dans Palmanova, ne peut envoyer de cadre à Alexandrie, seront donnés au 9ᵉ régiment qui, vu sa faiblesse, a envoyé deux cadres de bataillon à Alexandrie pour se recompléter.

« Quant au cadre du 3ᵉ bataillon du 36ᵉ régiment

d'infanterie légère, à qui il faut 6 à 700 conscrits; comme il se met seulement demain en marche de Legnago pour se rendre à Alexandrie, j'ai préféré faire donner de suite les conscrits du 13ᵉ régiment au 9ᵉ de même arme; mais il n'en importe pas moins au bien du service qu'il soit pris des mesures pour que le cadre du 3ᵉ bataillon du 36ᵉ léger reçoive aussi des conscrits, si ce n'est aussitôt son arrivée à Alexandrie, *au moins quelques jours après.*

« Les conscrits destinés au 10ᵉ régiment d'infanterie de ligne seront dirigés sur le dépôt de ce régiment, à Mantoue; il en sera de même des conscrits destinés pour le 3ᵉ léger, et des mesures sont prises par le commissaire ordonnateur de la 27ᵉ division militaire pour les confections de leur habillement ayant lieu à la fois à Turin et à Alexandrie, et que les divers effets dont il se compose, ainsi que le grand et petit équipement, leur soient envoyés à Mantoue par transports accélérés, puisque c'est sur cette place que l'on dirigera les divers détachements de conscrits qui leur sont destinés. »

*Eug. à Nap.
Vérone.
24 novembre
1813.*

« Sire, j'ai l'honneur d'adresser à Votre Majesté une copie de lettre du ministre de Naples à Munich.

« Je joins également le dernier bulletin de commerce que j'ai reçu de Milan et qui donne des détails sur les dernières mesures prises à Naples pour les douanes.

« Les dernières lettres de Naples assurent que le roi doit très-incessamment porter 30,000 hommes sur le Pô et établir son quartier général à Bologne.

Je suis surpris de n'avoir eu aucun ordre de Votre Majesté à ce sujet, qui cependant est beaucoup plus important que peut-être elle ne se l'imagine. »

« Mon fils, vous recevrez un paquet contenant un million de papier de Vienne. Faites-en l'usage convenable. » Nap. à Eug.
Paris,
25 novembre
1813.

« Je me porte bien; mais, depuis l'arrivée de l'Empereur à Paris, mon travail a augmenté et ma correspondance doit être plus fréquente : cela me donne moins de loisir pour t'écrire et t'assurer, etc..., on me mande de Paris que Caulincourt est parti de... (?) pour Francfort, ou du moins devait en partir le 19. » Eugène
à la vice-
reine.
Vérone,
25 novembre
1813,
8 heures
du matin.

« Je m'empresse de te faire savoir la nouvelle que j'ai reçue de Paris. Marescalchi me mande une conversation qu'Aldini a eue avec l'Empereur dans laquelle celui-ci aurait dit ces propres paroles : *Je vais enfin faire la paix, je dois renoncer au système continental*, je céderai même *à l'Autriche* les États vénitiens; mais en revanche *l'Italie recevra le Piémont*, et la France restera dans ses limites naturelles, le Rhin, les Alpes et les Pyrénées. Le royaume d'Italie sera alors déclaré indépendant. Tu vois donc, ma chère Auguste, que tout est loin d'être perdu; nous sommes à la porte du bonheur, puisqu'il est plus que jamais permis d'espérer la paix. » Eugène
à la vice-
reine.
Vérone,
26 novembre
1813.

« Je rentre à l'instant de Legnago, où j'ai été faire une petite course, ma bonne Auguste; ce matin je Eugène
à la vice-
reine.

Vérone, 27 novembre 1813. suis sorti de la place avec quelques troupes, et nous y sommes rentrés avec près de 80 prisonniers. »

Nap. à Eug. Paris, 28 novembre 1813. « Mon fils, je reçois votre lettre du 22 à onze heures du soir. Je reconnais bien là la politique de l'Autriche; c'est ainsi qu'elle fait tant de traîtres. Je ne vois pas de difficulté à ce que vous fassiez un armistice de deux mois, mais le principal est de bien stipuler que les places seront ravitaillées journellement afin qu'au moment où l'armistice viendra à se rompre, elles soient aussi bien approvisionnées qu'avant. Je pense, au reste, que cela se borne à Osopo et Palmanova, puisque vous conservez vos communications avec Venise. »

Eugène à Clarke. Vérone, 28 novembre 1813. « Monsieur le duc de Feltre, je m'empresse de vous annoncer que la colonne mobile que j'ai envoyée dans le bas Adige, et commandée par le général Deconchy, a balayé tous les partis qui s'étaient jetés entre le bas Adige et le bas Pô, dans l'intention d'établir une communication entre les principales forces de la rive gauche de l'Adige et le corps détaché à Ferrare. Dans ces quatre derniers jours, le général Deconchy a fait à peu près 120 prisonniers.

« Pendant ce même temps, une seconde colonne mobile que j'avais mise à la disposition du général Pino, pour repousser le corps ennemi commandé par le général Nugent, qui s'était emparé de Ferrare, avait fait à l'ennemi, dans différentes rencontres, 150 prisonniers, et attendait à Malalbergo l'arrivée de l'artillerie retardée par les mauvais chemins;

pour attaquer les troupes du général Nugent.

« Le 26, on attaqua un millier d'hommes que l'ennemi avait fait sortir de Ferrare avec deux pièces d'artillerie, et on l'obligea à se replier dans la ville après lui avoir tué une soixantaine d'hommes, et fait 100 prisonniers. Le 27 au matin, nos troupes sont entrées dans Ferrare, que l'ennemi avait évacué dans la nuit se retirant en toute hâte sur Volano.

« Le général Pino se loue beaucoup du major Merdier, qui commandait les deux bataillons que j'avais mis à sa disposition.

« Le même jour 26, je m'étais porté à Legnago pour visiter cette place et j'avais ordonné une forte reconnaissance de 800 hommes d'infanterie, 300 chevaux et 2 pièces d'artillerie sur la route de Bevilacqua. Malgré toutes les coupures que l'ennemi avait pratiquées dans diverses directions, nous avons pu surprendre ses premiers postes, qui ont été sabrés ou pris. On a poursuivi l'ennemi jusqu'à moitié chemin de Bevilacqua. La reconnaissance est rentrée le même jour à Legnago, ramenant 80 prisonniers des régiments de Bender et Rewski. On a tué à l'ennemi une trentaine d'hommes; nous avons eu, de notre côté, 5 tués et 11 blessés.

« Tout le reste de la ligne a été fort tranquille depuis le 19. Les travaux de Véronette et des redoutes des hauteurs de Rivoli ont continué pendant ce temps avec activité. »

Eugène à la vice-reine. Vérone.

« Ma chère Auguste, rien de nouveau ici que le mauvais temps. L'ennemi en souffrira plus que nous,

<small>28 novembre 1813, au soir.</small>

puisque presque tous mes soldats sont à couvert. »

<small>Eug. à Nap. Vérone, 30 novembre 1813.</small>

« Sire, j'attends avec impatience l'arrivée du général d'Anthouard, puisque, d'après ce que m'annonce Votre Majesté, il est porteur de ses instructions et de ses ordres, relativement à la situation de l'armée d'Italie.

« Les redoutes que Votre Majesté désire qui soient faites du côté de la Corona et de Rivoli seront bientôt achevées; il ne reste plus qu'à les fermer à la gorge. La division italienne qui garde Rivoli sera alors plus disponible et pourra se prolonger dans les cantonnements jusqu'à Bussolengo, pour garder alors parfaitement la ligne. J'oubliais de dire à Votre Majesté qu'au moyen d'un pont volant et d'ouvrages faits sur la rive gauche je tiens la Chiusa, comme une espèce de tête de pont.

« A Vérone, j'ai toujours mes avant-postes à Saint-Michel et sur les montagnes à une lieue en avant du fort Saint-Félix. Deux divisions et la garde royale sont dans Véronette, qui peut se considérer comme un assez bon camp retranché, les brèches ayant été fermées par un palissadement.

« La cavalerie occupe Zévio et Roncó.

« Enfin la 4ᵉ division a une brigade à Isola-Porcarizza et une brigade en première ligne à Ronco et Roverchiara.

« La garnison de Legnago, à laquelle j'ai ajouté une colonne mobile, est chargée d'observer le bas Adige.

« Une autre colonne mobile que j'avais mise à la

disposition du général Pino, pour opérer contre les troupes débarquées à Volano, a repoussé l'ennemi qui s'était emparé de Ferrare.

« Dans ma situation présente, malgré toute la bonne volonté que j'aurais de reprendre l'offensive, je ne puis pas taire à Votre Majesté que cela me paraîtrait compromettre le sort de l'armée. Pour exécuter le projet que me présente Votre Majesté de déboucher par Mestre, il faudrait que je fisse un grand mouvement le long de l'Adige, et que j'embarquasse mon artillerie dans des mauvais chemins, d'où elle sortirait difficilement dans cette saison. L'ennemi serait immanquablement informé de ce mouvement, et pourrait alors, soit forcer Vérone, soit faire un passage à Albaredo, avant même que je pusse déboucher de Mestre, puisqu'il me faudrait, pour y arriver, au moins six jours, en ne supposant aucun retard dans les lagunes. Votre Majesté connaît aussi d'avance les difficultés presque insurmontables qu'il y aurait dans le transport des pièces d'artillerie, des caissons de munitions et des caissons d'infanterie, enfin de tout le matériel nécessaire à une armée débouchant de Mestre pour ne plus y rentrer.

« En supposant que l'ennemi, pendant ce temps, n'osât pas se porter directement sur mes communications de Mantoue, il lui serait facile de se porter sur Padoue, où il pourrait me défendre avec avantage le passage de la Brenta. Il agirait avec d'autant plus de sécurité, qu'il ne peut avoir aucune crainte pour ses communications sur Udine, puisqu'il lui resterait toujours sa ligne d'opération par le

Tyrol. Il n'y aurait aucune objection à faire au projet de Votre Majesté, si l'armée avait 15 ou 20,000 hommes de plus. Mais elle voudra bien remarquer que je n'ai réellement pas en ce moment 28,000 baïonnettes à présenter à l'ennemi, et il paraît certain que l'ennemi a de 48 à 50,000 hommes d'infanterie, dont au moins 36,000 sont devant moi. Enfin, quoique nous ne soyons pas dans un pays très-propre à la cavalerie, la grande disproportion qu'il y a entre les deux armées donne à l'ennemi le moyen d'en présenter partout des têtes de colonne. Dans ce moment, j'ai pris une position telle sur l'Adige, que l'ennemi y regardera plus d'une fois avant de m'attaquer. J'ai mes forces assez réunies pour pouvoir marcher promptement sur lui et le combattre, s'il voulait passer le fleuve; et j'espère donner ainsi le temps d'arriver aux renforts que Votre Majesté m'annonce.

« Différents rapports d'espions m'apprennent que le général Hiller ne serait plus employé à l'armée d'Italie, et qu'il doit être remplacé par le général Bellegarde. »

Eugène à la vice-reine. Vérone. 30 novembre 1813.

« Nous sommes toujours fort tranquilles et il n'y a, pour le moment, nulle apparence que l'ennemi veuille nous attaquer. Espérons que le congrès de Manheim aura bientôt lieu, cela doit être décidé dans ce moment. »

Nap. à Eug. Paris, 2 décembre 1813.

« Mon fils, je reçois votre lettre du 25 novembre. Je vois avec plaisir que vous avez déjà formé vos

6ᵉˢ bataillons pour les 6 régiments qui sont dans le royaume d'Italie. Correspondez avec le prince Borghèse, relativement à l'organisation des 6ᵉˢ bataillons du 13ᵉ de ligne. Le cadre de ce 6ᵉ bataillon se rend de Mayence à Alexandrie. Les autres régiments qui ont deux bataillons peuvent, sans difficulté, recevoir 700 hommes; mais vous devez remarquer que, sur 700 hommes, 100 seront à réformer, plus de 50 seront malades; qu'ainsi il n'en restera guère que 500 que vous aurez à peine, ce qui est nécessaire pour compléter tous vos régiments. Mais vous êtes parfaitement le maître de verser d'un bataillon dans un autre, pourvu que ce soit par un ordre du jour qui soit envoyé au ministre et qui contienne tous les renseignements de détail nécessaires aux bureaux. Tous les régiments qui fournissent à l'armée d'Italie ont leurs cadres au delà des Alpes, soit en Piémont, soit à Gênes; ils ont leurs cadres de 5ᵉˢ bataillons complets. Le 1ᵉʳ de ligne et le 7ᵉ ont leurs dépôts, leur 4ᵉ bataillon qui doit faire partie de l'armée de réserve. Le 10ᵉ y a son 6ᵉ bataillon, le 101ᵉ son 4ᵉ bataillon, le 102ᵉ son 4ᵉ bataillon, le 131ᵉ, le 132ᵉ, le 133ᵉ n'y ont rien; le 137ᵉ a son 4ᵉ bataillon, le 156ᵉ a son 2ᵉ bataillon. Je vous ai destiné, en outre, sur la conscription de 1815, 30,000 hommes. Il est nécessaire d'avoir des cadres pour pouvoir renfermer ces 30,000 hommes. J'approuve donc tout à fait que vous formiez autant de cadres qu'il vous sera possible. Ainsi, le 9ᵉ, le 35ᵉ, le 53ᵉ, le 84ᵉ, le 82ᵉ et le 106ᵉ devant fournir un 6ᵉ bataillon que vous avez déjà fourni, paraissent devoir être épuisés. Cependant, si vous croyez que ces régiments puissent former un 7ᵉ bataillon, mandez-le-moi, il recevrait de la conscription de 1815. Le 1ᵉʳ de ligne n'a qu'un bataillon à votre armée, mais son dépôt est à Marseille; c'est un compte à part. Le 6ᵉ de ligne est à Rome; je n'en parle pas.

« Le 7ᵉ de ligne n'a que le 6ᵉ bataillon à votre armée, mais le cadre du 4ᵉ bataillon se rend de la Grande Armée à Turin. Ce cadre arrivera en mauvais état. Si donc vous pouvez former un 7ᵉ bataillon à ce régiment, formez-le. Le 6ᵉ bataillon du 7ᵉ qui est à votre armée est de 500 hommes, je suppose qu'il recevra 700 hommes sur la conscription des 120,000 hommes. Ce cadre se trouvera donc avoir 11 à 1,200 hommes, ce qui n'est pas exorbitant. Le dépôt de Turin reçoit, sur la levée des 300,000 hommes, 1,250 conscrits. Si vous formez un 7ᵉ bataillon, envoyez-y depuis le chef de bataillon jusqu'au dernier caporal. Ce dernier bataillon ira à l'armée de réserve, et le 4ᵉ sera complété par la conscription de 1815. Le 10ᵉ n'a que son 3ᵉ bataillon à votre armée; et n'y compte que 500 hommes. Il en recevra 550 sur les 120,000 hommes, ce qui fera 1,050 hommes, ce n'est pas trop. Si vous pouvez former un 7ᵉ bataillon à ce corps, dirigez-en également le cadre sur Turin. Le 16ᵉ a son dépôt à Toulon et ne reçoit rien. Le 20ᵉ a son 4ᵉ bataillon à votre armée. Vous devez former le 7ᵉ bataillon. Votre 4ᵉ bataillon, étant de 600 hommes, recevra 750 hommes, ce qui fera 1,350. Si c'est trop, vous serez maître de donner l'excédant aux bataillons qui en auraient besoin, en en tenant procès-verbal et l'envoyant au ministre. Le cadre du 7ᵉ bataillon que vous allez former à Alexandrie recevra les 1,250 hommes que fournit la conscription de 300,000 hommes. Le 42ᵉ régiment a 2 bataillons à votre armée, forts de 1,200 hommes. Il a à Alexandrie son 4ᵉ bataillon, qui vient de la Grande Armée. Il est important que vous formiez un 7ᵉ bataillon, pour recevoir les 1,100 hommes que la conscription des 300,000 hommes va fournir à ce régiment. Le 52ᵉ a un bataillon de 600 hommes à votre armée, il a à Gênes son 4ᵉ bataillon, qui vient de la Grande Armée. Si vous pouvez former un 7ᵉ bataillon, faites-le. Ce nouveau cadre recevra les 1,250 hommes que fournit la conscription des 300,000 hommes. Le 67ᵉ a un bataillon à votre armée; il faut que vous formiez le 7ᵉ bataillon pour recevoir les 500 hommes de la levée des 300,000 hommes.

« Le 101ᵉ a un bataillon à votre armée; ce bataillon n'est fort que de 500 hommes. Il a son 4ᵉ bataillon à Gênes. Si vous pouvez lui former un 7ᵉ bataillon; ce nouveau cadre recevrait les 1,250 que fournit la levée des 300,000. Le 102ᵉ a 2 bataillons à votre armée; vous devez former le 7ᵉ bataillon, qui se rendra à Savone pour y recevoir 1,200 hommes de la conscription des 300,000 hommes. Le 137ᵉ va recevoir son 4ᵉ bataillon, qui se complétera à Mantoue avec la conscription des 120,000 hommes. Le 156ᵉ a à Alexandrie son 2ᵉ bataillon, qui sera complété par ce que la levée des 300,000 hommes fournit à ce régiment. La réserve sera donc composée de 15 bataillons de ligne, si vous formez tous les 7ᵉˢ bataillons. Le

1ᵉʳ léger a 1 bataillon à votre armée. Son 6ᵉ bataillon est à Alexandrie. Le 3ᵉ léger n'a rien à votre armée, mais il a son 4ᵉ bataillon à Mantoue. Le 35ᵉ léger a 1 bataillon à votre armée, le 3ᵉ et le 5ᵉ bataillon sont à Livourne;. mais ces 2 bataillons appartiennent à la réserve de Toscane. Si vous pouvez former un 7ᵉ bataillon au 36ᵉ léger, envoyez-le à Alexandrie ; ainsi cela fera 3 bataillons d'infanterie légère pour l'armée de réserve. Total, 186 bataillons : ce qui, avec les 12 bataillons des 6 régiments qui sont en Italie, avec le bataillon du 13ᵉ de ligne, et avec le 2ᵉ bataillon du 1ᵉʳ régiment qui est à Marseille, dont j'ordonne l'envoi à Alexandrie, fera 32 bataillons pour l'armée de réserve. Je donne l'ordre que le 5ᵉ bataillon du 6ᵉ de ligne, qui est à Toulon, celui du 62ᵉ, qui est à Marseille, fassent partir chacun 300 hommes pour recruter le bataillon qu'ils ont à votre armée ; et je recommande qu'on n'y mette pas d'Italiens. Du reste, quand les conscrits vous arriveront, vous serez maître de les répartir comme vous le jugerez convenable. L'uniforme étant le même, il suffira de ne pas confondre l'infanterie légère avec l'infanterie de ligne, et d'opérer ces incorporations par des ordres sur des procès-verbaux qui seront envoyés au ministre. Correspondez avec le prince Borghèse pour la formation de ces bataillons et pour compléter les cadres qui arrivent de la Grande Armée ; vous pouvez prendre d'un régiment pour mettre dans un autre à votre volonté. En résumé, vous avez à l'armée d'Italie 37 bataillons français ; 31 composeront l'armée de réserve. L'armée d'Italie se trouvera donc composée de 68 bataillons. Vous avez 23,000 hommes. Ils vont être augmentés de 15,000 de la conscription de 120,000 hommes et de 25,000 hommes de l'armée de réserve. L'armée d'Italie se trouvera donc alors avoir 65,000 hommes d'infanterie française, sans compter ce que le 14°, le 22°, le 6°, le 112° et le 35° léger, qui sont en Toscane et à Rome, pourront vous offrir de ressources. »

Nap. à Eug. Paris, 3 décembre 1813.

« Mon fils, j'ai accordé les décorations de la Légion d'honneur et de la Couronne de fer que vous m'avez demandées pour l'armée, par votre lettre du 25 du mois dernier. Le roi de Naples me mande qu'il sera bientôt à Bologne avec 30,000 hommes. Cette nouvelle vous permettra de vous maintenir en communication avec Venise, et vous donnera le temps d'attendre l'armée que je forme pour pouvoir reprendre le pays de Venise. Agissez avec le roi le mieux qu'il vous sera possible. Envoyez-lui un commissaire italien pour assurer la nourriture de ses troupes; *enfin faites-lui toutes les prévenances possibles pour en tirer le meilleur parti.* C'est une grande consolation pour moi de n'avoir plus rien à craindre pour l'Italie. Je vous ai mandé que toutes les troupes italiennes qui étaient en Aragon, en Catalogne et à Bayonne sont actuellement en marche pour vous rejoindre. »

Nap. à Eug. Paris, 3 décembre 1813.

« Mon fils, toutes les troupes italiennes qui étaient à Bayonne, savoir : le 1er bataillon du 2° léger, le 1er et le 2° du 4° de ligne, le 1er bataillon du 6°, la 5° compagnie de sapeurs et la 10° compagnie d'artillerie à pied, sont partis le 24 novembre pour se rendre à Milan, où ils arriveront le 21 janvier : cela vous fera un renfort de 4 bataillons. Ils ont à peu près chacun 450 hommes sous les armes : il faudra donc que vous leur fournissiez des conscrits pour les compléter. »

Eug. à Nap.
Vérone,
3 décembre
1813.

« Sire, j'ai l'honneur de rendre compte à Votre Majesté que, d'après les nouvelles que je reçois de Rome et d'Ancône, il a dû arriver aujourd'hui, 3, dans cette première ville, les dernières colonnes d'une division napolitaine de 10,000 hommes; demain 4, il arrivera à Ancône une autre division de 6 à 8,000 hommes; enfin, du 7 au 8, il arrivera à Rome plusieurs détachements de la garde napolitaine d'environ 4,000 hommes. Ce sont donc en tout de 20 à 22,000 hommes qui sont en mouvement. Ces troupes n'ont point d'*itinéraire connu au delà de Rome et d'Ancône*. On assure que le roi se rend à Rome aussi. J'ai fait prévenir que j'avais donné les ordres pour qu'à leur entrée dans le royaume les troupes du roi trouvent tout préparé pour leur subsistance et leur logement. J'ai envoyé aujourd'hui un de mes aides de camp auprès du roi, à qui j'ai écrit pour lui exprimer combien il serait important, pour le grand bien du service de Votre Majesté, qu'elles arrivassent le plus tôt possible sur Bologne et Ferrare. »

Eug. à Nap.
Vérone,
3 décembre
1813.

« Sire, par une lettre du 25 novembre, j'ai eu l'honneur de prier Votre Majesté de m'autoriser à dédoubler les bataillons qui se trouvent actuellement uniques à l'armée d'Italie, lorsqu'ils auraient reçu les renforts qui leur sont destinés. Si ce dédoublement n'entrait pas dans les intentions de Votre Majesté, je lui proposerais de permettre que du moins il fût donné de plus, à chaque compagnie de ces bataillons, un sous-lieutenant, deux sergents et deux caporaux, lorsqu'ils seraient parvenus à la force de 1,000 à 1,200 hommes. Cette mesure serait peut-être plus convenable que le dédoublement, et elle serait plus économique. »

« Monsieur le duc de Feltre, par mes dernières lettres je vous informais que l'ennemi paraissait vouloir porter de forts partis dans le bas Adige. Effectivement, une des colonnes débarquées à Volano avait réussi à passer le Pô, protégée par des canonnières anglaises qui remontaient ce fleuve, et s'était portée rapidement sur nos petits postes d'observation de Badia et de Boara. Ces postes s'étaient repliés, d'après leurs instructions, sur Castagnaro. Dès que j'avais été instruit du mouvement de l'ennemi sur Ferrare, j'avais détaché de l'armée deux colonnes mobiles, l'une par le major Merdier, que j'avais mise à la disposition du général comte Pino; elle devait remarcher sur Ferrare par la rive droite, et a repris en effet cette ville le 29 novembre, après y avoir battu l'ennemi. L'autre colonne, commandée par le général de brigade Deconchy, et composée de 3 bataillons de la division Marcognet, 2 pièces de canon et 200 chevaux du 3ᵉ de chas-

Eugène à Clarke. Vérone, 4 décembre 1813.

seurs italien, était chargée de manœuvrer entre le bas Pô et le bas Adige, pour empêcher l'établissement de l'ennemi en Polésine. Du 27 au 30, ce général n'avait rencontré que quelques partis ennemis qui avaient été pris ou repoussés, et il s'était rapproché momentanément du Pô pour communiquer avec Ferrare, lorsqu'il apprit qu'une forte colonne ennemie marchait à la Boara : les premiers renseignements faisaient cette colonne forte de 3,000 hommes d'infanterie et 400 hommes de cavalerie. L'ennemi, par ce mouvement, semblait vouloir renforcer les troupes débarquées du général Nugent, s'établir dans la Polésine pour couper notre communication avec Venise, et, en inquiétant ma droite, tâcher de me faire quitter la ligne que j'occupe. Le général Deconchy ne balança pas, malgré son infériorité de forces, à marcher à l'ennemi. Ses premiers postes furent rencontrés hier 3 entre Fratta et Rovigo. Le général Deconchy forma de suite plusieurs colonnes; on s'élança sur l'ennemi, et tous les différents échelons qu'il présentait furent successivement culbutés ou tournés. Enfin, ces troupes se sont débandées; une partie s'est retirée sur Crespino, où était appuyée la colonne du général Nugent et où se trouvait l'archiduc Maximilien; l'autre partie s'est rejetée sur la Boara, où elle a repassé l'Adige dans un tel désordre, que beaucoup s'y sont noyés. Le résultat de cette journée, qui fait le plus grand honneur aux troupes de cette expédition, est d'avoir tué ou blessé à l'ennemi 400 hommes, et fait 800 prisonniers. Parmi ces derniers, il y a un major et

12 officiers, dont 5 capitaines. L'interrogatoire qu'on va leur faire subir nous fera connaître la force des troupes employées dans cette expédition, ainsi que le nom du général qui commandait et qui s'est sauvé avec la plus grande précipitation. Notre perte est comparativement très-légère, car nous n'avons eu que trois hommes tués, et 40 blessés, dont 4 officiers. Cela tient aux bonnes dispositions prises par le général Deconchy, ainsi qu'à l'ordre et à la décision que les troupes ont montrés pendant l'attaque. Parmi les officiers blessés, se trouve le chef de bataillon Flocard du 101°, qui s'est parfaitement conduit. Le général Deconchy rend le compte le plus avantageux du colonel Rambourg, commandant le 3° de chasseurs italien, du chef d'escadron Boutant, du capitaine Scanagatti, du même régiment, et du lieutenant de grenadiers Marchant, du 20° de ligne.»

« Monsieur le duc de Feltre, malgré les partis ennemis qui inondent le bas Pô, dans la vue sans doute d'intercepter ma communication avec Venise, je viens de recevoir des lettres du général Serras en date du 28 novembre. Ce général me mande que, jusqu'au 1er décembre, le service des vivres pour la troupe et pour l'hôpital se sera fait par réquisition, et que ce n'est qu'à cette époque qu'il aura été forcé d'entamer les approvisionnements qui lui suffiront pour six mois : il est un peu moins tranquille relativement aux fonds; mais je présume que, d'après les ressources que j'ai mises à sa disposition, il n'aura point d'embarras à cet égard. Le principal

Eugène à Clarke. Vérone, 5 décembre 1813.

objet de ses inquiétudes est, dit-il, la composition et la faiblesse de sa garnison, mais il est facile de voir que ce général se trompe sur sa situation à cet égard, puisqu'il a 9,000 hommes, et que les troupes ennemies employées contre Venise ne montent pas à 8,000 : il faut donc penser qu'il n'aura point échappé à cet esprit de terreur qui, cette année, semble avoir été épidémique.

« Je lui écris pour le rassurer, je lui annonce que la prochaine arrivée de nos renforts va bientôt nous mettre en communication plus directe et plus sûre avec lui; je lui ordonne, en attendant, d'inquiéter l'ennemi de son côté par tous les moyens qui sont en son pouvoir, et je ne doute point que, laissant à part ses inquiétudes, ce général, qui est un brave et ancien militaire, ne fasse tout ce qu'on a droit d'en espérer. Sur ce, monsieur le duc de Feltre, je prie Dieu qu'il vous ait en sa sainte et digne garde. »

Eugène à la vice-reine. Vérone, 5 décembre 1813.

« J'ai été bien peiné de n'avoir pu t'écrire ces trois jours-ci; mais j'ai eu assez pour ne pas dire trop de travail, le ministre des finances étant venu avec toutes ses paperasses, et ce n'est pas peu de chose! Tu auras vu nos petits succès de Rovigo. Nos soldats sont réellement déjà de grands garçons; c'est dommage de n'en pas avoir davantage... et je continue à espérer que tout ceci finira bientôt. Adieu. »

Eugène à la vice-

« Toutes les lettres d'Allemagne annoncent qu'on

s'occupe réellement de la paix. Ainsi soit-il. Prina t'aura dit qu'en attendant nous sommes ici tranquilles ; mais, si je ne te fais pas venir, c'est que d'un moment à l'autre il peut y avoir des coups de canon, et dans ton état je souffrirais de te savoir si près de la bagarre. N'aie aucune inquiétude sur le roi de Naples ; je tâcherai de connaître sous peu ses véritables intentions. Tu feras bien en attendant de ne pas exprimer de doutes sur sa loyauté. Tu feras bien aussi d'inviter à dîner le charmant et tout aimable questionneur avec sa chère moitié, qui est une véritable petite passion à moi. Adieu. »

reine.
Vérone,
7 décembr
1813.

« J'ai reçu, monsieur le duc de Feltre, vos huit dépêches des 21, 23, 25, 28 et 30 novembre dernier, et joint à la première les lettres de service pour l'adjudant commandant Ramel, à qui elles seront remises lorsqu'il sera arrivé au quartier général.

Eugène à Clarke.
Vérone,
8 décembre
1813.

« Vos sept autres lettres sont relatives :

« 1° A la réduction à 4,000 fusils, ordonnée par l'Empereur, des 6,000 qui doivent être cédés au royaume d'Italie. Le ministre de la guerre du royaume et le général Saint-Laurent, commandant l'artillerie de l'armée, ont reçu l'ordre de faire exécuter cette nouvelle disposition ;

« 2° Au décret de l'Empereur du 19 novembre, dont vous m'avez transmis une copie, concernant les 18,000 conscrits de la levée des 120,000 qui, dirigés sur Turin, Alexandrie et sur les dépôts stationnés dans les 27e 28e, 29e et 30e divisions militaires, doivent être sur-le-champ habillés, équipés et armés, et 15,000 sur les 18,000, dirigés immédiatement sur Milan pour recruter les régiments et bataillons employés à l'armée d'Italie;

« 3° A l'ordre de l'Empereur pour la réunion du 19ᵉ régiment de chasseurs à cheval à Turin, et à l'envoi dans cette ville, où il arrivera le 7 janvier, d'un détachement de 200 hommes et 27 chevaux de troupes qui se trouvaient au dépôt général de hussards et chasseurs;

« 4° Aux trois colonnes de troupes italiennes qui ont été rassemblées à Kayserlauten pour de là se rendre par Strasbourg à Milan, en passant par le Valais et le Simplon : l'itinéraire de ces troupes s'y trouve joint ainsi que deux états indiquant, l'un la force et la composition des trois colonnes dont il est question, et l'autre les sommes qui leur ont été comptées à leur passage à Strasbourg;

« 5° A la nomination faite par l'Empereur du général de brigade Allix au commandement supérieur de l'artillerie de la place d'Alexandrie;

« 6° Aux nominations provisoires que j'ai faites dans les régiments et bataillons isolés qui sont employés à l'armée d'Italie, dont vous désirez avoir connaissance; l'état vous en sera adressé, mais je vous observe que les projets de décret relatifs à ces nominations ont été envoyés par moi directement à Sa Majesté;

« 7° Au décret de l'Empereur du 19 novembre qui a arrêté la formation de l'armée de réserve d'Italie, et par suite duquel les 9ᵉ, 35ᵉ, 53ᵉ, 84ᵉ, 92ᵉ, et 106° régiments d'infanterie de ligne fournissent deux cadres du bataillon (les 4° et 6°), ce dernier de nouvelle formation. Ainsi que vous le désirez, l'état de la composition de ces cadres vous sera adressé demain, et presque immédiatement celui nominatif des officiers que l'on aura pu trouver dans les corps pour concourir à la formation des 11 bataillons désignés dans votre lettre comme devant composer la 2° division de l'armée de réserve dont il s'agit : tous les bataillons employés à l'armée sont appelés à y concourir, mais encore plus particulièrement ceux qui appartiennent aux corps dont un bataillon est destiné à entrer dans la composition de la 2° division, comme le 3° bataillon du 1ᵉʳ d'infanterie légère, le 3° du 10° de ligne, les 3° et 6° du 42°, également de ligne, et autres.

« Les ordres et instructions sont donnés en conséquence, et vous serez tenu au courant du résultat. »

« J'ai écrit ce matin à ma mère et à ma sœur; je ne conçois pas qu'on ne m'écrive pas que notre mère était malade : j'espère que ce n'aura été que ses incommodités ordinaires et rien de plus sérieux... Ce qui serait encore mieux serait de t'avoir auprès de moi; aussi, je vais combien le soir et t'envoyer Triaire peut-être demain... Je ne désespère pas encore du tout d'être à la Noël, car il ne peut m'entrer dans la tête que l'Empereur veuille de nouveau tenter le sort des armes; je persiste à penser et à croire à la paix. Adieu, ma chère Auguste. »

<small>Eugène à la vice-reine. Vérone, 8 décembre 1813.</small>

*Eug. à Nap.
Vérone,
10 décembre
1813.*

« Sire, je dois croire que l'on rend compte à Votre Majesté de tout ce que les feuilles étrangères peuvent contenir de remarquable. Cependant je ne puis me dispenser de porter directement à sa connaissance un article qui se trouve sous la rubrique de Naples, dans le *Moniteur* des Deux-Siciles, du 1ᵉʳ décembre, à cause de l'influence que cet article doit avoir sur les peuples de son royaume d'Italie[1]. »

*Eugène
à la vice-
reine.
Vérone,
10 décembre
1813.*

« Malgré le désir que j'avais de t'envoyer Triaire pour arranger ta course, ma bien chère Auguste, cela n'a pu se faire, parce qu'il m'est survenu du nouveau, ainsi que je le pressentais. L'ennemi se renforçant toujours dans le bas Adige, j'ai envoyé une division entière pour s'emparer de Rovigo et pour détruire les moyens de passage. Cette division a attaqué le 8, et elle avait déjà fait des prisonniers et pris deux canons à l'ennemi quand, vers le soir, elle a été repoussée et a dû se retirer sur Lendinara. Il est donc probable que d'un moment à l'autre je sois forcé de faire un mouvement; tu conçois que tu ne peux venir dans un pareil instant : tu partageras mes regrets, mais tu es trop raisonnable pour ne pas trouver justes mes raisons. Si, d'après tout ce qui se passe, les Napolitains n'arrivaient pas bientôt, je serais peut-être forcé de quitter l'Adige, et la ligne du Mincio ne me plaît pas autant que celle-ci. Il n'est donc pas encore du tout prouvé que nous restions tranquilles cet hiver, comme j'osais

---

[1] C'était un article où l'on semblait faire pressentir la ligne de conduite prochaine des Napolitains.

l'espérer... Je crois toujours que la paix se fera, mais ce sera peut-être trop tard pour l'Italie! Adieu, ma chère Auguste, je te serre contre mon cœur. Ton fidèle époux. »

« Sire, j'ai reçu la lettre dont Votre Majesté m'a honoré, en date du 2 décembre. Elle me demande si je puis encore former un 7ᵉ bataillon dans les 6 anciens régiments de l'armée d'Italie et si je puis le faire pour les régiments qui ont leurs dépôts au delà des Alpes. Je répondrai à la première question que les 6 régiments de l'armée d'Italie ont été entièrement épuisés par la formation des cadres du 6ᵉ bataillon. J'ai même dû, pour plusieurs d'entre eux, tels que les 59ᵉ, 53ᵉ, 84ᵉ et 106ᵉ, prendre dans d'autres corps. Ainsi, Votre Majesté ne peut pas compter qu'ils puissent fournir un 7ᵉ bataillon. A la seconde question, je répondrai que j'ai reçu les ordres du duc de Feltre pour envoyer aux dépôts des corps en Piémont près de 80 officiers qui sont destinés à compléter les cadres qui reviennent de la Grande-Armée. Je pense que c'est la même demande que me fait Votre Majesté; car, s'il me fallait, indépendamment de cela, fournir un autre cadre de bataillon, les bataillons uniques que j'ai à l'armée n'y pourraient entièrement suffire, d'autant plus que, ces bataillons uniques allant être portés à 1,000 et 1,200 hommes, nous avons même besoin que Votre Majesté veuille bien nous accorder un officier de plus par compagnie pour ce cas seulement.

« Le duc de Feltre aura sans doute mis sous les

Eug. à Nap. Vérone, 11 décembr 1813.

yeux de Votre Majesté mes différents rapports; l'ennemi a certainement reçu depuis quinze jours des renforts considérables; indépendamment de nouveaux régiments arrivés, il est encore venu le bataillon de réserve de chacun des régiments qui étaient à l'armée. L'ennemi s'est encore renforcé de 3 à 4,000 hommes dans la vallée de Comacchio. Ses patrouilles sont déjà venues jusqu'à Ravenne. J'ai écrit de suite au roi pour le prier de presser la marche de ses troupes. J'ai envoyé au général qui commande la 2ᵉ division napolitaine arrivée depuis le 4 à Ancône, pour le prier de hâter sa marche jusqu'à Forli, et il a expédié également au roi pour lui demander ses ordres. L'arrivée de nouvelles troupes sur le Pô est d'autant plus nécessaire, que l'ennemi, dans le bas Adige, a pu, malgré tous mes efforts, trouver le moyen de s'y établir. Il a porté inopinément 7 à 8,000 hommes sur Boara. Dès que j'ai pu pressentir ce mouvement j'ai fait partir sur ce point une division. Elle a bien pu s'emparer une seconde fois de Rovigo, mais elle a été repoussée près de Boara à cause des batteries que l'ennemi avait établies sur l'autre rive, et la nôtre ayant été retardée à ce qu'il paraît par les mauvais chemins de la Polésine.

« L'ennemi a établi un pont par le moyen de barques qu'il a tirées des canaux. Le général qui commande la division qui y a opéré, m'assure qu'il était parvenu à le rompre avec des moulins, mais que l'ennemi a ensuite su le réparer.

« Voici la position qu'occupe l'ennemi. En ce moment, 6 à 7,000 hommes de troupes, indépendamment de 5 bataillons de Tyroliens qu'il ne faut presque pas compter, sont à Ala, Riva, Lavis, et étendent leur droite par des partis jusqu'au Tyrol. Le général Sommariva commande cette droite avec deux généraux de brigade. L'ennemi a entre Saint-Martin, Montebello et Albaredo, de 22 à 24,000 hommes. Enfin 8,000 hommes forment sa gauche dans le bas Adige et sont commandés par le général Marschall et deux généraux de brigade. J'ai, pour répondre à cela, la division italienne qui occupe les positions de Rivoli, qui n'a pas plus de 4,500 baïonnettes, la 1re et la 2e division, ainsi que la garde royale à Vérone et Saint-Michel, ayant détaché un bataillon de la 2e division en face d'Albaredo pendant que la 1re division opérait sur Rovigo. Avec les forces supérieures qu'a l'ennemi, il peut certainement continuer ses opérations. Il est vrai que, s'il ne les fait pas d'ici à dix ou douze jours il sera trop tard, car l'armée de Votre Majesté sera renforcée d'un côté par 25,000 Napolitains, de l'autre par les premiers conscrits qui commencent à arriver à Alexandrie et qu'on se dépêche d'armer, habiller et équiper. Je prie, au surplus, Votre Majesté de croire que je ferai pour le mieux et qu'aucun effort ne me coûtera. »

« Je n'ai pas reçu de nouvelles cette nuit de ma division au-dessous de Legnago, ce qui prouve, ma chère Auguste, qu'elle n'a été ni attaquée ni tourmentée par l'ennemi ; cela me fait enrager, parce que cela retarde toujours le doux projet de nous revoir.

<small>Eugène à la vice-reine. Vérone, 12 décembre 1813.</small>

Pourtant les Napolitains vont arriver bientôt sur le Pô, et, comme alors je réponds du poste que j'occupe, je te ferai venir. Ici nous sommes toujours tranquilles. Ma santé est bonne. Pour me secouer un peu j'ai fait hier huit ou dix milles au galop le long de l'Adige. J'attends toujours avec impatience l'ouverture du congrès de Manheim. S'il a lieu, nous aurons la paix. Elle est bien nécessaire et surtout bien pressante. J'embrasse nos enfants. Auguste doit être à croquer avec son habit de volontaire. Adieu, chère et bien-aimée Auguste. Ton fidèle époux. »

Clarke à Eugène. Paris, 13 décembre 1813.

« Monseigneur, j'ai l'honneur d'informer Votre Altesse Impériale que d'après les intentions de l'Empereur, j'ai fait connaître confidentiellement à Son Altesse Impériale madame la grande-duchesse de Toscane, ainsi qu'aux généraux Miollis et Barbou, qu'ils doivent prendre toutes les mesures de précautions nécessaires pour empêcher que les troupes napolitaines, lors de leur passage pour se rendre dans la haute Italie, ne puissent pénétrer dans les places fortes ou châteaux dans les 29ᵉ et 30ᵉ divisions militaires et dans la 5ᵉ division militaire italienne.

« J'ai cru devoir donner à Votre Altesse Impériale connaissance de cette disposition de l'Empereur *qui ne doit être communiquée à personne*, afin qu'elle puisse de son côté prescrire les mesures de précautions qu'elle jugera nécessaires lors de l'arrivée des troupes napolitaines dans la haute Italie, pour que les intentions de l'Empereur soient remplies.

« Je prie Votre Altesse Impériale de m'instruire de

ce qu'elle aura fait à cet égard, en ayant toutefois des égards pour les Napolitains. »

Eugène à la vice-reine. Vérone, 13 décembre 1813.

« J'ai beaucoup trop de peine à résister au bonheur de te serrer dans mes bras, ma chère et bonne Auguste; ainsi je ferai partir aujourd'hui Triaire, et tu pourrais te mettre en route à six ou sept heures du matin, tu arriverais ici le soir. J'aurais certes infiniment de joie à embrasser mes chers petits enfants, mais je crains bien que cela ne soit gênant à emmener, surtout à faire partir d'ici si le moment pressait. Amener ensuite l'un sans l'autre, serait une véritable désolation dans la petite famille. Réfléchis à cela et fais pour le mieux, mais n'oublie pas, je t'en conjure, la position où je me trouve; je ne suis guère en situation d'avoir encore à craindre pour tout ce que j'ai de plus cher au monde. Adieu, je ne me sens pas d'aise en pensant que demain je te reverrai. »

Eug. à Nap. Vérone, 14 décembre 1813.

« Sire, je m'empresse d'annoncer à Votre Majesté que les Anglais viennent de débarquer (le 10) environ 1,500 hommes avec quelque artillerie sur la plage de Via-Reggio. Le jour suivant les troupes avaient occupé Lucques après quelques coups de canon tirés sur la ville dont on avait fermé les portes. J'attends la confirmation de cette même nouvelle de Florence, et je ne doute pas que, dans cette circonstance, la grande-duchesse n'ait pressé l'arrivée des troupes napolitaines. Je ne puis rien ajouter à ce que j'écrivais au roi par mes deux dernières lettres qui avaient pour but de l'engager de la manière la plus pressante à accélérer la marche de ces troupes. Les derniers rapports de la côte de Gênes annonçaient en effet, en vue de la Spezzia, le 8 et le 9, 50 bâtiments de transport et une escadre. »

<small>Clarke
à Eugène.
Paris,
16 décembre
1813.</small>

« Monseigneur, j'ai reçu, avec la lettre que Votre Altesse Impériale m'a fait l'honneur de m'écrire le 10 de ce mois, le rapport pour me faire connaître le résultat du combat que la division du général Marcognet a soutenu le 8, du côté de Rovigo et de Boara, contre des forces supérieures de l'ennemi, celle qui a été écrite à ce sujet par le général Grenier à Votre Altesse Impériale, et le rapport du général Marcognet qui s'y trouvait joint.

« J'ai l'honneur d'informer Votre Altesse Impériale que j'ai mis, le 15 de ce mois, sa lettre originale sous les yeux de l'Empereur. Il est inutile qu'il entre des troupes napolitaines à Ancône, et l'Empereur le défend expressément. »

<small>Eug. à Nap.
Vérone,
17 décembre
1813.</small>

« Sire, j'ai l'honneur de mettre sous les yeux de Votre Majesté une ode que je reçois de Rome et qui commence à circuler: On me rapporte d'Ancône que, dans un dîner donné par le préfet, aux officiers napolitains, le préfet ayant porté les toasts suivants : *à Sa Majesté l'Empereur et Roi! à Sa Majesté le roi de Naples! au vice-roi!* Tous les officiers napolitains se sont levés et ont répondu : *Viva il re.*

« On m'écrit de Toscane que les troupes que l'on a fait sortir de Florence et de Livourne pour Pise doivent avoir obligé les Anglais d'évacuer Lucques et de se rapprocher de Via-Reggio où l'on présume qu'ils vont se rembarquer. D'après le rapport, il paraît que c'était un ramassis d'hommes sans aveu, de toutes les nations, fort d'environ 1,000 à 1,200 hommes. Ce qu'il y a de plus remarquable, c'est qu'ils avaient un drapeau sur lequel on lisait : *Légion italienne*. Je ne donne ces détails à Votre Majesté que pour l'assurer davantage qu'on travaille depuis longtemps sous main les esprits en Italie. Cette trame ne peut certainement qu'être imputée aux ennemis de Votre Majesté, mais il a été difficile jusqu'à présent d'en deviner et d'en découvrir les artisans. Il n'est sorte de propos les plus infâmes et les plus absurdes qui n'aient été répandus parmi le peuple, d'abord sur la personne de Votre Majesté, et sur moi-même.

« Il est à espérer que Votre Majesté déjouera promptement, soit par la paix, soit par la guerre, les projets de l'ennemi. »

Eugène à la vice-reine. Vérone, 17 décembre 1813.

« Je suppose, ma bonne Auguste, que tu seras arrivée maintenant à Milan et que vous vous portez tous bien. J'espère que tu auras eu une belle journée. La mienne, s'est passée fort tristement, et j'ai bien regretté ton départ, je t'assure. J'ai monté à cheval et ai travaillé avec Fontanelli et Méjan; à présent je vais me coucher. »

Eugène à Clarke. 19 décembre 1813.

« Monsieur le duc de Feltre, depuis que je ne vous ai écrit, il ne s'est rien passé d'intéressant sur notre ligne. Les derniers renforts que je vous ai annoncés que l'ennemi recevait par la route de Gratz sont arrivés depuis cinq jours. Ils ne consistent, à ce qu'il paraît, que dans 7 à 8 bataillons, savoir :

« Le régiment de Lusignan, 3 bataillons, reformé nouvellement à Gratz; le régiment de Kerpen, 2 bataillons, le 3ᵉ était déjà arrivé par le Tyrol; 2 bataillons de landwehr; 1 bataillon de chasseurs n° 10, qui est de nouvelle formation, et dont une grande partie est composée de déserteurs français, italiens ou allemands, plus les hussards de Schikler.

« Le général Bellegarde est arrivé le 14 à Trente, et le 16 au soir à Vicence. L'ordre du jour du 17 l'annonce à l'armée autrichienne.

« L'ennemi paraît s'être fortement établi à la Boara. La brigade Stahremberg occupe Badia et Ladigetto. Elle est forte de 5,000 hommes, y compris 800 hussards. La brigade du général Mayer, à peu près d'égale force, est à Rovigo et Boara. Demain, je donne des ordres pour rapprocher de moi la 4ᵉ division. Le général Deconchy restera sur le Castagnaro avec 5 bataillons et 4 pièces d'artillerie. Le reste de cette division se rapprochera de Roverchiara.

« L'ennemi ayant hier doublé et triplé ses postes sur la ligne, et beaucoup de travaux ayant eu lieu sur les deux points d'Albaredo et de Bonavigo, je m'attends, sous très-peu de jours, à un mouvement offensif de sa part.

« Quoique l'ennemi se soit renforcé à Comacchio et à Volano, et qu'il ait occupé Ravenne, nous n'en tenons pas moins toujours Ferrare et Forli. J'espère que nous donnerons le temps aux Napolitains d'arriver sur le Pô. Je leur ai déjà fait préparer à Ponte-di-Scurolago une tête de pont, de manière que, dès que la première division arrivera à Ferrare, elle sera à cheval sur le Pô. Ce qu'il est pourtant difficile de comprendre, c'est la marche lente de ces troupes.

« La division arrivée le 4 à Ancône y était encore le 16, et n'avait reçu aucun ordre d'en partir. Si je voyais ces troupes agir franchement, et arriver sur le Pô, je pourrais vous répondre, avec ce que j'ai, de tenir l'Adige.

« Les troupes italiennes revenues de la Grande-Armée, ayant reçu quelques conscrits, ont formé une petite division que j'ai donnée au général Zucchi. Cette division part aujourd'hui et demain de Milan, pour se rendre à Mantoue, où elle achèvera son organisation. Les deux régiments de cavalerie rentrés de la Grande-Armée se reforment, et présenteront, dans le commencement de janvier, 500 hommes à cheval chacun.

« Les rapports que je reçois de Suisse m'annoncent un rassemblement de troupes à Feldkirck. On dit que ces troupes se sont détachées de la grande-armée autrichienne. Je vous prierai de me dire ce qui pourrait vous être parvenu à ce sujet.

« J'ignore encore les numéros des bataillons qui ont dû arriver ces jours-ci à Trente, provenant de Lintz et de Lombach. »

« Sire, j'ai l'honneur d'adresser à Votre Majesté

20 décembre 1813. la copie de la lettre que j'ai reçue du roi de Naples. Mon aide de camp arrive à l'instant même. Le roi était encore le 12 dans sa capitale et ne paraissait pas encore devoir en partir de sitôt. Des revues et des parades se préparaient à Rome où il paraissait devoir faire un long séjour. La dernière phrase de la lettre du roi est fort remarquable, mais ce qui l'est bien davantage : 1° c'est qu'il a écrit à la grande-duchesse de Toscane, ce que Votre Majesté connaît certainement, *ses prétentions d'avoir toute l'autorité administrative et militaire jusqu'au Pô*; 2° c'est le mauvais esprit qui règne à Naples, en commençant même par le roi.

« J'imagine, Sire, que votre ministre vous rend exactement compte de tout. Le roi se promène seul et en calèche avec le général Lecchi sorti dernièrement des galères. Ce dernier a assuré au roi qu'il n'avait qu'à se présenter en Italie et qu'il y avait un très-grand parti. Le roi répète avec beaucoup de complaisance, et l'a dit à mon aide de camp, que vous ne saviez pas tout le mal que lui, roi, pouvait faire à Votre Majesté en Italie. Il a demandé à mon aide de camp quelle était la conduite que je voulais tenir en cette circonstance. Sur la réponse qui lui fut faite, que je n'avais aucun changement à apporter à mon dévouement à Votre Majesté, le roi s'est plaint de ce que j'étais trop soumis et qu'il n'était aimé de ses sujets que parce qu'ils étaient sûrs qu'il les défendrait contre l'Empereur. Enfin, Sire, deux parlementaires anglais sont en ce moment mouillés sous les murs du palais du roi. Le ministre d'Autriche a débarqué, il y a peu de jours, dans un des ports de l'Adriatique et a envoyé un courrier au roi. Un orage se prépare contre nous dans le midi de l'Italie. Certes, en tout autre temps, il n'y aurait rien à craindre des folies du roi de Naples, mais aujourd'hui, avec une armée ennemie au milieu de notre territoire, tout ce qui laisserait espérer un peu de tranquillité aux peuples serait reçu avec plaisir, et on ne met déjà plus en doute que le roi n'ait fait un traité avec les coalisés. Pour moi, je suis certain aujourd'hui que ses intentions sont plus qu'équivoques et que les ennemis, n'ayant pas réussi auprès de moi dans leurs démarches, les auront dirigées vers le roi de Naples. »

« Monsieur le duc de Feltre, je viens de recevoir la lettre confidentielle que vous m'avez écrite, en date du 13, au sujet des précautions à prendre pour que les troupes napolitaines, dans leur marche, ne puissent pénétrer dans les places, forts ou châteaux qui se trouvent sur leur passage. Je vais ordonner toutes les mesures propres à remplir les intentions de l'Empereur. Je regrette seulement qu'elles ne m'aient pas été connues plus tôt. Depuis le commencement de ce mois, une division napolitaine est dans Ancône, dont je n'avais pas raison de lui refuser l'entrée. Seulement j'avais, à tout événement, fait donner l'ordre verbal au général Barbou de ne point permettre à ces troupes l'accès de la citadelle. Je vais lui en renouveler l'injonction, et je prendrai d'ailleurs secrètement toutes les dispositions qui se-

Eugène à Clarke. 20 décembre 1813.

ront convenables pour nous prémunir contre les Napolitains sans leur laisser apercevoir de la méfiance. Au surplus, on le fera verbalement et par des officiers. Je crois avoir aujourd'hui d'assez fortes raisons de penser que nous ne tarderons plus beaucoup à être dans le cas de prendre ouvertement des précautions contre les prétentions du roi de Naples. »

<small>Eugène à la vice-reine. Vérone, 20 décembre 1813.</small>
« Je n'ai pas pu t'écrire hier, car j'ai été très-occupé : nous sommes tranquilles, mais je vois avec peine que l'ennemi se renforce toujours du côté de Rovigo. On nous écrit de Paris que l'on s'y occupe toujours beaucoup de la paix. Nous saurons cela j'espère, bientôt, car il est temps que cela se décide. Le mauvais temps retardera un peu les opérations de l'ennemi s'il veut en tenter. »

<small>Eug. à Nap. Vérone, 22 décembre 1813.</small>
« Sire, j'ai l'honneur d'adresser à Votre Majesté la lettre ci-jointe que j'ai reçue de Forli. J'ai répondu à l'instant même pour approuver la conduite qu'avait tenue le colonel Armandi et empêcher l'aide de camp du roi de Naples de communiquer avec l'ennemi. J'ai ordonné sur différents points qu'on ne permît à aucun officier étranger à l'armée de traverser nos avant-postes. Lorsque les troupes napolitaines seront en ligne et en face de l'ennemi, elles feront ce qu'elles voudront et ce que je ne pourrai pas empêcher. »

<small>Eugène à la vice-reine. Vérone,</small>
« Deux mots seulement, ma chère Auguste; mes lettres de Paris d'hier m'annoncent que le prince

royal de Suède vient de quitter la coalition en dé- *22 décembre 1813,*
clarant qu'il ne passerait pas le Rhin. Cela serait *9 heures 1/2 du matin.*
d'un bon augure pour forcer tout le monde à s'ar-
ranger. Espérons donc toujours. Ton fidèle époux. »

« Monsieur le duc de Feltre, je vous adresse un état *Eugène à Clarke.*
de l'armée autrichienne d'Italie en décembre 1813. *21 décembre 1813.*
Cet état est formé d'après tous les renseignements
que j'ai pu me procurer, et je pense que l'on peut
compter sur son exactitude. On n'y a porté que les
corps qui sont déjà arrivés à l'armée, et qui sont
à portée dès à présent de prendre part à ses opérations. Comme tous les régiments viennent de recevoir chacun 5 à 600 hommes de renfort, il paraît
certain que l'on doit évaluer chaque bataillon d'infanterie de ligne de 800 à 1,000 hommes, et chaque
bataillon-frontière a de 1,000 à 1,200 hommes au
moins [1]. »

« Je te remercie pour les jolies étrennes que tu *Eugène à la vice-reine.*
m'as envoyées; elles m'ont fait le plus grand plaisir... *Vérone,*
Sais-tu : j'ai reçu cette nuit par contrebande des nou- *23 décembre 1813.*
velles de Munich : on y est, m'assure-t-on, ivre de
joie, car on venait d'en recevoir de Francfort, qui
assuraient que les bases de la paix étaient convenues
entre les empereurs de France, d'Autriche et de
Russie; on attendait l'accession de Londres pour ouvrir le congrès. Tu vois donc bien qu'il ne faut pas

---

[1] Il résulte de cet état que l'armée autrichienne opposée au vice-roi avait alors 7 feld-maréchaux, 14 généraux majors, 62 bataillons, 72 escadrons, sans compter quelques régiments croates.

du tout perdre l'espoir. On m'écrit de Paris que ce n'est que de mon côté qu'on reçoit des nouvelles consolantes. Cela est heureux pour moi. »

<small>Eugène à Clarke. Vérone, 23 décembre 1813.</small>

« J'ai reçu, monsieur le duc de Feltre, les cinq lettres que vous m'avez adressées, les 12, 13 et 16 du mois courant, par lesquelles vous m'informez :

« 1° Que l'intention formelle de l'Empereur est qu'il ne soit, sous aucun prétexte, délivré d'armes aux troupes napolitaines ; tous les fusils qui existent, ou qui sont envoyés dans les magasins français au delà des Alpes étant destinés à l'armement des recrues que doit recevoir l'armée.

« J'ai donné tous les ordres en conséquence.

« 2° Que, par décret du 9 de ce mois, l'Empereur ayant ordonné de recréer plusieurs compagnies aux dépôts des 2° et 4° régiments d'artillerie à pied, une partie des officiers, sous-officiers, caporaux, artificiers et premiers canonniers, doit être tirée de l'armée d'Italie.

« Le général Saint-Laurent, commandant l'artillerie, a reçu les autorisations nécessaires pour l'exécution de ces dispositions.

« 3° Que l'Empereur a confié le commandement en chef de l'armée de réserve d'Italie au prince Borghèse, et destiné au commandement de deux des divisions de cette armée les généraux de division *Vedel* et *Lafon-Blaniac* ; qu'en conséquence, ces généraux ont reçu l'ordre de se rendre en poste à Turin.

« 4° Que, d'après les intentions de l'Empereur,

vous avez prescrit à MM. *Cécile* et *Pasquier*, capitaines de 1ʳᵉ classe au corps des ingénieurs géographes, de se rendre au quartier général de l'armée d'Italie.

« 5° Par votre lettre du 16 de ce mois, vous me rappelez l'ordre de l'Empereur, qui réduit à *quatre mille fusils* ceux qui devaient être cédés au royaume d'Italie, et m'observez en même temps, en réponse à la lettre que je vous ai adressée le 7 de ce mois, relativement aux ordres que j'ai donnés pour l'expédition de 4,000 fusils sur *Alexandrie*, qu'il est maintenant nécessaire de conserver à *Mantoue* des fusils en nombre égal à celui des conscrits qui doivent y arriver sans armes. Toutes les mesures vont être prises en conséquence. »

« Monsieur le duc de Feltre, il ne s'est rien passé d'important sur la ligne depuis mon dernier rapport. Le général Nugent paraît avoir renvoyé vers Rovigo les 2,000 hommes qui lui avaient été d'abord expédiés. Ce général rentre donc avec 4 ou 5,000 hommes dans les vallées de Comacchio où il paraît s'être établi. Il a des postes avancés à Codigoro, ainsi qu'à la Mesola, et il occupe Ravenne avec 1,200 hommes, inquiétant par ce point les différentes villes de la Romagne.

Eugène à Clarke.
Vérone, 21 décembre 1813.

« Toutes les invitations qu'on a faites au général commandant la division napolitaine à Ancône et à Sinigaglia pour l'engager à s'avancer au moins jusqu'à Rimini ont été infructueuses. Il est aujourd'hui démontré à l'Italie entière que les Napolitains n'ont point marché et ne marcheront point à notre secours;

et que, s'ils se portent sur le Pô, c'est dans l'espérance de tirer parti pour eux-mêmes des circonstances. Je ne dois donc aucunement compter sur leur appui.

« L'ennemi continue à se retrancher dans le bas Adige. Il continue à élever des batteries sur tous les points de la ligne de l'Adige où nous en avons construit nous-mêmes.

« N'étant point du tout satisfait des dispositions qu'a prises le général Marcognet sur la ligne du Castagnaro, j'y ai envoyé le lieutenant général Grenier, qui, après avoir inspecté et assuré fortement ma droite, établira son quartier général à Isola-Porcarizza, pour en être plus à portée au besoin.

« Les détachements de conscrits ont commencé le 17 de ce mois à nous arriver, à compte de 5,000 hommes de renfort que doit recevoir l'armée. Nous avons déjà reçu 2,200 hommes, y compris 500 qui arrivent en ce moment. Les convois se suivront pendant la fin de ce mois et les dix premiers jours du mois prochain. La tête de la division Zucchi est arrivée hier à Mantoue. Le reste y arrivera aujourd'hui et demain. Je compte l'y laisser quelques jours avant de la porter en ligne, tant pour achever son organisation que pour éviter aussi les désertions. »

Eug. à Nap. Vérone, 25 décembre 1813.

« Sire, j'ai l'honneur d'adresser à Votre Majesté une lettre que je reçois à l'instant du préfet du Rubicone. Votre Majesté voudra bien y remarquer les passages que j'ai soulignés : il paraît qu'il a fallu des expressions aussi fortes pour donner quelques craintes aux autorités civiles et militaires qui ont autorisé le passage à l'ennemi du secrétaire du roi [1]. Je n'ai jusqu'à ce moment rien fait qui puisse donner de l'ombrage au roi, car j'aurais été peiné qu'une de mes demandes eût pu être un prétexte pour lui de rompre en visière à Votre Majesté. Cependant nous arrivons bientôt au terme où il sera difficile de ne pas prendre un parti définitif. Je crois devoir attendre seulement que le roi ait positivement jeté le masque.»

Eugène à la vice-reine. Vérone, 26 décembre 1813.

« Tu ne dois, pour le moment, avoir aucune inquiétude sur l'entrée des ennemis en Suisse, ma bonne Auguste; ils se dirigent tous vers la France, et les passages des Alpes sont trop mauvais en cette saison pour qu'ils pensent à venir nous inquiéter ici. Sois donc tranquille, tu peux t'en fier à moi. Le discours de l'Empereur m'a fait plaisir; il a dit tout ce qu'il pouvait dire, et il est clair que nous aurons la paix. Il a sans doute fait exprès de parler du roi de Naples ainsi, pour rendre plus blâmable sa trahison, si réellement il y pensait. Rien de nouveau sur notre ligne, si ce n'est un petit succès à droite. L'ennemi avait voulu enlever le poste que nous occupions, et il a été repoussé avec perte. Nous allons enfin sortir de 1813, et je ne désespère pas que nous aurons la paix dans le premier mois de la nouvelle année. Adieu; tu feras bien d'écrire à ton père et à ta famille pour le jour de l'an, *évitant de parler d'autre*

---

[1] Murat.

chose que des vœux et nouvelles de santé. Un souvenir aimable à tes dames; j'embrasse les enfants. »

Eugène à Clarke, Vérone, 26 décembre 1813.

« Monsieur le duc de Feltre, je m'empresse de vous informer qu'avant-hier l'ennemi a fait un mouvement sur notre flanc droit, avec environ 3,000 hommes, dans l'intention de s'emparer de la position de Castagnaro, dont il reconnaissait pour lui l'importance. Mais son attaque a été fort bien soutenue par le général Deconchy, qui était établi sur ce canal avec 2 bataillons du 106e et 1 bataillon du 36e léger. Au premier signal, le général Marcognet avait fait avancer au soutien de ses troupes 4 bataillons qui n'ont point été engagés : l'ennemi ayant toujours été repoussé par celles du général Deconchy, dans ses attaques qu'il a répétées jusqu'à trois fois. Enfin, il a renoncé à son projet, et s'est retiré en désordre sur Boara; on évalue sa perte au moins à 400 hommes tués ou blessés.

« Les paysans ont rapporté avoir vu parmi les derniers plusieurs officiers supérieurs. Nous avons fait aussi plusieurs prisonniers. De notre côté, nous avons eu 50 hommes tués et une centaine de blessés. Cette journée fait beaucoup d'honneur aux troupes qui ont été engagés, officiers et soldats; tout a été fort tranquille sur le reste de la ligne. »

Eug. à Nap. Vérone, 28 décembre 1813.

« Sire, j'ai l'honneur d'adresser à Votre Majesté une note que vient de donner à Milan le chargé d'affaires napolitain, au nom de son gouvernement, pour annoncer que le roi ne marcherait plus si on ne faisait point d'avance des magasins pour un mois à son armée. J'avais déjà prévu cette demande, comme Votre Majesté le verra par la réponse du ministre de la guerre, et j'avais fait assurer les subsistances de l'armée napolitaine pour huit jours d'avance.

« Un entrepreneur avait été chargé d'établir un magasin et avait reçu 250,000 francs d'à-compte. Je ne puis accéder à la formation d'un magasin d'un mois : 1° parce que la Romagne et tout le pays au-delà du Pô offrent des ressources considérables, que dans vingt-quatre heures on peut y réunir facilement les vivres de quinze jours pour une armée plus forte; 2° parce que, les troupes napolitaines ne marchant point depuis un mois, il était à craindre que les magasins que j'aurais faits à Rimini et à Bologne ne fussent pillés par l'ennemi, comme de fait le magasin de Forli l'a déjà été.

« L'ennemi parti de Ravenne est entré avant-hier dans Forli. Le colonel Armandi, qui avait sous ses ordres 7 ou 800 hommes de gardes napolitaines, gardes des finances, dépôt du 53ᵉ et quelques étrangers, n'a pu soutenir l'effort de l'ennemi qui avait 1,200 hommes d'infanterie, 200 chevaux et 3 pièces d'artillerie. Toute notre colonne paraît avoir été détruite, et 25 gendarmes sont seulement arrivés à Imola pour en porter la nouvelle. Voilà donc les Napolitains établis depuis vingt-deux jours dans les départements où se trouve l'ennemi et qui n'ont pas même daigné envoyer un bataillon sauver du pillage les villes de Forli, Ravenne, Faenza et Osmo. Les aides de camp du roi de Naples font sans cesse des voyages à Bologne. Le général Pignatelli est même venu sous le prétexte de prendre connaissance de la position de l'ennemi jusque près du général Pino, à Ferrare, mais aucun de ces officiers n'a poussé jusqu'au quartier général. Si ce n'est pas là tout au moins servir déloyalement Votre Majesté, je ne sais plus qu'en penser.

« J'adresse ci-joint l'ordre du jour de l'ennemi, imprimé à Ravenne le 22 de ce mois. Il prouve ce que je savais déjà et ce que j'ai déjà annoncé à Votre Majesté, que le roi traite avec les Autrichiens, comme il a déjà traité avec les Anglais. Une personne qui se dit instruite assure que, dans cette dernière négociation, le roi n'aurait pas réussi et que les Anglais auraient refusé toute proposition amicale. Que Votre Majesté soit persuadée que l'intention du gouvernement napolitain n'est pas de se battre contre les Autrichiens ; qu'ils viennent sur le Pô en tenant les propos les plus insidieux, et disant publiquement qu'ils marchent aussi pour contribuer au rétablissement de la paix générale. Quant à moi, je suis parfaitement convaincu que, si les combinaisons des circonstances étaient telles que la guerre dût continuer, Votre Majesté pourrait compter avoir sur le Pô 30,000 ennemis de plus et moi 30,000 hommes de plus à combattre; mais, jusqu'à ce que cette question soit décidée, on marche pour avoir l'air de marcher et de remplir d'un côté les désirs de Votre Majesté, et de l'autre pour se trouver en mesure contre elle.

« Je désire beaucoup avoir les instructions de Votre Majesté dans la position aussi critique qu'extraordinaire dans laquelle je me trouve. La violation de la neutralité suisse par les coalisés ne rend que plus sérieuse ma situation. Ce n'est certainement pas la saison pour que l'ennemi entreprenne rien sur le Simplon, le Saint-Gothard, etc., etc. Mais, certainement aussi, il y jettera des partis, et déjà tout Milan est en alarmes. Les dernières lettres de Berne portent qu'on évalue les forces ennemies entrées en Suisse à 160,000 hommes. On dit que ces forces se dirigent en deux colonnes principales, l'une qui vient sur Genève, l'autre sur Besançon. Leur plan de campagne est, dit-on, de pénétrer jusqu'à Lyon. Je ne vois pourtant pas trop où serait appuyée leur ligne d'opération. Ce qui est possible, c'est que des partis se jettent dans les directions et puissent, par intervalles, interrompre les communications principales.

« Votre Majesté me fera sûrement connaître ses volontés pour ces différents cas. »

« Ma chère Auguste, je me porte bien malgré mon travail. Rien de nouveau ici aujourd'hui. Hier j'ai fait enlever un poste ennemi qui était trop près des miens et qui me gênait; nous avons fait 26 prisonniers. J'espère bien que nous ne serons pas obligés de nous jeter dans Mantoue. Sois certaine que la paix se fera coûte que coûte; les affaires sont déjà trop avancées pour qu'elle n'ait pas lieu très-promptement, et tu verras que les traîtres seront punis. *Eugène à la vice-reine. Vérone, 28 décembre 1813.*

« .... J'approuve très-fort que tu écrives à la reine de Saxe, et dis-lui mille choses de ma part, et *Eugène à la vice-reine. Vérone,*

29 décembre 1813, 6 heures du soir. combien je suis pressé de savoir de ses nouvelles et de celles de sa famille. Si tu invites tous les autres, tu dois aussi inviter M...ci, il faut seulement éviter dans ces moments-ci de l'inviter particulièrement. Je ferai peut-être un de ces jours une tournée vers Legnago. Adieu, je t'embrasse; ton fidèle époux. »

Clarke à Eugène. Paris, 30 décembre 1813. « Monseigneur, j'ai l'honneur d'informer Votre Altesse Impériale que j'ai reçu et que je me suis empressé de mettre sous les yeux de l'Empereur, la lettre que Votre Altesse Impériale m'a fait l'honneur de m'écrire de Vérone le 24 de ce mois, contenant des renseignements sur les mouvements de l'armée ennemie sur le bas Adige.

« Votre Altesse Impériale est sans doute instruite, en ce moment, que l'ennemi a passé le Rhin dans la nuit du 20 au 21 de ce mois à Bâle et sur d'autres points du côté de Schaffouse, au nombre d'environ 150 à 160,000 hommes, malgré l'acte de neutralité de la Diète helvétique, pour se diriger en plusieurs colonnes sur Bedfort, Neuchâtel, Genève et le Simplon.

« J'ai prévenu Son Altesse Impériale le prince Borghèse de ce mouvement de la part de l'ennemi, en appelant son attention sur le mont Cenis, ainsi que sur les places du Piémont pour qu'elles soient mises sans délai en état de défense.

« Votre Altesse Impériale jugera, d'après cet état de choses, combien il importe qu'elle se tienne sur ses gardes sous tous les rapports, et qu'elle donne *ses ordres pour faire arriver à l'armée d'Italie les renforts qui s'organisent à Turin et à Alexandrie.*

« J'ai vu avec satisfaction par la lettre de Votre Altesse Impériale que déjà la tête *des colonnes de réserve venant d'Alexandrie était arrivée à l'armée d'Italie.*

« Tout s'organise en France avec la plus grande activité pour faire réunir sur divers points des armées nombreuses, et déjà des colonnes sont en marche sur différentes directions, soit pour repousser l'ennemi, soit pour l'envelopper, dans le cas où il chercherait à pénétrer dans l'intérieur.

« Tout est disposé d'ailleurs pour protéger la communication entre la France et l'Italie.

« Je me réserve, Monseigneur, de donner à Votre Altesse Impériale des détails plus circonstanciés sur les mesures prises pour agir contre l'ennemi sur tous les points, d'après les dispositions déterminées par Sa Majesté. »

Pour tout homme impartial, il doit résulter forcément de la correspondance que nous venons de faire connaître, que jusqu'au 1er janvier 1814 l'Empereur n'a nullement songé à prescrire l'évacuation de l'Italie par ses troupes. Voici encore une lettre qui, sans se rapporter directement au prince Eugène, prouve une fois de plus cette vérité. Le 18 novembre 1813, Napoléon mande au ministre de la guerre :

« Monsieur le duc de Feltre, écrivez à la grande-
« duchesse de Toscane et au général Miollis, que des
« renforts considérables sont envoyés en Italie et que
« la présence de quelques troupes légères ennemies
« ne doit pas leur faire abandonner ni Rome ni la
« Toscane; que quand même le vice-roi serait sur le
« Mincio, ce ne serait pas pour longtemps, et que
« l'ennemi ne pourra point faire de forts détache-
« ments contre eux; *enfin, qu'à tout événement la
« retraite de la grande-duchesse et des employés doit
« être sur* Rome *et* Naples. »

Est-il admissible que l'empereur Napoléon dont les idées étaient fort nettes, principalement lorsqu'il s'agissait de plans de campagnes, d'administration, d'organisation militaire, de mouvements de troupes, est-il admissible que cet homme, à la puissante intelligence duquel rien n'échappait, ait prescrit le 18 *novembre* 1813 à la grande-duchesse, sa sœur, et au général Miollis de se replier sur Rome et sur Naples, c'est-à-dire de s'enfoncer dans l'est et le sud de l'Italie, au lieu de se porter sur les Alpes, dans le cas où ils ne pourraient tenir dans l'Italie centrale, et que le surlendemain, 20 *novembre* 1813, ce même souverain, l'empereur Napoléon, ait prescrit au général d'Anthouard de dire au prince Eugène d'évacuer l'Italie?

Or c'est cependant là ce que l'ex-premier aide de camp du vice-roi a essayé de propager.

Le général Pelet, directeur du dépôt de la guerre

à Paris, ancien aide de camp du maréchal Masséna, et qui était loin de vénérer la mémoire du prince Eugène, reçut le 5 mai 1840, du général d'Anthouard, la copie des instructions dictées par Napoléon, le 20 novembre 1813, à l'ex-aide de camp du vice-roi; copie un peu *écourtée*, mais qui cependant, telle qu'elle a été donnée au dépôt de la guerre, prouvait chez l'Empereur le désir de voir *conserver* beaucoup plus *qu'évacuer* l'Italie. Or voici ce que le général d'Anthouard inventa pour tirer de ces instructions la conclusion : *qu'Eugène avait eu l'ordre de se replier sur les Alpes, qu'il n'avait pas voulu obéir, que par conséquent il trahissait,* conclusion que le maréchal Marmont n'a pas hésité à écrire en toutes lettres dans ses mémoires posthumes.

A la suite de la copie des instructions du 20 novembre 1813, qu'il donnait au dépôt de la guerre, d'Anthouard ajouta la note ci-dessous, parafée par lui, et contresignée par le général Pelet :

« *De la conversation en arrivant, de celle du 20 novembre, de ce que j'appris d'une manière positive, j'ai rédigé la note remise au général Pelet. L'Empereur savait à quoi s'en tenir sur Murat, et* SUR LES MENÉES DU PRINCE EUGÈNE. *Il voulait avoir l'air de l'ignorer, et, malgré qu'il soit convenu que Murat et sa femme le trahissaient, et qu'il avait envoyé Fouché pour leur faire comprendre leurs véritables intérêts, il a l'air de compter sur lui et, en même temps, il dit que le prince Eugène n'a rien à redouter de ce rival.* IL AVAIT VOULU RENDRE LE PRINCE EUGÈNE INDÉPENDANT

DE SA FAMILLE, IL N'A PU Y RÉUSSIR, *il lui dit alors: Battez-vous, mais battez-vous bien.* »

Ainsi, d'après ce petit *Nota*, ce simple *entrefilet* de M. d'Anthouard, le prince Eugène, dont les *menées sont connues de Napoléon, ne peut être rendu indépendant de sa famille.*

Deux simples observations empruntées au plus naïf bon sens auraient dû empêcher le directeur du dépôt de la guerre de 1840 d'accueillir et de donner place, dans les archives militaires de la France, à la sotte calomnie de l'ex-aide de camp du vice-roi:

1° — Si Napoléon n'eût pas été sûr de son fils adoptif en 1813, il ne lui eût pas laissé le commandement de son armée en Italie; car, si Napoléon, n'étant pas roi de Naples, ne pouvait agir directement sur Murat, il était *roi d'Italie*, et pouvait agir directement sur Eugène. Rien ne lui était plus facile que de rappeler le vice-roi et de le remplacer par un de ses lieutenants, dont aucun n'eût décliné l'honneur de commander en Italie.

2° — Si Napoléon avait eu à se plaindre des menées du prince Eugène, ou même s'il eût eu simplement des soupçons sur la conduite du vice-roi, ce n'est pas au premier aide de camp du prince, à un officier général qui devait tout à Eugène, qu'il s'en fût ouvert. Ce n'est point ce même officier général qu'il eût chargé de porter l'ordre verbal d'évacuation de l'Italie, après lui avoir dicté des instructions pour qu'on s'y maintienne?

Tout cela est illogique, absurde; tout cela jure. Napoléon écrivant à sa sœur de s'enfoncer dans l'Italie et faisant dire verbalement à Eugène de se porter sur les Alpes après lui avoir fait écrire de défendre le royaume ; Napoléon sachant qu'on le trompe, qu'on le trahit, pouvant l'empêcher, ôter le commandement d'une de ses armées à un traître, et ne le faisant pas ; Napoléon s'ouvrant des menées d'un prince à l'aide de camp de ce même prince; c'est, selon nous : pour faire jouer à Eugène le rôle d'un traître, faire jouer à Napoléon celui d'un niais et compter par trop sur les effets du venin de la calomnie pour égarer l'opinion publique.

Nous croyons donc avoir prouvé jusqu'à satiété qu'au 31 décembre 1813 le prince Eugène n'avait trahi ni sa patrie ni l'Empereur.

Nous verrons, dans le volume suivant, quelle fut sa conduite politique et militaire en 1814.

FIN DU DIXIÈME VOLUME.

TABLE DES MATIÈRES

LIVRE XXIII

DU 17 JANVIER AU 12 MAI 1813.

Suite de la Correspondance relative au livre XXIII. 1

LIVRE XXIV

DU 18 MAI AU 15 AOUT 1813.

Le vice-roi revient à Milan (18 mai 1813). — Il refuse les fêtes qu'on veut lui offrir. — Il reprend ses travaux. — Organisation de l'armée d'Italie. — Historique de la création de cette dernière armée confiée au prince Eugène. — Activité que déploie le vice-roi. — Ressources dont il dispose. — Motif politique de l'Empereur pour faire croire à la force de l'armée d'Italie. — Corps de l'Adige créé par décret du 18 avril. — Sa composition sur le papier. — Sa force réelle. — Décret du 18 juin. — Le corps de l'Adige devient corps d'observation d'Italie. — Sa composition. — Effectif réel de l'armée d'Italie au 15 juillet et effectif supposé. — Positions occupées au commencement du mois d'août. — Insurrection en Croatie. — Le prince met son armée en mouvement pour prendre la ligne de la Save. — Il arrive le 19 à Gorizia. — Sa proclamation à ses troupes.. 99
Correspondance relative au livre XXIV.. 123

LIVRE XXV

DU 17 AOUT AU 2 NOVEMBRE 1813.

§ Ier. — Coup d'œil sur la situation générale à la rupture de l'armistice. — Mouvement de l'armée d'Italie, le 20 août 1813, pour se porter aux débouchés de la frontière. — Affaires de Karlstadt et de Fiume (du 17 au 20 août). — Position et force de l'armée autrichienne du général Hiller. — Les Autrichiens menacent les débouchés de Tarvis et de Villach (21 août). — Mouvement de concentration de l'armée du vice-roi sur Tarvis et Villach (du 21 au 28 août). — Combats autour de Villach. — Affaires autour de Krainburg par la brigade Belotti de la troisième lieutenance (fin d'août, premiers jours de septembre). — Le général Garnier se retire de Fiume sur Trieste et occupe Matéria le 29 août. — Brillant combat de Feistritz (6 septembre). — Position des armées françaises et autrichiennes en Italie. — Plans du général Hiller. — Il manœuvre par les deux ailes. — Combats autour de Saint-Marein (12 septembre). — Affaires de Lippa et de Fiume (14 et 15 septembre). — Craintes en Italie par suite du mouvement d'une colonne autrichienne sur Brixen et Botzen. — Troisième organisation donnée à l'armée (20 septembre). — Affaire de Saint-Hermagor et de Saint-Marein (du 16 au 25 septembre). — Considérations qui déterminent le prince Eugène à prendre la ligne de l'Isonzo. — Le mouvement s'opère du 27 septembre au 6 octobre pour le corps de droite; du 6 au 11 octobre pour le corps de gauche. — Combats de Planina (30 septembre); d'Adelsberg (1er octobre); de Saffnitz (7 octobre). — Position de l'armée d'Italie sur l'Isonzo. — Lettre du vice-roi au ministre de la guerre (8 octobre). — Singulière réponse du duc de Feltre.. 246

§ II. — Défection de la Bavière. — Mémoires du duc de Raguse. — Lettre du roi Maximilien. — Lettres du prince Eugène à son beau-père depuis son retour à Milan jusqu'au changement de politique de la Bavière. — Réponses d'Eugène et de la princesse Auguste au roi de Bavière en apprenant cette nouvelle. — Lettre de la vice-reine à l'empereur Napoléon. — Conséquence militaire du revirement de la Bavière. — Mission du prince de la Tour et Taxis auprès du prince Eugène. — Relation exacte de cette mission. — Conduite et correspondance du vice-roi à cette occasion (novembre 1813). — Lettres de la vice-reine à son mari et à sa belle-mère. — Éloge de la fidélité du vice-roi dans la bouche de son beau-père le roi Maximilien. — Anecdote relative à la mission du prince de la Tour et Taxis.. 282

§ III. — Mesures prises par le vice-roi pour employer ses dernières ressources (11 octobre 1813). — Sa proclamation aux Italiens (11 octobre). — Affaires du Tyrol. — Le général Gifflenga. — Lettre du vice-roi au duc de Lodi (17 octobre). — Mouvement rétrograde de l'Isonzo sur le Tagliamento par le prince, et sur l'Adige (du 17 octobre au 1ᵉʳ novembre). — Combat d'Ala (26 octobre). — Retraite du général Gifflenga sur Vérone. — Mouvement du général Grenier près de Bassano (du 26 au 31 octobre). — Prise de Bassano (31 octobre). — La retraite vers l'Adige continue. 318
Correspondance relative au livre XXV. 333

LIV. XXVI

DU 2 NOVEMBRE 1813 A JANVIER 1814.

§ I. — Position, force et emplacement de l'armée du vice-roi au commencement de novembre 1813. — Opérations du prince sur le Tyrol (9, 10, 11 novembre). — Combat de Saint-Martin (12 novembre). — Affaire de Caldiéro (15 novembre). — La vice-reine vient passer quelques instants à Vérone avec son mari. — But de cette visite. — Combat de Vago (18 novembre). 407
§ II. — Conséquence des événements politiques d'Allemagne et d'Italie. — Leur influence sur les esprits en Italie et surtout à Milan. — Effet produit sur l'esprit du vice-roi par les difficultés. — Mesures prises par le prince pour augmenter toutes ses ressources. — Instructions de Napoléon, dictées au général d'Anthouard pour être portées au prince Eugène (20 novembre). — Effet produit par le voyage à Vérone de la vice-reine. — L'armée napolitaine se met en mouvement pour Rome, les Romagnes et la Toscane (fin de novembre et commencement de décembre). — Force de cette armée. — Conduite de Murat. — Débarquement du général Nugent à Volano; sa marche sur Ferrare (15 novembre). — Marche de la colonne Verdier contre Nugent. — Mouvements du général Marschall et du général Deconchy que lui oppose le vice-roi. — Affaire de Rovigo (3 décembre); — de Boara (5 décembre); — d'Edolo (7 décembre); — de Castagnaro (24 décembre); — de Forli (23 décembre). — Nouvelle organisation de l'armée du vice-roi. 417
Correspondance relative au livre XXVI. 445

FIN DE LA TABLE DES MATIÈRES DU NEUVIÈME VOLUME.

PARIS. — IMP. SIMON RAÇON ET COMP., RUE D'ERFURTH, 1.

EN VENTE CHEZ LES MÊMES ÉDITEURS
Éditions format in-8 sur beau papier glacé

F. GUIZOT
Mémoires pour servir à l'histoire de mon temps. Tom. I et II. 2 volumes. . . . 15 »
Tom. III (*sous presse*). 1 vol. . . . 7 50
Trois Rois, Trois Peuples et Trois Siècles (*sous presse*). 1 volume 7 50

VILLEMAIN
La Tribune moderne. 1re partie. M. de Chateaubriand, sa vie, ses écrits, son influence littér. et polit. sur son temps. 1 vol. 7 50
****
Alesia, étude sur la septième campagne de César en Gaule, avec 2 cartes. 1 vol. 6 »

VICTOR HUGO
Les Contemplations. 2 beaux volumes. 12 »

J.-J. AMPÈRE
Promenade en Amérique. États-Unis.—Cuba.— Mexique (2e édition). 2 volumes . 12 »
César, scènes historiques. 1 volume. . 7 50
L'Histoire romaine a Rome (s. pr.) 2 vol. 15 »

LE COMTE D'HAUSSONVILLE
Histoire de la Politique extérieure du Gouvernement français (1830-1848), avec documents, notes et pièces justificatives entièrement inédits. 2 volumes. . . . . . 12 »
Histoire de la réunion de la Lorraine a la France, avec notes, pièces justificatives, dépêches et documents historiques entièrement inédits. 4 volumes . . . . . . 30 »

DUVERGIER DE HAURANNE
Histoire du Gouvernement parlementaire en France, 1814-1848, précédée d'une introduction. 3 volumes. 22 50

LE PRINCE EUGÈNE
Mémoires et Correspondance politique et militaire, publiés par A. Ducasse. Tomes I à V. — 5 volumes . . . . 30 »
Tom. VI (*sous presse*). 1 volume . . . . 6 »

LOUIS REYBAUD
Études sur le régime des manufactures. Condition des ouvriers en soie. 1 volume 7 50

LAMARTINE
Geneviève. 1 beau volume grand in-8 . 5 »
Nouv. Confidences. 1 beau vol. gr. in-8. 5 »
Toussaint Louverture. 1 b. vol. gr. in-8. 5 »

ERNEST RENAN
Études d'Histoire religieuse (4e éd.) 1 v. 7 50
De l'Origine du Langage (3e éd.). 1 vol. 6 »
Averroès et l'Averroïsme. 1 volume . 6 »
Histoire et système comparé des langues sémitiq. (2e éd.), imp. impér. 1 vol. gr. in-8. 12 »
Le Livre de Job, trad. de l'hébreu. 1 vol. 7 50
Essais de morale et de critique. 1 vol. 7 50

LE COMTE DE MARCELLUS
Chateaubriand et son temps. 1 volume 7 50

LE MARÉCHAL DE SAINT-ARNAUD
Lettres (1832-1854), avec des notes et pièces justificatives (2e éd., précédée d'une Notice par M. Sainte-Beuve). 2 vol. avec portrait et autographe du maréchal. . . . . . . 12 »

DE LATENA
Étude de l'Homme (3e édit.). 1 volume 7 50

ALEXIS DE TOCQUEVILLE
L'Ancien Régime et la Révolution (4e édition). 1 volume.. . . . . 7 50

LOUIS DE LOMÉNIE
Beaumarchais et son temps, études sur la Société en France au XVIIIe siècle, d'après des documents inédits (2e édition). 2 vol. 15 »

J.-B. BIOT
Membre de l'Académie des Sciences et de l'Académie française.
Mélanges scientifiques et littér. 3 vol. 22 50

E. DE VALBEZEN
Les Anglais et l'Inde, avec notes, pièces justificat. et tableaux statistiq. (3e éd.). 1 v. 7 50

LE COMTE MIOT DE MELITO
Ancien ambassadeur, ministre, conseiller d'État et membre de l'Institut.
Ses Mémoires publiés par sa famille, 1788-1815. 3 volumes. 22 50

LA PRINCESSE DE BELGIOJOSO
Asie Mineure et Syrie. Souvenirs de voyage. 1 volume. 7 50

ARSÈNE HOUSSAYE
Le Roi Voltaire, son règne, sa cour, ses ministres, son peuple, son Dieu, sa dynastie (2e édition). 1 volume. . . . . 6 »

J. SALVADOR
Paris, Rome et Jérusalem, ou la Question religieuse au XIXe siècle (*s. presse*). 2 vol. 15 »

J. LOTHROP MOTLEY
Traduction nouvelle précédée d'une introduction de M. Guizot.
Histoire de la Fondation de la République des Provinces-Unies. Tom. Ier. 1 vol. 6 »
Tom. II (*sous presse*). 1 volume. . 6 »

J. BARTHÉLEMY SAINT-HILAIRE
Lettres sur l'Égypte. 1 volume 7 50

JULES JANIN
La Religieuse de Toulouse. 2 volumes. 12 »
Les Gaités champêtres. 2 volumes. . . 12 »

CHARLES MAGNIN
Histoire des Marionnettes d'Europe depuis l'antiquité jusqu'à nos jours. 1 vol. . 6 »

LE COMTE DE MONTALIVET
Le Roi Louis-Philippe (Liste Civile). Nouvelle édition, entièrement revue et considérablement augmentée de notes, pièces justificatives et documents inédits, avec un portrait et un fac-simile du roi, et un plan du château de Neuilly. 1 volume . . . 6 »

OSCAR DE VALLÉE
Antoine Lemaistre et ses Contemporains.— Études sur le XVIIe siècle (2e éd.). 1 vol. 7 50

A. PHILIPPE
Royer-Collard, sa vie publique, sa vie privée, sa famille. 1 volume . . . . 5 »

A. MONGINOT
Professeur de comptabilité, expert près les cours et tribunaux de Paris.
Nouvelles Études sur la Comptabilité. — Tenue des Livres commerciale, industrielle et agricole. 1 volume 7 50

www.ingramcontent.com/pod-product-compliance
Lightning Source LLC
Chambersburg PA
CBHW051129230426
43670CB00007B/731